오바마의 미국과 한반도 그리고 2012년 체제

오바마의 미국과 한반도
그리고 2012년 체제

정욱식 지음

머리말

책을 마무리할 즈음, 북한의 로켓 발사 문제가 한반도 상공을 강타하고 있다. 북한은 '은하 2호'라는 운반체에 시험 통신 위성인 '광명성 2호'를 실어 지구 궤도 위에 올려놓는 '평화적 목적'이라고 주장한다. 이에 반해 한국, 미국, 일본과 대다수 언론은 '광명성 2호의 탈을 쓴 대포동 2호'라고 본다. 명칭에 내재된 '갈등의 정치학'은 북한의 로켓 발사를 둘러싼 국제법적 해석, 대응과 맞대응, 결과와 파장에 상당한 차이를 수반하고 있다.

북한의 언행 하나하나에 수많은 해석과 추측이 난무하는 것은 새삼스러운 일이 아니지만, 로켓 발사와 관련해서는 정도가 심하다는 느낌을 지울 수 없다. 대부분의 분석은 오바마의 관심 끌기, 이명박 정부에 대한 압박, 핵탄두 탑재 능력 및 대륙 간 탄도 미사일 ICBM 능력 시험, 협박과 위협을 통한 경제 지원 얻어내기, 김정일 3기 체제의 등장에 맞춘 축포 등에 초점을 맞추고 있다. 그러나 가장 중요한 한 가지가 빠져 있다. 북한은 김일성 주석 탄생 100주년이 되는 2012년에 "강성 대국의 문을 활짝 열어 놓겠다"고 공언하면서 인공위성 보유를 '2012년 강성 대국론'의 핵심 프로젝트로 삼고 있다. 이 점을 간과해서는 북한의 의도를 제대로 분석할 수도 없고, 합리적인 해법을 찾을 수도 없다. 이 책에서 2012년을 주목한 이유 가운데 하나이다.

　　　　북한 로켓 논란은 이 책에서 또 하나의 키워드로 삼고 있는 '상호 연관성'에도 많은 시사점을 준다. 공교롭게도 이 논란은 오바마 행정부와 민주당이 장악한 의회에서 미사일 방어^{MD} 체제를 재검토하겠다고 밝힌 시점과 정확히 일치한다. 미국 매파들은 북한의 핵미사일 위협에 노출된 미국을 보호하기 위해서는 MD가 절실하다고 외치고 있다. '망둥이가 뛰자 꼴뚜기도 뛴다'고, 일본도 마치 MD로 북한의 로켓을 요격할 수 있는 것처럼 호들갑을 떤다. 일본 우파들이 북한의 로켓 발사를 계기로 평화 헌법이라는 족쇄를 풀고 군사 대국화로 향하고, '북한 위협론'을 이용해 자민당의 몰락을 막아 보겠다는 의도도 엿보인다. 일본 『아사히 신문』은 북한의 로켓 발사에 대해 한국 정부가 가장 강경하게 대응한다고 지적했는데, 이 역시 제2 롯데월드 논란, 4월 재보선 등 국내 정치적 고려가 작용한 것이라고 할 수 있다. 이와 관련해 러시아의 한 외교관은 필자에게 "북한의 로켓 발사보다 이를 구실로 미국, 일본, 한국이 MD 구축에 박차를 가하는 것이 더 큰 걱정"이라고 말했다.

머리말

　이 책은 시공을 초월하여 '오바마의 미국'이라는 프리즘을 통해 세계 질서를 전망해 보고 한반도가 나아갈 길을 찾는 것을 목적으로 한다. 물론 프리즘을 통해 본 세계는 한 가지 색이 아니라 일곱 가지 색으로 나타난다. 그리고 이 일곱 가지 색은 때때로 서로 뒤섞여 각양각색의 빛깔을 연출한다. 그만큼 앞으로의 세계 질서를 내다보기가 힘들다. 그러나 한반도만 들여다봐서는 한반도를 잘 볼 수 없듯이, 한반도의 바람직한 미래를 설계하기 위해서라도 눈을 크게 뜨고 격동하는 세계 질서를 유심히 관찰할 필요가 있다. '거대한 그물망'이라고 부를 수 있는 오늘날의 세계에서 한반도 역시 그 그물 위에 있기 때문이다. 이러한 점에서 이 책을 관통하는 특징은 오바마의 등장을 계기로 가속화되는 국제 질서의 변동과 한반도 사이의 대화를 시도하는 것에 있다. 이 책의 공간적 접근이다.

　이 책은 또한 2012년을 중심으로 미래와 현재 사이의 대화를 시도한다. 한 치 앞도 내다볼 수 없을 만큼 세계 질서는 숨 가쁘게 돌아가고 있지만, 이는 역설적으로 미래의 관점에서 현재를 분석해야 할 필요성을 일깨워 준다. 북한이 '2012년 강성 대국론'을 주창하고 나선 이상, 이러한 북한의 비전은 오늘날의 정책 결정에 상당한 영향을 주게 된다. 2012년 재선을 앞둔 오바마 행정부, 총선과 대선이 실시되는 한국, 시진핑 체제의 등장이 예정된 중국, 대선이 예정된 러시아 역시 마찬가지라고 할 수 있다. 여러 차례에 걸쳐 미래의 가상 회의를 써 본 것은 이러한 문제의식의 반영이다. 이 책의 시간적 접근이다.

백악관의 가상 회의로 시작되는 서론에서는 거대한 그물처럼 얽히고설킨 국제 질서의 특징을 소개하면서 오바마의 등장과 2012년이 갖는 의미를 시론적으로 짚어 보았다. 1부에서는 제국을 꿈꾼 부시의 미국이 어떻게, 왜 제국의 몰락을 재촉했는지 분석하면서, 침몰 위기에 놓인 미국호의 새로운 선장 오바마의 세계 전략을 진단했다. 2부에서는 미국의 흥망이 달렸다고 해도 과언이 아닌 중동과 그 인근 지역을 중심으로 오바마의 정책 방향과 딜레마를 살펴보았다. 3부에서는 팍스 아메리카나의 쇠퇴, 냉전 시대의 라이벌 러시아의 귀환, 또 하나의 슈퍼파워로 등장한 중국 사이의 관계를 중심으로 유라시아 지정학의 오늘과 내일을 분석했다. 4부와 5부에서는 한반도로 초점이 이동한다. 사실 이 부분을 쓸 때가 가장 답답했다. 독자들 역시 이 부분을 읽을 때 가장 답답함을 느낄 것이다. 결론에서는 2012년을 '또 다른 냉전'의 시작이 아니라 탈냉전과 평화 번영의 출

머리말

발점으로 설계하기 위한 과제와 방향을 제시했다. '2012년 체제'에 대한 비전이 오늘날의 단견과 대결을 해소할 수 있는 밑거름이 되기를 바라는 희망을 담아서 말이다.

내가 몸담고 있는 평화네트워크 역시 미국발 금융 위기의 '나비 효과'를 실감하고 있다. 실직과 소득 감소로 회원 탈퇴를 요구하는 분들이 늘어나고 있는 것이다. 고백하자면, 이 책을 쓰게 된 가장 큰 동기도 이 때문이었다. 책 한 권이라도 들고 나서서 주변 사람들에게 도움을 청해야 할 것 같은 생각이 들었다.

평화 운동을 시작한 지 어느덧 만 10년째가 되었다. 첫발을 내디뎠을 때의 초심이 새삼 떠오른다. 1997년 봄 어느 날, 우연히 밤늦게 텔레비전을 보다가 굶주림에 이미 숨이 멎은 엄마의 젖을 빨던 아기를 본 적이 있다. 따스한 봄볕과 그 햇살을 머금고 출렁이던 압록강은 북녘의 아주 조용한 비극을 상징하는 듯했다. '먹자노 먹고 자고 놀고' 대학생이라는 별명을 가진 내 인생의 방향을 바꾸어 놓은 순간이기도 했다. 그로부터 2년 후, 나의 졸업을 '고생 끝 행복 시작'으로 여기셨던 부모님의 기대를 가슴 한구석에 묻고 평화 운동을 시작했다. '밥이나 먹고 살겠느냐'는 주변의 우려는 이내 살이 되어 몸무게는 5kg이나 늘었고, '결혼이나 할 수 있겠느냐'는 부모님의 걱정을 딛고 예쁜 딸이 무럭무럭 자라고 있다. 잃기도 잊기도 쉬운 초심을 가슴에 되새기며 내일을 맞이하고 싶다.

끝으로 이 책의 출판을 흔쾌히 받아 주시고 책 만드느라 고생하신 레디앙의 이광호 대표님과 이상덕 팀장님께 감사드린다. 또한 지난 10년간 평화네트워크를 물심양면으로 도와주신 많은 분들과 필자와 함께 열악한 환경에서 젊음을 바쳐 온 동료들에게도 고마운 마음을 전한다.

2009년 3월 28일
고양시 화정동 집에서
정욱식

CONTENTS

머리말　　　　　　　　　　　　　　　　　　　　　　　4

서론　왜 오바마와 2012년인가　　　　　　　　　　　17

제1부　흔들리는 체스판, 오바마의 선택은?

제국을 꿈꾼 부시, 몰락을 재촉하다　　　　　　　　35
'부시 독트린'의 비참한 최후
부시의 전쟁과 제국의 몰락
제국의 몰락과 신세계 질서
미국발 금융 위기와 국제 체제의 변동
'팍스 아메리카나'의 종말, 재앙인가 축복인가

오바마는 추락하는 미국의 날개?　　　　　　　　　68
'오바마의 미국'이 직면할 낯선 세계
빚더미에 앉은 미국과 대외 정책
오바마의 성향과 대외 정책

미리 보는 '오바마 독트린'　　　　　　　　　　　　83
오바마 행정부의 '스마트 파워'
주목할 만한 '피닉스 이니셔티브'의 보고서
오바마 독트린의 딜레마

오바마의 외교 안보 팀　　　　　　　　　　　　　94
올스타 팀의 등장
오바마는 왜 '중도적' 외교 안보 팀을 구성했을까?
군부 달래기

제2부 오바마의 전쟁과 평화

이란 전쟁설과 오바마의 딜레마　　　　　　　　105
이란 전쟁은 터질 것인가
오바마 행정부와 이란의 핵
오바마의 이란 정책, 성공할 수 있을까?
이란-이스라엘의 적대적 의존 관계와 러시아의 계산

오바마의 전쟁, 이라크에서 아프가니스탄으로?　　　122
엇갈리는 전망, 이라크의 미래는?
아프가니스탄, '오바마의 전쟁'이 될 것인가
한반도에 미칠 영향은?

중동 평화 협상　　　　　　　　　　　　　　　　138
오바마의 등장은 팔레스타인의 희망?
이스라엘 제재 카드 없는 전략은 실효 없어

오바마는 군산 복합체의 검은손에서 벗어날 수 있을까?　147
군산 복합체와 미국
군사비 축소 말했다가 혼쭐난 오바마
오바마, 군사비 줄일까?

오바마는 '핵무기 없는 세계'를 만들 수 있을까?　　　157
핵무기와 인류 사회의 불안한 동거
언행 불일치의 미국 핵전략
오바마의 핵 정책

CONTENTS

제3부 미-중-러 전략적 삼각 게임과 동북아

권력 이동: 나토에서 상하이협력기구로? 167

오바마는 '제2의 냉전'을 막을 수 있을까? 171
왜 '제2의 냉전'인가
반격에 나선 러시아, 복귀 서두르는 푸틴
오바마, '검은 케네디' 혹은 '검은 카터'
오바마, MD 철회로 '미국병' 치유해야

오바마의 미국은 중국과 잘 지낼 수 있을까? 192
미중 관계의 어제와 오늘
'지는 해' 미국과 '뜨는 해' 중국
부시 행정부의 '양면 전략'
중국의 대응 전략, '미국의 봉쇄망을 뚫어라'
오바마의 중국 정책과 미중 관계

전환기의 동북아 질서 220
불안과 희망의 공존
6자 회담은 동북아 평화 체제로 발전할까?

제4부 오바마의 미국과 한반도, 그리고 6자 회담

오바마는 김정일과 악수할 것인가   229
김정일-오바마 정상 회담
오바마의 공약과 발언을 통해 본 대북 정책
오바마의 대북 정책을 둘러싼 변수들
오바마의 한반도 정책 라인

이명박 정부의 대북 정책   252
'뿔난' 이명박 대통령
이명박 정부 1년, 남북 관계에는 무슨 일이?
'악의적 무시'와 '벼랑 끝 전술'이 만날 때
이명박 정부의 착각 시리즈
이명박과 오바마는 닮았다?

남-북-미 삼각 관계와 6자 회담   289
서울-평양-워싱턴의 가상 대화
오바마는 통미봉남을 막아 줄까?
MB 정부의 선택은?
'협상의 법칙' 재구성에 나선 북한
러시아, 중국, 일본

'악마는 디테일에 있다'   310
신경전은 시작되었다
검증 논란은 풀릴까?
오바마 행정부는 경수로 제공에 동의할까?
'플루토늄 불일치'는 또다시 불거질까?

제5부 한반도의 핵무기와 미사일, 그리고 MD

미국의 북핵 용인론과 북한의 핵 포기 불가론   327
미국이 북한을 핵보유국으로 인정할까?
북한은 핵무기를 포기할까?

'한반도 비핵화'와 '조선반도 비핵화'   337
'비핵화'를 둘러싼 동상이몽
세 가지 핵심 쟁점
어떻게 풀 것인가

인공위성 발사설 타고 재등장한 MD   348
인공위성과 MD의 만남?
MD에 깔린 한반도 분단과 동북아 적대의 논리
미국, '한국을 MD의 전초 기지로'
이명박 정부의 선택은?
한국이 MD에 참여하면 안 되는 이유
대안은 무엇인가

결론 2012년 체제를 향하여

왜 2012년인가   379
2012년은 정치의 계절
2012년 체제의 의미
포스트 김정일 시대와 2012년 미국 대선

오바마 행정부에 보내는 대북 정책 권고안   388
오바마의 대북 정책이 성공하기 어려운 이유
한반도 비핵 평화의 확산 효과를 주목하라
오바마 행정부의 대북 정책 권고안

한국의 21세기 대북 정책의 방향   404
'햇볕 정책'과 '비핵·개방·3000'을 넘어서라
새로운 대북 정책을 향하여

2012년 6자 정상 회담   410

서론

::왜 오바마와
2012년인가

> 거대한 그물을 엮는 줄은 한국의 몸을 묶는 '오랏줄'이 될 수도 있고, 유라시아 대륙으로 진출하는 '길'이 될 수도 있다. 그것이 오랏줄이 된다면 그물망은 한국에 덫이 될 것이고, 길이 된다면 네트워크가 될 것이다.

"대통령님, 지금은 특단의 대책이 필요합니다. 이러다간 유럽에선 '제2의 냉전'이 시작되고, 중동에선 이란 전쟁이 터질지도 모릅니다. 그렇게 되면 이라크와 아프가니스탄은 물론이고 북핵 문제도 어려워질 수 있습니다. 이 사안들은 하나같이 러시아의 협조가 필요합니다. 러시아와의 정면 대결은 미국의 외교 안보 정책을 총체적으로 뒤흔들 수 있습니다."

미국 부통령인 조지프 바이든은 심각한 표정으로 버락 오바마 대통령에게 말했다.

"국방 장관, 러시아가 정말 미사일을 배치할 것 같소?"

오바마가 로버트 게이츠 국방 장관에게 물었다. 러시아는 미국이 동유럽에 미사일 방어 MD 체제를 구축하려는 계획을 철회하지 않으면 동유럽을 겨냥해 중단거리 미사일을 배치하겠다는 입장을 굽히지 않고 있다.

"러시아가 이미 미사일 부대를 러시아 서부 국경 지역으로 옮기고 있다는 정보가 들어와 있습니다. 어제 러시아 국방 장관과 통화를 했습니다만, 성과는 없었습니다. 주러 대사관에 따르면, 러시아는 극심한 경제난에 시달리고 있어 강경한 대외 정책으로 내부의 불만을 달래려고 하는 것 같다는 분석입니다. 곧 국무 장관이 전화할 것입니다."

그때 마침 전화벨이 울린다. 바이든이 수화기를 든다. 동유럽 MD 및 러시아의 미사일 배치 문제를 상의하기 위해 유럽 순방 중인 힐러리 클린턴 국무 장관이다. 폴란드 대통령과 방금 회담을 끝낸 참이다.

"어떻게 되었소?"

"체코와 폴란드 입장은 완강합니다. '부시 행정부와 이미 합의한 내용을 번복하면 앞으로 미국을 믿을 수 없다'는 입장입니다."

부시 행정부는 2008년 7월과 8월, 체코 및 폴란드와 각각 MD용 레이더 기지 및 요격 미사일 배치 협정을 체결했다.

"협상의 여지는 없습니까?"

바이든이 되물었다.

"지금으로서는 쉽지 않습니다. 다만 두 나라 모두 경제와 안보가 어려우니, MD 계획을 변경하는 대신에 지원책을 제시하면 어떨까 싶습니다. 대통령과 상의해 주십시오."

"내일 국무 장관이 돌아오면 대책을 세워 봅시다. 러시아에 전화를 걸어 내가 이틀 후에 메드베데프와 통화를 원한다고 전하세요."

오바마가 지시했다.

"중동 사정은 어떻소?"

오바마가 물었다.

오바마는 이란과의 직접 협상을 시도했지만, 이스라엘이 반대하는 데다가 이란은 원칙적인 입장만 고수해 이렇다 할 성과가 없는 상태이다. 유엔 안보리를 통한 제재는 번번이 러시아와 중국의 반대에 부딪혀 실패로 돌아가고 있었다. 공화당과 보수 언론에서는 오바마의 직접 대화 노선이 이란에 핵무기를 개발할 수 있는 시간만 주었다며 맹공을 퍼붓고 있다. 미국 정보기관에서는 이란이 곧 2~3개의 핵무기를 만들 수 있는 농축 우라늄을 확보할 것이라는 평가가 나오고 있었고, 이스라엘은 미국이 동의하지 않는다면 독자적으로 이란을 공격할 수 있다는 입장을 내비치고 있다.

"상황이 매우 좋지 않습니다. 이란 핵문제가 악화되면서 이라크에서 미군을 철수해 아프가니스탄에 투입하기도 난감한 형편입니다. 일단 이스라엘 쪽에 '우리의 동의 없이 폭격은 절대 안 된다'는 입장을 전달해 놓았습니다."

게이츠 국방 장관이 답했다.

오바마는 집권 16개월 내에 이라크에서 대부분의 전투 병력을 철수시켜 아프가니스탄에 투입한다는 계획이었지만, 이라크의 정파 간 화해가 더디고 이란 핵문제가 악화되면서 결정을 내리지 못하고 있었다. 육군과 해병대를 합쳐 10만 명의 병력을 늘린다는 계획 역시 극심한 재정 적자로 지지부진한 상황이다.

"한반도에서 해법을 찾아보는 것이 어떨까요?"

침묵을 지키던 제임스 존스 안보 보좌관이 말했다.

오바마 행정부 출범 이후 북미 관계와 6자 회담은 가다 서다를 반복하고 있었다. 2009년 5월에 북미 양국은 특사 교환을 통해 오바마 대통령의 평양 방문을 추진하기로 했지만 한국과 일본 정부의 반대에 부딪혀 1년째 성사되지 못하고 있었다. 또한 경수로 제공 및 평화 협정 논의 개시에 대한 한일 양국 정부의 소극적이고 부정적인 입장 때문에 6자 회담의 3단계 협상도 지지부진한 상태를 면치 못하고 있었다.

"좀 더 구체적으로 말씀해 보세요."

오바마가 자세를 고쳐 앉으면서 물었다.

"대통령께서 평양에 가시는 것이 좋을 것 같습니다. 평양에 가시면 미북 관계 정상화와 북한의 핵 포기를 맞바꾸는 합의를 도출할 수 있을 것입니다."

존스 안보 보좌관이 말을 이어 갔다.

"그렇게 되면 우리 외교도 숨통이 트일 것입니다. 우선 북핵 해결은 MD의 필요성을 반감시킬 수 있고, 이는 동유럽 MD 배치 계획에도 유연하게 접근할 수 있는 환경을 조성할 것입니다. 또한 북한과 직접 대화로 핵문제를 풀면 이란 핵문제에도 좋은 영향을 줄 수 있습니다. 이란에는 유인책이 되고, 이스라엘의 반대도 약화시킬 수 있습니다. 무엇보다도 주한 미군을 감축할 수 있으므로 미군 운용에 여유가 생기게 됩니다."

"으음, 한국과 일본 정부가 반발하지 않을까요?"

오바마가 물었다.

"정상 회담을 포함한 북한과의 직접 대화는 우리의 일관된 입장입니다. 오히려 정상 회담은 남북 관계에 대해 한국 정부를 압박하는 효과가 있을 것입니다. 일본 정부 역시 북한과의 관계 개선 필요성을 강하게 느낄 것입니다. 또한 주한 미군 감축은 1990년대에도 추진된 바 있습니다. 그런데 핵문제가 터지면서 유보된 것입니다. 따라서 북핵이 해결되고 평화 체제가 구축되면 주한 미군 감축을 추진할 여건이 다시 조성되는 것입니다. 일단 공군력은 그대로 두고, 지상군 1만 명 정도를 철수할 수 있을 것입니다."

존스가 설명했다.

"이미 남한의 군사력이 북한을 압도하고 있다는 것이 우리의 판단입니다. 필요하다면 해군력과 공군력을 일시적으로 증강해 한국을 안심시키고 지상군의 감축을 추진할 수 있습니다. 그러면 적지 않은 예산 절감이 가능해지고, 감축된 병력을 아프가니스탄에 투입할 수도 있을 것입니다."

게이츠 국방 장관이 거들고 나섰다.

"5월에 열릴 NPT 핵확산금지조약 회의도 염두에 둘 필요가 있습니다. 이란 핵문제는 계속 악화되어 가고, 중동의 여러 나라도 핵 옵션을 검토하고 있습니다. 이번 NPT마저 실패하면 우리의 핵비확산 전략은 치명타를 입게 됩니다. 북한은 NPT 역사상 유일하게 이 조약에서 탈퇴하여 핵실험을 강행한 나라입니다. 그런 북한이 핵을 포기하고 NPT에 복귀한다면 NPT는 크게 강화될 것입니다. 시간적으로 5월 NPT 회의 때까지 북한이 공식 복귀하는 것은 불가능하더라도, 최소한 옵서버 자격으로 참가시켜야 합니다. 대통령님의 평양 방문 이전에 북한 쪽에 이 점을 분명히 인식시키고 방북을 추진하는 것이 좋을 것 같습니다."

수전 라이스 유엔 대사가 말했다.

"여러모로 내가 평양에 가는 것이 좋겠다는 생각이 듭니다. 그래도 한국과 일본 정부와 미리 상의하는 것이 필요합니다. 내일 중으로 내가 두 나라 정상과 통화하는 것으로 합시다. 다른 얘기는 말고 내가 평양 가는 문제는 알려 줘야겠지요. 방북은 조속히 추진해 보시오."

2010년 3월 16일, '가상' 백악관 국가안전보장회의

오바마의 등장과 전 세계 곳곳에서 날아든 견제구

'변화'와 '최초의 흑인 대통령'으로 상징되는 버락 오바마가 앞으로 4년간 침몰 위기에 놓인 '미국호'를 이끌 새로운 선장으로 등장했다. 그의 등장만으로도 미국인과 세계인들은 다른 눈으로 미국을 바라보고 있다. '흑인도 미국 대통령이 될 수 있구나'라는 감탄의 이면에는 '새로운 미국, 달라진 미국'을 기대하는 정서가 깔려 있다. 이를 반증하듯 취임식 직전 미국인을 대상으로 한 여론 조사에서 무려 84%가 오바마를 지지한 것으로 나타나 '역대 최고'를 기록했다. 영국의 BBC가 17개국 17,350명을 대상으로 실시한 여론 조사에서도 응답자의 68%가 오바마의 미국과 세계의 관계가 좋아질 것이라고 답했다. 이에 화답하듯 오바마는 취임 연설에서 부시의 일방주의를 강하게 비판하면서 "겸손함과 자제력", "국가 간의 이해와 협력"을 바탕으로 외교 정책을 펼쳐 나가겠다고 다짐했다.

이라크 침공과 금융 위기가 여실히 보여 주듯 미국의 독선과 실패는 미국만의 문제로 끝나지 않는다. 좋든 싫든, '건강한 미국'이야말로 지구촌 전체의 중요한 생존 조건이 된 것이다. 지구촌의 많은 문제가 미국 때문에 생

졌거나 미국과 무관하지 않듯이, 미국 없이 이 문제들을 해결한다는 것 역시 생각하기 힘든 현실이다. 오바마는 취임 연설에서 "우리가 직면한 도전들은 실재하고 심각하며 아주 많다. 이러한 도전을 해결하는 것은 쉽지도 않을뿐더러 단기간에 이루어지기도 힘들다"면서도, "그러나 미국은 이러한 문제를 해결해 나갈 것"이라고 자신감을 피력했다.

그러나 극적이고 역사적인 승리를 거둔 오바마의 앞길에는 '미국판 고난의 행군'이 기다리고 있다. 오바마가 짊어진 '고난의 십자가'는 1929년 이후 최악의 경제 위기와 더불어 베트남 전쟁 이후 40년 만에 전시^{戰時}에 대통령이 되었다는 것에서 잘 드러난다. 실제로 오바마는 대통령에 당선되자마자 자신의 앞길에 놓인 과제들이 만만치 않다는 것을 절실히 깨닫게 되었다. 주가는 당선된 지 이틀 만에 10% 가까이 빠져나갔고, 3백만 명의 인파가 워싱턴에 모여들고 전 세계 10억 명이 생방송으로 그의 취임식을 지켜본 '경사스러운 날'에 뉴욕의 다우 지수는 4%나 떨어졌다. 이는 역대 미국 대통령 취임일 낙폭으로는 최고치이다. 또한 미국 제조업의 상징인 자동차 업계를 비롯한 기업들은 '나 좀 살려 달라'고 아우성을 치고 있고, 집값은 폭락한 데다가 일자리를 잃은 사람들이 넘쳐나면서 '민생'에도 빨간불이 켜졌다. 이에 따라 오바마는 "경제 문제를 최우선 과제로 풀겠다"면서, 서둘러 경제 팀을 구성하고 "대담하고 신속한" 경기 부양책 마련에 나서고 있다.

오바마는 또한 미국 패권이 '황혼기'에 접어들고 다른 강대국들이 다극 체제로의 전환을 선호하는 시점에 대통령이 되었다. 이를 반영하듯 오바마의 당선에 즈음해 세계 곳곳에서는 그를 향해 견제구를 던지기 시작했다. 유럽 연합^{EU}은 미국 대선 하루 전날$^{11월\ 3일}$ 미국의 새 대통령에게 보내는 편지에서 "미국이 중동 평화와 경제 위기 등 국제 현안을 해결하기 위해 더는 독자적 행동을 해서는 안 되며, 국제 사회와 동등한 협력을 해야 한다"고, 아직 타석에 들어서지도 않은 오바마에게 견제구를 던졌다. 반기문 유엔 사무총장 역시 같은 날 "역사의 시계추는 다자주의로 돌아가고 있다"며, "유엔은 세계의 발전과 평화를 위해 미국의 강력한 협력이 절실하다"고 강조했다. 유엔을 무시하면서 일방주의를 고수했던 부시와는 다른 태도를 오바마에게 촉구하고 나선 것이다.

오바마가 미국 대통령에 당선된 다음 날 러시아 대통령이 보낸 선물은 고약하기까지 하다. 드미트리 메드베데프가 러시아 연방 의회 연설에서, 미국의 새로운 행정부가 동유럽 MD 배치 계획을 철회하지 않으면 러시아는 유럽을 겨냥하는 중단거리 미사일을 다시 배치하겠다고 경고하고 나선 것이다. 더구나 러시아 정부는 헌법을 개정해 현재 총리로 있는 블라디미르 푸틴이 대통령직에 복귀할 수 있는 길도 열어 놓았다. 이에 따라 오바마의 상대는 정치 신인인 메드베데프가 아니라 KGB 출신의 노련한 정치인이자 "21세기의 차르"라고 불리는 푸틴이 될 가능성이 제기되고 있다.

21세기 미국의 최대 경쟁국이 될 것이 확실시되는 중국은 오바마의 국제주의 노선을 반기는 분위기이지만, 그의 보호주의 무역 노선에는 경계심을 나타내고 있다. 오바마가 줄곧 미중 간 무역 불균형을 해소하기 위해서는 위안화 가치 절상이 필요하다는 입장을 밝혀 왔기 때문이다. 이에 대해 중국은 "위안화 환율은 미중 간 무역 불균형의 근본 원인이 아니다"라고 반박하는 한편, 막대한 외환 보유고를 미국 채권 구입이 아니라 자국의 경기 부양책에 투입할 것을 시사함으로써 경제 살리기에 올인하고 있는 오바마의 애를 태우고 있다.

미국의 국내 정치는 물론 대외 정책에서도 막강한 영향력을 행사하는 이스라엘의 반응 역시 오바마를 당혹스럽게 한다. 치피 리브니 이스라엘 외무 장관은 오바마 당선 다음 날 "현 시점에서 미국과 이란의 대화는 세계가 이란에 대한 제재를 포기했다는 인식을 심어 주어 문제가 될 수 있다"며, 오바마의 대화 노선에 반대의 뜻을 분명히 했다. 또한 그 이튿날 에후드 바라크 국방 장관은 "우리는 어떠한 선택도 배제하지 않으며, 다른 나라에도 어떠한 선택도 배제하지 말 것을 권고했다"고 말하면서, 오바마 역시 이란에 대한 무력 사용 옵션을 계속 유지해야 한다고 주장했다.

이스라엘이 공격 대상으로 언급한 이란 역시 물러서지 않고 있다. 아마디네자드 이란 대통령은 1979년 미국과의 외교 단절 이후 처음으로 미국 대통령 당선자에게 보낸 축전에서 "미국이 전쟁과 점령, 위협과 내정 간섭, 기만과 오만으로 국제 사회를 괴롭히는 일이 더는 반복되지 않기를 바란다"며, "특히 이라크, 팔레스타인, 아프가니스탄에서 부당한 정책을 철회해야 할 것"이라고 주장했다. 또한 12월 7일 오바마가 이란에 대해 '당근과 채찍'을 병행하는 정책으로 이란의 우라늄 농축 프로그램 종식을 추구하겠다고 밝히자, 이란 외교부는 바로 다음 날 반격에 나섰다. "오바마는 자신이 대선 슬로건으로 내세운 '변화'를 실천해야 할 것"이라며, "이란이 우라늄 농축 프로그램을 보유할 권리를 인정할 것"을 촉구한 것이다.

급기야 이스라엘은 12월 27일 하마스의 로켓 공격을 빌미로 팔레스타인의 가자 지구를 침공했다. 오바마의 취임식 하루 전날 이스라엘군이 가자 지구에서 철수하면서 휴전에 들어갈 때까지 사상자 규모는 약 1만 명에 달했다. 이는 1967년 3차 중동 전쟁 이후 최대 규모이다. 이스라엘 정부가 야만적인 전쟁을 강행한 이유는 2월 10일 총선을 앞둔 '선거용'이라는 지적과 함께 오바마 행정부의 중동 정책을 '이스라엘의 범위 안'에 가둬 두기 위한 술수라는 분석이 지배적이다.

　미국과 교전 상태에 있는 북한과 미국의 동맹국인 한국에서 날아든 메시지도 혼란스럽다. 북한은 미국 대선에 발맞춰 리근 외무성 미주 국장을 미국에 파견해 오바마 캠프의 한반도 정책 팀장을 맡은 프랭크 자누지를 만나 미국과 관계 개선의 속도를 높이고 싶다는 의사를 전달했다. 오바마의 당선에 즈음해 김정일 위원장이 '와병설'을 딛고 건재를 과시하고 나선 것 역시 '난 멀쩡하니 잘해 보자'는 메시지를 전달한 것이라고 할 수 있다. 신년 사설에서도 "우리를 우호적으로 대하는 나라들과의 관계를 발전"시키겠다며, 오바마의 등장에 기대감을 나타냈다. 그러나 오바마 취임이 다가오자, '선先 관계 정상화, 후後 비핵화' 입장을 밝히는가 하면, 관계 정상화가 되어도 미국의 핵 위협이 계속되면 핵무기를 포기하지 않을 것이라며 본격적인 협상을 앞두고 기선 잡기에 나섰다.

　한국의 이명박 정부는 오바마의 미국에 그리 호의적인 태도를 보이지 않고 있다. 북미 관계는 통하고 남북 관계는 막힌 상황을 의미하는 통미봉남通美封南 가능성이 제기되자, 대북 정책 공조라는 명분을 앞세워 북미 관계의 급격한 진전 가능성에 우려를 표명하고 나섰다. 특히 1월 초에는 이명박 대통령의 민관 합동 자문단이 워싱턴을 방문해, 오바마 당선인 측에 대북 특사 파견에 신중해 달라고 요청하기도 했다. 또한 오바마가 재협상 의사를 여러 차례 밝힌 한미 자유무역협정FTA에 대해서도 한국이 먼저 비준해 오바마 정부와 미국 의회를 압박하겠다는 입장을 굽히지 않고 있다. 이에 따라 오바마와 이명박은 대북 정책 및 무역 정책에서 불협화음을 낼 가능성이 높아지고 있다.

'거대한 그물망'과 한반도의 미래

서론 도입부에 쓴 '2010년 3월 가상 백악관 회의'를 통해 강조하고 싶었던 것은 상호 연관성^{interconnectedness}이다. 오늘날 전 세계, 특히 유라시아 대륙은 하나의 '거대한 그물망'처럼 복잡하고 긴밀한 상호 연관성을 갖고 있다. 한쪽에서 끈을 잡아당기면 다른 쪽 끈이 움직이고, 한쪽이 출렁이면 그 파장이 커지면서 다른 쪽은 더 크게 출렁일 수 있다. 뉴욕의 월 스트리트에서 시작된 미국발 금융 위기가 몇몇 나라의 국가 부도 사태를 초래하면서 세계 경제를 강타하고 있는 것은 이를 잘 보여 준다.

유라시아 대륙을 '거대한 체스판'으로 비유했던 브레진스키의 전략은 단극 체제 시대의 패권 전략이었다. 이는 "미국이 역사상 유례가 없는 대제국으로서 과거 어떤 제국도 누린 적이 없는 '세계 최고의 지위$^{Global\ Supremacy}$'를 구가하고" 있을 때, 이를 영속화하기 위해 나온 것이다.● 실제로 1990년대 클린턴 행정부는 나토를 동진시키지 않겠다는 약속을 어기고 동유럽 국가들을 나토에 가입시켜 '이빨 빠진 러시아'를 통제하고자 했다. 또한 떠오르는 중국을 견제하고자 미일 동맹 재편에도 나섰다. 제국을 꿈꾼 부시 행정부는 '세계 경찰'을 자임하면서 무정부 상태의 국제 질서를 통제하고자 했다. 그러나 국제 사회에 비친 미국은 '세계 깡패'였다. 부시의 고별 이라크 방문 기자 회견장에 날아든 이라크 기자의 신발은 이러한 세계인의 민심을 상징적으로 보여 주었다.

오늘날의 국제 체제, 특히 유라시아는 이미 다극 체제로 접어들었다.

● Zbigniew Brzezinski, *The Grand Chessboard*(Basic Books, 1997), 김명섭 옮김, 『거대한 체스판』(삼인, 2000).

미국이 게임의 법칙을 정한 '거대한 체스판'보다는 미국도 하나의 행위자로서 있는 '거대한 그물망'이라는 표현이 더 잘 어울리는 세계이다. 다극 체제의 후보군은 유라시아 대륙 밖에 있으면서도 유라시아 경영을 통해 패권적 지위를 공고히 하려는 미국에서부터 유라시아 대륙 서쪽에 있는 유럽 연합과 동쪽에 있는 중국과 일본, 그리고 서남쪽의 인도와 유라시아의 지붕이라고 할 수 있는 러시아까지 광범하게 걸쳐 있다.

이러한 다극 체제가 단극 체제보다 더 우월한 국제 체제가 될지는 미지수이다. 각자가 상대방을 고려하지 않고 그물망 위에서 펄쩍펄쩍 뛰기만 한다면 대혼란의 시대에 접어들 수 있다. 그러나 함께 손잡고 움직인다면 거대한 그물망은 안정을 찾고 '협력적 다자주의'의 길로 나아갈 수 있다. 부시의 일방주의를 비판하면서 국제 협력을 강조한 오바마의 등장이 전환기의 국제 체제에 한줄기 빛이 되고 있는 까닭이다.

그렇다면 이러한 상호 연관성의 시대가 한반도에 갖는 함의는 무엇일까? 우선 과거의 사례를 잠시 살펴볼 필요가 있다. 한국 전쟁 당시 미국이 핵무기를 사용하지 못한 가장 큰 이유 가운데 하나는 유럽에 속한 나토 국가들의 반대에 있었다. 한반도에 미국 핵이 떨어지면, 유럽에 소련 핵이 투하될 수 있다는 우려 때문이었다. 1951년 7월 10일에 개시되었던 휴전 협상이 1953년 7월 27일에 가서야 체결되었던 이유 가운데 하나가 스탈린이 유럽의 냉전을 의식했기 때문이라는 해석도 있다. 미국을 한반도에 묶어 두면 유럽 냉전에서 소련이 유리한 위치에 설 수 있다는 판단에서였다. ●●

●● John Lewis Gaddis, *The Cold War: A New History*(New York: The Penguin Press, 2005), pp. 104-106.

근래의 사례에서도 '굵직한' 상호 연관성의 사례는 발견된다. 김대중 정부는 한반도 평화 프로세스가 정점에 달했던 2000년 11월에 당선된 부시가 대북 포용 정책을 계승할 것이라고 착각했다. MD에 대한 부시 행정부의 집착이 얼마나 강한지 잘 몰랐던 까닭이다. 즉, 1기 부시 행정부의 대북 정책의 가장 큰 고려 사항은 MD였던 것이다. 노무현 정부는 부시의 이라크 전쟁을 도와주면 부시도 한국의 처지를 고려해 대북 정책을 바꿀 것으로 기대했다. 그러나 부시의 대북 정책을 바꾼 가장 큰 힘은 노무현 정부가 부시와 함께 물리치고자 했던 이라크 저항 세력에서 나왔다. 2004년 들면서 이라크 저항 세력의 반격이 본격화되고 미국이 승리할 가능성이 희박해지면서 이라크 전쟁과 대북 강경책을 주도했던 네오콘이 몰락했다. 이라크와 북한을 상대로 한 동시 전쟁에서 승리할 수 있다는 '윈윈 전략'은 파탄이 났고, 네오콘의 위세에 눌려 있던 협상파들이 기지개를 켰다. 2007년 들면서 부시의 대북 정책이 극적으로 전환한 배경이다. 이러한 맥락에서 볼 때, 2기 부시 행정부의 대북 정책의 최대 변수는 중동의 이라크였다.

그렇다면 오바마 시대에 전 지구적 상호 연관성은 한반도에 어떤 모습으로 나타날까? 우선 오바마 행정부 초기 대북 정책의 가장 큰 고려 사항은 2010년 5월에 열릴 NPT 회의가 될 가능성이 높다. 핵비확산 체제 강화를 대외 정책의 최우선 목표로 내세우고 있는 오바마의 입장에서 볼 때, 북핵 문제 해결만큼이나 쇠퇴 일로의 NPT 체제를 복원시킬 수 있는 방법도 드물기 때문이다. 북한은 40년을 넘긴 NPT 역사상 처음으로 이 조약에서 탈퇴하여 핵실험까지 단행한 나라이다. 이러한 북한이 2010년 5월 NPT 회의 이전에 이 조약에 복귀하거나 '옵서버' 자격으로 회의에 참석만 하더라도 NPT는 크게 강화될 것이다.

이명박 정부가 대외 정책의 최우선 목표로 삼아 온 한미 동맹 강화도 전혀 예상하지 못한 변수를 만나 약화될 수 있다. 가장 큰 복병은 알카에다와 탈레반이다. 오바마는 두 세력을 미국의 최대 위협으로 간주하고 이들을 소탕하는 데 군사적, 외교적 힘을 집중한다는 계획이다. 오바마의 '10만 양병설'도 이 때문에 나온 것이다. 그러나 극심한 경제 위기와 막대한 재정 적자에 시달리고 있는 미국이 1천억 달러가 소요되는 '10만 양병설'을 추진하기란 쉽지 않다. 이라크에 주둔한 미군을 철수시켜 아프가니스탄에 투입한다는 계획 역시 이라크와 이란 상황에 달려 있다. 만약 10만 양병설도 이라크 철수도 여의치 않을 경우에, 오바마는 주한 미군으로 눈을 돌리게 될 것이다. 주한 미군 감축을 위해 북한과의 관계 개선에 박차를 가할 가능성도 예견된다.

전 지구적 상호 연관성은 한반도가 반드시 종속 변수로 작용한다는 것을 의미하지 않는다. 역으로 한반도가 다른 지역에 미치는 영향력도 무시할 수 없기 때문이다. 가령 이런 것이다. '북한 위협론'을 최대 구실로 삼아 추진된 부시의 MD는 중동의 이란 위협을 근거로 유럽까지 확대되고 있다. 이는 유럽에서 냉전의 망령을 불러온 핵심적인 요인이다. 이는 반대로 한반도 비핵 평화 프로세스가 급진전되어 MD 추진 근거가 약해지면, 유럽의 신냉전 분위기에도 영향을 줄 수 있다는 것을 의미한다. 한반도 평화가 유럽의 냉전 부활을 차단하는 '환상의 나비 효과'가 될 수 있다는 것이다.

한반도는 거대한 그물망의 동쪽 끝에, 그리고 미국과 일본이 유라시아 대륙으로 진출하는 길목에 자리 잡고 있다. 지금까지는 불행했다. 대륙 세력과 해양 세력의 패권 경쟁에 몸살을 앓았고, 끝내 두 세력은 한반도의 팔다리를 잡아당겨 허리를 끊어 놓고 말았다. 남북한은 이를 주체적으로 다시 잇지 못하고 서로 욕하고 주먹질하면서 반세기를 보냈다. 끊어진 허리를 다시 이으려고 했던 10년간의 노력은 한국의 새 정부에 의해 "잃어버린 10년"으로 폄훼되었고, 또다시 남북한은 잡은 손을 놓고 그물망 위에서 펄쩍펄쩍 뛰면서 상대방을 먼저 넘어뜨리려는 '철없는 게임'에 들어갔다.

거대한 그물망의 시대, '한반도의 꿈'은 간단명료하다. 서로 삿대질하면서 아무리 혼자 높이 뛰어 봐야 힘만 빠지지 한반도라는 비좁은 그물망에서 벗어날 수 없다. 북한을 통하지 않으면 남한은 결코 섬보다 못한 신세를 벗어날 수 없다. 북한 역시 남한과 협력하지 않으면 국제적 고립에서 벗어날 수 없다. 그런데 남북한이 손을 잡으면 상황은 정반대로 간다. 함께 손을 잡고 거대한 그물망의 동쪽 끝 줄을 가스 파이프라인으로 바꾸면 에너지 위기의 시대에 숨통을 틀 수 있다. 남북한의 끊긴 철도를 다시 연결하고 북한의 철도를 현대화하면 한반도 종단 철도는 유라시아 횡단 철도와 만난다. 거대한 그물망의 동쪽 끝에 있는 부산에서 서쪽 끝에 있는 프랑스 파리, 아니 도버 해협을 지나 영국까지 갈 수 있는 시대가 열리는 것이다.

2012년 찍고 어디로 갈까?

결론에서 상세히 설명하겠지만, 2012년은 국제 체제의 중대한 변곡점이 될 가능성이 높다. 미러 간의 '제2의 냉전'이라는 과녁을 향해 부시가 쏜 화살, 즉 동유럽 MD 배치 완료가 예정된 해가 바로 2012년이다. 그 화살이 과녁을 맞히느냐의 여부에 따라 유라시아 대륙 전체의 진동 폭이 달라질 것이다. 2012년은 이 게임을 주도할 러시아의 대선이 예정되어 있고, 미국의 오바마가 재선에 도전하는 해이다. 중국에서도 후진타오가 물러나고 시진핑 체제의 등장이 예정되어 있고, 대만의 총통 선거도 같은 해에 열린다. 한국에서도 총선과 대선이 예정되어 있고, 북한은 그때까지 "강성 대국의 문을 활짝 열어 놓겠다"고 공언하고 있다. 한미 간에는 무려 62년 만에 전시 작전 통제권 전환이 걸려 있다. 러시아가 심혈을 기울이고 있는 블라디보스토크 APEC 정상 회담 역시 빼놓을 수 없는 이벤트이다.

물론 국제 사회가 2012년을 찍고 어디로 갈지는 아무도 모른다. 부시가 쏜 화살이 '제2의 냉전'을 향해 가까워질수록 유라시아 대륙은 더욱 크게 흔들릴 것이다. 푸틴이 이를 틈타 권좌에 복귀하면 미국 공화당은 "바보야, 문제는 안보야"를 들고 미국인의 안보 불안 심리를 파고들어 '제2의 레이건 혁명'에 시동을 걸 것이다. 이처럼 거대한 그물망에 서 있는 두 거인이 펄쩍 뛰기 시작하면, 중동을 비롯한 유라시아 곳곳에서는 불확실성과 세력 다툼이 격화될 것이고, 한반도 역시 예외가 아닐 것이다. 아니, 한반도가 최대 피해자 가운데 하나가 될 수 있다. 유럽이 미소 간의 냉전으로 동서로 갈리면서 그 여파로 한반도가 남북으로 찢어졌던 것처럼 말이다.

거대한 그물을 엮는 줄은 한국의 몸을 묶는 '오랏줄'이 될 수도 있고, 유라시아 대륙으로 진출하는 '길'이 될 수도 있다. 그것이 오랏줄이 된다면 그물망은 한국에 덫이 될 것이고, 길이 된다면 네트워크가 될 것이다. 21세기는 '네트워크 시대'라고 한다. 네트워크 시대의 주역이 되기 위해서는 '관계'가 무엇보다 중요하다. 반세기 넘게 냉전의 덫에 걸려 있는 한반도에서 남북 관계가 중요한 까닭이다. 그러나 10년 동안 우여곡절을 겪으면서 풀어 가던 오랏줄은 이명박 정부가 들어서면서 다시 조여지고 있다. 하루빨리 이 오랏줄을 풀어 길을 내지 못하면, 한반도는 또다시 네트워크 시대의 주역이 아니라 희생양이 되고 말 것이다.

길은 사람을 만나게 하고, 사람 사이의 만남은 상호 작용을 수반하며,

상호 작용은 공동의 이익과 번영의 가능성을 잉태시킨다. 길은 점을 선으로 만들고, 선은 관계를 만들며, 관계는 공동체의 필요성을 일깨워 준다. 거대한 그물망의 시대, 이보다 더 밝은 한반도의 미래는 없지 않겠는가.

제1부

:: 흔들리는 체스판,
오바마의 선택은?

> "우리의 안보는 공유되어 있다. 마찬가지로 책임도 함께 나누어야 한다. 오바마 행정부는 관타나모 수용소 폐쇄, 기후 변화에 대한 적극 대처, 적대국과의 대화 등 국제 사회에서 요구한 많은 것들을 행동으로 옮기고 있다. 마찬가지로 유럽 연합을 비롯한 국제 사회도 많은 역할을 해야 한다."
>
> 조지프 바이든 미국 부통령, 2009년 2월 뮌헨 안보 회의 연설에서

제국을 꿈꾼 부시, 몰락을 재촉하다

'부시 독트린'의 비참한 최후

"우리가 오만해진다면, 국제 사회는 우리에게 분노를 표할 것이다. 우리가 겸손하지만 강해진다면, 그들은 우리를 환영할 것이다."

조지 W. 부시, 2000년 10월 대선 토론회에서

"전쟁은 끝났다. 이게 너한테 주는 마지막 작별 키스다, 개놈아! 이 신발은 이라크에서 살해된 사람들과 그 부인들과 고아들이 던지는 것이다."

문타다르 알자이디 이라크 기자, 2008년 12월 14일 바그다드 기자 회견장에서 부시에게 신발을 던지며

부시 행정부가 2001년 1월 백악관에 들어갈 때 그렸던 '꿈속의 세계'와 8년 후 백악관을 떠날 때 떠넘긴 '현실의 세계' 사이에는 극명한 차이가

있다. 부시 대통령이 취임 1년 후 "악의 축"으로 규정했던 이라크, 이란, 북한은 이러한 차이를 상징한다. 이라크에 친미 정권을 세워 제국의 기반을 닦겠다던 야망은 제국의 몰락을 재촉했다. 이라크에 이어 정권 교체의 대상으로 삼았던 이란은 부시의 8년을 거치면서 중동의 패자霸者를 넘볼 정도로 영향력이 커졌다. 동아시아의 "악의 축" 북한은 빈털터리로 백악관을 떠날 운명에 빠졌던 부시의 체면을 조금이나마 살려 주었다. 부시 행정부 스스로 최대의 외교 업적으로 북핵 해결의 진전을 꼽았으니 말이다.●

물론 세상만사가 사람의 뜻대로 되는 것은 아니다. 그러나 한 개인도 아니고 약소국도 아닌 '유일 초강대국' 미국이 부시의 8년을 거치면서 몰락하리라고 예측한 사람은 거의 없었다. 무엇이 문제였을까? 부시의 8년을 거치면서 정치 신인에서 최초의 흑인 대통령으로 등장한 오바마 행정부 시대를 점쳐 보기 전에 지난 8년을 반추해 보자.

● 백악관은 2009년 1월 3일 홈페이지에 올린 '미국인들이 모르는 부시 행정부(2001~2009)의 100가지 기록'이라는 자료를 통해 지난 8년간 부시 행정부의 가장 대표적인 외교적 성과는 6자 회담을 통해 북한의 핵무기 및 핵 프로그램 폐기 약속을 받아 낸 것이라고 밝혔다.

●● 정욱식, 「미국을 알아야 평화가 보인다」, 조엘 안드레아스 지음, 평화네트워크 옮김, 『전쟁 중독』(창해, 2003).

네 가지 최악의 조합

부시 행정부의 성격은 네 단어로 요약된다.●● 기독교 근본주의와 군사주의, 미국 우월주의와 예외주의가 그것이다. 부시의 화법에서 잘 드러난 것처럼, 그의 행정부는 세계를 선과 악의 이분법적 대결 구도로 보면서 "악을 제거하라"는 신의 명령을 받은 미국과 미국을 따르는 나라는 선이요, 나머지는 악이라는 극단적인 세계관을 갖고 있었다. 또한 부시 행정부는 자국의 복음주의적 세계관을 실현하는 방법으로 압도적인 군사적 우위와 문제 해결 방식으로서의 군사력 사용을 선호하는 군사주의를 채택했다. 네오콘이 주축이 된 부시 행정부는 적대 국가 지도자들은 비이성적이라는 선입견에 사로잡혀 외교나 억제는 한가한 소리로 치부하면서, 힘으로 응징해야 한다는 군사주의를 선호하게 된 것이다.

동전의 양면 관계라고 할 수 있는 미국 우월주의와 예외주의 역시 부시 행정부 때 그 폐해가 여실히 드러났다. 미국 우월주의는 자유 민주주의와 인권, 시장 경제로 상징되는 미국식 체제가 가장 우월하며, 이러한 미국을 보호하고 미국식 체제를 세계화하기 위해서는 국제 사회의 규범 때문에 미국이 제한받아서는 안 된다는 제국주의 논리가 깔려 있다. 다른 나라들은 열등한 존재이므로 국제 규범을 철저하게 준수해야 하지만, 미국은 국제 체제 위에 존재하는 국가인 데다가 열등한 국가들을 구원해야 할 위치에 있기 때문에 국제 규범에 종속되어서는 안 된다는 것이다. 이러한 오만한 세계관은 "미국은 우월하기 때문에 예외일 수 있다"는 결론으로 이어진다.

부시의 이러한 세계관은 미국 안팎에서 엄청난 문제들을 일으키면서 큰 후유증을 남겼다. 기독교 근본주의는 미국 내부적으로 정치와 종교의 분리라는 민주주의의 가장 기본적인 원칙이 훼손되는 결과를, 대외적으로는 종교 간, 문명 간의 갈등을 야기하면서 극단적인 반미 감정의 확산을 초래했다. 임기 8년회계 연도 2002~2009 동안 군사비로 약 4조 3천억 달러를 쓰면서 추구한 군사주의는 '전쟁 머신'으로서의 미국의 이미지를 다시 부각시키면서 미국인들을 전쟁의 수렁에 빠뜨렸고, 세계인들에게는 공포와 분노를 안겨 주었다. 미국 우월주의와 예외주의에 사로잡혀 천명한 "민주주의와 자유의 확산"은 쿠바의 관타나모와 이라크의 아부그레이브 포로수용소에서 자행된 만행 앞에 그 위선의 가면이 적나라하게 벗겨졌고, 국제 사회로부터 '너나 잘해'라는 핀잔을 들어 왔다. 미국식 신자유주의 역시 전 세계적인 금융 위기의 주범이 되면서 쓸쓸히 역사의 무대에서 퇴장할 운명에 처해 있다.

다시 보는 부시 독트린

"21세기도 미국의 시대로 만들겠다"던 부시 행정부의 세계 전략은 '부시 독트린'으로 압축된다. 그런데 이에 대해 두 가지 오해가 있다. 하나는 부시 독트린을 선제공격 전략과 동일시하는 경향이고, 또 하나는 부시 독트린을 '9·11 테러'의 산물로 이해하는 경향이다. 이 두 가지 오해를 푸는 것은 매우 중요하다. 역설적으로 제국을 꿈꾼 부시 행정부 때 제국의 몰락이 가속화된 핵심적인 이유를 알 수 있을 뿐만 아니라, 21세기에 접어들면서 '거대한 체스판'이 요동치는 이유를 이해할 수 있는 단초도 여기에서 나온다. 또한 '부시의 미국'과 '오바마의 미국'을 비교·평가하려면 반드시 선행되어야 할 작업이다.

부시 독트린은 흔히 선제공격 전략으로 받아들여졌다. 실제로 부시 행정부는 2002년 9월에 발표한 국가 안보 전략 보고서에서 "적들의 적대 행위를 사전에 예방하기 위해 미국은 필요하다면 선제 행동을 취할 것"이라고 천명했다. 그러나 부시 독트린은 이보다 훨씬 광범위하고 야심적인 내용을 담고 있다. 핵심은 "미국은 잠재적인 적들이 우리의 힘을 능가하거나 대등해지

● White House, *The National Security Strategy of The United States of America*, September, 2002.

려는 야심을 품고 추구하는 군사력 증강을 좌절시킬 정도로 충분한 힘"을 갖겠다는 군사 수위military supremacy 전략이다.● 예방적 선제공격 전략이 주로 테러 집단과 "악의 축" 국가들을 상대로 한 것이라면, 군사 수위 전략은 중국, 러시아 등 잠재적 경쟁국들을 상대로 한 것이었다.

이러한 맥락에서 볼 때, '예방prevention'은 부시의 세계 전략을 이해할 수 있는 키워드이다. 우선 선제공격을 예방 전쟁과 구분할 필요가 있다. 국제법상 상대방의 공격이 임박했을 때 먼저 행동하는 것은 불법이 아니라는 해석이 있다. 유엔 헌장 2조에서는 "심각하고 임박한 위협이 없는 상태에서" 무력을 사용하거나 무력을 사용하겠다고 위협하는 것을 금지하면서도, 51조에서는 자위권을 인정하고 있다. 이에 따라 심각하고 임박한 위협이 있는 경우에는 자위적 차원에서 선제공격할 권리가 있다는 주장이 가능하다. 그러나 예방 전쟁은 이러한 상황이 아니더라도 미래의 위협을 미리 제거한다고 할 때 적용된다. 가령 상대방이 칼을 들고 나를 해치려고 할 때, 몽둥이로 그 사람을 치는 것은 '정당방위'로 인정된다. 그러나 상대방의 주머니에 칼이 있거나 있다고 믿어서 그 사람을 때리거나 죽이면 이는 상해·살해죄에 해당된다.

그런데 부시 행정부는 긴박한 위협에 대한 선제공격뿐만 아니라 "위험해지는 동안 태만하게 있을 수 없다"며 "필요하다면 선제 행동을 취할 것"이라고 천명했다. 실제로 이라크가 대량 살상 무기WMD로 미국이나 국제 사회를 위협하고 있다는 어떠한 근거가 없었음에도 '후세인이 WMD를 갖는다면'이라는 가정법을 사용하면서 침공을 강행했다. 이는 명백한 예방 전쟁 개념에 해당하는 것으로, 미국의 침공 직후 코피 아난 유엔 사무총장은 이를 "불법

전쟁"으로 규정하기도 했다.

다음으로 부시 행정부가 다른 강대국들을 상대로 채택한 예방 전략을 살펴보자. 1기[2001~2004]에는 주요 강대국으로 러시아, 인도, 중국을 언급하면서 "러시아는 이제 적이 아니다"라고 규정했고, 인도에 대해서는 "전략적 이익을 공유하는 동반자 관계"라고 설명했다. 반면 중국에 대해서는 "전략적 경쟁자"로 부르면서 군사 수위 전략이 주로 중국을 겨냥한 것임을 분명히 했다. 2기[2005~2008]에는 인도를 "핵심적인 전략적 동반자"로, 러시아를 "전환기에 있는 건설적 동반자"로 규정한 반면에, 중국은 "미국과 군사적으로 경쟁하고 미국의 우위를 상쇄할 만한 파괴적인 군사 기술을 이용할 수 있는 가장 큰 잠재력을 갖고 있다"며 중국에 대한 경계심을 강화했다.

● Department of Defense, *Quadrennial Defense Review*, February 6, 2006 ; White House, *The National Security Strategy of The United States of America*, March, 2006.

이러한 인식을 바탕으로 부시 행정부가 채택한 전략은 압도적인 군사적 우위와 동맹 관계 재편을 통해 중국과 러시아 등 경쟁국들이 미국과 대등해지려는 노력을 사전에 단념시키겠다는 것으로 요약된다. 그러나 이는 참담한 실패로 끝나고 만다. 핵 협정 체결이라는 말썽 많은 선물까지 주면서 인도를 핵심적인 동맹국으로 삼고자 했지만, 인도는 미국은 물론이고 중국, 러시아와도 관계 개선을 추구해 '균형자[balancer]'를 자임하고 있다. 1기 부시 행정부가 적이 아니라고 했던 러시아는 반미 감정의 확산과 고유가를 기회로 국제 정치의 전면에 재등장했고, 나토의 확장과 미국의 동유럽 MD 배치에 반발하면서 '제2의 냉전'도 불사할 태세이다. 무엇보다도 부시가 가장 큰 경계심을 드러내면서 경쟁국으로 등장하는 것을 예방하려고 했던 중국은 부시 행정부 임기 8년 동안 또 하나의 슈퍼파워로서의 지위를 확보했다.

9·11 테러가 부시 독트린을 만들었다?

부시 독트린에 대한 또 하나의 중대한 오해는 이를 '9·11 테러'의 산물로 이해하는 경향이다. 그러나 예방적 선제공격과 군사 수위 전략을 골자로 한 미국의 제국주의적 패권 전략은 9·11 테러 10년 전인 아버지 부시 행정부 때부터 논의되었던 사안이다. 아들 부시 행정부의 대외 정책을 쥐락펴락했던 딕 체니 부통령과 폴 울포위츠 국방부 부장관, 그리고 체니의 비서실장이었던 루이스 리비는 아버지 부시 행정부 때 각각 국방부 장관과 차관, 보좌관을 맡았었다. 이들은 국방 정책의 지침서인 『국방 계획 지침Defense Planning Guidance』을 작성했는데, 여기에는 부시 독트린의 골간인 예방적 선제공격, 군사 수위 전략, 유엔 등 국제기구와 국제법의 무시 등이 담겨 있었다. 그러나 『뉴욕 타임스』와 『워싱턴 포스트』가 이 보고서 초안을 입수해 폭로한 데다가 조지프 바이든 상원 의원현 부통령이 "미국이 제국주의 국가, 세계의 두목이 되려 하느냐"며 강력히 반발하자 이들의 구상은 일단 무산되었다. 그러나 『국방 계획 지침』 초안 필자들과 럼즈펠드 등 25명의 네오콘들은 1997년 '새로운 미국의 세기를 위한 프로젝트'라는 단체를 결성해 제국주의 야심을 되살리기 시작했다. 이들은 대선 직전인 2000년 9월 『미국 국방력의 재건Rebuilding America's Defenses』이라는 보고서를 작성해 부시 진영의 외교 안보 정책 공약 방향을 제시했다. 이 보고서에는 "국방 계획 지침은 청사진"이라고 하면서 아버지 부시 행정부 때 논의되었던 군사 전략을 계승할 방침을 분명히 했다. 주요 내용은 연 150억 달러 이상의 군사비 증액, 우주 무기 개발 및 MD 배치, 새로운 핵무기 개발, 선제공격 및 군사 수위 전략 채택, 북한·이란·이라크에 대한 경계심 강화, 해외 주둔 미군 재배치 및 전력 증강 등이었다. 이를 통해

"팍스 아메리카나와 단극 체제를 21세기에도 유지"할 수 있다는 것이다. 그리고 2000년 미국 대선에서 부시가 당선되자, 이들의 '구상'은 '정책'으로 실현되었다.

이를 통해 알 수 있는 것은 부시 독트린의 주요 골자는 9·11 테러와 무관하게 이미 오래전부터 구상되었다는 점이다. 9·11 테러가 부시 독트린에 미친 영향은 크게 세 가지이다. 첫째, 네오콘이 전면에 나서면서 자신들의 오랜 구상을 정책으로 옮기기 위해 9·11 테러를 명분으로 삼았다. 둘째, 국가 안보 지상주의가 판을 치면서 부시 행정부의 제국주의적 군사 전략에 대한 미국 내 비판 능력이 사실상 마비되었다. 셋째, '초상집에 가서 빚 독촉을 하지 말라'는 격언을 떠오르게 하듯, 이전까지 부시의 대외 정책에 우려와 경계심을 가졌던 주요 국가들이 일제히 침묵으로 돌아섰다.

소련의 붕괴로 미국이 세계 유일 초강대국으로 등장한 1990년대 초반과 9·11 테러의 발생으로 국가 안보 지상주의가 맹위를 떨친 21세기 초엽의 미국 정치의 차이는 시사하는 바가 크다. 아버지 부시 행정부 때에도 제국주의적 패권 전략이 추진되었지만, 국내 유력 언론과 민주당의 반발에 부딪혀 수포로 돌아갔다. 미국의 비판 정신과 자기 정화 능력이 살아 있었던 것이다. 그리고 역설적으로 1990년대 내내 미국은 세계 패권국으로서의 지위를 공고히 할 수 있었다. 그러나 부시 행정부가 9·11 테러를 제국주의 야심을 되살리는 기회로 악용한다는 것이 분명했음에도 미국은 자기 정화 능력을 발휘하지 못했다. 2004년 부시의 재선은 미국의 비판 정신과 자기 정화 능력이 얼마나 쇠퇴했는지를 잘 보여 준 사례였다. 그러나 부시가 제왕적 대통령으로 군림하는 동안에 미국은 유일 패권국으로서의 지위를 하나 둘씩 잃어 갔다. 미국이 자제력을 발휘했을 때에는 패권국 지위가 공고해진 반면에 오만함을 드러냈을 때에는 그 반대 현상이 나타난 것이다.

부시의 전쟁과 제국의 몰락

"이라크에서 주요 전투 작전은 끝났다. 미국과 우리의 동맹국은 승리했다. 그리고 우리의 연합은 이제 이라크의 안정화와 재건에 나서고 있다. (중략) 이제 우리는 이라크에서 생화학 무기를 찾아 나설 것이다. (중략) 테러와의 전쟁은 계속될 것이다. 미국민을 상대로 한 테러 공격에 가담하거나 계획하는 자들은 미국의 적이며, 정의의 심판을 받을 것이다. 테러 집단과 연계되어 있거나 대량 살상 무기를 개발·보유하려는 어떠한 무법 정권도 분쇄될 것이다."

2003년 5월 1일, 부시 대통령은 전투기를 타고 항공모함 에이브러햄 링컨호에 내려, 이라크 전쟁에서의 승리를 선언했다. 침공 40일, 바그다드 점령 22일 만의 일이다. 항공모함을 가득 메운 미군들은 열렬히 환호했고, 텔레비전을 통해 이를 지켜본 국제 사회는 미국의 위세에 눌려 숨도 크게 쉬지 못했다. 마치 21세기 제국의 출현을 알리는 선포식 같았기 때문이다. 그러나 여기까지였다. 이라크 전역을 샅샅이 뒤지고 다녔지만, 대량 살상 무기를 찾지 못했다. 애초부터 대량 살상 무기는 이라크가 아니라 부시의 마음속에 있었기 때문에 당연한 결과이기도 했다. 그리고 부시가 승리를 선언한 직후, 이라크 저항 세력의 반격이 본격화되었다. 집으로 돌아갈 꿈에 부풀어 있던 미군들은 사방에서 날아드는 총탄과 곳곳에 매설된 폭탄, 그리고 폭탄을 가득 실은 자살 테러 차량에 하나 둘씩 쓰러져 갔다. 역설적으로 이라크 전쟁은 부시가 종전을 선언한 직후부터 본격적으로 시작되었던 것이다.

이라크 인과 미군 사상자 소식은 하루가 멀다 하고 언론의 머리기사를 장식했고, 미국은 깊은 수렁에 빠져들었다. 미국의 위세에 눌려 숨을 죽이고 있던 여러 나라들은 부시의 일방주의를 성토하기 시작했고, 의지의 연합coalition of willingness은 갈라졌다. 미국 내에서는 '반부시', 국제 사회에서는 반미 여론이 극에 달했고, 미국 말은 '콩으로 메주를 쑨다'고 해도 안 믿을 정도로 미국의 신뢰는 바닥으로 떨어졌다. 미국이 중동에 발이 묶여 있는 동안 부시가 '전략적 경쟁자'로 일컬었던 중국은 급격히 강해졌고, 러시아도 고유가와 반미 여론에 힘입어 국제무대의 전면에 재등장했다. 21세기 제국의 출현을 알리는 듯했던 이라크 전쟁이 역설적으로 제국의 몰락과 국제 질서의 재편을 앞당긴 것이다.

이라크 신드롬과 베트남 신드롬

미국이 '이라크 신드롬'에 빠지면서 고립주의를 선호하는 목소리도 높아졌다. 여론 조사 전문 기관인 퓨 리서치Pew Research 센터가 2005년에 실시한 여론 조사를 보면, "미국은 다른 나라에 개입하지 말고 자국의 일에 신경 써야 한다"는 여론이 42%에 달했다. 이는 베트남 전쟁 직후인 1976년의 41%와 냉전 해체 이후인 1995년의 41%보다 높은 수치이다.● 하버드 대학 정치연구소가 2006년 초에 만 18~24세의 젊은 세대를 대상으로 실시한 여론 조

● Andrew Kohut, "Bush's Concern Over Isolationism Reflects More Than Just Rhetoric," Pew Research Center for the People & Press, February 3, 2006.

●● Paul Starobin, "Beyond Hegemony," *National Journal*, December 1, 2006.

사에 따르면, 응답자의 72%가 "미국은 앞으로 국제 사회의 위기와 갈등을 해결하는 데 주도적인 역할을 해서는 안 되며, 이러한 역할은 다른 나라들과 유엔이 해야 한다"고 답했다.●●

그러자 부시 대통령은 2006년 연두 교서에서 '고립주의'라는 표현을 네 번이나 사용하면서 미국이 그 길을 가면 "위험과 쇠퇴"를 피할 수 없게 된다고 강조했다. 부시의 이러한 발언은 고립주의에 대한 우려의 표현인 동시에 이라크 철군을 고립주의와 동일시함으로써 이라크 철군을 요구하는 사람들을 고립주의자로 비난하려는 정치적 계산도 깔려 있었다.

고립주의 논란은 이라크 신드롬을 베트남 신드롬과 비교하는 유행을 낳았다. 5만 8천 명에 가까운 미군과 5백만 명의 베트남 인의 목숨을 앗아 간 베트남 전쟁은 미국 사회와 대외 정책에 큰 후유증을 남겼다. 전쟁에 신물이 난 미국 국민들은 미국인이 목숨을 잃을 수도 있는 전쟁에 개입하는 것을 꺼리게 되었고, 이러한 정서가 미국의 대외 정책을 지배하면서 '베트남 신드롬'이란 말을 남겼다. 실제로 베트남 전쟁을 거치면서 미국은 직접 개입보다는 자금과 무기를 친미 세력에게 제공하면서 자국의 정치적 목적을 달성하고자 하는 '대리전쟁'을 선호하게 되었다. 미국의 이러한 대리전쟁은 1970년대와 1980년대에 걸쳐 칠레, 앙골라, 니카라과, 엘살바도르, 아프가니스탄 등지에서 이루어졌다. 1980년대에 이라크 후세인 정권의 이란 공격으로 발생한 전쟁 역시 배후에 미국이 있었다는 것은 널리 알려진 사실이다.

베트남 신드롬의 여파로 한때 유행했던 '대리전쟁'의 방식은 1990년 이라크가 미국의 핵심적인 우방인 쿠웨이트를 침공하면서 중대한 국면을 맞게 되었다. 1979년 이란의 '반미 이슬람 혁명' 이후 이란이 중동의 패권국으로 등장하는 것을 저지하기 위해 미국은 이라크의 후세인 정권을 도왔다. 그러나 이번에는 후세인이 중동의 맹주를 노리고 쿠웨이트를 침공하자, 미국은 직접 개입을 선택했다. 개입의 목적은 쿠웨이트를 침공한 이라크를 축출해 '현상 유지'를 재건하고 후세인 정권을 약화시키는 데 있었다. 미국이 이전에는 전쟁을 일으키거나 개입하면 '완전한 승리'나 '무조건적인 항복'을 추구했던 것과는 달리 '제한 전쟁'을 선택한 것이다. 그리고 아버지 부시는 이라크군을 쿠웨이트에서 축출한 직후, "우리는 베트남 신드롬을 극복했다"고 선언했다.

그러나 아버지 부시가 '베트남 신드롬'을 극복했다는 이라크에서 아들 부시가 다시 '이라크 신드롬'을 만들어 냈다. 가장 큰 이유는 역시 미군 사망자 수의 차이이다. 1차 걸프전 때 미군 사망자는 약 3백 명이었으나, 2차 전쟁에서는 2008년 12월에 4천3백 명을 넘어섰다. 아버지 부시는 후세인의 쿠웨이트 침공이라는 최소한의 개입 명분이라도 갖고 있었지만, 아들 부시는 대량 살상 무기 및 후세인과 알카에다의 연계라는 '거짓 명분'에 의존했다. 또한 아버지 부시는 현상 회복이라는 제한된 목표를 갖고 있었던 반면에, 아들 부시는 정복 전쟁을 일으켰다. 이러한 차이는 1990년대의 미국과 21세기 초엽의 미국에 대한 상반된 이미지를 낳았다.

더욱 근본적인 차이는 결과이다. 1차 걸프전이 냉전 해체 이후 미국 단일 패권 시대의 개막을 알린 전쟁이었다면, 2차 전쟁은 그 반대의 결과를 낳고 있기 때문이다. 이를 두고 1기 부시 행정부 때 국무부 정책기획국장을 지낸 리처드 하스 미국외교협회[CFR] 회장은 "1차 이라크 전쟁으로 개막된 중동에서의 미국 시대가 2차 이라크 전쟁으로 그 끝을 재촉하고 있다"며, "중동에

● Richard N. Haass, "The New Middle East," *Foreign Affairs*, November/December, 2006.

●● 여론 조사 전문은 http://news.bbc.co.uk/1/shared/bsp/hi/pdfs/23_01_07_us_poll.pdf.

서의 미국 패권은 종말을 고했고, 새로운 시대가 열리고 있다"고 주장했다.● 무엇보다도 미국이 이라크 침공을 강행한 것은 "온건한 패권 국가이자 현상 유지 세력"이라는 미국의 이미지에 치명타를 가했다. 이는 미국 단일 패권주의의 정당성에 대한 근본적인 회의를 야기하면서, 미국이 그토록 자랑했던 '팍스 아메리카나'에 대한 동의의 토대를 허물어뜨렸다.

이라크 신드롬이 베트남 신드롬과 근본적으로 다른 점이 또 하나 있다. 베트남 전쟁 이후에도 이른바 '자유 진영' 국가들은 미국에 등을 돌리지 않았다. 소련의 위협에 맞서기 위해서는 미우나 고우나 미국이 필요했기 때문이다. 그러나 이라크 전쟁 이후의 상황은 다르다. 미국의 일방주의와 군사 패권주의를 눈감아 줄 정도로 소련과 같은 시급하고 중대한 위협이 존재하지 않기 때문이다. 이는 '자유 진영' 국가들의 반미 여론이 상당히 높게 나타난 것에서 잘 드러난다. 영국의 BBC 방송이 2007년 초 25개국 26,380명을 대상으로 실시한 여론 조사에 따르면, 전체 응답자의 49%가 미국이 국제 사회에서 부정적인 역할을 한다고 답했다. 긍정적이라고 답한 사람은 29%에 불과했다. 특히 미국의 주요 동맹국 가운데 독일에서 미국에 대한 반감이 74%로 가장 높았고, 프랑스 69%, 오스트레일리아 60%, 영국 57%, 한국 54%로 나타났다.●●

이라크 전쟁의 승리자와 패배자

부시 행정부가 이라크에서 가능하지도 않은 '승리'에 집착하면서 최악의 시나리오가 현실로 나타날 것이라는 우려가 본격적으로 제기되기 시작했다. 최악의 시나리오란 시아파 정권이 정파 간 화해와 통합에 소극적인 태도로 일관하는 사이에 이라크가 내전 상황으로 진입하거나 정치 불안이 계속되고, 알카에다를 비롯한 반미 테러 집단이 이라크를 무대로 영향력을 확대하며, 중동에서 미국의 영향력이 약화되는 동안 이란이 핵무장 능력을 확보하고 이라크에 영향력을 확대하여 중동의 강자로 부상하는 것을 의미한다. 이렇게 되면 미국은 이라크 전쟁을 통해 친미 정권을 세우고 안정적인 군사기지와 석유 공급원을 확보하는 한편, 이스라엘과 연대하여 중동 전체를 친미 질서로 재편하겠다는 침공의 목적과는 정반대의 결과에 직면할 수 있다.

이러한 우려가 나올 정도로 이라크 전쟁의 가장 큰 패배자는 부시 행정부가 되고 말았다. 물론 가장 큰 피해자는 이라크 사람들이다. 그렇다면 이라크 전쟁의 수혜자는 누구일까? 이와 관련해 미국의 한 잡지에서 1위부터 10위를 선정했다.● 1위는 미국이 이라크 수렁에 빠진 사이에 핵개발과 중동에서의 영향력 확대를 추구

● "Who Wins in Iraq?" Foreign Policy, March/April, 2007.

하고 있는 이란이, 2위는 전쟁 이전에는 무명이었으나 지금은 이라크에서 가장 큰 영향력을 갖게 된 시아파의 젊은 성직자 모크타다 알사르드가, 3위는 반미 정서를 바탕으로 재건에 성공한 알카에다가 뽑혔다. 4위는 문명 충돌론으로 유명한 새뮤얼 헌팅턴이, 5위는 미국이 이라크에 정신이 팔린 사이 국제무대의 전면에 부상한 중국이, 6위는 한때 '민주주의 도미노 이론'에 긴장

했으나 미국의 이라크 정책 실패로 한숨을 돌리게 된 중동의 독재자들이, 7위는 이라크 전쟁으로 폭등한 유가로 재미를 본 석유 기업들이, 8위는 미국의 이라크 침공을 승인하지 않아 최소한의 정당성을 유지하게 된 유엔이, 9위는 미국의 이라크 침공 반대를 주도해 미국으로부터 '낡은 유럽'이라는 모욕의 말을 들었던 프랑스와 독일이, 그리고 10위는 이라크 전쟁이 없었다면 중동 최대의 골칫거리가 되었을 이스라엘이 선정되었다.

이 잡지가 빠뜨린 수혜자가 있다면, 무기 판매와 재건 사업 참여로 막대한 수익을 올리고 있는 미국의 방위 관련 산업체들이다. 이라크 전쟁에 쏟아붓고 있는 막대한 미국 예산의 상당 부분이 이 업체들의 주머니로 들어가고 있다. 특히 딕 체니 부통령과 유착 관계에 있는 핼리버튼은 이라크 전쟁의 최대 수혜자라고 해도 과언이 아니다. 전쟁 이전인 2002년 국방부와의 계약액이 5억 달러에 불과했으나, 2004년에는 무려 16배가 늘어난 80억 달러에 달했기 때문이다.

이라크 전쟁의 또 다른 승자를 찾는다면, 아프가니스탄의 탈레반과 북한을 들 수 있을 것이다. 2001년 미국의 침공으로 정권을 잃고 축출당한 탈레반은 미국이 총구를 이라크로 돌리다가 결국은 수렁에 빠진 공백을 틈타 재빠르게 영향력과 전투력을 회복하고 있다. 이에 따라 부시의 뒤를 이은 오바마는 아프가니스탄 사태 해결을 대외 정책의 1순위로 삼고 있다. 그러나 군사적 해결은 이미 물 건너갔다는 분석이 지배적이고, 오바마의 미국이 아프가니스탄에서 무리수를 둘 경우에는 소련의 전철을 밟게 될 것이라는 전망도 나오고 있다. ●●

●● 1979년 소련군의 아프가니스탄 침공으로 시작된 전쟁은 1989년 2월에 소련군의 철수로 끝났다. 소련은 10년간 60만 명이 넘는 병력과 막대한 군수 물자를 투입했지만, 약 1만 4천 명의 전사자를 남긴 채 아프가니스탄에서 패퇴했다. 이를 두고 미국의 언론들은 이 전쟁을 '소련판 베트남 전쟁'이라고 불렀다.

북한 역시 이라크 전쟁의 승리자로 기록될 만하다. 부시 행정부가 2007년에 접어들면서 대북 정책을 전환한 데에는 미국이 저항 세력의 반격으로 이라크 수렁에 빠져들고, 이라크와 북한을 상대로 한 동시 전쟁에서 승리한다는 이른바 '윈윈 전략'의 파탄과 밀접한 관련이 있다. 특히 이라크 전쟁을 주도했던 네오콘이 정책 실패의 여파로 줄줄이 쫓겨나거나 영향력을 잃었던 것은 부시 행정부 내 대북 협상파들이 부상하고 부시 대통령이 이들에게 힘을 실어 줄 수 있었던 결정적 배경이다. 결국 부시는 북한과의 진지한 협상을 모색하기 시작했고, 이후의 협상은 미국이 정한 협상의 법칙보다는 북한의 제안에 따라 움직이는 모양새로 나타났다. 북한으로서는 부시의 미국을 상대로 커다란 외교적 승리를 거둔 것이다.

제국의 몰락과 신세계 질서

부시의 8년을 거치면서 미국 내에서는 '팍스 아메리카나의 미래'에 대한 논쟁이 격화되었다. 부시 행정부 초기에는 미국을 로마 제국과 비교하면서 21세기 신제국이 출현했다는 목소리가 높았다. 그러나 시간이 지나면서 제국의 몰락을 경고하는 반격의 목소리가 커졌다. 부시의 무리한 제국 경영 방식이 역설적으로 몰락을 재촉했다는 것이다. 이 논쟁의 승패는 후자 쪽으로 기울어졌다. 제국을 꿈꿨던 부시 행정부는 압도적인 군사적 우위를 바탕으로 국제 체제가 미국 단극 체제에서 다극 체제로 넘어가는 것을 막고자 안

간힘을 썼다. 그러나 "다른 나라를 괴롭히고 제로섬 게임을 추구했던 방식은 작동하지 않았고", 오히려 "부시 행정부의 오만과 우둔함은 미국을 약화시키고 말았다."●

특히 부시의 일방주의가 세력 균형의 재등장을 재촉한 요인이었다. 세력 균형론은 '양극'이든 '다극'이든 국제 체제의 본질은 패권국의 등장과 강화에 대항하기 위해 주요 국가들이 세력 균형을 모색하고 있다고 보면서, 이 체제가 비교적 안정적이라는 가정에 기초한다. 패권국에 대항하기 위한 군사력 강화와 동맹 결성은 이를 위한 핵심적인 정책이기도 하다. 대표적으로 구조적 현실주의의 대가인 케네스 월츠는 "미국 역시 대등한 힘을 가진 국가군의 균형 정책에 직면하게 될 것이고, 이에 따라 단극 체제는 점차 다극 체제로 전환하게 될 것"이라고 주장했다.●●

● "Gloom, but Not Doom," *The New York Times Editorial*, December 4, 2008.

●● Kenneth N. Waltz, "Structural Realism after the Cold War," *International Security*, Vol. 25, No. 1, Summer, 2000.

그러나 이러한 세력 균형론은 소련 붕괴 이후 중대한 도전에 직면했다. 탈냉전 이후 유일 초강대국으로 부상한 미국에 맞서서 다른 나라들의 세력 균형 시도가 잘 나타나지 않았기 때문이다. 이에 따라 세력 균형론을 핵심적인 공리로 삼아 온 현실주의 이론은 설명력을 상실한 것처럼 보였고, 미국 주도의 단극 체제는 21세기에도 계속될 것이라는 전망이 우세했다. 주요 국가들이 단극 체제에 도전하기보다는 이를 수용하고 이익을 취하는 방식을 택할 것이기 때문에 팍스 아메리카나는 계속 유지될 것이라는 주장이었다.

'팍스 아메리카나'의 유지 근거로는 여섯 가지 이유를 들 수 있다. 첫째, 미국은 세계화된 자본주의 체제에서 가장 큰 이익을 취하고 있으므로 패권주의의 물리적 기초인 경제력이 막강하다. 둘째, 과거 제국들이 대부분 수백 년간 지속되었던 것을 보면 미국 패권이 쇠퇴하는 데에는 많은 시간이 흘러야 한다. 셋째, 일본, 독일, 영국 등 과거 제국주의 국가들은 세계 대전으로 인해 패권적 지위를 상실했으나, 미국은 앞으로 제1, 2차 세계 대전과 같은 대규모의 전쟁을 겪을 가능성이 낮다. 넷째, 다른 나라들이 미국의 최첨단 무기에 필적할 만한 무기를 개발하는 데 상당한 시간이 걸릴 것이기 때문에 미국 패권은 상당 기간 지속될 것이다. 다섯째, 미국의 국력이 압도적이어서 다른 나라들이 미국에 대해 세력 균형을 선택할 엄두가 나지 않을뿐더러, 미국 패권주의는 온건한 성격을 갖고 있기 때문에 그럴 필요도 느끼지 않는다. 끝으로 미국은 민주 국가이므로 비민주 국가에 속하는 중국과 러시아는 반패권 동맹국을 찾기가 힘들고, 영국, 독일, 프랑스, 일본 등 민주 국가들은 미국의 위협을 느끼지 않기 때문에 균형 정책을 추구할 동기가 약하다.

그러나 이러한 '팍스 아메리카나' 이론은 이미 그 자체로도 모순을 내재하고 있었다. 첫째, 미국 주도의 세계화는 미국 경제력의 신장뿐만 아니라 신흥 강대국, 즉 중국, 인도, 브라질의 부상을 가져왔고, 미국의 '석유 중독증'은 러시아, 이란, 베네수엘라 등 미국과 갈등 관계에 있는 국가들에게 부의 이전을 야기했다. 둘째, 과거와는 시간 개념이 달라졌다는 점을 간과했다. 19~20세기 초반에는 군사력과 경제력의 이동이 수개월 단위로 이루어졌다면, 오늘날에는 시간과 분초 단위로 움직인다. 셋째, 전쟁의 양상과 보는 눈도 달라졌다. 미국이 이라크 전쟁 및 아프가니스탄 전쟁으로 과거 독일, 일본, 프랑스, 영국과 같은 강대국들처럼 본토가 크게 파괴되지는 않았지만, 인터넷과 위성 방송을 통해 실시간으로 전달되는 미국의 야만에 국제 사회가 등을 돌렸다. ● 넷째, 군사력이 국력의 지표에서 차지하는 비중이 작아졌다는 점도 간과했다. 오늘날의 세계는 전쟁 승리를 위해 히로시마나 나가사키에 핵폭탄을 쉽게 투하할 수 있는 시대가 아니다.

부활하는 세력 균형과 다양한 행위자의 등장

● 예를 들어, 1차 걸프전 때에는 미국의 CNN이 전쟁 보도를 독점하여 국제 사회에 미국의 시각을 강요했지만, 2003년 미국의 이라크 침공 때에는 알자지라를 비롯한 다양한 언론이 이라크 인의 시각에서 전쟁의 참상을 보도해 미국에 대한 비판적 여론을 확산시켰다.

●● Christopher Layne, "The Unipolar Illusion Revisited : The Coming End of the United states' Unipolar Moment," *International Security*, Fall, 2006.

'팍스 아메리카나'가 존속될 것이라는 주장의 핵심 근거는 다른 강대국들이 세력 균형을 시도하지 않을 것이라는 '희망 사항'에 있었다. 그러나 중국, 러시아, 유럽 연합, 인도 등은 다양한 방식으로 세력 균형을 추구하고 있다. 우선 강성 균형 hard balancing 보다는 연성 균형 soft balancing 이라는 방식이 등장했다. 연성 균형이란, 군비 증강과 군사 동맹 결성 등 물리력에 의존하는 균형 정책보다 다자-양자 외교, 국제 제도와 규범, 경제, 국제 여론 형성 등의 방식을 통해 미국 주도의 단극 체제와 일방주의에 맞서는 것을 의미한다. ●● 이를테면 독일과 프랑스 등 주요 국가들이 미국의 이라크 침공에 반대하는 공동 전선을 형성한 것이나, 중국과 러시아가 유엔 안보리 상임 이사국의 지위를 이용해 미국의 대북, 대이란 강경책을 제어한 것 등이 연성 균형 정책의 예가 될 수 있다. 북핵 문제와 관련해서도 한국, 중국, 러시아 등이 6자 회담을 미국 주도의 대북 제재나 압박을 완화시키는 제도로 활용했던 것 역시 이와 비슷한 맥락에서 이해할 수 있다.

또한 중국과 러시아의 준군사 동맹 결성 및 나토에 대항하는 상하이협력기구^{SCO} 강화, 중국의 위성 파괴 무기 실험을 비롯한 군사 현대화, 러시아의 MD 무력화를 겨냥한 핵미사일 전력 강화 및 동유럽 MD 배치에 대한 경고 등에서 알 수 있듯이, 최근 전통적 의미의 세력 균형 정책들도 나타나고 있다. 이는 여러 국가들이 미국 단일 패권주의에 점차 불만을 갖고 자국의 이익을 보호하기 위해서 다극 체제를 포함한 대안을 모색하고 있다는 것을 의미한다. 잠재하던 '팍스 아메리카나'에 대한 경계심이 부시 행정부의 일방주의로 현시화된 것이다.

그렇다면 미국 단일 패권주의에 도전하고 다극 체제를 형성할 후보에는 어떤 나라들이 있을까? 역시 1순위는 중국이다. 중국은 급격한 경제 성장과 군사력 강화를 이룬 데다가 다자간 외교에 적극 참여함으로써 미국 패권에 도전할 수 있는 가장 유력한 나라로 꼽힌다. 독일, 프랑스가 주축이 된 유럽 연합 역시 미국의 이라크 침공을 목도하면서 점차 미국과는 다른 정체성을 가지려 하고 있다. 유럽 연합은 미국이 예전만큼 자국을 존중하지 않는다는 섭섭함과 고삐 풀린 미국 패권주의가 자국의 이익마저 위태롭게 할 수 있다는 두려움을 가지고 있다.● 부시 임기 막바지에 '제2의 냉전'이 거론될 정도로 영향력을 회복하고 있는 러시아의 대응과 선택도 주목된다. 이 밖에도 급격한 경제 성장과 미중 관계의 균형자적 위상을 추구하고 있는 인도, '보통 국가'라는 명분을 내세워 우경화와 군사 대국화를 지향하는 일본의 선택도 21세기 국제 질서의 중요한 변수가 될 것이다.

● Robert Kagan, "America's Crisis of Legitimacy," *Foreign Affairs*, March/April, 2004.

21세기 국제 체제의 특징은 다른 강대국의 부상에 따른 다극 체제로의 이동만으로 한정되지 않는다. 지역적 차원에서는 중소 국가들도 상당한 영향력을 행사할 수 있다. 동북아의 북한은 '부시의 미국'을 상대로 협상의 법칙을 재구성하는 데 성공했다. 이란은 미국의 사활적 이해가 걸려 있다는 중동에서 미국과 경쟁 관계에 있다. 중남미의 베네수엘라 역시 마찬가지이다. 또한 알카에다와 탈레반처럼 국가는 아니지만 웬만한 국가 못지않은 영향력을 행사하는 비국가 단체도 있다. NGO는 개별 국가는 물론이고 국제 관계 전반에 대한 감시와 견제의 눈초리를 보내면서 국가의 독점성에 도전하고 있다. 알자지라의 등장은 CNN으로 대표되는 '미국의 눈으로 보는 전쟁'에서 '아랍 인의 눈으로 보는 전쟁'으로의 패러다임 이동을 재촉했다. '이라크의 안네의 일기'로 불리는 이라크 여성 리버벤드의 인터넷 일기는 미국의 이라크 침공의 부당성과 참혹성을 폭로하는 데 크게 기여했고, 한국의 네티즌 '미네르바'는 이명박 정부의 경제 실정과 허울뿐인 민주주의를 폭로하는 아이콘으로 떠올랐다.

미국발 금융 위기와 국제 체제의 변동

2008년 가을, 미국 대선을 앞두고 터진 월 스트리트 금융 위기는 팍스 아메리카나의 몰락을 재촉하면서 국제 체제 변동에도 심대한 영향을 주고 있다. 금융 위기의 근본 원인은 1980년대 이후 본격화된 신자유주의에 있지만, 부시 행정부의 경제 정책은 이를 가속화한 요인으로 지적된다. 부시 행정부는 저금리 정책을 통해 엄청난 돈을 시중에 푸는 통화 정책을 구사했다. 풀린 돈의 상당 부분은 2003년부터 시작된 서브프라임 모기지^{저우량 주택 담보 대출}로 흘러들어갔고, 이는 미국 주택 가격의 폭등으로 이어졌다. 2000년 이전 30년간 주택 가격 상승률이 연평균 1.4%였던 반면에 2001~2006년의 상승률은 연평균 7.6%에 달했다. 특히 부동산 거품이 절정에 달했던 2005년 3/4분기부터 2006년 2/4분기의 상승률은 무려 11%였다. 풍선처럼 부푼 주택 가격은 2006년 하반기 들면서 서서히 빠지기는커녕 아예 터져 버렸다. 2년 동안 30%가량이 폭락하면서 약 5조 달러가 거품처럼 사라진 것이다.

    주택 가격이 대폭락하면서 서브프라임 부실도 폭발했다. 미국의 양대 모기지 업체인 패니매와 프레디맥이 파산 직전에 몰리자 2008년 9월 7일 부시 행정부는 국유화 조치를 단행해 금융 위기 불길이 번지는 것을 차단하려고 했다. 그러나 일주일 후 미국 정부는 투자 은행인 리먼 브러더스 구제에 공적 자금 투입 불가 방침을 천명했고, 다음 날 이 업체가 파산 보호 신청을 하자 금융 위기가 폭발했다. '묻지 마 대출'로 몸집을 키워 온 서브프라임 모기지 업체들과 이와 연계된 금융 기관들도 하나 둘씩 쓰러지기 시작했다. 기상천외한 파생 금융 상품을 개발해 '돈 놓고 돈 먹는 카지노 자본주의'가 무너지기 시작한 것이다. 이로 인해 미국 주식은 한 달 만에 반토막이 났고, 미국 가계의 자산도 4분의 1이 사라졌다. 이자와 원금을 갚는 게 다급해지고 금융 시장 불안으로 자신들의 주식과 예금의 안정성을 불안하게 느낀 미국 가계들은 지갑을 닫았다. 소비 시장은 꽁꽁 얼어붙었고, 물건이 팔리지 않으니 제조업체와 유통업체들의 적자는 눈덩이처럼 불어났다. 부실 위기에 내몰린 은행은 대출을 꺼리게 되었고, 돈 빌릴 곳이 없는 기업들은 정부에 손 벌리기에 바쁜 상황이다.

금융 위기가 걷잡을 수 없을 정도로 번지자 부시 행정부와 의회는 10월 들어 7천억 달러를 투입해 '월 스트리트 구하기'에 나섰다. 또한 미국과 유럽의 주요 국가들은 은행을 비롯한 일부 금융 기관을 국유화하는 조치를 취했다. 자동차 산업 등 주요 제조업에도 막대한 정부 예산을 투입하고 있다. 이는 신자유주의 모델과는 배치되는 사회주의적 정책을 택함으로써 미국 모델의 자기모순을 스스로 인정한 꼴이 되었다. 이에 따라 미국식 시장 경제 모델뿐만 아니라 시장 경제를 맹신해 온 자유 민주주의의 정당성과 신뢰도도 크게 추락했다. 파생 금융 상품으로 살쪄 온 미국식 신자유주의는 '대량 살상 금융 무기Weapons of Financial Mass Destruction'● 라는 오명을 낳으면서 황혼기에 접어드는 운명을 피할 수 없게 된 것이다.

● 미국의 투자 귀재로 국내에도 잘 알려진 워런 버핏이 2003년부터 파생 금융 상품의 위험성을 경고하면서 쓴 표현으로, 미국발 금융 위기가 터지면서 유행어가 되었다.

흔들리는 '달러 패권'과 전쟁에 중독된 미국

'팍스 아메리카나'의 물리적 근거는 세계 최강의 군사력과 함께 '달러'에 있었다. 1944년 세계의 기축 통화를 영국의 파운드에서 미국의 달러로 대체하기로 한 브레턴우즈 협정 이후 달러는 미국 패권의 상징이었다. 달러는 파운드를 대체했을 뿐만 아니라, 당시에 영원한 기축 통화로 간주되었던 금과 '동일물'이기도 했다. 그러나 미국이 달러 발행을 남발해 물가가 폭등하자 달러 패권은 위기에 직면했다. 달러 가치가 하락하면서 미국이 순금 1온스를 35달러를 받고 내줄 수 없는 상황이 온 것이다. 이에 따라 1971년 8월

15일 닉슨 대통령은 금 태환 정지를 선언했고, 브레턴우즈 체제는 붕괴 위기에 처했다.

위기를 맞은 달러 패권은 새로운 돌파구를 찾게 된다. 석유로 금을 대체하는 것이 바로 그것이다. 미국은 석유수출국기구^{OPEC}와 협정을 맺어 석유 거래 통화를 달러로 통일시키는 대신, OPEC 국가들의 안전을 보장하겠다고 약속했다. 이후 1973년 중동 전쟁을 비롯한 여러 차례 크고 작은 위기가 있었지만, '달러'로 상징되는 미국의 패권주의는 유지되었다. 특히 1980년대 '금융의 세계화'를 앞세운 미국과 영국의 신자유주의가 맹위를 떨치면서 미국은 쌍둥이 적자$_{재정\ 적자와\ 무역\ 수지\ 적자}$에도 불구하고 경제 패권국으로서의 지위를 공고히 했다.

그러나 미국은 달러 패권 위기를 피할 수 없었다. 위기의 원인은 다른 데 있다. 예전의 위기가 달러화 남발로 인한 인플레이션에서 비롯되었다면, 이번에는 엄청난 정부 부채와 가계 부채에서 비롯된 것이다. 이 때문에 미국 정부는 30여 년 전의 위기 처방책을 쓰지 못하고 있다. 닉슨 행정부는 이자율을 크게 높여 달러 가치를 억지로 붙잡아 두었었다. 그러나 오늘날 예전처럼 또다시 이자율을 크게 높이면 기업 부채와 가계 부채는 눈덩이처럼 불어날 것이고, 수출과 소비 진작에도 치명타를 안기게 된다. 오히려 부시 행정부는 저금리 정책으로 달러를 엄청나게 찍어 댔고, 이는 달러화 가치 하락을 부채질했다.

이러한 달러의 흥망의 역사는 부시의 대외 정책을 이해하는 데 중요한 실마리를 제공한다. 키워드는 달러-석유-전쟁이다. 이라크, 베네수엘라, 이란의 사례는 흔들리는 달러의 위상 속에 전쟁 머신으로서의 미국의 속살을 잘 보여 준다. 미국이 2003년 3월 하순 이라크 침공을 강행하면서 내세운 명분은 후세인 정권과 알카에다의 연계설 및 대량 살상 무기 개발설이었다. 그러나 이 두 가지 명분은 모두 거짓이거나 조작된 것으로 확인되었다. 그러자 앨런 그린스펀 미국 연방준비제도이사회[FRB] 전 의장은 "침공의 이유는 석유에 있다"고 말해 백악관을 발끈하게 만들었다. 그런데 그의 발언은 상당한 근거가 있다. 2000년 11월 후세인 정권은 석유 거래 화폐를 달러에서 유로로 대체하겠다고 발표했다. 그러잖아도 달러화 약세로 초조해하던 미국에는 날벼락과 같은 소식이었다. 2001년 1월 말 부시 행정부가 출범하면서 이 문제는 당연히 초미의 관심사가 되었다. 첫 내각 회의가 열렸을 때, 사담 후세인을 제거할 필요성을 강력하게 들고 나온 사람이 있다. 재무부 장관인 폴 오닐이었다. 후세인 정권이 '달러 패권'을 흔들고 있다는 이유 때문이었다. 후세인이 제거된 이후 이라크의 모든 석유 수출은 달러로 거래되고 있다.

2001년 주러시아 베네수엘라 대사는 자국의 모든 석유 판매는 앞으로 유로로 거래될 것이라고 말했다. '까마귀 날자 배 떨어진 것'일까? 그로부터 1년 후, 베네수엘라에서 쿠데타가 발생했다. 쿠데타 세력은 민주 선거에 의해 선출된 우고 차베스 대통령을 감금하고 의회와 대법원을 해산시켰다. 미국 정부는 쿠데타로 집권한 페드로 카르모나 정권에 대한 지지를 표명했다. 그러나 쿠데타는 '2일 천하'로 끝났다. 차베스를 지지하는 민중 봉기가 일어났고, 군부와 경찰의 상당수가 진압을 거부하면서 차베스가 다시 권좌에 앉게 된 것이다. 쿠데타 발생 직후 『뉴욕 타임스』와 영국의 『가디언』 등은 중앙정보국[CIA] 등 미국 정보기관이 쿠데타를 지원했다고 보도했다.

2006년 3월, 세계 4위의 석유 생산국이자 부시 행정부가 "악의 축"으로 지목한 이란이 또 한 차례 '달러 패권주의'를 뒤흔드는 발표를 했다. 후세인과 차베스에 이어 석유 수출 대금을 유로로 결제해 달라고 수입 업체에 요구한 것이다. '반미 선봉'에 나선 마무드 아마디네자드 이란 대통령은 엄포로 끝내지 않고 이를 실행에 옮겼다. 이로 인해 2006년 말에는 이란의 석유 결제 통화로 유로가 차지하는 비중이 57%에 달하게 되었다. 우연의 일치인지, 이즈음부터 이란 전쟁설이 유포되기 시작했다.

그런데 이와 관련해 아주 흥미로운 사실이 있다. 위와 같은 설명은 마치 '반미·좌파'가 퍼뜨리는 음모론처럼 들릴 수 있다. 그러나 이 주장을 가장 열심히 펼치고 있는 사람은 다름 아닌 미국 하원의 공화당 중진 의원인 론 폴이다. 2006년 2월 미 하원 연설에서 "달러 패권의 몰락"이라는 주제로 위와 같은 내용의 연설을 한 것이다.● 폴은 작은 정부와 감세,

● Ron Paul, "The end of Dollar Hegemony," Before the U.S. House of Representatives, February 15, 2006. http://www.house.gov/paul/congrec/congrec2006/cr021506.htm.

자유 시장을 신봉한다는 점에서 지극히 '공화당스럽다'. 반면에 애국법과 이라크 전쟁, 인터넷 규제 법안에 반대표를 던져 '부시스럽지' 못한 인물이기도 하다. 미국 헌법 정신에 맞지 않는다는 이유 때문이다. 미국 정치인 가운데 지독한 원칙주의자로 분류되는 그를 두고 전 재무부 장관 윌리엄 사이먼은 "미국 의사당의 535명 깡패 가운데 유일한 예외"라고 말하기도 했다. 그는 2008년 공화당 대선 후보 경쟁에 뛰어들기도 했다. 폴의 메시지는 간명하면서도 중대하다. 미국인들이 저축은 하지 않고 과도한 소비주의에 중독된 현실을 바꾸지 않으면 달러화의 약세는 피할 수 없고, 이에 따라 미국은 '달러 패권주의'를 유지하기 위해 도전 세력에게 군사력을 사용하려는 유혹에서 벗어날 수 없다는 것이다.

미국 경제 패권의 몰락과 국제 체제의 변동

달러 가치의 하락을 막기 위해 전쟁을 비롯한 부시 행정부의 일방주의적 대외 정책은 미국의 재정 적자를 눈덩이처럼 불어나게 하고 미국의 소프트 파워를 추락시켰다. 이 과정에서 폭등한 국제 유가는 중동의 석유 부국들과 러시아, 베네수엘라의 국고를 늘리면서 '경제력의 다극화'에 일조했다. 서브프라임으로 상징되는 '카지노 자본주의'는 미국과 세계 경제를 대공황의 공포 속으로 몰아넣으면서 미국식 신자유주의의 모순을 적나라하게 드러냈다. 이는 단순히 경제 성장률 저하의 문제로 끝나지 않는다. 세계의 부의 중심축을 서양West에서 동양East으로 이동시키는 한편, 시장 만능주의의 후퇴와 국가 자본주의의 유행 및 확산을 예고하고 있다.

이러한 달러 가치의 하락과 미국발 금융 위기는 국제 체제에도 심대한 영향을 미치고 있다. 우선 '기축 통화의 다극화'이다. 달러가 유일 기축 통화로서의 위상을 잃으면서, 많은 나라들이 외환 보유고와 결제 통화를 다변화하고 있다. 이에 따라 유로화, 엔화, 위안화 등이 달러와 함께 '기축 통화의 다극화'를 열 것으로 전망된다. 일례로 1999년 전 세계 외환 보유고의 71%를 차지했던 달러의 비중이 2007년 2/4분기에는 64.8%로 줄어들었다. 반면 1999년 도입된 유로화는 전 세계 외환 보유고의 25.6%를 차지했다.●● 특히 금융 위기와 실물 경제의 위기로 인해 달러 가치의 하락이 더욱 가속화되고 있어, 기축 통화의 권력 이동이 불가피해지고 있다.

●● *Bloomerg*, November 14, 2007.

둘째, 2008년 가을부터 본격화된 미국발 금융 위기가 전 세계로 번지면서 반미 성향의 석유 대국들이 가장 큰 타격을 받고 있다는 점이다. 이란,

베네수엘라, 러시아가 부시 행정부 때 목청을 높일 수 있었던 핵심적인 배경 가운데 하나가 막대한 '오일 머니' 덕분이었다. 중국과 인도의 경제 성장, 미국의 이라크 침공을 비롯한 중동 정세의 불안, 달러화 약세가 겹치면서 국제 유가는 지속적으로 상승했고, 2008년 7월에는 배럴당 150달러까지 육박했다. 그러나 9월 들어 미국발 금융 위기가 전 세계 경제를 강타하면서 국제 유가가 급락하기 시작했다. 11월에는 50달러 선이 붕괴됐고, 12월에는 30달러 대로 떨어졌다. 불과 5개월 사이에 70% 이상 떨어진 것이다. 이와 같은 국제 유가의 폭락은 이란, 베네수엘라, 러시아의 경제를 강타하면서 이 나라들이 막강한 '오일 머니'를 바탕으로 미국 주도의 세계 체제에 파열음을 내 왔던 상황이 지속될 수 있을 것인가에 대한 재고를 야기하고 있다. 반미의 선봉장에 섰던 나라들이 미국발 금융 위기의 최대 피해자가 되면서 역설적으로 반미의 물리적인 토대가 약해지고 있기 때문이다.

    셋째, 중국 부상의 가속화이다. 물론 중국 역시 세계 금융 경제 위기의 예외는 아니다. 부동산 가격의 하락과 수출 시장의 위축으로 경제 성장률은 떨어지고, 기업의 도산과 실업난의 가중으로 사회적 불안마저 걱정해야 할 처지이다. 그러나 중국은 미국발 금융 경제 위기를 틈타 상대적으로 지위가 상승할 것이라는 전망이 우세하다. 2조 달러에 달하는 외환 보유고가 말해 주듯 풍부한 유동성을 확보하고 있고, 금융 시스템 역시 외부 충격에 덜 노출되어 있다. 경제 성장률은 저하되겠지만 국내 경기 부양을 통해 세계 최고 수준의 성장률은 지속적으로 달성할 것이다. 무엇보다도 미국식 시장 자본주의의 위상이 땅에 떨어지면서 중국의 성장 모델인 국가 자본주의의 위상이 높아질 전망이다. 이는 미국과 유럽이 살아남기 위해 몸부림치는 사이에 중국의 국제적 지위와 영향력이 더욱 커지게 될 것임을 예고해 준다.

이와 관련해 클린턴 행정부 초기에 재무부 부장관을 지낸 로저 올트먼은 "2008년 금융 경제 위기는 미국과 유럽에 지정학적 타격을 가하고 있다"며, "중기적으로 미국 정부와 유럽 연합은 지구적 문제 해결에 리더십을 발휘할 수 있는 자원도 경제적 신뢰도 갖지 못하게 될 것"이라고 주장했다. 장기적으로 이러한 문제는 점차 해결되겠지만, "그사이에 세계의 권력 이동은 가속화될 것"이라는 전망이다. 권력 이동의 방향은 서양에서 동양이 될 것이며, 그 중심에 중국이 있다는 것이다.● 프린스턴 대학의 해럴드 제임스 교수 역시 미국발 세계 금융 위기는 중국의 금융 모델의 정당성 및 위상을 강화할 것이며, "10년 전 아시아 금융 위기 때 미국과 국제 금융 기구가 미국식 체제를 아시아에 이식시켰다면, 오늘날에는 중국이 미국에 한 수 가르쳐야 할 상황이 됐다"고 강조했다.●● 특히 미국의 재정 적자는 눈덩이처럼 불어나고 있는 반면에 중국의 미국 채권은 1조 달러에 달해 미국에 대한 중국의 영향력은 확대되고, 중국이 막대한 외환 보유고를 바탕으로 '세계의 굴뚝'에서 '세계의 금고'가 될 가능성이 점차 커지고 있다.

● Roger C. Altman, "The Great Crash, 2008," *Foreign Affairs*, January/February, 2009.

●● Harold James, "The Making of a Mess," *Foreign Affairs*, January/February, 2009.

'팍스 아메리카나'의 종말, 재앙인가 축복인가

●● 제국의 지위를 곧 상실할 것이라는 조바심의 반영일까, 아니면 제국의

종말 이후 세계 질서의 미래에 대한 진지한 성찰의 표출일까? "미국의 힘에 의한 평화", 즉 '팍스 아메리카나'의 종말이 다가오면서 미국 내에서는 인류 사회의 어두운 미래를 경고하는 목소리가 잇따라 나오고 있다. 팍스 아메리카나의 종말이 재앙적인 결과를 가져올 수 있다는 것이다. 『뉴스위크』 국제 문제 편집장인 자카리아는 "미국 패권의 종말을 기다리는 사람들은 당신이 원하는 것이 무엇인지 조심해야 할 것"이라고 경고했다. ● 『워싱턴 포스트』 칼럼니스트인 데이비드 이그네이셔스는 2007년 5월 4일자 칼럼에서 단극 체제에서 다극 체제로의 이행은 수많은 불확실성을 내포하고 있다며, 이를 "새로운 세계의 무질서"라고 일컬었다.

미국의 저명한 역사학자인 퍼거슨이 그린 팍스 아메리카나 종말 이후의 세계는 더욱 어둡다. 그는 미국 패권 시대가 종말을 고할 경우 세계는 다극 체제가 아니라 악몽과도 같은 "무정부적인 암흑시대"를 맞이할 것이라고 주장했다. ●● 퍼거슨은 중국은 경제 성장을 지속하기에는 금융 시스템 등 내부적으로 근본적인 문제를 안고 있고, 유럽 연합은 고령화가 가속화되고 있어 패권적인 지위에 올라서기는 어려울 것이라고 주장했다. 특히 미국 패권주의의 쇠퇴는 미국 주도로 만들어진 유엔, 국제통화기금IMF, 세계무역기구WTO 등 국제기구의 쇠퇴를 동반하게 될 것이며, 정보 통신 및 무기 기술을 쉽게 취득할 수 있는 테러 집단이 미국의 공백을 메우게 될 것이라고 경고했다. 그는 이러한 세계 질서를 "무극Apolarity 체제"라고 불렀다. 유럽 연합도, 중국도, 아랍 세계도, 유엔도 미국의 지도력을 대체할 수 없기 때문이라는 것이다. 미국의 권력이 공백기에 접어든 암흑세계에서는 제국의 쇠퇴와 종교적 광신주의,

● The Washington Post, January 29, 2007.

●● Niall Ferguson, "A World Without Power," Foreign Affairs, July/August, 2004.

약탈과 경제 침체, 소수 문명권의 요새화된 지역으로의 후퇴 등이 특징으로 나타나고, 그 결과는 중세 암흑시대를 능가하는 재앙이 될 수 있다는 것이 퍼거슨의 경고이다.

미국외교협회 회장이자 1기 부시 행정부 때 국무부 정책기획국장을 지낸 리처드 하스 역시 팍스 아메리카나 시대가 막을 내렸다는 점에 동의한다. 그러나 그 역시 21세기의 국제 관계는 "무극 체제Nonpolarity로 정의될 것"이라고 주장했다. "권력은 집중되기보다는 분산될 것이고, 비국가 행위자의 영향력은 커지는 반면에 국가의 영향력이 줄어들 것"이라는 이유 때문이다. 그러나 하스는 그 미래가 반드시 어둡지만은 않을 것이라고 강조한다. 미국이 "전환기의 국제 질서를 잘 다뤄 나가면 오히려 더 안전한 세계를 만들 수 있다"는 것이다. ●●●

●●● Richard N. Haass, "The Age of Nonpolarity," *Foreign Affairs*, May/June, 2008.

불확실한 미래, 두려워할 일인가

팍스 아메리카나의 종말 이후 세계의 모습을 점치기란 쉽지 않다. 옳고 그름의 문제를 떠나, 길게는 제2차 세계 대전 이후, 짧게는 소련의 몰락 이후 세계는 팍스 아메리카나에 익숙해 있다. 더구나 이는 미국 패권주의에 대한 가치 판단이 개입된 문제이다. 미국 주도의 세계 체제에 반감을 갖고 있거나 피해를 당한 쪽에서는 팍스 아메리카나의 종말을 환영할 것이다. 물론 반대 진영은 두려움을 갖게 될 것이다. 그러나 한 가지 확실한 것이 있다. 미국 스스로 팍스 아메리카나가 유지되는 세계가 그렇지 않은 세계보다 더 우월하다는 것을 입증하는 데 실패했다는 것이다.

냉전 시대와 같은 양극 체제의 세계였다면 미국의 이라크 침공은 가능하지 않았을 것이라는 지적을 팍스 아메리카나 신봉자들은 유념해서 들을 필요가 있다. 또한 테러리즘의 확산 역시 미국의 무분별한 일방주의와 기독교 근본주의 추구, 그리고 미국 주도의 세계화가 부의 불균등한 분배를 야기하면서 '빈곤의 세계화'에 병행되었다는 현실과 무관하지 않다. 미국이 군사 패권주의를 강화하기 위해 냉전 시대의 대표적인 군축 조약인 탄도 미사일 방어ABM 조약을 깨고 MD 구축에 박차를 가하지 않았다면, 러시아가 "제2의 냉전"을 운운하면서 군비 증강과 군축 조약 파기를 시도하기도 쉽지 않았을 것이다. 부시 행정부가 클린턴의 유산을 차 버리지 않고 북한과의 협상을 선택하고, 개혁파가 집권했던 이란을 "악의 축"이라고 부르면서 몰아붙이지 않았다면, 핵무기 확산의 공포도 지금처럼 크지는 않았을 것이다. 전 세계 온실가스의 4분의 1을 배출하는 미국이 교토의정서를 수용하고 지구 온난화에 적극적으로 대처했더라면, 종말론적 예언이 판치는 자리에 미래의 세대를 구원할 수 있는 생산적인 논의가 자리 잡고 있을 것이다.

위에서 언급한 것처럼, 팍스 아메리카나가 몰락의 길을 걷던 부시 행정부 시기에는 제국의 몰락 이후 불안한 미래를 그리는 사람들이 많았다. 이미 지적 리더십을 상실한 미국의 조바심의 표출이자, '협박'을 통해 패권주의를 유지하고자 하는 불순한 의도가 반영된 것으로 볼 수 있었다. 그러나 부시의 임기 종료와 함께 미국 단일 패권 시대의 종말이 거스를 수 없는 대세가 되고 있는 오늘날, 미국은 패권주의 종말 이후의 세계를 잘 준비해야 한다는 목소리가 커지고 있다. 여기에는 패권주의의 종말이 불가피해졌다는 현실 진단과 무리하게 제국 건설을 추구했던 부시의 8년 동안 오히려 제국의 몰락이 가속화되었다는 반성이 함께 깔려 있다.

그리고 부시의 일방주의를 거부하면서 협력과 이해에 바탕을 둔 '리더십의 재건'을 전면에 내세운 오바마가 등장했다. 오바마의 미국에 희망이 보이는 이유는 그가 부시와는 전혀 다른 세계관을 갖고 있다는 점에 있다. 그는 기독교 근본주의 및 종교가 정치에 영향력을 행사하는 것에 거부감을 나타내면서 종교적 다원주의와 관용을 강조한다. 또한 강력한 국방력의 필요성을 인정하면서도 문제 해결 수단으로 무력보다는 외교를 선호한다. 미국이 국제 규범을 준수할 때 미국의 이익이 가장 잘 달성된다는 자유주의적 국제주의를 내세운다. 적을 줄이는 것이 미국의 이익이며, 그러기 위해서는 적과의 대화도 필요하다고 말한다. 미국의 새로운 시작이 세계에도 희망을 줄 수 있을지 귀추가 주목되는 까닭이다.

오바마는 추락하는 미국의 날개?

'오바마의 미국'이 직면할 낯선 세계

너무나도 역사적인 승리를 거둔 '미국 최초의 흑인 대통령' 오바마는 '미국판 고난의 행군'이 불가피하다. 백악관으로 들어갈 때에는 미국 국민들의 박수와 환호, 국제 사회의 기대를 한 몸에 받으면서 '레드 카펫'을 밟고 들어갔지만, 앞으로 걸어가게 될 길은 '가시밭길'일 것이기 때문이다. 유엔 주재 미국 대사를 지냈고 오바마 행정부에서 아프가니스탄-파키스탄 담당 특사를 맡은 리처드 홀브룩은 대선 직전에 "다음 대통령은 제2차 세계 대전 이후 전례가 없었던 국제적 도전을 물려받게 될 것"이라고 단언했다.● 『미국의 다음 세기 : 다른 강대국이 부상하는 시대에 미국은 어떻게 살 것인가』라는 책으로 주목을 끈 니나 해치지안과 모나 수트펜은 "2009년 1월 미국의 새로운 대통령은 부시 대통령 집권 시기와 비교할 때, 근본적이고 질적으로 다른 세계에 직면하게 될 것"이라고 주장했다.●●

● Richard Holbrooke, "The Next President," *Foreign Affairs*, September/October, 2008.

●● Nina Hachigian and Mona Sutphen, "Strategic Collaboration: How the United States Can Thrive as Other Powers Rise," *The Washington Quarterly*, Autumn, 2008.

오바마의 미국이 직면한 낯선 세계의 첫 번째 특징은 미국이 전례를 찾아보기 힘들 정도로 '동시 다발적인 도전'에 직면해 있다는 것이다. 당장 오바마는 들불처럼 번지고 있는 금융 경제 위기부터 진화해야 한다. 경제 위기를 극복하느냐 못하느냐는 그의 대통령직 성공 및 재선 여부는 물론이고, 격동하는 세계에서 미국의 위상 회복 여부에도 핵심적인 변수이다. '석유와 군사 패권주의 탐욕'이 야기한 '이라크 수렁'에서 오바마가 어떻게 빠져나올 수 있을지도 관심사이다. 또한 오바마가 이라크에서 철수한 병력을 아프가니스탄으로 보내 '테러와의 전쟁'을 승리로 이끌겠다고 공언하고 있지만, 10년간의 아프가니스탄 전쟁에서 패퇴해 몰락을 자초했던 소련의 전철을 밟게 될 것이라는 어두운 전망이 그의 어깨를 무겁게 하고 있다.

'푸틴의 러시아'와의 관계 역시 오바마 행정부의 큰 부담이다. 나토의 확장과 미국의 동유럽 MD 배치 계획, 2008년 8월 그루지야 사태 등이 잇따르면서 미러 관계는 '제2의 냉전'이 거론될 정도로 악화되어 있다. 러시아와의 관계가 계속 틀어질 경우, 이란 핵문제에서부터 캅카스와 중앙아시아, 시리아, 아프가니스탄 전쟁, 핵무기 감축과 비확산 체제 강화, 북핵 문제에 이르기까지 미국의 전략에 중대한 차질을 빚을 수 있다. 아울러 미소 냉전 해체 이후 워싱턴을 지배해 왔던 근본 질문인 '중국을 어떻게 상대할 것인가'도 오바마 행정부가 풀어야 할 과제이다. 봉쇄와 개입에서 우왕좌왕했던 20년간의 대중 전략이 어떤 방향으로 가닥을 잡을지가 21세기 세계 질서의 핵심 변수가 될 것이다.

이란의 핵개발 문제를 둘러싼 갈등을 어떻게 해결하느냐도 오바마 행정부의 대외 정책 성공 여부의 바로미터가 될 것이다. 외교적인 해법이 멀어질수록 중동에는 또 다른 전운이 감돌 수밖에 없기 때문이다. 또한 미국 대외 정책의 오랜 숙제이자 중동 평화의 키워드이며 이스라엘의 가자 지구 침공으로 더욱 시급해진 팔레스타인-이스라엘 분쟁, 핵보유국이자 테러 집단의 은

신처로 거론되어 온 파키스탄의 정치 불안 및 2008년 11월에 발생한 뭄바이 테러 사건으로 관계가 악화되고 있는 인도-파키스탄 관계에 이르기까지, 차기 미국 정부의 대외 정책 1순위는 역시 중동과 그 인근 지역으로 집중된다. 아울러 북핵 문제 해결을 비롯해 핵비확산 체제를 재구축해야 하는 것도 빼놓을 수 없는 의제이다.

미국도 '최대 주범' 대열에 있는 기후 변화에 대한 대비책도 시급하다. 유엔은 기후 변화가 인류의 발전과 생존에 최대 위협이 되고 있다고 경고해 왔다. 기후 변화는 환경은 물론이고 경제와 안보에도 재앙적인 결과를 초래하고 있다. 홍수, 가뭄, 태풍 등 각종 자연재해의 빈도수와 파괴력이 증대되고, 해수면과 기온 상승 및 물 부족으로 경작지가 크게 줄고 있다. 지금 같은 추세가 계속될 경우 2020년경에는 곡물 생산량이 2008년의 절반으로 줄어들 것이라는 심각한 경고도 나오고 있다. 이에 따라 수많은 사람들이 집을 잃고 빈곤의 늪에 빠져들면서 이민 문제가 더욱 심각해지고, 테러리스트로 흘러들어갈 가능성도 제기되고 있다.

오바마는 이러한 기후 변화의 심각성을 충분히 인식하고 있다. 정책의 최우선순위 가운데 하나로 기후 변화에 대한 대처를 꼽고 재생 에너지 개발을 비롯한 '녹색 경제'를 통해 일자리를 늘리면서 석유 의존도를 줄이고 지구 온난화 해결에 앞장서겠다고 공언해 왔다. 기후 변화의 주된 요인이 석유를 비롯한 화석 연료의 사용인 만큼 지구 온난화와 미국의 석유 의존도는 동전의 양면 관계에 있다는 인식에 따른 것이다. 그러나 이는 정책 결정 과정에 막강한 영향력을 행사하는 미국의 자본 분파와 다국적 기업의 이해관계 조정이 전제되어야 한다는 점에서, 무엇보다도 '미국인의 석유 중독증' 치유가 수반되어야 한다는 점에서 쉽게 풀 수 있는 사안이 아니다.

이 밖에도 수단의 다르푸르 사태와 콩고의 콜레라 확산 등 아프리카의 분쟁과 빈곤과 질병, 쿠바와 베네수엘라를 비롯한 중남미와의 관계 재설정, 미얀마와 타이 등 동남아의 민주주의 위기 등 오바마 행정부가 다루어야 할 사안들은 넘쳐나고 있다.

팍스 아메리카나의 종말과 거대한 그물망 시대의 도래

오바마가 직면한 국제 질서의 두 번째 특징은 미국 단일 패권주의가 '황혼기'에 접어든 시점에 그가 등장했다는 점이다. 미국의 국가정보위원회 NIC는 2004년 보고서에서 "주요 국가들이 미국에 도전하지 않을 것이기 때문에" 앞으로도 상당 기간 미국 단극 체제가 유지될 것이라는 장밋빛 전망을 내놓은 바 있다.● 그러나 한층 더 광범위한 자료 수집과 각국 전문가들의 의견을 종합하여 내놓은 2008년 보고서에서는 "미국이 국제무대에서 여전히 중요한 역할을 하겠지만, 국제 질서에 영향력을 행사하는 여러 나라 가운데 하나가 될 것"이라고 전망했다. 미국 국력의 상대적인 쇠퇴와 중국·인도·러시아의 부상, 세계화되는 경제, 서방 세계에서 아시아로 부와 경제력 이동, 비국가 행위자들의 영향력 증대 등으로 "제2차 세계 대전 이후 형성된 국제 체제의 대변혁이 불가피해지고 있다"는 것이다.●●

물론 미국 단일 패권주의의 종말이 어떠한 국제 체제로 귀결될 것인지

● National Intelligence Council(NIC), "Mapping the Global Future," December, 2004.
●● National Intelligence Council(NIC), "Global Trend 2025: A Transformed World," November, 2008.

는 '물음표'이다. 미국이 영향력을 회복해 일극-다극 체제가 공존하는 모양새를 나타낼 수도 있고, 일부에서 경고하는 것처럼 '무극 체제' 혹은 '암흑시대'가 도래할 수도 있다. 또한 미국이 무리하게 단일 패권주의를 유지하려 하고 중국과 러시아가 이에 맞서면서 '제2의 냉전' 혹은 강대국 간의 충돌이 벌어질 수도 있다. 반면 강대국들과 국제기구의 협력 및 적절한 역할 분담을 통해 '협력적 다극 체제'가 등장할 수도 있다. 이러한 다양한 경로를 놓고 오바마 행정부는 한편으로는 추락하는 미국의 위상과 영향력을 회복하고, 다른 한편으로는 전환기의 국제 체제를 안정적이고 평화로운 방향으로 이끌어야 하는 과제를 동시에 안고 있다.

세 번째 특징은 상호 연관성 혹은 그물망의 시대이다. 오바마 행정부의 유엔 대사로 지명된 수전 라이스와 국무부 부장관으로 내정된 제임스 스타인버그를 비롯한 중도적, 진보적 전문가로 구성된 '피닉스 이니셔티브Phoenix Initiative'는 21세기 국제 질서의 핵심적인 특징으로 상호 연관성을 들면서 "기회와 위험이 공존하는 상호 연관성의 세계에서는 어떤 나라도 이 명제로부터 자유로울 수 없다"고 강조했다.● 국무부 정책기획국장으로 발탁된 프린스턴 대학의 슬로터 교수는 이를 "그물망의 세계networked world"로 표현하면서 전쟁, 외교, 경제, 언론, 사회 문화는 물론이고 심지어 종교조차도 서로 얽혀 있다고 주장했다. 이에 따라 "주권 국가들이 서로 경쟁했던 20세기의 당구공 세계billiard-ball world"에서는 경제력과 군사력이 중요했지만, 21세기 그물망의 세계에서는 "가장 많은 연계connectivity를 갖고 있는 나라가 주도국이 될 것"이라고 강조했다.●●

● Phoenix Initiative, "Strategic Leadership : Framework for a 21st Century National Security Strategy," July, 2008.

●● Anne-Marie Slaughter, "America's Edge," *Foreign Affairs*, January/February, 2009.

결론적으로 오바마가 직면한 현실 세계는 '이슈 과잉의 낯선 세계와 힘 빠진 미국의 조합'이다. 제국의 위치에서 체스 게임을 하듯이 세계를 경영할 수 있는 시대는 이미 지났다. 또한 거대한 그물망의 시대에서 실을 잘못 골라 잡아당기면 그물 전체가 엉망이 되어 미국도 옴짝달싹 못하는 처지에 빠질 수 있다. 그러나 오바마의 앞날이 반드시 부정적인 것만은 아니다. 우선 국제 사회는 오바마의 당선을 계기로 미국을 다른 눈으로 보고 있다. BBC가 2008년 11월 말부터 2009년 1월 초까지 17개국 17,350명을 대상으로 실시한 여론 조사에 따르면, 응답자의 68%가 오바마 취임 이후 미국과 국제 사회의 관계가 좋아질 것이라고 답했다. 이는 BBC가 2008년 9월에 실시한 여론 조사에서 '오바마가 당선되면 미국과 국제 사회의 관계가 어떻게 될 것인가'라는 질문에 47%가 '좋아질 것'이라고 답한 것에 비해 21%나 높아진 수치이다. ●●● 오바마에 대한 국제 사회의 호감과 기대를 잘 보여 주는 대목이다.

●●● 2009년 1월 16일 공개된 여론 조사 결과는 http://www.worldpublicopinion.org/pipa/pdf/jan09/BBC_Inaugual_Jan09_rpt.pdf 참조.

이는 미국과 세계의 관계를 새롭게 설정할 수 있는 소중한 자산이다. 오바마 행정부는 미국과 국제 사회 사이의 "더 큰 교환 more for more" 관계를 기본으로 설정하고 있다. 국제 사회가 원하는 것을 미국이 많이 할 테니, 국제 사회도 미국의 역할과 부담에만 의존하지 말고 더 많은 역할과 부담을 짊어질 것을 요구하고 있는 것이다. 여기에는 오바마의 등장을 계기로 미국에 대한 국제 사회의 여론이 호의적으로 바뀌고 있다는 기대감과 자신감이 깔려 있다.

그러나 '오바마 효과'가 얼마나 지속될지는 미지수이다. 오바마에 대한 국제 사회의 우호적인 여론은 대외 정책을 수행하는 데 '양날의 칼'이 될 것이기 때문이다. 국제 사회의 여론을 존중하면 힘이 되겠지만, 때때로 이는 미국 국내 여론 및 국익과 상반되는 경향을 나타낸다. 반면에 국제 사회의 여론보다 국내 여론이나 국익을 중시할 경우, 오바마에 대한 국제 사회의 기대 심리는 싸늘하게 식어 가면서 '오바마도 별수 없군'이라는 체념적 정서를 확산시키게 될 것이다. 오바마 시대의 가장 근본적인 과제는 미국의 이익과 국제 사회의 이익을 어떻게 조화시킬 것인가에 있는 것이다.

빚더미에 앉은 미국과 대외 정책

오바마의 최대 당면 과제는 역시 '경제 살리기'이다. 그런데 오바마 행정부의 '경제 살리기'는 레이건 행정부 이후 브레이크 없이 질주해 온 신자유주의 방식과는 상당한 차이가 있다. 지난 30년간의 '우편향'이야말로 금융 시스템의 붕괴와 경제 위기의 원인이라고 진단하기 때문이다. 오바마가 취임 연설에서 "적절한 감시가 없으면 시장이 통제 불능 상태에 빠져들 수 있다는 것이 이번 경제 위기를 통해 명확히 드러났다"고 강조한 것은 이러한 인식을 잘 보여 준다. 그는 특히 정부의 역할과 관련해 "중요한 것은 정부의 규모가 아니라 얼마나 효율적으로 일할 수 있느냐"에 있다며, 일자리 창출, 교육, 건강 보험, 노인 연금 등 '민생' 부문에서 정부의 책임성^{responsibility}을 강조했다.

이에 따라 오바마는 1930년대 프랭클린 루스벨트의 '뉴딜'과 1960년대 린든 존슨의 '위대한 사회'를 합친 '빅뱅'을 추구하고 있다. 빅뱅은 점진적이고 단계적인 개혁이 아니라 집권 초기부터 미국의 사회 경제 시스템을 대대적으로 수술하겠다는 것을 의미한다. 규제 강화를 골자로 한 금융 개혁 및 '부자 증세, 중하층 감세'에서부터 건강 보험, 재생 에너지, 교육, 공공 부문의 투자 증대를 통한 일자리 창출 등 전 분야에 걸쳐 있다.● 2008년 노벨 경제학상 수상자인 폴 크루그먼은 "오바마의 새로운 뉴딜 정책의 성공 여부는 단기적인 경제 처방을 얼마나 대담하게 하느냐에 달려 있다"며, 화끈한 재정 정책을 주문하면서 '빅뱅'의 필요성을 역설하였다.●●

● 『한겨레』, 2008년 11월 11일.

●● Paul Krugman, "Franklin Delano Obama," *The New York Times*, November 10, 2008.

이처럼 '신자유주의의 본산' 미국이 경제 위기와 오바마의 시대를 맞이해 진보적 변화에 시동을 걸면서 그 성공 여부가 초미의 관심이 되고 있다. 만약 오바마 행정부가 사회 경제 개혁에 성공해 경제 위기를 극복한다면, 추락하는 미국은 다시 부상할 수 있는 기회를 잡게 될 것이다. 그러나 전망은 그리 좋지 않다. 우선 미국의 경기는 'V'자나 'U'자가 아닌 'L'자 모양이 될 가능성이 높다. 1~2년 정도 마이너스 성장을 한 다음, 경기 회복이 아니라 장기 불황 상태에 빠져들 가능성이 높다는 것이다. 만약 미국이 경제력을 회복하지 못한다면, 오바마로 상징되는 소프트 파워의 향상에도 불구하고 하드 파워의 추락을 피할 수 없게 될 것이다.

오바마 행정부의 가장 큰 고민은 돈 쓸 곳은 넘치는데 빚은 늘어나고 경기는 살아나지 않는다는 데에 있다. 오바마의 '새로운 뉴딜 정책'은 막대한 재정 지출을 전제로 한다. 그런데 미국 정부의 누적 재정 적자는 2008년에 이미 1조 달러를 돌파했고, 국가 전체의 부채는 10조 달러에 달한다. 그럼에도 오바마 행정부는 2009~2010년 2년간 약 8천억 달러의 재정 지출을 통해 경기 부양에 나선다는 계획이다. 이렇게 되면 2009년의 적자 규모는 1조 2천억 달러를 넘어설 것으로 예상된다. 이는 미국 GDP의 7% 수준에 해당하는 것으로, 최악의 재정 적자를 보인 1983년의 6%를 넘어서는 수치이다. 오바마 행정부는 알뜰하고 현명하게 사용해 적자 규모를 최소화하겠다고 공언하지만, 막대한 재정 적자가 발생할 가능성은 인정하고 있다.

이와 관련해 『강대국의 흥망』이라는 책으로 국내에도 잘 알려진 폴 케네디 예일대 교수는 미국의 적자가 세 가지 측면에서 우려된다고 주장했다. 첫째, 세계 역사상 유례를 찾아보기 어려울 정도로 적자 폭이 빠른 시간 내에 너무 커지고 있다는 것이다. 둘째, 빚을 내서 쓰는 돈에 대한 관리·감독이 제대로 이루어지지 않고 있는 반면에 '눈먼 돈'을 얻기 위한 로비전이 워싱턴 정가를 지배하면서 예산 낭비 가능성이 크다는 것이다. 셋째, 미국 기업 및 가계의 소득 감소로 미국인의 재무부 채권 구매력이 크게 떨어져 중국을 비롯한 외국에 손을 벌려야 하는 상황이 더욱 악화되고 있다는 것이다. 이에 따라 미국은 중국에 구걸해야 할 형편이고, 중국이 미국의 희망대로 채권을 계속 구매해 준다면 "1941~1945년에 세계 금융의 중심축이 대영 제국에서 미국으로 이동했던 것"처럼, 앞으로는 미국에서 중국으로 이동하게 될 것이라고 경고했다.

● Paul Kennedy, "American Power Is on the Wane," *The Wall Street Journal*, January 14, 2009.

오바마의 딜레마를 가중시키는 적자

재정 적자가 늘어나면 미국 정부는 외국과 투자 회사에서 더 많은 돈을 빌려야 하고, 이는 미국의 다음 세대에게 막대한 재정 부담을 떠넘기게 된다. 또한 금융 기관의 기업 및 개인 대출을 더욱 위축시키게 된다. 특히 금융 시장에서 정부의 재정 적자가 장기화될 것이라고 전망하면 대출 이자율이 높아지고, 이자 부담이 늘어난 기업과 가계의 파산 및 소비 위축으로 이어질 수 있다. 반면 전 국민 의료 보험 제도를 비롯한 사회 복지 지출 확대는 오바마의 핵심적인 대선 공약 사항이다. 극심한 경제 위기를 안고 출범한 오바마 행정부가 단기적인 경기 부양책과 재정 안전성 확보, 사회 복지 지출 확대라는 세 마리 토끼를 한꺼번에 잡아야 할 딜레마에 빠진 것이다. 그러나 이 세 가지가 동시에 이루어지기는 불가능하다.

미국의 더 큰 고민은 막대한 재정 적자가 중국을 비롯하여 외환 보유고가 풍부한 나라들에 대한 의존도를 높이고, 이는 미국 대외 정책의 제약 요인이 될 수 있다는 점에 있다. 특히 최근 중국의 움직임은 오바마 행정부를 곤혹스럽게 하고 있다. 미국 채권 최대 보유국인 중국이 내수 경기 부양을 위해 미국 채권 구매를 줄이려는 움직임을 보이고 있는 것이다. 미국은 최근 몇 년간 '중국 돈으로 먹고 산다'는 말이 나올 정도로 중국의 채권 구매에 의존해 왔다. 중국이 미국 재무부와 민간 금융 기관의 채권을 구매해 줌으로써 미국은 이자율을 낮은 상태로 유지할 수 있었던 것이다. 참고로 중국은 2008년 기준으로 미국 재무부 발행 국채 및 민간 금융 기관의 채권을 약 1조 달러어치 보유하고 있다.

이처럼 중국의 미국 채권 구매 의욕이 떨어진 이유는 '내 코가 석 자'라는 상황 때문이다. 미국발 금융 위기가 실물 경제로까지 급속히 번지면서 중국의 수출업체는 큰 타격을 입고 있고, 이에 따라 문을 닫는 기업과 직장을 잃은 노동자들이 급증하고 있다. 이러한 경제적 불안이 정치적 안정까지 해칠 것을 우려한 중국 정부는 6천억 달러를 투입해 경기 부양에 나서고 있다. 이전까지 미국 채권을 사들이는 데 썼던 돈을 이제는 국내 경제 살리기에 투입하겠다는 것이다. 또한 중국 경기의 후퇴는 중국 정부의 세수를 줄여 재정 운용의 유연성을 저하시키는 요인이 되고 있다. 2008년 중국 중앙 정부의 세수는 전년도에 비해 3%가 줄었고, 세계 경제가 회복되지 않으면 세수는 더욱 줄어들 수밖에 없는 상황이다. 아울러 경기 침체와 외국 자본의 유출로 달러 보유고가 줄어들고 있는 것 역시 중국이 예전만큼 미국 채권을 구매하지 않을 것이라는 전망의 근거가 되고 있다.

● *The New York Times*, January 8, 2009.

물론 미국의 경제 위기 지속은 중국 경제에도 부정적인 영향을 줄 수밖에 없기 때문에 중국이 미국 채권 구매를 전면 중단하거나 보유한 채권을 대량 매수할 가능성은 낮다. 그럼에도 중국의 미국 채권 구매 감소 추세는 경제 살리기에 올인하고 있는 오바마 행정부에 큰 부담이 될 것이다. 관건은 이러한 미중 간의 상호 의존성이 대외 관계에 어떻게 나타나느냐이다. 오바마 행정부는 미중 간의 무역 불균형이 해소될 것이라고 공언해 왔다. 그러나 미국의 대중 의존도 심화는 미국의 협상 지렛대가 대단히 취약하다는 것을 의미한다.

외교 안보 문제에서도 비슷한 상황이 발생할 수 있다. 러시아에 대한 에너지 의존도가 높은 유럽 연합이 대외 정책 수행에서 러시아의 눈치를 볼 수밖에 없는 것처럼, 미국 역시 비슷한 상황에 몰릴 수밖에 없다. 가령 오바마 행정부가 대만에 무기를 수출하려고 할 경우에, 중국은 미국 채권을 지렛대로 삼아 이를 저지할 수 있다. 중국의 지렛대는 북핵 문제를 비롯한 한반도 문제, 티베트 및 신장웨이우얼 자치구 문제, 한미·미일 동맹 및 동북아 평화 안보 체제 구축 문제 등에서도 발휘될 수 있다. 미국의 대중 채무 문제가 완화되지 않은 상태에서 발생한 미국발 금융 위기는 미중 간의 역학 관계에도 상당한 영향을 미치고 있다. 이에 따라 미국은 중국의 눈치를 보고, 중국은 미국의 대외 정책에 목소리를 높이는 시대에 돌입하고 있는 것이다.

오바마의 성향과 대외 정책

지난 8년간 '부시의 미국'에 시달려 온 미국과 국제 사회는 '오바마의 미국'에 잔뜩 기대를 거는 분위기이다. 그렇다면 '오바마의 미국'과 '부시의 미국'은 얼마나 큰 차이를 보일까? 이와 관련해 과거 미국 대선은 시사하는 바가 크다. 조지 W. 부시와 앨 고어가 맞붙은 2000년 대선에서 미국의 대다수 전문가와 언론은 두 후보의 대외 정책에 별 차이가 없다고 평가했었다. 부시 스스로도 "겸손한 외교 정책"을 펼치겠다고 약속했다. 한국에서도 부시가 대북 포용 정책을 계승하게 될 것이라는 평가가 주류를 이루었다. 그러나 '고어가 되었더라면······'이라는 탄식이 나오기까지 그리 오랜 시간이 걸리지 않았다. 부시의 개인적 성향과 그를 둘러싼 네오콘의 정체를 잘 몰랐던 탓이 컸다.

존 케리가 부시의 대항마로 나선 2004년 대선도 흥미롭다. 2000년 대선 때와는 달리 두 후보의 대외 정책에 큰 차이가 있다는 분석이 지배적이었다. 부시가 재선에 성공하자 지구촌 곳곳에서는 절망 어린 탄식이 쏟아졌다.

그러나 2기 부시 행정부의 외교 안보 정책은 '케리의 공약을 베꼈다'는 말이 나올 정도로 1기 때와는 상당한 차이를 드러냈다. 특히 대북 정책의 변화는 극적이었다. 이처럼 2기 부시 행정부에 대한 오판은 1기 부시 행정부의 대외 정책을 쥐락펴락했던 네오콘의 몰락을 예견하지 못한 탓이 컸다.

오바마의 외교 안보 정책을 분석하고 전망할 때, 이러한 사례가 시사하는 바는 크다. 오바마가 대선 유세 때 행한 발언이나 공약은 중요한 참고 자료일 뿐, 이를 전부인 양 생각해서는 안 된다는 것이다. 발언이나 공약과 더불어 오바마의 개인사와 성향, 그를 둘러싼 인물들에 대한 분석이 함께 이루어져야 분석과 전망의 완성도를 높일 수 있다. 또한 대외 정책은 상대가 있는 게임이라는 점에서 상대방의 반응에 따라 정책이 수정될 수 있으며, 앞으로 4년간 벌어질 여러 사건·사고에도 영향을 받을 수밖에 없다.● 아울러 부시의 대북 정책 변화에 가장 큰 영향을 미친 변수가 이라크 전쟁이었듯이, 각종 사안과 이에 대응하는 미국의 정책들 사이의 상호 연관성도 주목해야 한다.

● Michael Fullilove, "Hope or Glory?: The Presidential Election and U.S. Foreign Policy," Policy Paper, October, 2008(Brookings).

오바마의 키워드는 '공감'과 '단호함'

오바마의 정치적 성향은 '탈이념적인 실용주의'라는 말로 압축된다. 그는 미국의 가치와 이념을 중시하면서도 이를 근거로 국제 관계를 '선과 악의 대결'로 보거나, 미국식 가치를 국제 사회에 강제하려는 것에 부정적인 견해를 갖고 있다. "이념보다는 현실주의"를, "정치와 열망에 사로잡힌 대외 정책보다는 세계 질서의 작동 원리에 대한 객관적인 이해에 바탕을 둔 외교 정책"을 선호한다. 그가 자유주의적 국제주의를 내세우면서 다자적 협력과 외교적 해결 원칙을 강조하는 한편, '적대 국가 지도자와 조건 없이 대화에 나서겠다'는 공약은 이러한 세계관을 잘 보여 준다.

그는 또한 법학도답게 국제무대에서 규범의 준수를 강조한다. 미국이 자국의 힘을 효율적으로 발휘하기 위해서는 국제 제도와 동맹국의 협력이 가장 효과적인 방법이라고 믿고 있다. "어느 누구도 국제 규범을 준수하는 것보다 더 큰 이익을 얻을 수 없고, 미국이 예외주의를 관철하면서 다른 나라에 국제 규범을 준수하라고 요구할 수 없으며, 슈퍼파워인 미국이 국제적 합의에 따라 자국의 힘을 사용하는 데 자제력을 발휘해야만 다른 나라에도 국제 규범을 준수할 가치가 있다고 말할 수 있게 된다"는 것이다. 물론 그 역시 미국의 이익이 심각하게 침해받는다면 다른 나라가 동의하지 않더라도 무력 사용을 비롯한 일방주의도 불사해야 한다는 입장을 갖고 있다.

오바마의 리더십 스타일도 주목된다. 그는 신중하고 사색적이며 지적 호기심이 많은 인물로 알려져 있다. 이에 따라 역지사지의 태도로 타자의 이야기를 경청하고, 신속한 결정보다는 시간이 다소 걸리더라도 공감과 합의에 기초한 결정을 선호한다. 사람들로 하여금 여러 가지 아이디어를 내놓게 한 다음 활발한 토론을 거쳐 최종적인 판단을 내리는 방식이다. 성급한 결정을 내리는 것도 싫어하지만, 결정한 사항을 번복하는 것도 꺼린다. 이러한 그의 기질은 자연스럽게 화해와 통합을 통한 변화의 리더십을 구축하게 되었고, 이에 힘입어 워싱턴 정계 진출 4년 만에 '슈퍼파워' 미국의 최고 지도자로 성장하는 밑거름이 되었다. ●●

●● Jidi Kantor, "Barack Obama, Forever Sizing Up," *The New York Times*, October 26, 2008.

그렇다면 이와 같은 오바마의 개인적, 정치적 성향은 대외 정책 수행에 어떻게 반영될까? 우선 오바마는 이념보다는 이익을 선호하는 실용주의자라는 점에서 북한, 이란 등 적대 국가는 물론이고 러시아, 중국과 같은 잠재적 경쟁자에 대해 이념적, 도덕적 선입견을 가지고 접근하지 않을 것이다. 이는 국제 질서를 선과 악의 이분법으로 보면서 '내 편이 아니면 적이다'라는 부시 행정부의 세계관과 근본적인 차이가 있다. 또한 참모들의 다양한 의견을 듣는 동시에 상대국의 입장과 미국의 이익을 함께 고려해 '신중하게' 정책 결정을 내리고 '신속하게' 집행하려는 방식을 취할 것이다. 특히 적대 국가와의 협상 시 '게임의 규칙'과 '득실 관계'를 명확히 제시하면서 상대방이 협력과 약속을 이행할 경우에는 그에 상응하는 조치를 취할 것이고, 상대방이 이를 거부하거나 약속한 사항을 위반하면 단호한 압력과 제재를 선택할 것이다.

미리 보는 '오바마 독트린'

오바마 행정부의 '스마트 파워'

오바마는 자서전 『담대한 희망』을 통해 "국민이 지지하고 전 세계가 이해할 만한 명확한 안보 전략을 제시하지 못한다면 미국은 오늘날보다 세계를 더욱 안전하게 만드는 데 필요한 정당성과 궁극적으로는 그런 영향력을 갖지 못할 것"이라며, 본인이 생각하는 안보 전략의 방향을 제시하면서 두 가지 전제를 내세웠다.

하나는 고립주의의 거부와 군사 행동을 포함한 적절한 개입주의 및 국제 사회에서의 리더십 발휘이다. "미국은 21세기의 위협을 혼자 해결할 수도 없고, 세계는 미국 없이 위협을 해소할 수 없다. 우리는 세계로부터 후퇴해서도 안 되고, 세계를 복종시키려고 해서도 안 된다"는 것이 미국과 세계의 관계에 대한 오바마의 기본 인식이다.

● Barack Obama, "Renewing American Leadership," *Foreign Affairs*, July/August, 2007.

또 하나는 오늘날의 안보 환경과 위협이 과거와는 근본적으로 달라졌다는 것이다. 과거에는 나치 독일이나 제국주의 일본, 소련과 같은 강대국들이 가장 큰 위협이었지만, "점증하는 위협은 주로 글로벌 경제의 변두리에 위치한 지역"에서 비롯되며, 미국과 국제 사회가 직면한 가장 큰 위협은 테러리즘, 조류 독감과 같은 질병, 기후 변화 등 "초국가적인 성격을 띠고 있다"는 것이다. 힐러리 클린턴 역시 인준 청문회에서 21세기의 가장 큰 도전과 위협으로 이라크와 아프가니스탄에서의 전쟁, 대량 살상 무기 확산, 테러리즘, 질병과 기후 변화, 금융 위기로 인한 빈곤의 악화를 들었다.

여기서 주목할 점은 다른 강대국의 부상을 주요한 위협 요인으로 거론하지 않았다는 것이다. 냉전 시대에는 소련을, 부시 행정부 시대에는 중국을 "전략적 경쟁자"로 간주하면서 이 나라들을 봉쇄하거나 미국에 필적할 만한 수준으로 성장하는 것을 예방하는 것이 핵심적인 전략적 목표였던 것과 대비된다. 이는 두 가지 이유 때문이라고 할 수 있다. 하나는 미국 단극 체제가 종말을 고하고 전 지구적 권력이 이동·재편하는 과정에서 국제 체제의 변동이 불가피하다는 판단이다. 또 하나는 미국의 최대 위협은 제3차 세계 대전과 같은 강대국과의 전쟁보다는 테러와 대량 살상 무기 확산에서 비롯된다는 것이다. 이 두 가지는 서로 연관되어 있는데, 국제 체제 변동의 불가피성과 위협의 초국가성을 인정한다면, 미국의 외교 안보 정책 방향은 다른 나라와의 '경쟁'보다는 '협력'에 초점을 두게 된다.

이러한 두 가지 전제, 즉 고립주의의 거부와 새로운 안보 환경에 대한 인식을 바탕으로 오바마가 구상한 안보 전략의 골자는 다음과 같다. 첫째, "새로운 현실에 맞춰 국방비 지출과 군사력 구조를 조정"해야 한다는 것이다. 조정의 핵심은 "제3차 세계 대전이 일어날 가능성에 대비해 편성된 국방 예산과 군사력 구조"를 새로운 위협 환경에 따라 바꿔야 한다는 것으로, "최신 무기 구매와 인력 투자 간의 균형을 맞추는 것"을 핵심 과제로 제시한다. 둘째, 군사적 수단에 대한 과도한 의존도를 줄이고 "전 세계에서 벌어지는 사상 전쟁battle of ideas을 승리"로 이끌 수 있는 폭넓은 목표를 설정하는 것이다. 셋째, 긴박한 위협을 제거하기 위해 자위 목적의 일방적인 군사 행동을 취할

● 오바마는 취임 연설에서 "안보와 이상 사이의 그릇된 선택을 거부한다"며, 취임 후 첫 행정 명령으로 쿠바의 관타나모 포로수용소와 해외에 설치된 CIA의 비밀 감옥을 1년 내에 폐쇄할 것을 지시했다. 이는 안보를 이유로 국제법과 국내법을 무시하고 인권을 탄압했던 부시 행정부의 정책이 미국의 리더십과 정당성을 훼손했다는 판단에 따른 것이다.

●● Barack Obama, The Audacity of Hope, 홍수원 옮김, 『담대한 희망』(랜덤하우스코리아, 2007), 383~452쪽.

●●● 보고서 전문은 http://www.csis.org/media/csis/pubs/071106_csissmartpowerreport.pdf 참조.

권리는 계속 보유하되, 자위를 벗어난 무력 사용을 추진할 때에는 "일방적인 것보다 다자적인 접근"을 취해야 한다는 것이다. 넷째, 동맹 관계의 회복 및 강화를 꾀하고 미국이 솔선수범해서 국제 규범을 준수함으로써 상호 협력을 통한 위협 대처 및 해소를 추구해야 한다는 것이다. 끝으로 대다수 국가와 국민들이 빈곤과 불안정과 폭력에서 해방되고 이익과 번영을 누릴 수 있는 세계 질서를 구축하는 방향으로 미국의 정책을 조정해야 한다는 것이다.●●

스마트 파워

오바마 행정부의 대외 정책을 압축하는 키워드는 '스마트 파워smart power'이다. 힐러리 클린턴이 국무 장관 인준 청문회에서 밝힌 스마트 파워는 미국의 싱크 탱크인 국제전략문제연구소CSIS의 '스마트파워위원회'에서 창안한 개념이다. 민주당계 전략가인 조지프 나이와 공화당계 전략가인 리처드 아미티지가 공동 의장을 맡은 이 위원회에서는 2007년 11월 보고서를 발표했는데, 요지는 "미국이 국제 사회에서 공포와 분노를 자아내게 한 것에서 낙관주의와 희망을 불어넣는" 외교 정책을 펼쳐야 한다는 것이다.●●● 이를 위해서는 국제 사회에서 원하고 있지만 미국의 지도력이 없으면 달성할 수 없는 국제 공공재global good에 투자하고, 군사력과 경제 제재 등 하드 파워에 의존해 온 관성을 버리고 소프트 파워를 강화하여 이 두 가지 힘을 적절히 배합하는 '스마트 파워'를 발휘해야 한다는 것이다.

CSIS는 이를 위한 구체적인 과제로 다섯 가지를 제시했다. 첫째, 소원해진 동맹국 및 우방국과의 관계를 회복하고 국제 제도를 정비한다. 둘째, 국제 사회와 미국의 이익이 조화를 이루는 방향으로 개발 전략을 세운다. 셋째, 악화된 국제 사회의 여론을 다시 미국에 우호적으로 만들기 위해 공공 외교public diplomacy를 강화한다. 넷째, 자유무역협정FTA 체결 등을 통해 경제 통합에 나선다. 다섯째, 기술 개발과 혁신을 통해 에너지 안보 및 지구 온난화 등 전 지구적인 문제에 적극 대처한다.

힐러리는 스마트 파워를 "미국의 외교, 경제, 군사, 정치, 법, 문화 등 모든 가용 자원을 염두에 두고 상황에 따라 적절한 도구tool를 선택하여 도구들 간의 조합을 만들어 내는 것"으로 재정의했다. 그는 "스마트 파워와 관련해 대외 정책의 전위vanguard는 외교가 될 것"이라고 강조했는데, 이는 "상호 의존성의 시대에 가장 큰 힘은 상대방을 설득할 수 있는 능력에서 나온다"는 인식에 따른 것이다. 군사력이나 경제 제재 등과 같은 강압적인 수단보다는 매력의 발산을 통해 미국의 리더십을 재건하겠다는 의미이다.

또한 오바마 행정부는 대외 정책의 슬로건을 '미국 지도력의 쇄신'으로 내세우고 있는데, 상호 의존성의 시대에서 이러한 목표를 달성하기 위해서는 두 가지 자세가 필요하다고 강조한다. 첫째는 "미국이 스스로 모범을 보이고 자국의 이익과 다른 나라의 이익을 조화시키려고 노력할 때, 미국의 리더십이 효과적으로 발휘되고 미국의 이익도 가장 잘 수호할 수 있다"는 것이다. 둘째는 "파트너는 늘리고 적은 줄이는 세계 전략이 필요하다"는 것이다. 이를 위해 힐러리는 "미국의 21세기 외교 정책의 기본 방향은 경직된 이념이 아니라 원칙과 실용주의의 조화, 감정과 선입견이 아니라 사실과 근거에 두어야 한다"고 역설했다. 이는 군사력과 경제 제재를 통해 적대국을 제거하는 데 초점을 맞췄던 부시 행정부와는 달리, 적대국과도 대화와 협상에 나서 위협을 해소하고 미국의 우방이나 협력자로 만드는 외교 노선을 추구하겠다는 의지로 풀이된다.

주목할 만한 '피닉스 이니셔티브'의 보고서

오바마의 당선을 전후해 미국의 싱크 탱크들은 많은 보고서를 쏟아 내면서 오바마 행정부의 외교 안보 정책에 자신들의 구상과 요구를 투영시키고 있다. 이 가운데 가장 주목되는 보고서는 중도적, 진보적 전문가들로 구성된 '피닉스 이니셔티브'가 2008년 7월에 발표한 「전략적 리더십 : 21세기 국가 안보 전략의 기본틀」이라고 할 수 있다. 이 모임에는 유엔 대사 수전 라이스, 국무부 부장관 제임스 스타인버그, 국무부 동아시아태평양 담당 차관보로 내정된 커트 캠벨 등 오바마 행정부 외교 안보 팀의 핵심 인사들이 참여했다는 점에서 주목을 끈다. 다른 보고서들이 주로 현안에 대한 대응 방안을 제시한 반면 이 보고서는 전환기의 국제 질서에 대한 새로운 이해와 전략적 대처 방안을 담고 있다. 「뉴욕 타임스」는 2008년 12월 4일자 사설에서 이 보고서의 내용이 "오바마

● Phoenix Initiative, "Strategic Leadership: Framework for a 21st Century National Security Strategy," July, 2008.

의 새로운 전략에 훌륭한 출발점"이 될 수 있다고 평가하기도 했다.

보고서는 우선 "봉쇄⁽냉전 시대 및 부시 행정부의 전략⁾, 개입과 확대⁽클린턴 행정부의 대외 전략⁾와 같은 전통적인 개념에서 탈피하고, 현실주의 권력 정치 대(對) 자유주의적 이상주의라는 이분법을 거부"하면서 21세기 미국의 새로운 전략과 리더십의 방향을 모색한다. 전략적 리더십의 핵심은 '국제 협력'이다. 이는 오늘날의 세계는 "냉전 해체 직후의 세계도 아니고 9·11 테러를 당한 미국을 추모하던 세계"도 아니지만, "21세기의 세계는 미국이 전 지구적 문제를 푸는 데 리더십을 발휘할 것을 다시 요구하고 있다"는 것을 전제로 한다. 또한 전략적 리더십은 "언제, 어떻게, 누구와 함께 지도력을 발휘할 것인가에 대한 지혜와 신중함"을 요하며, "주어진 것이 아니라 끊임없이 습득하고 단련하여 유지해야 하는 것"이라고 강조한다. 특히 전략적 리더십을 효과적으로 발휘하기 위해서는 미국 스스로가 국제 사회와 "공동의 목적을 위해 봉사한다는 자세"를 갖고, "미국이 반드시 지도력을 행사해야 한다는 강박 관념에서도 벗어나, 때때로 다른 나라가 미국을 이끌 수도 있다"는 점을 인정해야 한다고 주문한다. "전략적 리더십의 독트린은 효과적인 행동에 있는 것이지 미국의 리더십 자체에 있는 것"이 아니라는 것이다.

보고서에서는 21세기 국제 체제의 특징을 두 가지로 설명한다. 하나는 상호 연관된 세계⁽An interconnected world⁾이다. 자본, 상품, 노동뿐만 아니라 아이디어, 정보, 질병, 무기와 테러, 오염과 온실가스 등 모든 것이 세계화되고 상호 연관된 "새로운 시대의 위협은 지정학적으로 어느 지역에 국한되거나 적대 국가에 한정되지 않는 전 지구적이고 다차원적인 성격"을 갖는다는 것이다. 다른 하나는 권력 분산의 세계⁽A world of diffuse power⁾이다. "여러 나라들이 새롭게 부상하고 비국가 행위자의 영향력도 커짐에 따라" 미국을 비롯한 특정 국가가 권력을 독점할 수도 없고, 독점해서도 안 된다는 것이다.

　이 두 가지를 핵심적인 특징으로 하는 "있는 그대로의 세계를 이해하지 않고, 과거에 익숙한 세계나 미국이 희망하는 세계를 상대하려고 하면 전략적 리더십은 나올 수 없다"고 보고서는 강조한다. 상호 연관된 세계에서 "미국의 이익을 수호하는 최선의 방법은 타자의 이익을 이해하고 돕는 것에서 출발해야" 하며, 권력 분산의 세계에서 "미국의 이익을 수호하고 증진하는 최선의 방법은 다른 나라와 함께하고 때로는 미국 앞에 나서게 하는 것"이다. "타자의 안전과 자유, 번영을 고려하지 않고서는 미국의 안전과 자유, 번영을 수호할 수 없기" 때문이다. 피닉스 이니셔티브는 "이것이 바로 전략적 리더십의 요체"라며, 오바마 행정부가 추구하는 국가 안보 전략의 밑그림을 그렸다.

　보고서는 또한 집권 초기에 정책의 우선순위를 결정할 때 세 가지를 고려해야 한다고 강조한다. 사안의 시급성, 미국과 국제 안보에서의 중요도, 정책의 성공 가능성이 그것이다. 이러한 기준에 따라 피닉스 이니셔티브는 테러 근절, 핵비확산, 기후 변화와 석유 의존도 대처, 중동 문제 해결, 동아시아 관계 재설정 등을 우선순위로 제안했다. 이 보고서가 미국발 금융 위기가 터지기 전에 나온 것이라 오바마 행정부가 최우선순위로 삼고 있는 '지구적 금융 경제 위기 및 빈곤의 해소'가 누락되었지만, 이 다섯 가지 제안은 오바마 행정부가 우선순위로 삼고 있는 정책과 거의 일치한다.

　또한 전략적 리더십을 발휘하기 위해서는 "미국의 힘의 범위와 한계를 명확히 인식"하는 것을 전제로 다섯 가지 요소를 제시했다. 첫째는 외교력을 포함한 강력한 치국 능력statecraft으로, "외교를 통해 문제를 해결하고 안보를 증진하는 것이 미국의 이익을 가장 충실하게 실현하는 방법"이라며 '외교 우선론'을 내세웠다. 특히 부시 행정부가 적대 국가를 "악의 축"으로 규정하고 강압적인 정권 교체를 시도한 것과는 달리, 외교를 통해 적대 관계를 변환transformation하여 적대국의 행위를 변화시키는 것이 미국의 목표가 되어야 한다고 강조했다. 이는 오바마 행정부가 우방국은 물론이고 적대국과도 대화에 나서 "파트너를 늘리고 적을 줄이는" 외교 정책을 구사하겠다는 것과 정확히 일치한다.

둘째는 21세기에 걸맞은 군사력과 전략의 수립으로, 강력한 군사력 보유, 무력 사용 추진 시 국제 규범과 미국 내 여론 존중, 능력과 효용의 갭capabilities-utility gap 및 성공 가능성을 고려한 신중함을 주문했다. 셋째는 해외 원조 증대를 비롯한 번영과 개발의 증진으로, 미국과 국제 사회의 관계를 상호 의존적이면서 공동의 이익을 창출하는 방향으로 재조정해야 한다는 것이다. 넷째는 민주주의와 인권의 옹호로, 이를 위해서는 무엇보다도 미국이 모범을 보여야 한다며, 쿠바의 관타나모 포로수용소 폐쇄를 주문했다. 실제로 오바마는 취임 후 첫 행정 명령으로 관타나모 포로수용소 폐쇄를 지시했다. 끝으로 효율적이면서도 강력한 대외 정책을 수행하기 위해서는 미국 사회에 활력을 불어넣는 것이 중요하다고 강조했다.

오바마 독트린의 딜레마

오바마 독트린의 핵심은 외교를 앞세운 국제 협력을 통해 파트너는 늘리고 적은 줄임으로써 미국과 국제 사회의 선순환적 이해관계와 이익을 창출하겠다는 것으로 정리할 수 있다. 미국이 국제 사회가 요구하는 사안들을 적극적으로 이행하는 대신에, 국제 사회도 더 많은 책임과 부담을 지도록 한다는 것이 오바마가 국제 협력을 추구하는 현실적 이유이다. 오바마가 취임 연설에서 대외 정책의 키워드로 "겸손함과 자제력", "이해와 협력"을 강조한 것도 이러한 맥락에서 이해할 수 있다. 이러한 접근법은 팍스 아메리카나 시대에 클린턴 행정부가 추구했던 '개입과 확대' 전략이 국제 체제의 변동으로 유용성이 크게 떨어졌고, 부시 행정부가 압도적인 군사력과 무분별한 무력 사용을 앞세워 "21세기도 미국의 시대로 만들겠다"는 일방주의가 오히려 미국의 안보를 위협하고 자국의 이익을 감소시키는 한편 국제 사회에서 미국의 리더십을 훼손시켰다는 반성에 기초한 것이라고 할 수 있다.

결국은 오바마 행정부가 미국과 국제 사회의 이익을 얼마나 조화롭게 증진시킬 수 있느냐가 관건이다. 오바마가 경선 및 대선 과정에서 '공감'과 '역지사지'의 자세로 '변화'와 '통합'이라는 두 마리 토끼를 잡는 데 성공한 점에 비추어 볼 때 대외 정책에서도 적지 않은 변화와 성공 가능성은 분명 있다. 그러나 미국과 국제 사회의 관계는 단순한 교환 관계가 아니라는 점에 오바마의 딜레마가 있다. 앞서 언급한 것처럼, 오바마는 미국과 국제 사회의 '더 큰 교환 관계'를 추구한다. 그러나 국제 사회는 관타나모 수용소 폐쇄, 지구 온난화에 대한 적극적인 대처, 이라크 철군, 적대국과의 대화, 핵무기 감축 등은 미국이 해야 할 바를 하는 것이지, 이를 근거로 국제 사회가 미국에 무언가를 해 주어야 한다고 접근하는 것에 대해 이견을 가질 수 있다. 유럽 연합 국가들이 아프가니스탄 추가 파병에 난색을 표하는 것에서 이러한 경향이 잘 드러난다.

미국과 국제 사회의 관계가 '일대일 함수 관계'가 아니라는 점 역시 오바마를 곤혹스럽게 하고 있다. 몇 가지 예를 들어 보자. 먼저 이스라엘-팔레스타인 분쟁 해결을 비롯한 중동 평화 협상이다. 미국의 맹방이자 막강한 로비력을 갖춘 이스라엘은 오바마가 하마스와 직간접적인 대화에 나서는 것을 아주 껄끄럽게 여긴다. 그렇다고 오바마가 이스라엘을 의식하여 하마스와의 대화를 피하는 것은 오바마 독트린의 정신을 스스로 훼손하는 것일 뿐만 아니라 협상 중재의 성공을 더욱 어렵게 만든다. 이란과의 직접 대화 노선도 마찬가지이다. 이스라엘은 이를 반대하는 반면에, 이란은 오바마의 슬로건인 '변화'가 이란 정책에도 반영되어야 한다고 주문한다. '제2의 냉전'으로 치달을 수 있는 동유럽 MD 문제도 딜레마이다. 러시아와의 관계를 풀기 위해서는 MD 계획의 전면 재검토가 불가피하고 러시아도 그렇게 요구하고 있다. 그러나 이 계획을 철회한다면 미국의 새로운 동맹국인 폴란드와 체코 공화국이 미국을 불신할 수 있다.

오바마가 "강력하고 직접적인 외교"를 펼치겠다는 대북 정책은 어떤가? 적대국인 북한은 관계 개선을 서두르자는 입장이지만, 동맹국인 한국은 미국의 대북 특사 파견에 난색을 표하는 등 북미 관계가 급진전하는 것에 우려를 나타내고 있다. 이는 미국의 동아시아 전략의 핵심 파트너인 일본 역시 마찬가지이다. 일본은 오바마의 대북 정책뿐만 아니라 대중 정책에도 경계심을 갖고 있다.

이처럼 국제 사회는 수많은 행위자로 구성되어 있고, 행위자마다 입장과 정책이 다른 경우가 태반이다. 오바마의 미국에 요구하는 국제 사회의 목소리가 각양각색으로 나올 수밖에 없는 것이다. 이는 바로 오바마의 딜레마로 연결된다. 적대국과의 과감한 협상을 통해 새로운 파트너를 만들자니 기존의 파트너가 미국에 등을 돌릴 수 있다. 기존의 파트너를 배려하는 데 무게 중심을 두면 적대국이 반발하여 미국의 정책 목표를 달성하기가 어려워진다. 만약 오바마가 동맹국과 적대국 사이에서 우왕좌왕하면서 가시적인 성과를 내지 못한다면, 오바마의 등장을 계기로 통합으로 향하고 있는 미국은 또다시 분열되고 말 것이다. 오바마가 이 딜레마를 어떻게 풀 것인지 귀추가 주목되는 까닭이다.

오바마의 외교 안보 팀

올스타 팀의 등장

오바마 시대의 외교 안보 정책을 이끌어 나갈 인물들은 '올스타 팀'으로 표현될 만큼 면면이 화려하다. 8년간은 빌 클린턴 대통령의 영부인으로, 6년간은 상원 군사위원회 소속 의원으로서 90여 개국을 방문하고 80여 개국의 정상을 만난 힐러리 클린턴은 단연 두각을 나타낸다. 최초의 여성 대통령을 꿈꾸면서 오바마

● David Ignatius, "Obama's All-Star Roster," *The Washington Post*, December 1, 2008.

와 건곤일척의 승부를 벌였던 힐러리가 '올스타 팀'의 상징이 된 것이다. 그가 대통령의 꿈을 접고 경쟁자의 국무 장관직을 수락한 것은 오바마 대통령이 대통령 면담권과 국무부 인선권을 주면서 '실세 국무 장관' 자리를 보장했기 때문이다. 초고속으로 상원 인준 청문회를 통과한 힐러리는 오바마 못지않게 언론의 주목을 받게 될 것이다.

클린턴 행정부 때 CIA 국장을 지냈고, 2006년 11월부터 도널드 럼즈펠드 후임자로 부시 행정부의 국방 장관을 지낸 로버트 게이츠는 미국 역사상 처음으로 공화당과 민주당 두 정권에서 국방 장관으로 일하게 되었다. 그는 당초 '관리형 국방 장관'이 될 것이라는 예상을 깨고 부시 행정부의 대외 정책 방향을 군사와 이념 중심에서 외교와 실리 중심으로 바꾸는 데 일익을

힐러리 클린턴
국무 장관

로버트 게이츠
국방 장관

제임스 존스
국가 안보 보좌관

수전 라이스
유엔 대사

리처드 홀브룩
아프가니스탄 및
파키스탄 담당 특사

조지 미첼
중동 특사

토드 스턴
기후 변화 담당 특사

스티븐 보즈워스
대북 정책 특별 대표

데니스 로스
중동 담당 특별 보좌관

담당했다. 이에 따라 게이츠는 오바마 외교 안보 정책의 '초당성'을 상징할 뿐만 아니라, 이라크와 아프가니스탄 정책에서 핵심적인 역할을 할 것으로 예상된다.

오바마 외교 안보 팀의 중간 조정 역할을 담당할 제임스 존스 국가 안보 보좌관 역시 만만치 않은 인물이다. 그는 클린턴 행정부 때 윌리엄 페리 국방 장관의 선임 보좌관, 해병대 사령관을 지냈고, 부시 행정부 임기 중반인 2003년 1월부터 2006년 12월까지는 나토군 최고 사령관을 지냈다. 2008년 대선 경쟁 때에는 오바마는 물론이고 매케인에게도 정책 자문을 했을 만큼 초당적으로 실력을 인정받았다. 그러나 그가 에너지 산업 및 군수 산업과 유착 관계에 있었다는 점을 주목할 필요가 있다. 그는 2008년 12월까지 21세기 에너지연구소Institute for 21st Century Energy 회장을 맡았는데, 이 단체는 오바마 당선자에게 미국 국내에서 석유·가스 탐사 및 생산 증대, 핵 발전소 추가 건설 등의 에너지 정책을 제안하기도 했다. 또한 존스가 미국의 대표적인 석유 회사인 셰브론과 거대 군수 산업체인 보잉 사의 이사를 지내기도 한 터라 오바마 행정부의 에너지 및 국방 정책에 자신이 관여했던 사기업들의 이익을 반영하려 할 것이라는 우려도 낳고 있다.

오바마의 최측근인 수전 라이스 유엔 대사도 주목을 끄는 인물이다. 흑인 여성인 라이스는 클린턴 행정부 때 국가안전보장회의NSC를 거쳐 국무부 아프리카 담당 차관보를 지냈고, 오바마 캠프에서는 핵심적인 외교 참모로 활약했다. 또한 앞서 소개한 '피닉스 이니셔티브'를 주도한 인물이다. 그는 오래전부터 수단의 다르푸르를 비롯한 분쟁 지역에 미국이 적극 개입하여 대량 학살을 종식시켜야 한다고 주장해 왔다. 라이스의 이러한 신념은 1994년 대량 학살이 자행된 르완다를 방문했던 것이 직접적인 계기가 되었다. 그는 르완다 참사를 목격하고 나서 "만약 내가 다시 그러한 위기를 목격한다면, 나는 필요하다면 화염 속으로 들어가는 극단적인 행동도 불사할 것을 맹세한다"고 말하기도 했다. 오바마가 라이스를 유엔 대사로 임명한 것은 미국과 유엔이 군사적 개입을 포함하여 더욱 강력하게 분쟁 지역 개입을 추진하겠다는 메시지를 국제 사회에 전달한 것으로 분석된다. 더구나 오바마는 부시 때 악화된 유엔과의 관계를 회복하고 유엔을 통한 미국 외교 정책의 역량을 강화하기 위해 유엔 대사를 장관급으로 격상시켰다.

오바마 행정부의 외교 안보 팀 인선과 관련하여 또 한 가지 주목할 점은 특사 활용이다. 미국이 직면한 핵심 현안들을 집중적으로 다룰 거물급 특사를 임명하여 동시 다발적으로 문제를 해결하겠다는 것이다. 미국 행정부가 특사를 기용해 핵심 현안을 다루게 하는 방식은 클린턴 행정부 때 주로 이루어졌다. 클린턴 행정부는 유엔 대사를 지낸 리처드 홀브룩을 발칸 반도 담당 특사, 데니스 로스를 중동 담당 특사, 대북 정책과 관련해서는 특사에 해당하는 정책 조정관으로 윌리엄 페리와 웬디 셔먼을 임명해 사안 해결에 몰두했었다. 그러나 부시 행정부는 이러한 방식을 택하지 않았다. 1기 부시 행정부의 대외 정책을 딕 체니와 도널드 럼즈펠드 등 네오콘이 주도했기 때문에 콜린 파월 국무 장관의 운신 폭이 좁았던 탓이 컸다. 2기 부시 행정부에서는 콘돌리자 라이스 국무 장관이 거의 모든 외교 문제를 관장하면서 과부하에 시달린 반면에 성과는 미진했다는 비판도 나왔다.

오바마 행정부가 외교 안보 현안과 관련해 특사를 임명한 의제는 다섯 가지이다. 이는 오바마 행정부의 정책 우선순위를 반영한 것이기도 하다. 첫째는 이스라엘-팔레스타인 분쟁을 담당할 중동 특사로, 북아일랜드 분쟁과 중동 평화 중재 전문가인 조지 미첼 전 상원 의원을 임명했다. 둘째는 오바마 행정부가 대테러 전쟁의 중심 지역으로 삼고 있는 아프가니스탄 및 파키스탄 담당 특사로, 1995년 3년에 걸친 보스니아 내전을 종식시킨 '데이턴 평화협정'을 이끌어 낸 리처드 홀브룩 전 유엔 대사를 임명했다. 셋째는 기후 변화 담당 특사로, 클린턴 행정부 때 기후 변화 협상 시 미국 대표를 맡았던 토드 스턴을 임명했다. 넷째는 대북 특사로, 클린턴 행정부 때 한반도에너지개발기구^{KEDO} 사무총장과 주한 대사를 지낸 스티븐 보즈워스를 발탁했다. 그러나 당초 방침과는 달리 이란 특사는 2009년 2월까지 공식 임명하지 않았고, 대신 데니스 로스 전 중동 지역 특사를 중동 및 서남아시아 담당 특별 보좌관에 임명했다.

그렇다면 개성도 강하고 목소리도 큰 이들이 연주할 오바마의 외교 안보 정책은 어떤 화음을 만들어 낼까? 일단 미국이 경제 위기뿐만 아니라 대외적으로 엄청난 도전에 직면해 있기 때문에 이들이 잘 어우러진 화음을 낸다면 '환상의 하모니'를 연주하면서 강력한 외교력이 발산될 수 있다. 반면 올스타 팀이 각자 개인기에 의존해 불협화음을 낸다면 미국 외교는 또다시 표류하게 될 것이다. 결국 이는 마에스트로 오바마 대통령의 지휘 능력에 달려 있는 셈이다.

오바마는 왜 '중도적' 외교 안보 팀을 구성했을까?

오바마 외교 안보 팀의 또 하나의 특징은 '중도 실용주의'이다. 대선 슬로건으로 내세운 '변화'보다는 '경험'과 '통합'을 강조한 것도 두드러지게 나타난다. 민주당 경선 상대였던 힐러리를 국무 장관에, 초당적 인물로 알려진 존스를 국가 안보 보좌관에 임명하고, 부시 행정부의 마지막 국방 장관 게이츠를 유임시킨 것은 이를 잘 보여 준다. 전반적으로 오바마보다는 오른쪽에 있는 인물들이라고 할 수 있다.

이러한 인선 배경에는 '통합의 정치'와 함께 몇 가지가 중요하게 작용했다. 우선 미국이 전쟁 중인 데다가 외교적으로 많은 난제를 안고 있는 반면에, 오바마 대통령은 외교 안보 정책에 대한 경험이 부족할뿐더러 경제 위기 타개 등 국내 과제에 집중할 필요가 있어, 중도적이지만 능력 있고 경험이 많은 외교 팀이 필요했다고 할 수 있다.

오바마의 리더십 스타일도 엿보인다. 그가 토론을 통한 '공감의 정치'를 선호한다는 것은 잘 알려져 있다. 오바마의 이러한 특징은 2008년 12월 1일 외교 안보 팀을 공식 발표하는 자리에서도 잘 드러났다. "지금까지 백악관의 가장 큰 문제는 토론과 이견은 거의 없고 집단적 사고에 빠져 모두가 어떠한 이슈에도 쉽게 동의하는 것"이라며, 자신은 토론에 기초한 리더십을 발휘할 것이라고 역설했다. 그리고 미국 외교 안보 정책의 새로운 방향을 설정하기 위해서는 토론을 활성화할 수 있는 "강한 개성과 강한 의견"을 가진 인물이 필요하다고 강조했다. 이러한 인선 기준을 볼 때, 힐러리와 게이츠, 그리고 부시의 이라크 및 아프가니스탄 정책을 신랄하게 비판했던 존스는 '토론을 통한 정책 결정'을 이끌 적임자들이라고 오바마가 판단한 것으로 보인다.

또 한 가지 중요한 배경은 오바마와 12월 1일 지명된 외교 안보 팀 사이에 큰 틀에서의 공감대가 이미 형성되었다는 것이다. 이와 관련해 오바마의 한 측근은 같은 날 『뉴욕 타임스』와의 인터뷰에서 "세 사람 모두 미국 안보 정책의 방향을 재설정해야 한다는 점에 동의"한 것이 핵심적인 배경이라고 설명했다. 실제로 오바마와 외교 안보 팀 인사들 사이에는 상당한 유사점이 있다.

힐러리의 경우 경선 과정에서 크게 두 가지의 차이점이 부각되었다. 첫째는 오바마는 이라크 침공 자체를 반대했던 반면에, 힐러리는 부시에게 백지 수표를 건네준 당사자 가운데 한 사람이었다는 점이다. 둘째는 북한과 이란 등 미국의 적대 국가 지도자와의 '조건 없는 대화'의 동의 여부이다. 오바마는 "취임 후 1년 이내에 만날 수 있다"고 말했고, 힐러리는 "순진한 발상"이라고 공격했다. 그러나 이러한 차이 못지않게 공통점도 많다. 힐러리가 이라크 침공을 찬성하고 지지했다는 '원죄'를 갖고 있긴 하지만 오바마와 마찬가지로 이라크 철수를 지지하는 입장이다. 또한 적대 국가와의 외교에서도 정상 회담에는 신중해야겠지만 '직접 대화'의 필요성은 공감하고 있다.

최초로 공화당과 민주당 정권에서 연이어 국방 장관을 맡게 된 게이츠 역시 오바마와 코드가 비교적 잘 맞는다. 그는 오바마가 이라크 철군 시한을 못 박는 것에 부정적이었지만, 이는 대다수 군 수뇌부 및 오바마 캠프의 일부 인사들도 공유한 것이었다. 또 그로서는 부시 행정부의 국방 장관이라는 점도 고려하지 않을 수 없는 처지였다. 오히려 게이츠는 부시 행정부와 '엇박자'를 냈다. 그는 2007년부터 이라크와 아프가니스탄 등 군사적 승리가 불가능한 전쟁에서 군사적 해법은 한계가 있을 수밖에 없다면서, 비군사적 해법이 보강되어야 한다고 강조해 왔다. 특히 "전쟁과 평화, 외교와 개발의 구분이 갈수록 흐릿해지고 있고, 20세기식으로 정부 부처가 나눠져서 임무를 수행하는 것은 적절하지 않다"며, 연방 기관들이 통합적인 임무를 수행함으로써 복구와 재건에 힘을 쏟아야 한다고 주장했다. 그리고 이를 위해서는 국무부와 정보기관의 예산과 해외 원조를 늘려야 한다고 강조했다. 또한 "냉전 시

● Robert M. Gates, "A Balanced Strategy," *Foreign Affairs*, January/February, 2009.

대에 중요하게 기능했던 소프트 파워, 즉 미국이 세계와 관계를 맺고 지원하고 소통할 수 있는 능력이 제거된 것"을 개탄하기도 했다.● 아울러 과도한 군사비 지출에 대해서도 의문을 품어 온 인물이다. 이는 그가 부시 행정부의 국방 장관이었지만 오바마와 비교적 코드가 잘 맞는다는 평가를 가져왔고, 국방 장관으로 유임된 배경이 되었다.

제임스 존스 역시 이라크 및 아프가니스탄 문제와 관련해 부시 행정부와 대립각을 세웠었다. 군사적 해법에 의존한 부시의 전략이 아프가니스탄에서 나토군의 패배를 자초하고 있다며, 그 근거로 부시 행정부는 탈레반을 소탕하는 데 급급했지, 소탕한 이후에 재건 및 지원 프로젝트를 실행하지 않아 탈레반 세력이 부활하는 결과를 불러왔다는 점을 들었다. 이러한 존스의 의견은 오바마의 아프가니스탄 정책에 상당 부분 반영되었다.

군부 달래기

끝으로 군부와의 관계 설정도 '중도적 외교 안보 팀' 구성의 주요한 배경이라고 할 수 있다. 전통적으로 미국 군부와 퇴역 군인들은 민주당보다 공화당을 압도적으로 지지해 왔다. 2008년 미국 대선에서도 이러한 경향은 거듭 확인되었다. 『밀리터리 타임스』가 선거 직전인 10월 4천 명의 군인을 대상으로 실시한 여론 조사에서 매케인 지지도가 70%였던 반면에 오바마 지지도는 23%에 불과했다. 또한 선거 당일 출구 조사에서도 전체 유권자의 15%에 달하는 퇴역 군인 가운데 54%는 매케인을, 44%는 오바마를 지지한 것으로 나타났다.

더구나 군부에서는 오바마가 이라크 전쟁을 "어리석은 전쟁"이라고 부르고, 군 복무 경험이 없는 젊은 정치인이라는 점을 우려했다. 또한 오바마 당선 못지않게 반향을 일으켰던 빌 클린턴이 '병역 기피자'라는 비난과 함께 동성애자 군 입대 허용 문제로 군부와 초기부터 갈등을 겪었고, 이것이 임기 내내 상당한 부담으로 작용한 사례가 있다. 그런데 오바마는 최고 사령관이라는 헌법상의 지위와 함께 40년 만에 전쟁 중에 대통령이 된 인물이다. 군부와의 원만한 관계를 설정하는 데 큰 주안점을 둘 수밖에 없는 처지에 있는 것이다. 오바마가 당선 직후 합참 의장인 마이클 뮬렌을 시카고의 인수위원회 사무실로 초대해 45분간 독대한 것은 오바마가 군부와의 관계 설정에 얼마나 공을 들이고 있는지 잘 보여 준다.

중도 성향의 인물들을 외교 안보 팀 수장으로 지명한 것도 이러한 맥락에서 이해할 수 있다. 지지층의 반발에도 불구하고 게이츠 국방 장관을 유임시켰다. 힐러리는 상원 군사위원회 활동 시 군 수뇌부와 긴밀한 관계를 맺어 왔다. 물론 이는 대권을 의식한 것이었지만, 군부에서 거부감을 갖지 않는 국무 장관 발탁으로 귀결되었다. 해병대 사령관과 나토군 최고 사령관을 지낸 제임스 존스 역시 군부의 존경과 지지를 받는 인물로 알려져 있다.

제2부

:: 오바마의
전쟁과 평화

> "미국은 이란 지도자들이 위험을 멈춘다면 양국 간 수십 년 동안 이어져 온 긴장 관계를 끝내고 싶다."
>
> 버락 오바마, 2009년 3월 20일 이란의 '노루즈' 축제에 보내는 축사에서
>
> "도대체 미국이 변한 게 무엇인가? 동결된 이란 자산을 해제했는가? 억압적인 제재를 중단했는가? 이란에 대한 모독과 인신공격을 중단했는가? 시오니즘 정권에 대한 무조건적인 지지를 포기했는가? 미국이 실질적으로 변해야 이란도 변할 것이다."
>
> 아야톨라 하메네이 이란 최고 지도자, 2009년 3월 21일 방송 연설에서

이란 전쟁설과 오바마의 딜레마

이란 전쟁은 터질 것인가

"대통령님, 방금 이스라엘이 두 시간 후에 이란의 핵 시설을 공격하겠다는 입장을 전달해 왔습니다."
제임스 존스 백악관 국가 안보 보좌관이 오바마 집무실인 오벌 오피스에 들어서자마자 서둘러 보고했다.
"뭐라고요? 우리의 동의 없이 이란 공격은 절대 안 된다고 하지 않았습니까? 즉각 이스라엘 총리와 전화 연결하세요. 그리고 국가안전보장회의도 당장 소집하세요."
"대통령님, 진정하십시오. 지금 행동에 나서지 않으면 이란의 핵 보유는 돌이킬 수 없게

됩니다. 잘 알고 있는 것처럼, 이란은 러시아에서 도입한 S-300을 실전에 배치하려고 합니다. 이 미사일이 실전 배치되면 군사 공격의 효과는 크게 떨어지고, 우리 측 피해도 커집니다. 지금이야말로 행동에 나설 때입니다. 미국이 이해하고 우리를 도와주길 바랍니다."

베냐민 네타냐후 이스라엘 총리가 흥분한 오바마를 진정시키면서 말했다.

"미국의 입장은 명확합니다. 우리의 동의 없이 이란 공격은 절대 안 됩니다. 일단 공격 계획을 중단하고 다시 협의합시다."

"양국은 지금까지 충분히 협의해 왔습니다. 미국의 우려는 이해하지만, 이스라엘은 건국 이래 최대 위협에 직면해 있습니다. 우리의 행동을 되돌리기에는 이미 늦었습니다. 조만간 다시 얘기를 나눕시다."

"대통령님, 방금 이스라엘이 탄도 미사일을 발사하여 이란의 나탄즈와 부쉐흐르를 공격했습니다. 수십 대의 전투기가 발진했다는 정보도 들어와 있습니다."

존스 보좌관이 전화 수화기를 막 내려놓은 오바마에게 다급하게 보고했다.

"기어코……."

"여보, 일어나요. 악몽을 꿨나 봐요?"

미셸이 남편을 흔들어 깨우면서 말했다.

"꿈이었군. 후유."

2008년 12월 하순, 이스라엘이 가자 지구를 침공하기 직전 중동의 최대 관심사는 러시아와 이란의 무기 거래설이었다. 러시아가 이란에 최첨단 방공 미사일 판매를 추진하고 있다는 보도가 나오자 미국과 이스라엘은 발끈했다. 러시아와 이란이 물밑 교섭에 나선 기종은 S-300 지대공 미사일로, 항공기와 크루즈 미사일 및 단거리 탄도 미사일 요격 능력을 갖추고 있다. 이

방공 미사일의 사정거리는 120km에 달해, 이란이 국경 지역에 배치할 경우 이라크와 아프가니스탄의 일부 지역까지 작전 반경에 둘 수 있다. 이에 따라 미국은 이란의 S-300 구매가 이라크 및 아프가니스탄에서 미국 주도의 연합군 활동에 지장을 줄 수 있다며, 러시아에 강력히 항의하는 중이다.

러시아와 이란의 S-300 거래설이 초미의 관심을 끄는 핵심적인 이유는 이 사안이 이란 핵문제 및 이스라엘의 선제공격설과 맞물려 있기 때문이다. 미국과 이스라엘은 이란의 S-300 구매가 핵문제에 대한 이란의 모험주의를 부채질할 것이라고 보고 있다. 이란이 S-300을 이미 가동 중인 나탄즈의 우라늄 농축 시설이나 현재 러시아의 기술 지원을 받아 부쉐흐르에 건설 중인 핵발전소 인근에 배치하면 공습을 통해 이 핵 시설들을 파괴하기가 더욱 어려워질 수 있다는 것이다. 참고로 이란은 2007년에 이미 러시아로부터 토르-M1 지대공 미사일 29대를 구매한 바 있다. 이는 7억 달러 규모에 달하는 것이다.

파문이 확산되자 러시아는 S-300 수출 여부에 대해 모호한 답변을 내놓았다. 이란에 지대공 미사일 등 "방어용 무기" 판매 추진을 공식 표명하면서도, 그 기종이 S-300인지에 대해서는 함구한 것이다. 반면 이란 정부는 이미 계약이 성사되었다고 주장했다. 2009년 2월까지 사실 관계가 명확히 파악되지 않았지만, 이 사안은 앞으로 중동 정세를 판가름할 핵심적인 변수 가운데 하나이다. 이란이 S-300을 구매해 핵 시설 인근에 배치하기 '이전에' 이스라엘이 선제공격을 통해 핵 시설을 파괴할 가능성을 배제할 수 없기 때문이다. 이른바 '예방 전쟁'이다. 참고로 이스라엘은 1981년 이라크와 2007년 시리아의 핵 의혹 시설을 폭격한 바 있다.

이스라엘, 이란 폭격 능력 있나?

이스라엘은 이란의 아마디네자드 대통령이 "이스라엘을 지도상에서 없애야 한다", "홀로코스트는 유대인이 이슬람 세계 한가운데 유대 국가를 세우기 위해 꾸며 낸 신화이다"라는 등 강경 발언한 것을 자주 거론하면서, "이란이 핵무기를 가지고 제2의 홀로코스트를 자행하기 전에 행동에 나서야 한다"고 목소리를 높이고 있다. 또한 이스라엘은 이란이 2009년이나 늦어도 2010년에는 핵무기 제조에 필요한 농축 우라늄을 확보할 것으로 보고 있다. 이는 미국 정보기관의 분석보다 훨씬 빠른 것이지만, 국제원자력기구IAEA가 2009년 2월 발표한 보고서에서 "이란이 핵무기 한 개를 제조할 수 있는 저농축 우라늄을 1000kg가량 보유하고 있다"고 밝혀 논란이 확산되고 있다.

이스라엘은 필요할 경우 이란의 핵 시설을 폭격하기 위해 군사력 증강에 박차를 가해 왔다. 이미 미국으로부터 90대의 F-16I를 구매했고, 2009년 말까지 11대를 추가 구매할 계획이다. 이 전투기는 대량의 연료를 탑재할 수 있어 이란의 핵 시설을 작전 반경에 둘 수 있다. 또한 핵미사일을 탑재할 수 있는 2척의 잠수함을 독일에서 도입해 탄도 미사일 탑재가 가능한 잠수함 전력도 5척으로 늘렸다. 2008년 6월에는 지중해 동쪽과 그리스 인근에서 대규모 공군 훈련을 벌여 이란을 겨냥한 무력시위에 나서기도 했다. 이 훈련에는 F-16과 F-15 등 100대 이상의 전투기가 동원되었다. 특히 조종사 구출용 헬기와 공중 급유기는 1400km 비행 훈련을 벌였는데, 이는 이스라엘에서 이란의 나탄즈 우라늄 농축 시설 거리와 거의 같다. 이에 따라 국제 사회에서는 이스라엘의 군사 훈련을 이란을 공격을 하기 위한 '사전 연습'으로 보는 시각이 많았다. 또한 외교를 통한 이란 핵문제 해결이 불가능해지면 이스라엘이 단독

● The New York Times, June 20, 2008.

으로라도 공습에 나설 수 있다는 의지를 미국과 이란 양국에 보낸 것이라는 해석이 뒤따랐다. ●

　　그러나 이스라엘이 '단독으로' 이란의 핵 시설을 일부 파괴해 핵개발을 늦출 수는 있지만, 완전히 무력화하는 것은 불가능하다는 지적이 압도적이다. 이라크나 시리아와는 달리, 이란의 핵 시설은 이란 전역에 분산되어 있고 일부는 지하에 설치되어 있다. 또한 이스라엘이 이란에 도달하기 위해서는 시리아와 이라크 영공을 통과해야 하고, 지리적으로도 1000km 이상 떨어져 있다. 인접 국가였던 이라크와 시리아의 핵 의혹 시설을 파괴했던 것과는 전혀 다른 조건과 환경이다.

　　이에 따라 이스라엘이 이란의 핵 시설을 파괴하기 위해서는 크게 두 가지 조건이 필요하다. 하나는 이스라엘과 이란 사이에 있는 시리아, 요르단, 이라크 등이 이스라엘이 영공을 통과하는 것을 허용해야 한다. 특히 이라크 영공을 통과하는 것이 필수적인데, 이스라엘은 2008년에 부시 행정부에 이라크 영공을 통과할 수 있도록 요구하기도 했다. 그러나 군사적 효과와 확전을 우려한 부시 행정부는 이를 거절했다. 더구나 2008년 10월에 미국과 이라크가 체결한 안보 협정에는 '미국이 다른 나라를 공격하는 데 이라크를 이용하지 않는다'는 조항이 포함되어 있고, 이라크 집권 세력이 이란과 유착 관계에 있는 시아파라는 점에서 이라크 정부가 이스라엘에 영공 통과를 허용할 가능성은 극히 낮다고 할 수 있다.

　　또 하나의 조건은 지하 관통형 무기, 즉 벙커버스터가 필요하다는 것이다. 이란의 핵 시설은 상당 부분 지하에 설치되어 있는 반면에, 이스라엘은 이를 파괴할 수 있는 벙커버스터가 부족한 상황이다. 이에 따라 이스라엘은 2008년에 부시 행정부에 벙커버스터를 제공해 줄 것을 요구했지만, 이 역시 거절당했다. 이스라엘이 무력을 통해 이란의 핵 시설을 파괴하는 것이 매우 어렵다는 것을 알 수 있는 대목이다.

그러나 이스라엘이 자국의 목적을 위해서는 수시로 국제법을 위반해 왔고, 또 미국이 이를 묵인·방조해 왔다는 점에서 이러한 제약 요인들이 이스라엘의 이란 공격을 불가능하게 만들지는 못한다. 또한 2백 개 정도의 핵무기를 보유한 이스라엘은 지상과 잠수함에서 발사할 수 있는 탄도 미사일을 대량 보유하고 있다. 대표적으로 예리코^{Jericho} 3호는 핵무기 탑재가 가능하고 사정거리도 4500km에 달한다. 이스라엘은 2008년 6월에 이 미사일을 시험 발사하면서 "우리는 이란의 핵무기 개발을 저지하기 위해 어떠한 선택도 배제하지 않을 것"이라고 경고하기도 했다. 이는 영공 통과 문제로 전투기 공습이 여의치 않을 경우에 탄도 미사일을 사용할 수 있다는 것을 의미한다. 그러나 이를 통해 이란의 핵 시설을 완전히 파괴하기란 불가능하다. 이와 관련해 이스라엘의 국가 안보 부보좌관을 지낸 척 프레일리치는 "2~3년 정도 이란의 핵개발을 늦추는 것은 별 의미가 없다. 5~10년 정도 지연시킬 수 있다면 무력 공격에 나설 만한 가치가 있다"고 말했다.

● AP, August 7, 2008.

이란-이스라엘 전쟁, 피할 수 있을까?

이러한 상황을 종합해 볼 때, 최악의 시나리오는 이란 핵문제가 외교적으로 해결될 전망이 불투명한 상태에서 이란이 러시아로부터 S-300 구매를 강행할 때 나타날 공산이 크다. 일각에서는 이란이 완제품이 아니라 부품

●● *UPI*, January 20, 2009.   을 구입해 국내에서 조립할 것이라는 전망도 나오고 있다. 부품을 구매해 조립을 완성하는 데에는 1년 정도의 시간이 걸린다고 한다. ●●

어떠한 형태로든 이란이 S-300을 손에 넣으면 이란 핵개발 제거가 더욱 어려워질 것이라고 판단한 이스라엘은 '사전에' 미국의 동의 및 지원 여부와 관계없이 무력 사용을 추진할 가능성이 상당히 높아질 것이다. 이란이 S-300 도입에 실패하더라도 핵개발을 멈추지 않으면, 이스라엘의 선제공격설은 중동 상공을 계속 배회하게 될 것이다.

만약 이스라엘이 단독으로 혹은 미국과 협력하여 이란을 공격할 경우 사태는 일파만파로 커지게 된다. 이란의 반격 카드도 만만치 않기 때문이다. 이란이 원유 생산을 중단하고 호르무즈 해협을 봉쇄하면 국제 유가는 천정부지로 치솟고, 이미 침체기에 빠진 세계 경제를 더욱 악화시킬 수 있다. 또한 이라크의 시아파 민병대를 지원해 반미 투쟁을 부추겨 미국을 더욱 궁지로 몰아넣을 수 있다. 한편으로는 레바논의 헤즈볼라와 팔레스타인의 하마스와 연합 전선을 구축해 이스라엘에 공동으로 맞설 가능성도 제기된다.

이란이 샤하브-3 등 탄도 미사일을 동원해 이스라엘에 대한 보복 공격에 나설 가능성도 얼마든지 있다. 이러한 가능성에 대비해 미국과 이스라엘은 이미 애로 Arrow 미사일 방어 체제를 구축했고, 미국은 2008년 12월에 이스라엘에 최첨단 레이더를 배치했다. 또한 다층적 multi-layered MD 구축을 위해 '아이언 돔 Iron Dome' 구축도 서두르고 있다. 이란 폭격은 이란의 핵무기 보유 열망에 '찬물'이 아니라 '기름'을 붓는 결과를 초래할 것이라는 지적도 많다. 외교적 노력에 따라 평화적 목적에 묶어 둘 수 있는 이란 핵개발을 군사 공격을 강행하면 핵무기 개발로 바꿔 놓을 수 있다는 것이다.

이러한 맥락에서 볼 때, 이스라엘의 이란 공격은 중동에서 또 하나의 '지옥의 문'을 여는 결과를 초래하게 될 것이다. 이스라엘은 미국이 사전에 동의하지 않더라도 일단 이란을 공격하면, 미국도 어쩔 수 없이 이스라엘을 지지하고 지원할 수밖에 없다고 믿을 공산이 크다. 이에 따라 오바마의 고민은 이란이 금지선$^{red\ line}$을 넘는 것 못지않게 이스라엘이 그 선을 넘는 것을 어떻게 막을 것인가에 있다.●

● Roger Cohen, "Unthinkable Option," *The New York Times*, February 4, 2009.

오바마 행정부와 이란의 핵

오바마 행정부는 이란 핵문제 해결을 대외 정책의 최우선 목표로 삼고 있다. 시기적으로도 외교적 해법이 실효를 거두지 못하면, 이란이 3개 안팎의 핵무기를 제조할 수 있는 농축 우라늄을 확보하는 시점과 오바마의 임기가 겹친다. 만약 이란이 핵무장에 근접하면 그 파장은 엄청날 수밖에 없다. 이란이 핵클럽 문턱에 도달할 경우, 미국과 이스라엘이 '예방적 선제공격'에 나설 가능성이 높아진다. 또한 이란의 핵무장에 불안을 느낀 중동의 수니파 국가들 역시 핵 카드를 만지작거리게 될 것이다. '중동 핵 도미노 시나리오'이다. 이미 위기에 처한 핵비확산 체제를 재건하는 것은 더욱 어려워진다.

이란이 헤즈볼라와 하마스 등 미국과 이스라엘이 테러 집단으로 낙인찍은 세력과 유착 관계에 있다는 것 역시 이란 핵무장의 파급력을 가늠케 한다. 미국 내에서는 '핵 테러 9·11'이 맹위를 떨치게 될 것이기 때문이다. 특히 중장기적으로 미국과 이스라엘의 입장에서 최악의 시나리오는 핵무장한 이란과 시아파가 권력을 장악한 이라크의 동맹 결성이다. 오바마 행정부가 이란 핵문제에 최우선순위를 둘 수밖에 없는 이유이다.

이러한 이유 때문에 오바마 역시 이란 핵무장의 심각성을 경고해 왔다. 그는 줄곧 핵보유국 이란은 미국과 이스라엘뿐만 아니라 국제 사회의 위협이 될 것이라고 강조해 왔다. 특히 2009년 9월 대선 후보 토론회에서는 "이란이 핵무기를 보유하면 게임의 변경자$^{a\ game\ changer}$"가 될 것이라고 말했다. 중동의 지정학이 대혼란에 빠지게 된다는 것이다. 그러나 대선 유세 때, 오바마의 이란 정책은 듣는 이에 따라 갈팡질팡하는 모습을 보였다. 2007년 3월 미국 내 유대인 로비 단체인 미국-이스라엘공공문제위원회^{AIPAC} 연설에서는 "나는 이란에 대한 무력 사용을 배제해야 한다고 믿지 않는다"고 말해 미국 내 개혁·진보 진영의 비난을 샀다. 그러자 같은 해 4월 민주당 경선 토론회에서는 "이란과의 전쟁은 심각한 실수가 될 것"이라며, 무력 사용 및 사용 위협은 이란 핵문제 해결에 부정적인 결과를 초래할 것이라고 경고했다.

이후 오바마는 무력 사용 언급을 자제하면서 대화를 통한 해결에 주력하겠다는 입장을 밝혔다. 그러나 인준 청문회에서 "어떠한 옵션도 테이블에서 제외하지 않을 것"이라는 힐러리 클린턴 국무 장관의 발언이나, "군사적 옵션은 테이블 위에 있어야 한다"는 로버트 게이츠 국방 장관의 방침에서도 알 수 있듯이, 이란 핵문제가 평화적으로 해결되지 않는 한 전쟁 위기는 피할 수 없는 운명에 있다.

'석유 부국' 이란에 핵발전소가 왜 필요한가

이란 핵문제를 풀기란 매우 어렵다. 여기에는 몇 가지 근본적인 문제가 걸려 있다. 첫 번째 문제는 핵개발을 둘러싼 첨예한 인식 차이이다. 이란이 자체적으로 보유하는 우라늄 농축 프로그램은 저농축을 하면 핵연료로 사용할 수 있고, 고농축을 하면 핵무기를 제조할 수 있는 핵분열 물질을 추출할 수 있다. 이에 따라 미국을 비롯한 서방 세계에서는 세계 3~4위의 석유 생산 대국인 이란이 핵발전소가 필요하다는 점에 의문을 제기한다. 그러나 이란은 "언제 고갈될지 알 수 없는 석유에 의존할 수 없다"며 에너지 수급 체제의 다변화와 석유 고갈에 대한 대비책으로 핵발전소가 필요하다고 맞서고 있다.

두 번째 문제는 국제법상 권리와 연관된다. 일단 이란의 우라늄 농축 프로그램 보유는 핵확산금지조약NPT 회원국으로서 가지는 "양도할 수 없는 권리"이다.● 이에 따라 이란이 국제원자력기구IAEA의 사찰을 성실히 받으면, 우라늄 농축 프로그램 보유를 막을 수 있는 국제법적 근거는 극히 취약하다. 더구나 이란은 IAEA의 추가의정서additional protocol에 가입해 IAEA의 사찰도 받아 왔다. 이러한 이유 때문에 이란 정부는 자체적인 우라늄 농축 프로그램 보유를 주권 국가이자 NPT 회원국으로서 당연한 권리로 주장하고 있다.●● 그러나 서방 세계에서는 이란이 우라늄 농축 프로그램을 확보하면 언젠가는 NPT에서 탈퇴해 북한의 길을 갈 것이라고 의심하고 있다. NPT 조항에는 최고의 국가 이익이 침해받을 때 이 조약에서 탈

● NPT 4조에서는 IAEA 사찰을 전제로 우라늄 농축 및 플루토늄 재처리 프로그램 보유를 인정하고 있다. 그러나 이 프로그램은 핵무기 개발로 전용될 수 있다는 점에서 근본적인 문제를 안고 있기도 하다.

●● 이는 핵문제를 협상 카드로 삼고 있는 북한과 근본적으로 차이가 나는 대목이다. 북한은 핵 카드를 통해 정치적, 경제적, 안보적 목적을 달성하려는 반면에, 이란은 우라늄 농축 프로그램 보유 자체를 목표로 하고 있기 때문이다.

퇴할 권리를 인정하고 있는 반면에 이를 제재할 근거는 없는 상황이다. 이에 따라 오바마는 NPT를 개정하여 제재 조항을 넣기를 희망하고 있다.

　세 번째는 대안을 둘러싼 논란이다. 핵문제를 둘러싼 미국과 이란의 갈등이 커지자 유럽 연합과 러시아가 중재안을 제시한 바 있다. 원자로 가동에 필요한 핵연료를 외부에서 제공할 테니 이란은 우라늄 농축 프로그램을 포기하라는 것이다. 특히 러시아는 핵연료를 제공하고 폐연료봉을 회수하는 당사국이 되겠다며 적극적으로 나섰다. 그러나 이란 정부의 시각은 다르다. 핵연료를 외부에 의존할 경우 연료를 제공하는 국가에 정치적, 경제적으로 종속될 수 있다며, 자체적인 핵연료 주기를 보유하겠다는 것이다. 이른바 '핵 주권론'이다.

　네 번째는 핵문제를 바라보는 미국의 이중 잣대에 대한 이란의 근본적인 불신이다. 중동의 숙적인 이스라엘은 미국과 프랑스의 방조 속에 이미 핵무기 개발에 성공해 오늘날에는 2백 개가량의 핵무기를 보유한 핵 강대국이다. 이에 중동 국가들은 이스라엘 핵문제 해결 없이는 이란을 포함한 중동 핵문제의 근본적인 해결은 불가능하다며, '중동 비핵 지대 조성'을 오래전부터 요구해 왔다. 그러나 NPT 비회원국인 이스라엘은 이 조약에 가입하는 것 자체를 거부하고 있고, 미국은 이스라엘 핵문제를 NPT 회의에서 논의하는 것 자체를 거부해 왔다. 또한 미국은 NPT 비회원국인 인도와 파키스탄의 핵개발을 묵인했다. 게다가 부시 행정부는 '테러와의 전쟁'을 내세워 파키스탄에 경제적, 안보적 지원을 계속했고, 인도와는 핵 협정을 체결해 인도의 핵 활동을 지원하기로 했다. 이러한 미국의 이중 잣대는 '왜 나만 갖고 그러느냐'는 이란의 불만을 증폭시키면서 핵문제 해결의 가장 큰 걸림돌이 되고 있다.

　다섯째는 탄도 미사일 문제이다. 핵무기는 운반 수단이 없으면 무용지

물에 가깝기 때문에 핵보유국들은 전략 폭격기, 잠수함, 탄도 미사일 등과 같은 운반 수단 개발 및 보유에도 박차를 가하고 있다. 특히 탄도 미사일은 신속한 중장거리 공격이 가능하고, 중간에 격추당할 가능성도 적기 때문에 핵무기 운반 수단으로 가장 유용하다. 한미일 3국이 북한의 장거리 로켓 발사 움직임에 촉각을 곤두세우고 있는 이유도 이 때문이다. 이란도 마찬가지이다. 이미 대량의 중단거리 탄도 미사일을 보유한 이란은 2009년 2월 초, 3단계 로켓을 이용한 인공위성 발사에 성공해 서방 세계를 경악시켰다. 이론적으로 3단계 로켓은 탄두 중량을 늘리고 대기권 재진입 기술을 확보하면 대륙간 탄도 미사일ICBM로 전환될 수 있기 때문이다. 이란이 핵개발에 이어 장거리 로켓 능력을 확보하고 있는 것은 서방 세계의 우려를 더욱 증폭시키고 있다. 반면 이란은 인공위성 발사 등 로켓 능력을 보유하는 것은 주권 국가로서의 당연한 권리라고 맞서고 있다.

오바마의 이란 정책, 성공할 수 있을까?

이란 핵문제를 악화시킨 가장 큰 책임은 부시 행정부에 있다. 부시 행정부는 2002년 1월 이란을 북한, 이라크와 함께 "악의 축"이라고 부르면서 이 나라의 정권 교체 의지를 분명히 했다. 그러나 이러한 정책은 오히려 개혁 성향의 하타미 대통령을 궁지로 몰아넣고 아마디네자드 등 강경파의 입지를 강화시켜 주었다. 또한 미국 안팎에서 이란과의 직접 대화 필요성이 제기되었지만 부시는 줄곧 이를 일축했다. 임기 막판에 직간접적인 대화를 모색했지만 상황을 되돌리기에는 이미 늦었다.

이란은 부시 행정부 출범 때에는 우라늄 농축 능력이 거의 없었지만, 부시 대통령이 백악관을 떠날 때에는 약 4천 기의 원심 분리기를 가동하고 있다. 부시 행정부가 직접 대화를 거부한 사이에 이란은 1년에 2~3개의 핵무기를 제조할 수 있는 우라늄 농축 능력을 확보해 온 것이다. 아울러 부시 행정부가 이란의 적대 세력이었던 이라크의 후세인 정권과 아프가니스탄의 탈레반 정권을 제거하려다 오히려 수렁에 빠져들면서 이란의 영향력을 키워 주는 결과를 낳기도 했다. 당초 미국이 '이라크 효과'로 기대했던 것은 이라크의 민주화를 통해 이란의 신정神政 체제에 압박을 가함으로써 정권 교체를 실현하는 것이었다. 그러나 이라크의 민주화와 안정화가 요원해지면서 이란은 이른바 '이라크 효과'의 피해자가 아니라 수혜자가 되었다. 이란에서 전범이자 라이벌로 규정했던 후세인이 제거되고 우호 관계에 있는 시아파가 집권함으로써 이라크에 영향력을 확대할 수 있는 발판이 마련되었기 때문이다.

그렇다면 오바마 행정부의 이란 정책은 어떻게 달라지고, 또 성공할 수 있을까? 오바마 행정부 역시 "불법적인 핵개발과 테러 지원 및 이스라엘에 대한 위협 중단"을 이란 정책의 세 가지 목표로 제시해 부시의 정책과 큰 차별성을 보이진 않는다. 또한 이란의 우라늄 농축 프로그램 보유는 절대 불가하며, 외교적인 해결이 물거품이 되면 경제적, 군사적 제재를 통해서라도 해결해야 한다는 입장이다. 그러나 "적극적이고 직접적이며 최고 수준의 외교"를 펼치겠다는 공언은 직접 대화를 회피한 부시 행정부와 차별성을 드러내고 있다.

오바마 행정부의 이란 정책은 '더 큰 당근과 더 강한 채찍을 병행하는 포괄적 접근'이다. 외교를 통해 이란 핵문제를 해결하기 위해서라면 우방뿐만 아니라 적과도 대화할 수 있어야 한다는 것은 기본 원칙에 해당한다. 구체적으로는 이란이 핵을 포기하고 테러 지원을 중단한다면 그 대가로 세계무역기구^{WTO} 가입 허용, 경제적 투자, 관계 정상화 등 인센티브를 제공할 의사가 있다고 밝히고 있다. 반면 "이란이 계속 잘못된 행동을 하면 경제적 압박과 정치적 고립 수준을 높여 나갈 것"이라고 강조하고 있다. 이러한 '당근과 채찍 전략'은 이란이 국제 유가 폭락으로 경제적 어려움이 가중되고 있다는 판단을 바탕에 깔고 있다. ●

그러나 이란이 오바마의 '당근과 채찍 병행론'에 이끌려 핵문제를 쉽게 양보할 것으로는 보이지 않는다. 이란 외교부는 2008년 12월 8일 "미국은 우리의 법적 권리를 인정해야 할 것"이라며, "이란은 핵 정책을 바꾸지 않을 것"이라고 강조했다. 특히 "오바마는 자신이 대선 슬로건으로 내세운 '변화'를 실천해야 할 것"이라며, 이란의 우라늄 농축 프로그램 보유 권리를 인정할 것을 촉구했다. 이러한 이란의 입장은 오바마가 2008년 12월 7일 한 언론과의 인터뷰에서 "이란이 농축 프로그램을 포기하면 경제적 인센티브를 제공하고, 그렇지 않으면 경제 제재를 강화하겠다"며 '당근과 채찍 병행'이 이란 정책이 될 것임을 명확히 밝힌 다음 날 나온 것이다. ●●

● 한편 부통령인 조지프 바이든은 대선 유세 때 '북한 모델'을 강조했다. 부시 행정부가 뒤늦게 북한과의 직접 대화에 나서 성과를 낳고 있는 것처럼 이란과의 대화에도 적극 나서야 한다는 것이다. 그는 상원 의원으로 재직할 때에는 "무력 사용은 나쁜 선택일 뿐만 아니라 재앙 그 자체"라며, 부시 대통령이 의회 승인 없이 이란과의 전쟁을 벌이면 탄핵도 불사하겠다고 으름장을 놓기도 했다.

●● *The New York Times*, December 8, 2008.

이란은 오바마 대통령 취임 직후에도 이러한 입장을 거듭 확인했다. 이란 대통령 특사인 사마레 하셰미는 "오바마 대통령이 진정으로 변화를 보이고 싶다면 이란의 핵개발 권리를 인정하고, 이스라엘에 대한 지원을 중단하며, 이라크에서 철수해야 할 것"이라고 주장했다. 그러나 이란 외교부는 오바마 취임을 계기로 양국 관계가 개선되기를 희망한다며, 1979년 이란 혁명 이후 단절되었던 양국 간의 외교 관계 수립을 검토하고 있다고 밝혔다. 하지만 이란이 외교 관계 수립을 위해 우라늄 농축 프로그램을 포기할 가능성이 극히 낮고, 미국이 이란 핵문제가 해결되지 않은 상태에서 관계 정상화에 나설 가능성 역시 낮은 실정이다. 더구나 미국의 맹방인 이스라엘은 이란이 오바마의 대화 노선을 핵무기 개발에 필요한 시간을 확보하는 데 악용하려고 한다고 의심한다.

이란-이스라엘의 적대적 의존 관계와 러시아의 계산

미국에서 일방주의의 상징인 부시가 퇴장하고 '국제 협력'을 앞세운 오바마가 등장한 것은 이란 핵문제 해결에 긍정적인 신호탄이 될 수 있다. 그러나 2009년 2월 10일 총선에서 베냐민 네타냐후의 리쿠드당을 비롯한 강경파가 승리함으로써 이스라엘의 대이란 강경 노선은 더욱 강해질 전망이다. 이에 따라 관심은 2009년 6월 12일로 예정된 이란 대선으로 집중된다. 이스라엘이 가자 지구를 침공하기 전에는 현 대통령인 아마디네자드의 패배가 유력했다. 미국 주도의 경제 제재와 미국발 금융 위기, 국제 유가의 폭락으로 이란 역시 극심한 경제난에 시달리고 있고, 이란 정부의 강경한 대외 노선에 책임을 묻는 여론이 높았기 때문이다. 그러나 이스라엘이 가자 지구에서 야만적인 학살을 자행하면서 아마디네자드를 비롯한 강경파의 입지와 지지도가 반등하고 있다. 이란과 이스라엘의 적대적 의존 관계가 더욱 악화될 가능성이 있는 것이다.

국제 유가의 변동도 중요한 변수이다. 이란이 미국과 유럽에 강경책을 쓸 수 있었던 배경에는 고유가가 크게 작용했다. 미국 주도의 유엔 경제 제재가 약발이 먹히지 않은 까닭도 고유가 시대에 중국, 러시아, 유럽 연합이 이란을 함부로 대할 수 없었던 측면이 있었다. 그러나 2008년 여름 배럴당 150달러를 넘나들었던 국제 유가가 12월에는 50달러까지 떨어졌다. 미국발 금융 위기가 전 세계 실물 경제까지 강타하면서 수요가 급격하게 감소했기 때문인데, 역설적으로 대표적인 반미 국가인 이란이 가장 큰 타격을 입고 있다. 이에 따라 국제 유가의 향방은 이란 핵문제의 미래에도 상당한 영향을 미칠 전망이다.

끝으로 오바마의 미국과 푸틴의 러시아의 관계도 주목할 필요가 있다. 부시 행정부 때 양국 관계는 '제2의 냉전'이 거론될 정도로 악화되었다. 러시아는 이란 핵문제의 향방에 가장 큰 영향력을 행사할 수 있는 국가이다. 앞서 언급한 것처럼, 러시아가 S-300을 이란에 판매할 것인가의 여부는 중동 정세를 가늠할 핵심 변수이다. 또한 러시아는 거부권을 행사할 수 있는 유엔 안보리 상임 이사국이므로 미국이 러시아의 동의 없이 이란에 압박과 제재를 가하기도 힘들다. 이란과 원자로 제공 계약을 체결한 당사국도 러시아이고, 이란이 자체 우라늄 농축 프로그램을 포기할 경우 핵연료를 제공하겠다는 중재안을 제시한 나라도 러시아이다. 두 거대 국가인 미국과 러시아가 많은 이슈에 서로 얽혀 있지만, 이란 핵문제야말로 핵심이라고 해도 과언이 아니다.

이러한 상황에서 정치적으로 궁지에 몰린 푸틴 총리의 계산이 주목된다. 푸틴이 '21세기의 차르'라는 별명을 얻을 정도로 강력한 입지를 굳힐 수 있었던 까닭은 카리스마와 함께 막대한 오일 머니를 바탕으로 한 경제 회복에 있었다. 그러나 미국발 금융 위기는 러시아 경제를 엉망으로 만들고 있다. 주가와 유가 모두 3분의 1 수준으로 떨어지면서 국내 경제를 총괄하는 총리에게 비난의 목소리가 높아지고 있다. 이러한 상황에서 이스라엘-미국의 이란 공격은 푸틴에게 큰 인센티브를 줄 수 있다. 이란 전쟁은 국제 유가의 폭등으로 이어져 러시아에 막대한 소득을 안겨 줄 뿐만 아니라 중동의 반미-반이스라엘 열풍을 더욱 거세게 만들어 무기 수출도 늘릴 수 있다. 전쟁을 통해 이란의 핵개발 능력이 약화되는 것 역시 러시아로서는 손해 볼 이유가 없다.

만약 푸틴의 악의적인 계산과 이스라엘의 군사적 모험주의가 만나 이란 전쟁이 발발하면 파장은 한반도에까지 미칠 수밖에 없다. 그 영향은 세 가지 차원에서 올 것이다. 첫째는 부시의 이라크 침공이 그랬듯이, 북한은 이란 전쟁을 빌미로 핵무기 보유를 더욱 정당화할 것이다. 둘째는 미국발 금융 위기로 동아시아의 최대 피해자가 되고 있는 마당에 고유가까지 겹치면서 한국 경제는 회생 불능의 상태로 빠져들 수 있다. 셋째는 중동 전선이 확대되면서 미국의 파병 요구가 거세어질 수 있다. 21세기 '거대한 그물망'의 시대에서 한국도 이란 전쟁 피해자의 예외일 수는 없다.

오바마의 전쟁,
이라크에서 아프가니스탄으로?

엇갈리는 전망, 이라크의 미래는?

오바마 행정부의 다섯 명의 특사 가운데 세 명이 각각 아프가니스탄-파키스탄, 이스라엘-팔레스타인, 그리고 이란을 비롯한 중동을 담당하기로 한 것에서도 알 수 있듯이, 오바마 외교 안보 정책의 최우선 지역은 중동과 그 인근 지역이다. 아프가니스탄-파키스탄 국경 지역은 오바마가 '테러와의 전쟁'의 핵심 목표로 설정한 알카에다와 탈레반의 근거지로 알려져 있다. 오바마는 이라크 전쟁을 신속히 종결하여 미군을 이 지역으로 투입한다는 계획이다. 또한 이스라엘-팔레스타인 문제를 해결하지 않고서는 중동 문제를 근본적으로 풀 수 없다는 것은 '오래된 명제'이다. 오바마의 정권 인수 기간에 발생한 이스라엘의 가자 지구 침공은 그 시급성을 환기시키기도 했다. 또한 앞서 소개한 이란은 핵문제뿐만 아니라 이라크의 미래 및 중동 평화 협상에도 가장 큰 변수 가운데 하나이다.

이러한 상황에서 오바마 정책의 출발점은 바로 "이라크 전쟁의 책임 있는 종결"이다. 이는 이라크 문제가 '부시의 실패'를 상징하기 때문만은 아니다. "미국의 군사적 능력을 재건하고, 아프가니스탄에서 탈레반과 알카에다에 미국의 힘을 집중하며, 미국 경제 회생에 더 많은 투자"를 달성하기 위해서는 이라크 종전이 필수적이라고 판단하기 때문이다. 이는 거꾸로 이라크 문제가 오바마의 뜻대로 풀리지 않으면, 이라크 정책뿐만 아니라 다른 정책도 엉망이 될 수 있다는 것을 의미한다.

안정화되는 이라크

그렇다면 이라크 상황이 크게 개선되어 오바마가 공약한 대로 "책임 있는 종전"을 이루고 다른 현안에 집중할 수 있는 상황은 오게 될 것인가? 일단 2008년 이후 이라크는 많이 안정화되고 있다. 우선 미군 사망자 수의 급감이 눈에 띈다. 미군 사망자 수는 미국 여론이 가장 민감하게 반응해 온 사안이다. 2003년 3월 20일 미국의 이라크 침공 이후 2008년 12월까지 미군 사망자 수는 4천2백 명에 달한다. 사망자 수가 가장 높았던 시기는 2004~2007년으로 매년 9백 명 안팎의 미군이 목숨을 잃었다. 그러나 2008년 사망자 수는 314명으로 이전의 3분의 1 수준을 보였다. 자살 테러 등 유혈 사태로 목숨을 잃는 이라크 인들도 크게 줄어들고 있다.●

● 이라크 전쟁 사망자에 대한 자세한 내용은 http://icasualties.org 에서 볼 수 있다.

이에 따라 부시 행정부는 미국이 비로소 궁지에서 벗어나 승리의 길로 가고 있다고 내세웠다. 이러한 주장을 뒷받침하듯 부시는 2008년 9월 9일에 8천 명의 미군을 2009년 2월까지 이라크에서 철수하겠다고 발표했다. 또한 10월 2일에는 5만 4천 명의 수니파 민병대의 통제권을 이라크 중앙 정부로 이양하기로 했다. 이는 '이라크 안정화 작전의 이라크화'의 일환이다. '각성 회의Awakening Councils'라고 불리는 수니파 민병대원은 약 10만 명에 달한다. 이들은 미국의 이라크 침공 및 점령에 맞선 핵심적인 저항 세력이었으나, 2005년부터 미군과 협력하여 알카에다 소탕 작전에 나서 왔다. 저항 세력의 핵심이 협력 세력으로 탈바꿈한 것은 분명 미국의 입장에서 볼 때 획기적인 진전이다.

이라크의 지방 선거법도 주목된다. 부시 행정부는 2008년 9월 말 이라크 의회를 통과하고 10월 3일 잘랄 탈라바니 대통령이 최종 승인한 지방 선거법이 정파 간의 화해와 통합의 중대한 계기가 될 것이라고 환영했다. "자유롭고 공정한 선거만큼 민주주의에서 더 중요한 것은 없다"는 부시의 발언에서도 이러한 기대감을 엿볼 수 있다. 정파 간의 첨예한 갈등으로 한 차례 연기되는 등 난항 끝에 제정된 지방 선거법에 따라, 2009년 1월 말 이라크 곳곳에서 지방 선거가 실시되었다. 선거 출마자 몇 명이 피격당하기도 했지만 지방 선거는 큰 유혈 사태 없이 마무리되었다. 이에 고무된 오바마는 "미국 병사들이 내년2010년 슈퍼볼은 안방에서 볼 수 있을 것"이라며, 이라크 철군 추진에 자신감을 피력했다.

미국과 이라크가 안보 협정을 최종적으로 마무리한 것 역시 이라크의 안정화에 이정표를 세운 것으로 평가받고 있다. 시아파가 장악한 이라크 정부는 "주권을 회복하게 되었다"며 환영의 뜻을 나타냈고, 부시 행정부 역시 "이라크 민주주의의 성장과 안보 능력의 확대를 보여 주는 것"이라며 환영했다. 2008년 11월 이라크 의회에서 압도적인 찬성으로 통과된 안보 협정은 크게 세 가지 내용을 담고 있다. 첫째는 미군 철수 시한을 못 박은 것으로, 2009년 6월 30일까지 이라크 도시들에서 전투 병력의 철수를 마무리하고, 2011년 12월 31일까지는 다른 지역에 주둔하고 있는 미군을 완전히 철수해야 한다고 명시했다. 둘째는 이라크 내 모든 군사 작전은 이라크 정부의 동의 아래 이루어져야 하며, 이라크의 영토·영해·영공을 다른 나라를 공격하기 위한 거점으로 사용할 수 없다고 못 박았다. 셋째는 미국의 이라크 안보 제공으로, 이라크가 외부로부터 위협받거나 공격받으면 미국은 "외교적, 경제적, 군사적 수단"을 통해 이라크를 지원하기로 했다.

이러한 상황들을 종합해 볼 때, 내전을 방불케 했던 이라크 상황이 많이 개선된 것은 사실이라고 할 수 있다. 그러나 부정적으로 바라보는 회의론도 만만치 않다. 빈도는 줄어들었지만, 여전히 이라크에서는 하루에도 수 건씩 각종 유혈 사태가 벌어지고 있다. 미국은 알카에다 소탕에 참여했던 '각성 회의'에 대한 통제권을 시아파가 장악한 중앙 정부로 넘기려고 하지만, 시아파는 이 수니파 민병대를 복병으로 간주하는 분위기이다. 안보 협정에 대한 이라크 내부의 반발 세력도 만만치 않다. 반미 시아파의 핵심인 알사드르와 일부 시아파는 미국과 안보 협정을 체결하는 것은 미국의 침공에 정당성을 부여하는 셈이라며 강력히 반발했다. 지방 선거 역시 정파 간의 갈등이 첨예하게 맞서고 있는 쿠르드 3개 자치주 및 키르쿠크가 있는 타밈 주가 빠졌다. 쿠르드족이 다수파를 점하고 있는 이 지역들은 쿠르드의 분리 독립에 버금가는 자치권 요구와 석유 분배를 둘러싸고 첨예한 갈등을 빚어 왔다. 무엇보다도 이라크 정파 간의 화해와 통합의 핵심 관건인 석유법 제정이 아직 난망한 상태에 있다. 오바마가 안심하기에는 아직 이르다는 것이다.

오바마의 '이라크 철군론'

미국의 이라크 침공 자체를 반대하고 비판했던 오바마는 미국이 이라크 수렁에 빠져들면서 일약 새로운 지도자감으로 떠올랐다. 그리고 그는 집권 이후 16개월 내에 전투 부대를 철수시키겠다고 공약했다. 그리고 취임 한 달 반 후에 발표한 철군 계획에서 "이라크에서 우리의 전투 임무가 2010년 8월 31일 종료될 것"이라며, 이때까지 전투 부대 철수를 완료하겠다고 밝혔다. 이는 대선 공약보다 3개월 늦춰진 것이다. 또한 전투 부대가 철군하더라도 3만 5천~5만 명에 이르는 지원 부대를 잔류시켜 이라크군의 훈련과 장비 지원, 대테러 임무 등을 수행키로 했다.

그런데 이는 미국-이라크 안보 협정과 두 가지 점에서 비교된다. 오바마는 2010년 8월까지 모든 전투 병력을 완전히 철수시킬 것이라고 약속했지만 안보 협정에 명기된 철수 시한은 2011년 12월까지이다. 또한 안보 협정에는 모든 병력의 철수를 명시하고 있지만, 오바마는 전투 병력을 제외한 잔여 병력의 완전 철수 시한은 제시하지 않았다.

오바마가 밝힌 이라크 정책의 중요한 출발점은 현실적인 목표 설정이다. 부시 행정부가 이라크에서의 완전한 승리를 통해 친미 국가 수립과 미군 주둔 근거지 및 석유 이권 확보를 목표로 했다면, 오바마는 "이라크가 미국과 주변국을 위협하지 않고, 이라크의 치안과 국방을 스스로 책임질 수 있으며, 알카에다를 비롯한 테러 집단의 근거지가 되지 않도록 하는 것"으로 재설정해야 한다고 주장해 왔다. 이는 오바마-바이든 플랜에서도 잘 드러난다. 오바마는 대통령 임기가 시작되자마자 국방 장관과 미군 사령관에게 "새로운 임무, 즉 전쟁의 종식"을 명령하겠다고 공표했다. 전쟁의 종식을 위해서는 미군 철수가 필요한데, "한 달에 1~2개 여단씩 단계적으로 감축하면 2010년 여름까지는 전투 병력 철수가 완료될 것"으로 보고 있다. 오바마는 이를 "책임 있고 단계적인 철수"라고 부르고 있다.

오바마는 '이라크 철군론'으로 세 가지 논리를 제시했다. 미국이 철수 시한을 명확하게 밝혀야 이라크 스스로 종파 간의 갈등을 해결하도록 하는 실질적인 압력이 될 수 있고, 철수 병력을 '테러와의 전쟁'의 중심지인 아프가니스탄에 투입할 수 있으며, 막대한 이라크 전비를 줄여 미국 경제 회생에 사용할 수 있다는 것이다. 다만 오바마는 유혈 사태가 악화되면 미군 철수를 중단할 수도 있다고 덧붙이고 있다. 또한 완전 철수가 아니라 이라크군 훈련, 대사관을 비롯한 미국 시설 보호, 대테러 작전에 필요한 병력은 잔류시키겠다는 입장을 보이고 있다.

오바마 행정부는 '이라크 철군론'과 함께 이라크의 정치적 화해와 통합, 주변 국가들을 포함한 지역 협약을 핵심적인 이라크 정책으로 내세우고 있다. 미군 철수 시한을 분명히 밝혀 이라크 인 스스로가 미래를 설계·결정할 수 있도록 압력과 지원을 병행하고, 이라크 정부가 석유 수출로 얻는 수입으로 재건 사업에 몰두하게 만들겠다는 것이다. 또한 이란과 시리아 등 이라크 주변 국가들을 포함한 '포괄 협약comprehensive compact'을 추진하여 이라크의 영토 보존 및 내정 불간섭, 테러 집단의 고립화, 이라크 정파 간의 화해 촉진, 이라크 재건 및 개발을 위한 금융 지원 등을 포괄적으로 담겠다는 입장이다. 아울러 5백만 명에 달하는 이라크 난민을 지원하기 위해 최소 20억 달러를 지출하겠다고 공언하고 있다.

아프가니스탄, '오바마의 전쟁'이 될 것인가

아프가니스탄은 "제국의 무덤"으로 불린다. 19세기 후반 대영 제국도, 20세기 후반 소련도 아프가니스탄을 점령하는 데 실패했다. 그리고 부시에 이어 오바마가 다시 도전장을 냈다. 대선 공약으로 6만 명의 미군을 증파해 아프가니스탄 전쟁을 승리로 이끌겠다고 약속했다. 정권 인수 기간에는 조지프 바이든 부통령을 아프가니스탄에 보냈고, 출범과 동시에 민주당계 최고의 협상가로 불리는 리처드 홀브룩을 아프가니스탄-파키스탄 담당 특사로 임명해 문제를 해결하겠다는 의지를 과시했다. 그러나 회의론도 만만치 않다. 1차 걸프전의 영웅으로 칭송받았고 1기 부시 행정부에서 국무 장관을 지낸 콜린 파월은 오바마의 취임식 날 "아프가니스탄이 이라크보다 훨씬 어려울 것"이라고 경고했다. 이에 따라 '오바마의 미국'이 '알렉산더의 영국'과 '흐루쇼프의 소련'의 전철을 밟게 될 것이라는 전망이 나오고 있다.

'테러와의 전쟁'과 오바마의 새로운 전략

'테러와의 전쟁'은 부시 행정부가 추진한 대외 정책의 키워드였다. 2001년 9월 11일, 테러리스트들이 여객기를 납치해 뉴욕의 세계무역센터와 워싱턴 인근 펜타곤을 공격하면서 전면에 등장한 용어다. 그러나 이 용어는 '기만 전술'이기도 했다. 미국은 9·11 테러 직후 알카에다의 은신처인 아프가니스탄을 침공해 탈레반 정권을 축출하는 데 성공했지만, 이내 총구를 다른 곳으로 돌렸다. 2002년 1월, 9·11 테러와 아무 관계가 없는 북한, 이란, 이라크를 "악의 축"으로 규정하면서 예방적 선제공격 전략을 공식화했고, 이듬해 3월에는 이라크 침공을 강행했다. 미국이 총구를 돌린 사이에 탈레반과 알카에다는 아프가니스탄과 파키스탄 접경 지역에서 부활하는 데 성공했고, 미국은 막대한 돈을 쏟아붓고도 이라크와 아프가니스탄에서 승리하지 못했다.

이처럼 말과 행동이 달랐던 부시 행정부의 '테러와의 전쟁'은 오바마 행정부가 대테러 전쟁을 다시 시작하도록 만들었다. 일단 오바마 대통령은 '테러와의 전쟁'이라는 표현을 잘 쓰지 않는다. 이슬람권 전체를 적대화할 우려가 있다는 판단 때문이다. 오바마의 초점은 크게 세 가지이다. 첫째는 오늘날 미국의 안보를 가장 크게 위협하는 것은 중국이나 러시아와 같은 '국가'가 아니라 탈레반과 알카에다와 같은 테러 집단이라는 것이다. 이는 오바마 행정부가 내건 외교 안보 정책의 기본 전제이다. 둘째는 이라크 전쟁을 가능한 빨리 끝내고 이라크 주둔 미군을 아프가니스탄으로 차출해 아프가니스탄 전쟁에 집중하겠다는 것이다. 셋째는 새로운 정책의 기조를 '군사적 해법'에서 대외 원조 지원 및 재건 사업 확대를 통한 '외교적 해법'에 무게 중심을 두겠다는 것이다. "아프가니스탄에서 전투를 벌이고 있는 미군들은 새로운 시대에 가장 큰 도전은 적을 사살하는 것이 아니라, 적들이 자라나는 혼란스러운 땅을 복구하는 것임을 깨달았기" 때문이다.●

● David Brooks, "Continuity We Can Believe In," *The New York Times*, December 1, 2008.

사실 이라크와 아프가니스탄 정책 변화의 필요성은 부시 행정부 때부터 논의된 것이다. 로버트 게이츠 국방 장관은 2007년부터 군사적 해법이 한계에 달했다며, 연방 기관 간의 통합된 공조, 해외 원조를 담당하는 국무부 예산 증액 등 비군사적 방법을 강화해 전후 복구 및 재건 사업에 집중해야 한다고 역설했다. 콘돌리자 라이스 국무 장관 역시 2008년 1월 연설에서 '변환 외교transformational diplomacy'의 필요성을 강조하면서, "국무부 직원들은 협상과 문서 작성에 쓰는 시간을 줄이는 대신 복구가 필요한 지역에 가서 마을 주민 및 미군들과 함께 지방 정부 강화와 개발 증진을 위해 노력해야 할 것"이라고 말했다.

부시 대통령 역시 '실패한 국가failed states' 재건을 위한 민간 부대civilian corps 창설의 필요성을 강조했고, '대통령 국가 안보 명령-44호'를 통해 연방 기관들이 해외 재건과 안정화 사업에 공조할 수 있는 틀을 만들도록 지시했다. 그러나 이러한 정책들은 거의 실행되지 않았다. 부시 행정부 막바지에 논의되었던 이러한 정책 방향은 오바마도 대체로 동의하고 있다. 결국 아이디어는 부시 행정부 때 만들어지고 실행의 몫은 오바마에게 넘어간 셈이다. ●

오바마 행정부는 백악관 홈페이지에 아프가니스탄-파키스탄을 외교 정책 과제 1순위로 올려놓았을 정도로 이 문제의 해결을 외교 안보 정책의 핵심으로 삼고 있다. "아프가니스탄과 파키스탄에 있는 알카에다와 탈레반을 미국 안보의 가장 큰 위협으로 규정"하면서 아프가니스탄에 병력 증파, 나토 동맹국에 병력 증파 압력 행사, 아프가니스탄의 경제 재건을 위한 자원 투입, 아프가니스탄 정부의 부패 척결 및 아편 무역 중단 등을 정책 수단으로 제시하고 있

● 앞의 글.

●●http://www.whitehouse.gov/agenda/foreign_policy/

다. 또한 파키스탄 정부가 아프가니스탄과의 국경 안보에 더 많은 역할을 할 수 있도록 "비군사적 지원을 늘릴 것"이라고 말하고 있다. ●●

특히 오바마 행정부는 아프가니스탄에서의 성공을 위해 목표를 하향

조정하고 있다. 게이츠 국방 장관은 상원 인준 청문회에서 "이전에 아프가니스탄에서의 목표는 너무 광범위하고 요원했다"며, "우리가 중앙아시아에 발할라^{Valhala: 지붕이 방패로 덮여 있는 궁전}를 건설하는 데 목표를 둔다면 미국은 패배할 것"이라고 말했다. 현실적인 목표는 "아프가니스탄이 테러리스트와 극단주의자의 무대로 이용되지 않게 하는 것"이 되어야 한다는 것이다.

아프가니스탄 전쟁은 '오바마의 이라크'?

그러나 이러한 계획이 순조롭게 진행될 가능성은 낮아 보인다. 우선 아프가니스탄의 전장 환경이 매우 까다롭다. '부족 혹은 군벌 사회'라는 표현이 어울릴 정도로 아프가니스탄 중앙 정부의 통제력은 수도인 카불을 넘어서지 못한다. 카불을 점령했다고 해서 전쟁에서 이기는 것이 아니라는 의미이다. 또한 산악 지형과 동굴, 오지 마을이 많아 탈레반과 알카에다가 은신처와 거점을 마련하기는 쉬운 반면에, 미국 주도의 연합군이 이들을 소탕하기란 아주 어렵다. 과거에도 영국과 소련이 아프가니스탄의 주요 도시를 점령하는 데 성공했지만, 저항 세력들이 오지 마을과 산악 지형을 거점으로 삼아 도시를 재탈환하는 양상을 띠었다. 이러한 상황은 최근에도 계속되고 있다. 한때 괴멸된 것으로 알려졌던 탈레반이 아프가니스탄의 영토 70%를 다시 장악한 것은 이를 잘 보여 준다. 그사이에 2004년 52명이었던 미군 사망자 수는 99명[2005], 98명[2006], 117명[2007], 155명[2008]으로 급격히 늘어났다.

이러한 전장 환경은 약 20만 명에 달하는 대규모 군대를 주둔시켜야 한다는 것을 의미하는데, 이는 불가능할 뿐만 아니라 바람직하지도 않다. 우선 미군을 증파하는 것이 여의치 않다. 오바마 행정부는 2009년 1월 현재 3만 4천 명의 아프가니스탄 주둔 미군을 2009년 여름까지 3만 명을 추가로 파병하고, 2010년까지 9만 4천 명으로 늘린다는 방침이다. 그러나 이 정도 수준의 증원군은 '언 발에 오줌 누기'라는 지적이 많다. 더구나 6만 명의 증파도 이라크 상황이 호전되고, '10만 명'의 지상군을 늘리겠다는 오바마의 정책이 순조롭게 이행되어야 한다는 것을 전제로 한다. 이것이 여의치 않게 되자 오바마는 2009년 여름까지의 증파 규모를 3만 명에서 1만 7천 명으로 줄였다. 이에 따라 미국은 '나토의 역할'을 강조하고 있다.

그러나 나토 동맹국들은 추가 파병에 난색을 표하고 있다. 나토 동맹국들은 미국의 강력한 요구와 불만에도 전투병, 수송 헬기, 군사 훈련단 및 지원병 파견을 주저해 왔다. 프랑스는 추가적인 병력 증파는 고려하지 않고 있다고 표명했고, 네덜란드는 2009년까지 오히려 병력 규모를 줄인다는 방침이다. 이미 8천 명의 병력을 파병한 영국에서는 감축 여론이 높아지고 있고, 독일의 메르켈 총리는 오바마 취임에 맞춰 "행운을 빈다"면서도 추가 파병은 불가하다고 선을 그었다. 이에 실망한 게이츠 국방 장관은 "추가 파병에 대한 기대를 접었다"며, "비군사적 기여라도 늘려 주기 바란다"고 말했다. 이에 따라 아프가니스탄 전쟁은 미국을 포함한 나토의 전쟁이 아니라, "미국만의 전쟁"이 될 것이라는 경고도 나오고 있다.

● The Independent, January 25, 2009.

군사력을 통해 아프가니스탄의 안정과 평화를 달성하겠다는 정책 자체에도 근본적인 문제점이 있다. 대규모의 병력을 추가로 투입한다고 해서 문제가 해결되는 것이 아니라는 점이다. 미국과 국제 사회 일각에서는 오바마 행정부가 입으로는 '외교적 해법'에 초점을 두겠다고 하면서도 증파를 서두르는 것을 비판하고 있다. 이라크에서 잘 드러난 것처럼 대테러 작전은 근본적으로 민간인 피해를 동반할 수밖에 없다. 오바마 취임을 전후해 이루어진 미국 특수 부대의 작전 결과는 이러한 문제점을 잘 보여 준다. 미국은 1월 7일과 23일 두 차례의 작전에서 32명의 탈레반 요원을 사살했다고 발표했지만, 아프가니스탄 정부의 발표는 이와 다르다. 카르자이 정부는 아프가니스탄 동부 메흐탈람에 대한 미군의 공격으로 16명의 사망자가 발생했으며, 이 중에 여성 두 명과 어린이 세 명이 포함되었다고 발표했다. 이러한 발표에 분개한 아프가니스탄 상원 의장은 미국이 신중하게 행동하지 않는다면 아프가니스탄은 외국군에 대한 봉기에 나설 것이라고 경고했다. ●●

●● The New York Times, January 26, 2009.

미국은 군사 작전 수행 시 정보를 아프가니스탄 중앙 및 지방 정부에 알리는 것을 기피하고 있다. 제공된 정보가 탈레반에 넘어갈 수 있다는 우려 때문이다. 또한 기습 공격의 효과를 극대화한다는 명분으로 심야 작전도 불사하고 있다. 그러나 이러한 비밀 작전은 민간인 피해를 예방할 수 있는 대비책을 세우지 못하게 함으로써 민간인 피해를 낳게 하는 핵심 요인이 되고 있다. 그리고 민간인 피해가 속출하면서 미국과 외국군에 대한 아프가니스탄 인들의 반감도 고조되고 있다. 이러한 상황에서 오바마가 공언한 것처럼 대규모의 미군을 증원할 경우 폭력의 확대 재생산을 낳아 아프가니스탄의 안정과 평화를 더욱 요원하게 만들 것이라는 우려가 팽배해지고 있다. 이러한 상황 전개는 탈레반의 영향력 확대와 맞물려 지방 재건 팀 PRT: provincial reconstruction teams 활동을 비롯한 재건 사업마저도 상당히 위태롭게 하고 있다.

아프가니스탄 중앙 정부에 대한 압력 행사가 실효를 가져올지도 의문이다. 오바마 행정부는 부패와 무능으로 지탄을 받아 온 카르자이 정부에 대한 지지와 지원을 줄이고 정치적 압박을 높이는 대신 지방 정부와의 협력을 강화해 재건 사업에 박차를 가한다는 계획이다. 이에 따라 조지프 바이든 부통령은 취임 직전 아프가니스탄을 방문해 카르자이 대통령에게 부패 척결과 아편 생산 금지에 적극 나설 것을 강력하게 요구했다. 그러나 그는 워싱턴으로 돌아와 아프가니스탄 상황이 "완전히 엉망이다"라고 보고했다. 오바마 행정부는 카르자이 정부가 개선되지 않으면 2009년 가을로 예정된 아프가니스탄 대선에서 카르자이에 대한 지지를 철회할 가능성을 암시하고 있다. 그러나 이러한 접근이 아프가니스탄의 상황을 오히려 악화시킬 것이라는 경고도 나온다. 아프가니스탄 대사를 지낸 잘메이 칼리자드는 "오바마의 정책이 아프가니스탄의 정치 상황을 더욱 혼란스럽게 만들어 분열을 시도하는 것으로 해석될 수 있다"며 재고를 촉구하고 나섰다.

● The New York Times, January 27, 2009.

돈 문제도 만만치 않다. 오바마는 2012년까지 미국의 해외 원조를 두 배로 늘려 1천억 달러를 제공하겠다고 공약했다. 그러나 민주당 일각에서는 아프가니스탄 재건에 앞서 미국 내에서 일자리 창출이 선행되어야 한다는 입장을 보이고 있다. 오바마도 경제 위기를 이유로 해외 원조 예산 증액이 늦춰질 수 있다고 말하고 있다. 이에 따라 국방 예산을 감축해 재건 사업 등 해외 원조로 사용할 수 있느냐의 문제가 제기된다. 그러나 오바마의 국방 공약 중 하나인 '10만 양병설'을 추진하기 위해서는 1천억 달러가 필요하다. 그렇다고 엄청난 예산이 투입되어 온 MD를 비롯한 무기 프로그램을 대폭 조정하기도 쉽지 않다. 무기 프로그램의 대폭 축소는 군수 산업 경기 및 일자리 문제와 연결되어 있는 터라 해당 지역 의원들의 반발을 야기할 것이기 때문이다.

●● John Barry and Evan Thomas, "Obama's Vietnam," *Newsweek*, February 9, 2009.

이러한 점들을 종합해 볼 때, 오바마의 미국도 아프가니스탄에서 상당히 고전할 뿐만 아니라 결국 패퇴하게 될 것이라는 전망이 높다. 이와 관련해 『뉴스위크』의 지적은 음미해 볼 가치가 있다. 이 주간지는 아프가니스탄과 베트남을 비교하면서 "미국이 개별 전투에서는 탈레반에 승리할 수 있지만, 아프가니스탄 전쟁 전체를 승리로 이끄는 것은 불가능하다"며, 자칫하면 오바마의 과욕이 아프가니스탄 전쟁을 '제2의 베트남 전쟁'으로 만들 수도 있다고 경고했다. ●●

한반도에 미칠 영향은?

●● 오바마의 아프가니스탄 정책이 성공할지의 여부를 판단하기에는 아직 이르다. 그러나 상당한 고전이 예상되고, 부시가 이라크에 발목이 잡혀 몰락했듯이 아프가니스탄 전쟁이 '오바마의 이라크'가 될 가능성도 제기된다. 그렇다면 이러한 상황 전개가 한반도에 미칠 영향은 무엇일까? 한국은 이미 2007년 여름 샘물교회 봉사단 23명이 탈레반에 납치돼 두 명이 살해되고, 21명이 한국군의 연내 철수 약속으로 간신히 풀려난 '끔찍한 경험'을 한 바 있다. 또한 주한 미군은 당초 입장을 뒤집어 "2009년 3월 주한 미군 아파치 헬기 1개 대대[24대]를 한국에서 철수하기로 했다"고 발표함으로써 안보 공백과 대체 전력에 대한 논란을 야기하고 있다. 어떠한 형태로든 아프가니스

탄에서 벌어지는 일이 한반도에도 영향을 미칠 수밖에 없다는 것을 보여 주는 대목이다.

첫 번째 관심사는 오바마 행정부가 한국의 기여 확대를 요구할 경우 이명박 정부의 선택이다. 한국은 2008년 8월에 카불에서 40km 북쪽에 있는 바그람에 24명의 PRT를 파견해 활동하고 있다. 그리고 오바마 취임 직후부터 이명박 정부는 PRT 규모 확대 및 현지 경찰 훈련 교관 파견 검토에 들어갔다. 또한 1월 21~23일 정부 조사단을 아프가니스탄에 파견해 "아프가니스탄 재건 현황, 아프가니스탄이 희망하는 지원 분야 및 가능한 추가적 지원 방안 등에 대해 폭넓은 의견을 교환했다."● 이에 따라 추가적인 재건 지원 팀과 경찰 파견 가능성이 높아지고 있다.

● 「한겨레」, 2009년 1월 24일.

병력 파병 여부도 관심사이다. 앞서 언급한 것처럼, 오바마는 6만 명의 미군 증파와 나토 동맹국의 추가 파병을 희망하고 있지만, 둘 다 여의치 않은 상황이다. 이에 따라 한국에 파병을 요청할 가능성을 배제할 수 없다. 병력 파병은 두 가지 가능성을 예상해 볼 수 있다. 하나는 PRT 지원 및 보호를 골자로 하는 '비전투 병력' 파견이다. 이 경우 동의·다산 부대 수준인 2백 명 규모를 생각해 볼 수 있다. 다른 하나는 '전투 병력' 파견이다. 규모에 따라 달라질 수 있지만, 전투 병력 파견은 대테러 작전에 한국군이 직접 참여한다는 것을 의미한다. 어떠한 형태로든 미국의 동맹국인 한국이 아프가니스탄에 대한 개입 수준을 높이면 알카에다의 한국에 대한 테러 위협도 높아지게 될 것이다.

두 번째 관심사는 주한 미군의 아프가니스탄 투입이 아파치 헬기 부대로 끝나지 않을 가능성이 있다는 것이다. 앞서 언급한 것처럼, 오바마 행정부

●● 용산 기지와 2사단 이전 계획은 현지 주민과의 갈등 및 이로 인한 토지 수용 지연, 비용 협상 난항, 사업자 선정 지체 등이 맞물려 계속 지연되고 있다. 당초 2010년을 전후해 마무리한다는 계획이 2016년까지 늦춰졌지만 이 역시 장담할 수 없는 상황이다. 전시 작전 통제권 이양은 2012년 4월 17일로 예정되어 있다.

가 대규모의 군사력 파견을 통해 아프가니스탄 전쟁 승리를 공언하고 있는 반면에, 미군 자체의 증파나 나토군의 추가 파견이 쉽지 않은 상황이다. 이에 따라 미국은 주한 미군 지상군의 일부를 차출해 아프가니스탄 투입을 고려할 가능성이 있다. 특히 펜타곤은 이명박 정부가 평택 미군 기지 확장 사업에 소극적인 태도를 보여 용산 기지와 2사단 이전이 지연되는 것에 강한 불만을 품은 것으로 알려져 있다. ●● 이러한 주한 미군 재배치 계획의 차질은 아프가니스탄 증파의 필요성과 맞물려 주한 미군 감축을 촉진하는 요인이 될 수 있다.

세 번째 관심사는 아프가니스탄에서 고전이 계속될 경우 오바마의 대북 정책에 미칠 영향이다. 부시 행정부의 대북 정책에 이라크 변수가 가장 큰 영향을 미친 것처럼, 아프가니스탄의 상황이 어떻게 전개되느냐에 따라 오바마의 대북 정책에 영향을 줄 수 있다. 우선은 오바마 행정부가 한반도 정세를 안정시켜 주한 미군의 감축을 용이하게 만들기 위해 대북 협상에 적극 나설 가능성이 있다. 이러한 전망을 뒷받침하듯 힐러리 클린턴은 2월 중하순 아시아 순방 때 밝힌 대북 정책 방향과 관련해, 북한이 핵을 폐기할 준비가 되어 있다면 미국도 평화 협정 체결 및 관계 정상화, 경제 지원에 나설 의지가 있다고 강조했다.

중동 평화 협상

오바마의 등장은 팔레스타인의 희망?

77일간의 정권 인수기에 오바마가 직면한 가장 큰 도전은 이스라엘의 가자 지구 침공이었다. 2008년 12월 27일부터 오바마의 취임식 이틀 전인 2009년 1월 18일까지 자행된 이스라엘의 공격으로 무려 1만 명에 가까운 팔레스타인 인이 목숨을 잃거나 다쳤다. 이스라엘의 무차별적이고 야만적인 군사 행동으로 어린이와 여성 등 민간인 피해가 속출하고 있었음에도 오바마는 굳게 입을 다물었다. "미국 대통령은 한 사람"이라는 이유 때문이었다. 더구나 민주당과 오바마의 측근들은 이스라엘의 자위권 행사를 지지한다고 말해 아랍권을 비롯한 국제 사회의 분노와 실망을 야기했다.

그러자 오바마도 입을 열기 시작했다. 그는 취임 9일 전인 1월 11일 ABC 방송과의 인터뷰에서 양측 민간인의 피해에 깊은 우려를 나타내면서 "20일 취임 첫날부터 포괄적인 중동 평화 협상에 착수할 수 있도록 팀을 꾸리고 있다"며, "이스라엘과 팔레스타인 모두를 만족시킬 수 있는 전략적 접근을 할 것"이라고 강조했다. 경제 위기의 와중에도 이스라엘-팔레스타인 분쟁 해결을 최우선적인 대외 정책으로 삼겠다는 의사를 분명히 한 것이다. 그리고 취임식 다음 날 조지 미첼 전 상원 의원을 중동 평화 협상 담당 특사로 임명했고, 1월 하순에는 미첼을 중동에 파견해 조기 해결 의지를 표명했다.

그렇다면 오바마의 취임은 피와 절망과 분노로 얼룩진 팔레스타인에 희망의 시발점이 될 수 있을까? 오바마가 새로운 중동 정책의 키워드로 제시한 것은 '포괄적'과 '전략적'이다. 오바마 행정부는 이러한 전략의 구체적인 내용을 밝히지 않고 있지만, 그의 중동 전략 수립에 깊숙이 관여해 온 마틴 인다이크와 리처드 하스의 입장에 비추어 그 윤곽은 그려 볼 수 있다. 인다이크는 두 차례 이스라엘 대사를 거쳐 클린턴 대통령의 중동 정책 특별 보좌관을 지냈고, 현재 미국외교협회CFR 회장인 하스는 부시 행정부 때 국무부 정책기획국장을 지냈지만 부시의 대외 정책, 특히 중동 정책에 비판적인 목소리를 내 온 인물이다. 이들은 민주당계 싱크 탱크인 브루킹스연구소와 미국외교협회가 최근에 내놓은 『균형의 회복: 차기 미국 대통령을 위한 중동 전략』 집필을 주도하기도 했다.

하마스와의 간접 대화?

● CFR Interview, http://www.cfr.org/publication/18240/

인다이크는 이스라엘-팔레스타인 전쟁이 절정에 달했던 1월 12일 CFR 홈페이지에 게재된 인터뷰에서 휴전 협상의 최대 쟁점으로 떠오른 무기 밀거래 감시 문제에 대한 대안을 제시했다. ●

이스라엘은 휴전 합의의 제일 조건으로 이집트와 가자 지구 국경에서의 무기 밀거래 중단을 제시하면서, 이를 감시할 수 있는 다국적군 배치를 요구한 바 있다. 그러나 이집트는 주권과 자존심 침해를 우려해 이를 거부했고, 하마스는 휴전 조건으로 가자 지구에 대한 봉쇄 해제를 요구했다. 이러한 문제에 대한 합의 없이 일시적 휴전이 이루어진 상태에서 이스라엘은 휴전 이후에도 간헐적으로 이집트와 가자 지구 국경 지역을 공습하고 있다. 중동 평화 협상의 최대 쟁점 가운데 하나가 가자 지구 봉쇄 해제와 무기 밀거래 감시가 되리라는 것을 예고해 주는 대목이다.

이와 관련해 인다이크는 대안으로 시나이 반도에 주둔하고 있는 미국 주도의 다국적 감시군MFO을 활용할 것을 제안한다. 다국적 감시군은 1978년 이스라엘-이집트 평화 조약 체결 직후 조약 준수를 감시하기 위해 시나이 반도에 배치되어 30년간 활동해 왔는데, 이 부대의 규모를 늘리고 일부 병력을 이집트와 가자 지구 국경에 재배치해 무기 밀거래를 감시하자는 구상이다. 이렇게 하면 다국적군을 새로 편성하지 않아도 실질적인 활동을 할 수 있다는 것이 인다이크의 주장이다.

중동 평화 협상의 핵심 관건인 하마스와의 대화 여부도 오바마의 큰 난제이다. 대선 후보에 나서기 전에 오바마는 하마스와의 대화 필요성을 강조했다. 그러나 2008년 7월 이스라엘 방문 중에는 "국가로서의 대표성도 없고, 이스라엘의 존재를 부정하며, 테러를 자행하고, 다른 나라들의 영향을 받는 집단과 협상하는 것은 매우 어렵다"며 하마스와의 협상에 부정적인 태도를 보였다. 오바마 행정부의 외교 수장인 힐러리 클린턴 국무 장관 역시 민주당 경선 패배 직후 "미국의 차기 대통령은 하마스와의 직접 대화를 피해야 할 것"이라고 말한 바 있다. 그러나 어떤 형태로든 하마스와의 대화 없이 중동 평화 협상을 달성하겠다는 것은 '모래 위에 성을 쌓는 것'과 마찬가지이다. 이에 따라 오바마 팀 일각에서는 하마스와 다양한 형태의 대화를 모색해야 한다는 목소리가 나오고 있다.

이와 관련해 인다이크는 간접 대화와 조건부 대화를 대안으로 제시한다. 그는 하마스가 이스라엘의 존재를 부정하고 "평화 만들기에 관심이 없다"는 점에서 대화 상대로는 곤란하다고 강조한다. 동시에 하마스가 가자 지구를 실질적으로 통치하고 있어 하마스의 참여 없이 평화 협상이 진전되기는 힘들다는 점도 인정한다. 이에 따라 인다이크는 오바마 행정부가 아랍 국가들 및 터키의 역할을 지원하는 방안을 주문한다. 이 나라들이 하마스로 하여금 팔레스타인 자치 정부와 마무드 아바스 수반을 인정하도록 설득과 압력을 병행하고, 하마스와 파타당의 화해를 중재하도록 해야 한다는 것이다. 이러한 과정을 거쳐 하마스가 실질적으로 변한다면 오바마도 하마스를 대화 상대로 인정할 수 있다는 것이다.

예상해 볼 수 있는 오바마의 접근법은 하마스 내 강온파에 대한 분리 접근이다. 오바마가 중동 평화 협상 모델로 선호하는 '두 국가 체제'에 동의하는 하마스 온건파는 협력 대상으로, 이를 거부하면서 반이스라엘 투쟁을 고수하는 강경파는 배제와 타도의 대상으로 삼는 방법이다. 이러한 예상의 근거로는 하마스를 완전히 배제하는 중동 평화 협상은 실효성이 없고, 이라크 상황이 안정화된 결정적 이유는 온건 수니파를 포용한 것에 있으며, 오바마가 아프가니스탄 해법의 하나로 온건 탈레반을 협력 대상으로 삼겠다는 정책을 취하려고 한다는 점 등에 있다.

"시너지 효과를 만들자"

오바마도 밝히고 있고, 외교 안보 정책 참모진과 자문단도 한목소리로 말하고 있는 것이 '포괄적 전략'이다. 이 전략의 핵심은 이란 핵문제, 이스라엘-시리아 평화 협상, 이스라엘-팔레스타인 휴전을 동시 다발적으로 추진해 '시너지 효과'를 만드는 데 있다. 이를 통해 핵을 포기한 이란이 새로운 중동 질서를 창출하는 데 건설적인 기여자로서 참여할 수 있도록 하고, 이스라엘-팔레스타인 분쟁을 '두 국가 모델'로 해결하며, 중동 전체의 평화를 공고히 할 수 있는 지역 안보 체제를 건설하는 방안을 추진해야 한다고 강조한다.

중동 평화 협상의 기본적인 방향과 관련해 하스는 1967년 이전의 영토를 기준으로 팔레스타인 독립 국가 건설을 지지하고, 팔레스타인 자치 지구 내 유대인 정착촌 건설과 분리 장벽에 대한 보상 및 난민 지원과 귀환을 보장하며, 서예루살렘에 대한 팔레스타인의 권리를 인정하는 것 등이 포함되어야 한다고 주장한다. 그리고 이러한 정책이 성공하기 위해서는 팔레스타인의 온건파 입지가 강화될 수 있도록 아바스 수반과 파타당을 지원하는 한편, 하마스에게도 기회를 주어야 한다고 권고한다. "팔레스타인 국가 건설을 위한 유일한 희망은 총을 놓는 것에서 나올 수 있다"는 점을 주지시키면서, 이에 동의하고 협력하는 하마스 대원들은 팔레스타인 연합 정부에 참여시킬 수 있다는 것이다.

● Richard N. Haass, "Bring In the Diplomats," Newsweek, January 19, 2009.

이스라엘 제재 카드 없는 전략은 실효 없어

그러나 이러한 구상이 실효성을 발휘할지는 의문이다. 우선 '포괄적 전략'의 허점이 엿보인다. 이란은 우라늄 농축 프로그램 보유가 핵확산금지 조약^{NPT} 회원국으로서 가지는 '비타협적인 권리'라는 입장이다. 이스라엘-시리아 평화 협상 역시 이스라엘이 1967년 제3차 중동 전쟁 때 점령한 골란 고원의 완전한 반환 여부를 둘러싸고 양측이 첨예하게 맞서 있다. 이스라엘은 군사적 요충지인 골란 고원의 일부는 반환할 수 있지만 완전 철수는 불가하다는 입장인 반면, 시리아는 완전 반환을 요구하고 있다. 게다가 이스라엘의 야만적인 가자 지구 학살에 격노하고 있는 시리아 인들이 이스라엘과의 평화 조약 체결을 지지할 가능성도 낮아 보인다. 이러한 현실은 '포괄적 전략'이 시너지 효과에 대한 기대감 못지않게 '제로섬 게임'이 될 수 있다는 위험성을 동시에 내포하고 있음을 말해 준다.

오바마 행정부 안팎에서 나오는 중동 전략의 핵심에는 팔레스타인 온건파의 입지 강화가 있다. 아바스 수반과 파타당을 지원하는 한편, 하마스와의 간접 대화를 통해 중동 평화 협상에 지지와 참여를 유도한다는 '투 트랙 접근'이다. 그러나 오바마의 전략에는 이스라엘의 온건파 입지를 어떻게 강화할 것인가의 문제가 빠져 있다. 설상가상으로 2월 총선에서 베냐민 네타냐후를 비롯한 강경파들이 약진해, 이스라엘의 정치 지형은 중동 평화 협상에 또 하나의 장벽을 쌓고 말았다.

무엇보다도 오바마의 새로운 전략에는 이스라엘을 압박하고 강제할 수 있는 카드가 보이지 않는다. 하마스, 이란, 시리아 등에는 '당근과 채찍 병행론'을 펼치고 있지만, 이스라엘에는 선의에만 의존하는 것이나 다름없다. 백악관 홈페이지에 게재된 이스라엘 정책을 보더라도 "중동의 가장 중요한 미국의 동맹국인 이스라엘의 안전을 최우선적이고 확고한 공약"으로 삼고, "이스라엘의 자위권을 강력히 지지하며", MD를 비롯한 "군사적, 경제적 원조를 지속하겠다"는 공약들로 채워져 있다.

　　이렇듯 오바마 행정부가 '당근'만 제시하고 원조 축소나 중단과 같은 '채찍'은 거론하지 않는 정책으로 일관한다면, 이스라엘은 평화 협상에 나서더라도 자국의 요구를 관철하려고만 할 것이다. 60년을 넘긴 이스라엘-팔레스타인 협상이나 40년째 끌어 온 이스라엘-시리아 협상이 실패로 돌아간 것은 미국을 비롯한 서방 세계의 유무형의 지원을 등에 업은 이스라엘의 비타협적인 태도가 주요 원인이었다. 특히 이스라엘은 오바마의 친이스라엘 발언을 누누이 강조하면서 오바마의 정책적 선택 폭을 최대한 좁히려고 하고 있다. 이스라엘의 공격을 자위권으로 옹호한 것과 하마스와의 대화에 부정적인 입장을 밝힌 발언은 이스라엘 언론과 정치인들이 틈만 나면 언급하는 내용들이다. 또한 오바마는 2008년 6월 초 미국 내 친이스라엘 로비 단체인 '미국-이스라엘공공문제위원회^{AIPAC}' 모임에서 "예루살렘이 이스라엘의 수도로 남을 것이고, 분할돼서는 안 된다"고 말해 이슬람권의 공분을 산 바 있다.

　　결국 오바마의 새로운 중동 정책이 성공을 거두기 위해서는 이스라엘이 비협조적으로 나올 경우 이스라엘에 대한 지원을 중단할 수 있다는 '대담한 카드'가 필요하다. 가자 지구에 떨어지고 있는 이스라엘의 폭탄과 미사일이 대부분 '미국제'인 상황에서 미국이 이러한 카드를 꺼내 들지 않는다면 이슬람권의 많은 사람들은 오바마의 중동 정책을 한낱 '쇼'로 볼 것이기 때문이다. 분쟁 중재자의 가장 큰 조건이 양측의 신뢰를 확보하는 것이라고 할 때, 오바마 행정부의 친이스라엘 정책은 이슬람권의 신뢰를 확보하는 데 근본적인 걸림돌로 작용할 것이다.

유대인에게 찍히면 정치 생명 끝?

그러나 오바마 행정부의 이스라엘 정책이 변화하기를 기대하기는 힘들다. 미국의 1기 행정부의 정책은 재선이 가장 중요한 고려 사항이라고 할 수 있는데, 이스라엘 정책을 변화시켜 유대계 미국인의 눈 밖에 나면 재선은 물 건너간다는 두려움이 미국 정계에 팽배해 있기 때문이다. 유대계 미국인은 전체 인구의 2.1%인 640만 명에 불과하지만 정계, 경제계, 언론계, 법조계, 학계에서 차지하는 비중은 20~30%에 달할 정도로 미국 주류 사회의 핵심을 장악하고 있다. 이는 유대인의 막강한 영향력과 로비력을 낳고 있는데, 일례로 AIPAC의 연례 총회가 열릴 때마다 미국의 주요 정치인들이 앞다퉈 충성 경쟁을 벌이는 것을 어렵지 않게 볼 수 있다. 오바마도 예외는 아니었다. 이 단체의 영향력이 막강한 데에는 미국 내 유대인의 위상과 함께 AIPAC 회원들의 투표율이 80~90% 수준에 달한다는 이유도 크게 작용한다.

유대인 및 친이스라엘 로비 단체의 막강한 영향력으로 인해 미국과 이스라엘의 '일체화' 현상이 심각해지고 있다는 경고도 나온다. 미국의 인권 운동가이자 작가인 그린월드는 "가장 주목해야 할 것은 이스라엘-팔레스타인 분쟁과 관련된 미국 내의 논쟁은 미국의 이익이 아니라 이스라엘의 이익을 고려하는 관점에서 이루어지고 있다는 것"이라고 지적하기도 했다. ●

● Glenn Greenwald, "Both Parties Cheerleed Still More Loudly for Israel's War," Salon.com, January 8, 2009.

결국 오바마가 '유대인에게 찍히면 재선은 없다'는 두려움에서 벗어나지 못하는 한 이스라엘 정책의 변화도, 이에 따른 중동 평화 협상의 실질적인 진전도 기대하기 힘들 전망이다. 그러나 오바마가 좀 더 눈을 크게 뜬다면 기회가 없는 것은 아니다. 우선 민주당 지지자들의 이스라엘에 대한 비판 의식이 높다. 미국의 여론 조사 전문 기관인 라스무센이 이스라엘의 가자 지구 침공 직후에 조사한 바에 따르면, 민주당 지지자 가운데 55%가 이스라엘의 공격에 반대 의견을 밝혔다. 이는 지지 여론 31%보다 24% 앞서는 것이다.

또한 '묻지 마'식 친이스라엘 정책이 미국의 국익에 부합한다고 보기도 어렵다. 미국이 친이스라엘 행보를 계속하는 한, 반이스라엘 감정은 반미 감정과 함께 갈 수밖에 없다. 반미 감정의 확대는 미국에 대한 테러 위협의 증대는 물론이고, 중동 평화 협상을 마무리해 중동에서 미국의 이익을 지키고자 하는 전략적 목표마저 위태롭게 하고 있다. 무엇보다도 "국제 사회에서 미국의 지도력 회복"을 대외 정책의 최우선 목표로 내세우는 오바마의 구상을 공염불로 만들 수 있다.

오바마는 군산 복합체의
검은손에서 벗어날 수 있을까?

군산 복합체와 미국 ●

● 이 부분은 정욱식, 『미사일방어체제 MD』(살림, 2008 개정판)의 일부 내용을 수정·보완한 것이다.

"거대한 군사 집단과 대규모 무기 산업이 결탁하여 행사하는 영향력은 미국의 새로운 경험이다. 이들은 경제와 정치는 물론이고 우리의 영혼에도 막대한 영향을 미치고 있다. 잘못된 군산 복합체의 부상에 따른 잠재적 재앙은 지금도 존재하고, 앞으로도 지속될 것이다. 우리는 깨어 있는 시민들과 함께 정부 각 위원회에서 군산 복합체가 부당한 영향력을 행사하는 것을 막아야 한다."

아이젠하워 미국 대통령이 1961년 임기를 마치면서 행한 이 연설 내용은 군산 복합체에 경계심을 갖고 있는 사람들이 오늘날에도 가장 많이 인용하는 부분이다. 제1, 2차 세계 대전과 한국 전쟁을 거치면서 급격히 성장한 군산 복합체가 "이제 미국의 자유와 민주주의를 위협하고 있다"는 것이다. 아이젠하워의 경고는 3년 후 현실로 드러난 것으로 보인다. 그의 뒤를 이어 대통령에 당선된 존 F. 케네디는 군산 복합체로 상징되는 '미국병'을 치유할 수 있다는 기대를 모았다. 그러나 그는 대통령 취임 2년 10개월 만에 텍사스 주 댈러스에서 암살되고 말았다. 암살범으로 지목된 오즈월드는 재판도 받기

전에 체포된 지 이틀 후 암살되었고, 미국 정부 조사위원회는 오즈월드의 단독 범행으로 결론지었다.

그러나 그 배후에 군산 복합체가 있었다는 음모론이 끊임없이 제기되어 왔다. 케네디는 소련과의 냉전 종식 및 베트남에서의 철수도 언급했는데, 이는 군산 복합체의 이익을 크게 위협하는 것이었다. 진실은 여전히 오리무중이지만, 많은 사람들은 케네디의 암살을 "군산 복합체에 의한 쿠데타"라고 본다. 케네디는 피살되기 5개월 전에 세계인에게는 희망을 주었지만, 군산 복합체를 잔뜩 긴장시킨 연설을 한 바 있다. 골자는 다음과 같다.

"오늘날 우리는 엄청난 돈을 무기 구매에 쓰고 있다. 무기가 평화를 지키는 데 필수적이긴 하지만, 우리가 굳이 사용할 필요가 없는 무기들도 포함되어 있다. 그러나 어리석게 무기고를 늘리려는 것은 평화를 확보하는 유일한 길도, 가장 효과적인 방법도 아니다. 혹자는 소련부터 변해야 한다고 말한다. 나도 그러기를 희망하지만, 우리 자신부터 돌아봐야 한다. (중략) 전쟁과 무기의 제거는 미국과 인류 사회 모두의 이익에 확실히 기여한다."

이처럼 케네디 때 움찔했던 군산 복합체는 그가 암살된 이후 승승장구하게 된다. 미국 군부는 통킹 만 사건을 조작하여 베트남 전선을 넓혔고, 전비가 폭등하자 군수 산업체는 즐거운 비명을 질렀다. 베트남 전쟁에서 패배하고 지미 카터가 등장하면서 군산 복합체는 다시 위기를 맞는 듯했지만, 오히려 소련과 신냉전이 벌어지면서 '기우'에 그쳤다. 그리고 소련을 "악의 제국"이라고 부르면서 '스타워스'●를

● 스타워스는 전략 방위 구상(SDI)의 별칭으로, 우주에 레이저 기지를 건설해 우주 공간에서 소련의 핵미사일을 요격한다는 개념이다. 이는 오늘날 미사일 방어 체제로 이어지고 있다.

천명한 레이건 행정부 때는 그야말로 황금기를 맞기도 했다. 미소 냉전이 끝나면서 또다시 위기가 오는 듯했지만, 걸프전이 터지면서 상상을 초월한 무기들이 동원된 '무기 쇼'의 주역이 되었다.

그러나 걸프전 이후 한파가 몰아쳤다. "바보야, 문제는 경제야"를 앞세워 승전 대통령 조지 H. W. 부시를 제압한 빌 클린턴은 군사비를 대폭 감축했다. 레이건 행정부와 아버지 부시 행정부 때 4천억 달러를 상회했던 군사비는 클린턴 행정부 임기 동안 3천억 달러 수준으로 하향 조정되었다. 미국의 군수 산업체들은 구조 조정과 인수·합병을 통해 생존에 급급할 수밖에 없었다. 그러나 군산 복합체에게 '잃어버린 8년'은 조지 W. 부시가 백악관의 새로운 주인이 되면서 충분히 보상받게 된다.

부시 행정부 때 군사비는 하늘 높은 줄 모르고 치솟았다. 임기 첫해인 2001년에 3천3백억 달러였던 군사비가 MD 등 대형 무기 프로그램 개발에 박차를 가하고 아프가니스탄과 이라크에서 전쟁을 벌이면서 폭등하기 시작했다. 2003년에 4천5백억 달러, 2005년에 5천2백억 달러, 2007년에 6천2백억 달러로 계속 늘어나다가 임기 마지막 해인 2009년에는 7천1백억 달러를 넘겼다. 7천1백억 달러는 2008년 달러 가치 기준으로 볼 때 한국 전쟁과 베트남 전쟁 때를 넘어선 액수이다. 부시 행정부 8년간 총군사비는 4조 3천억 달러로, 이는 클린턴 행정부 8년의 2배에 달한다. 물론 이처럼 막대한 군사비 증액의 최대 수혜자는 군산 복합체였다.

주목할 점은 엄청난 군사비에 대한 미국의 불감증이다. 이는 미국의 긴급 구제 금융과 비교해 보면 잘 알 수 있다. 2008년 10월 3일 미국 하원은 정부의 압박을 받아 7천억 달러의 긴급구제금융법을 통과시켰다. 이는 미국은 물론 전 세계 언론의 머리기사를 장식했고, '왜 국민 혈세로 월 스트리트를 구하려고 하느냐'는 비난의 목소리도 높았다. 그런데 회계 연도 2009년 _{2008년 10월 1일부터 2009년 9월 30일까지 사용} 군사비가 구제 금융 예산보다 높은 7천1백10억 달러로 책정되었다. 그러나 이를 주목한 언론도, 미국인들의 반발도 거의 없었다. 금융 위기가 실물 경제 위기로까지 번지면서 미국 경제가 어두운 터널로 접어들고 있음에도 불구하고 군사비에는 여전히 햇볕이 쨍쨍하다. 미국 정치인들이 군산 복합체의 로비에 자유롭지 못하고, 상당수 미국 국민이 언론과 안보 전문가들이 유포해 온 '국가 안보'의 포로가 되었기 때문에 가능한 일이다.

군사비 축소 말했다가 혼쭐난 오바마

그렇다면 '검은 케네디'라는 애칭을 갖고 있는 오바마는 아이젠하워가 40여 년 전에 경고한 군산 복합체의 부당한 영향력을 뿌리칠 수 있을까? 이를 판단할 수 있는 가장 중요한 척도는 군사비 삭감 여부이다. 결론부터 말하자면 그리 희망적이지는 않다. 오바마는 외교 안보 정책의 변화가 필요하다고 말하면서도 강력한 국방력의 신봉자이다. 또한 금융 위기가 대선 국면을 강타하던 시점에도 군사비 삭감을 입에 올리지 않았다. 공화당의 매케인 후보에게 공세의 빌미를 줄 것을 우려했기 때문이다.

● '검은 케네디'라는 별명은 존 F. 케네디 대통령의 딸인 캐럴린 케네디가 오바마를 자신의 아버지에 비유하면서 전환기의 미국을 이끌어 나갈 최적임자라고 지지 선언을 하면서 유행하게 되었다. Caroline Kennedy, "A President Like My Father," *The New York Times*, January 27, 2008.

오바마는 본래 군산 복합체와 과도한 군사비 사용에 비판적이었다. 그는 자서전에서 미국의 대소 봉쇄 정책은 "시간이 지나면서 국방부와 방위 산업체, 국방 예산이 대규모로 집행되는 지역구에 속한 하원 의원들로 구성된 이른바 '철의 삼각 지대iron triangle'가 미국의 외교 정책 수립에 엄청난 영향력을 행사했다"며, 이러한 관성이 냉전 해체 이후에도 지속되고 있다고 비판했다.●●

●● 『담대한 희망』, 402~411쪽.

이러한 문제의식을 반영하듯 오바마는 대선 1년 전인 2007년 10월 한 연설에서 "낭비가 심한 군사비 가운데 수백억 달러를 삭감할 것"이라면서, "성능이 입증되지 않은 MD에 대한 투자를 줄이고, 우주를 군사화하지 않을 것이며, 미래형 전투 체계 개발을 늦출 것"이라고 밝혔다. 이 발언은 미국의 금융 위기가 본격화되기 이전에 나온 것이다. 상식적으로 본다면, 금융 경제 위기가 들불처럼 퍼지고 있는 오늘날 군사비 삭감을 더 강력하게 주장하는 것이 '오바마답다'고 할 수 있다. 그러나 그는 군사비 감축을 좀처럼 언급하지 않고 있다.

오히려 그는 대선 경쟁이 본격적으로 불붙은 2008년 9월 초 ABC 방송의 '이번 주This Week'에 출연해, "미국은 군대 규모를 늘릴 필요가 있다"고 말했다. 이러한 국방 정책이 민주당 내 좌파 인사들과 갈등을 일으킬 수 있다는 것을 인정하면서도 말이다. 오바마가 이처럼 국방 정책에서 후퇴한 이유는 매케인 진영의 역공이 유권자들에게 먹혀들고 있다는 판단 때문이었다. 실제로 매케인은 대선 과정에서 "오늘날 세계는 너무나도 위험하기 때문에 군비 감축은 너무나도 위험한 정책"이라며 오바마를 비난했다. 특히 오바마가 군대를 늘리겠다고 공약하자, "오바마는 극좌파에게 말할 때에는 그들이 듣고 싶은 얘기를 하고, 국민 전체에게 말할 때에는 국민이 듣고 싶은 얘기를 한다"며 공세의 수위를 높였다. 이에 따라 오바마 캠프는 집권 시 수년간은 군사비 지출을 현 수준대로 유지한다는 방침을 세우기도 했다.

오바마 당선 이후 내놓은 '오바마-바이든 플랜'에서도 군사비 감축은 언급조차 되지 않았다. 이들은 "미래의 위협을 격퇴할 수 있는 능력을 강화하면서 미국의 전통적인 우위를 유지할 수 있도록 21세기의 군사력에 투자하겠다"고 밝혔다. 국방 정책의 핵심은 육군 6만 5천 명, 해병대 2만 7천 명 등 10만 명에 가까운 지상군을 증강하고, 군사 장비 제공, 특수 부대 활동과 민사 작전 및 재건 사업 등 대테러 부대의 군사적·비군사적 능력을 강화하며, 공군력과 해군력을 개선해 지구적 투사 능력을 유지하는 한편, 우주와 사이버 공간에서도 미국의 군사적 이익을 지키겠다는 것 등이다. 이러한 내용만을 놓고 볼 때, 오바마 행정부 때도 대규모의 군사비 지출 추세는 계속될 전망이다.

그러나 동시에 몇 가지 중요한 국방 정책 조정안도 내놓고 있다. 우선 부시 행정부 때 매년 1백억 달러 안팎이 투입된 MD를 손볼 가능성이 높다. 오바마-바이든 플랜에서는 원칙적으로 MD를 지지하지만, "실용적이고 비용 절감형이어야 하며, 가장 중요하게는 우선적인 국가 안보 정책에 투입될 자원을 전용해서는 안 된다"고 밝혔다. 이는 MD의 성능이 입증되기 전에 이 프로그램의 예산을 줄여 다른 분야에 투입하겠다는 의사를 밝힌 것이라고 볼 수 있다. 또한 우주 정책과 관련해서도 군사적인 수단뿐만 아니라 "군사 및 상업 위성을 방해하는 무기를 금지하는 세계적 규제를 모색"하는 등 외교적 방법도 사용하겠다고 밝혔다. 이는 막대한 예산이 투입되는 우주 군사화를 국제 조약을 통해 일정 부분 제어함으로써 예산을 절감해 보겠다는 의미로 해석할 수 있다. 아울러 이라크 주둔 미군의 감축과 철수로 전쟁의 종식을 통해서도 예산 절감이 가능하다는 입장이다.

오바마, 군사비 줄일까?

오바마는 변화와 개혁을 상징한다. 군수 산업과 이렇다 할 유착 관계도 없다. 이는 부시 행정부의 고위직 관리 상당수가 군수 산업체 출신이거나 로비스트였다는 것과 대비된다. 또한 미국 국민들은 압도적인 표차로 밀어 주었고, 민주당도 상하원 선거에서 압승을 거두었다. 군비 감축을 비롯한 국방 개혁을 추진할 수 있는 기반이다. 그러나 오바마는 40년 만에 전시에 대통령이 된 인물이다. 2012년 재선에 도전하기 위해서는 안보에 약하다는 이미지를 주고 싶지 않을 것이다. 또한 경제 위기는 군사비 삭감의 필요성을 높이면서도 동시에 군수 산업의 이윤과 일자리 문제가 걸린다. 따라서 현상 유지를 선택할 가능성이 높다.

일단 미국의 경제 사정과 이미 높아질 대로 높아진 군사비 수준을 고려할 때, 오바마의 임기 동안 군사비가 늘어날 가능성은 낮아 보인다. 부시 행정부의 감세 정책과 막대한 전비 지출, 긴급 구제 금융 비용 지출로 미국 정부의 재정 적자는 눈덩이처럼 불어나 있다. 더구나 금융 위기 여파로 빈곤, 실업, 주택난, 교육, 의료 보험 등 사회 복지 부문의 지출이 엄청나게 늘어날 수밖에 없다. 이러한 분위기를 반영하듯, 금융 위기가 확산되고 실물 경제가 휘청거리기 시작한 2008년 11월부터 군사비를 둘러싼 신경전이 시작되었다. 민주당 하원 의원이자 하원 금융위원회 위원장인 버니 프랭크는 군사비의 4분의 1을 축소해야 한다고 주장했다. 그러자 군부와 펜타곤이 반격에 나섰다. 마이클 뮬렌 합참 의장은 군사비가 최소 GDP의 4%는 되어야 한다며, 의회와 정부가 이를 보장해 줄 것을 요구했다. 로버트 게이츠 국방 장관 역시 제1, 2차 세계 대전과 한국 전쟁 및 베트남 전쟁을 예로 들면서, "군사비 삭감은 큰 실수가 될 것"이라고 강조했다. 일부 조정할 필요는 있지만 큰 폭의 삭감은 안 된다는 것이다.●

또한 금융 경제 위기를 계기로 군수 분야의 투자를 경기 부양책으로 삼아야 한다는 주장도 제기되고 있다. 군수 산업체가 있는 지역에 소속된 의원과 군수 산업이 결탁하여 무기 산업을 통한 경기 부양론을 펼치고 있다는 것이다. "새로운 무기를 사들이고 낡은 무기를 수리하면 일자리를 보호할 수 있을 뿐만 아니라 기업의 이윤을 높여 경제 전체에도 이롭다"는 논리이다.

● *The New York Times*, November 3, 2008.

●● Greg Bruno, "Defense Spending During Economic Crisis," *CFR Backgrounder*, November 18, 2008.

그렇다면 경제 위기와 오바마의 등장을 계기로 격화되고 있는 군비 논쟁은 어느 방향으로 가게 될까? 일단 오바마는 MD를 제외하곤 무기 프로그램의 재검토 대상을 언급하지 않았다. 이와 관련해 미국의 군사 전문가들은 670억 달러 규모의 F-22 전투기, 180억 달러 규모의 변환 위성 시스템^{TSS: Transformational Satellite System}, 1천6백억 달러 규모의 육군 미래 전투 시스템, 3천억 달러 규모의 합동 전투기^{JSF, 일명 F-35} 사업 등이 물망에 오를 것이라고 전망하고 있다.●●

오바마는 또한 이라크 철군을 통해 예산을 절약할 수 있다고 판단한다. 그러나 이 역시 간단치 않다. 수만 명의 병력과 장비를 미국 본토로 옮기는 것 자체가 상당한 비용이 들고, 철수한 병력이 미국 본토에 주둔하는 비용은 이라크 주둔 비용보다 높기 때문이다. 특히 장비 복구와 대체 비용만도 수백억 달러에 달한다. 또한 이라크에서 철수한 병력을 아프가니스탄에 투입할 경우에도 재배치 비용과 주둔 비용이 더 높아 예산 부담을 줄 수 있다.

결론적으로 오바마의 임기 전반기에는 현재 수준을 유지할 가능성이 높다. 오바마의 국방 정책을 분석한 모건 스탠리는 "임기 18개월 이내에 펜타곤 예산을 깎지 않을 것"이라고 전망했다.●●● 이러한 분석을 뒷받침하듯 오바마 행정부는 2009년 2월 하순에 발표한 '국방비 지출 10년 계획'에서 2010년 국방부 예산을 5천3백억 달러로 제시하면서 이후 10년간 국방부 예산 인상률을 물가 상승률 이내로 하겠다는 방침을 발표했다. 국방부 소관 예산 5천3백억 달러는 2009년보다 오히려 3% 늘어난 것이다. 여기에 1천3백억 달러의 이라크 및 아프가니스탄 전비, 2백억 달러에 달하는 에너지부의 핵무기 관련 예산 등을 포함할 경우, 오바마 행정부의 군사비는 7천억 달러 안팎이 될 것으로 예상된다.

●●● John T. Bennett, "Shortlist Sketched for DoD Team," *Defense News*, November 10, 2008.

이처럼 변화를 앞세운 오바마 시대에도 막대한 군비 지출은 계속될 전망이다. 오바마 행정부가 엄청난 군사비를 계속 쓰면서 '미국병'을 치유하고 미국을 재건하는 데 성공할지는 회의적이다. 미국의 진보적 외교 정책 전문가인 존 페퍼는 오바마의 외교 안보 정책의 변화는 군사비 삭감에서 시작해야 한다고 강조한다. 군사비 삭감을 통해 녹색 경제를 추진할 수 있는 재원을 확보하고, 이는 미국의 석유 의존도를 줄여 석유 확보를 위한 전쟁 동기를 크게 줄일 수 있다는 것이다. 또한 미국이 먼저 국방비를 삭감하고 나서 6자 회담 참가국을 비롯한 다른 나라에도 군사비 동결과 삭감을 제안해야만 녹색 경제에 기반을 둔 새로운 경제 모델을 지구화할 수 있을 것이라고 주문한다.● 오바마가 새겨들어야 할 충고가 아닌가 싶다.

● John Feffer, "Foreign Policy for Obama Should Be Approached with a Broad Vision," *The Vernon County Broadcaster*, November 26, 2008.

오바마는 '핵무기 없는 세계'를
만들 수 있을까?

핵무기와 인류 사회의 불안한 동거

지구촌 곳곳에서 너무나 많은 일들이 벌어지고 있어 망각하기 쉽지만, 인류 사회는 지구를 수십 번 파괴할 수 있는 핵무기와 불안한 동거를 계속하고 있다. 미소 간의 냉전이 정점에 달했던 1980년대 초반에는 핵무기가 7만 개를 넘어섰다가 냉전 해체 이후 지속적으로 줄어들었다. 그러나 아직도 지구상에는 3만 개 가까운 핵무기가 남아 있다. 더구나 미국과 러시아는 여전히 핵 군비 경쟁이라는 '죽음의 레이스'를 계속하고 있고, 중국도 여기에 가세할 움직임을 보이고 있다. 북한과 이란은 각각 아홉 번째와 열 번째 핵보유국 문턱에서 서성거리고, 이스라엘·인도·파키스탄 등 핵확산금지조약[NPT] 비회원국들도 핵무기를 안보의 보루로 삼고 있다. 칼로 여객기를 납치해 뉴욕의 세계무역센터를 공격한 알카에다를 비롯한 반미 테러 집단은 호시탐탐 핵무기를 손에 넣을 궁리를 하고 있고, 이는 미국 내에서 '핵 테러 9·11'의 공포를 낳고 있다.

이처럼 21세기 들어 핵 위협이 확산되자, 과거 미국의 핵전략을 주도하던 워싱턴 외교 안보계의 거물들이 오히려 '핵무기 없는 세계'를 촉구하고 나서는 진풍경이 벌어지고 있다. 헨리 키신저, 조지 슐츠, 윌리엄 페리, 제임스 베이커, 즈비그뉴 브레진스키 등 수십 명의 전직 고위 관료들이 2007년과 2008년에 잇따라 『월 스트리트 저널』에 공동 기고문을 보내 "핵무기 공포가 다시금 커지고 있는 오늘날이야말로 핵무기 없는 세계를 만들 수 있는 절호의 기회"라며, 미국이 이를 주도해야 한다고 목청을 높이고 있는 것이다.

이에 자극을 받은 오바마는 "핵무기 없는 세계 만들기를 목표로 설정"하면서 "이 목표를 향해 긴 여정에 나설 것"이라고 천명하고 있다. 그러나 그 속을 들여다보면 '핵무기 없는 세계'를 그리기에는 턱없이 부족하다. 미국에게 핵무기는 영화 '반지의 제왕'에 나오는 절대 반지처럼 절대 권력을 상징하기 때문이다. 그렇다 하더라도 오바마의 핵 정책을 유심히 살펴볼 필요가 있다. 미국은 최초의 핵보유국이자 최강의 핵 강대국이면서, NPT를 비롯한 핵비확산 체제를 주도해 온 나라이다. 또한 NPT를 비롯한 국제기구와 다른 나라의 정책에도 가장 큰 영향력을 행사하는 나라이다. 이는 인류 사회의 핵의 미래가 미국의 핵 정책에 따라 상당 부분 좌우될 수밖에 없다는 것을 의미한다.

우리에게 초미의 관심사인 북핵 문제 역시 같은 맥락에서 이해할 수 있다. 오바마 행정부는 'NPT 구하기'를 대외 정책의 핵심 목표로 간주하고 있다. 따라서 2010년 5월에 미국 뉴욕에서 열릴 제8차 NPT 검토 회의는 오바마 행정부 전반기 대북 정책의 핵심적인 변수로 작용할 것이다. 또한 한국과 미국이 말하는 '한반도 비핵화'와 북한이 주장하는 '조선반도 비핵화' 사이에는 엄청난 괴리가 있다는 점도 중요하다. '한반도 비핵화'는 사실상 '북한의 비핵화'를 의미하는 반면에, '조선반도 비핵화'는 미국 핵무기의 남한 내 재반입 및 일시 통과 금지와 함께 '미국 핵우산의 철수'까지 포함하고 있기 때문이다. 이는 6자 회담 및 북미 간의 협상이 문제의 핵심에 접근할수록 미국 핵전략의 민감한 부분을 건드리지 않을 수 없다는 것을 의미한다.

언행 불일치의 미국 핵전략

'핵무기 없는 세계'를 비전으로 제시한 미국 대통령은 오바마가 처음이 아니다. 비록 공약空約으로 끝났지만, 대부분 미국의 역대 대통령들은 '핵무기 없는 세계'를 공언했다. 핵무기가 '반反인류 무기'라는 인식이 확산되면서 도덕적으로나마 우위에 서고 싶었던 것이다. 아이젠하워는 "인간의 경이적인 발명품인 원자력이 인간의 죽음이 아니라 생존에 기여하는 데 사용될 수 있도록 온 힘을 쏟겠다"고 말했다. 케네디는 "세계는 자신의 사형 집행을 기다리는 감옥이 되어서는 안 된다"며, 핵 군축에 적극 나서겠다고 공언했다. 닉슨 역시 "핵 군비 경쟁을 중단하고 핵무기를 폐기할 수 있는 효과적인 방법을 강구하겠다"고 했고, 레이건은 "핵무기는 전적으로 비이성적이고 비인간적이며, 지구의 생존과 문명을 파괴할 수 있는 살상 무기"라며 "모든 핵무기의 폐기"를 천명했다. 아버지 부시와 클린턴도 NPT에 명시된 핵 폐기 의무를 이행하겠다고 다짐했다. 그러나 이들 대부분은 자신의 약속을 지키기는커녕 오히려 다양한 형태로 미국의 핵전력을 강화시켰다.

이러한 맥락에서 볼 때, 아들 부시는 차라리 솔직하기라도 했다. 그는 역대 대통령들과는 달리 핵무기 폐기를 공언하지 않았다. 오히려 핵 선제공격 전략 채택, 포괄핵실험금지조약CTBT 비준 거부, 새로운 핵무기 개발 추진,

MD 구축 등 미국 핵전략의 속살을 여실히 보여주었다. 부시의 이러한 핵전략은 부메랑이 되어 미국은 물론 국제 사회의 질서를 요동치게 만들었다. 미국의 핵 선제공격 대상에 포함된 북한은 또다시 NPT에서 탈퇴해 핵무기 카드를 다시 꺼내들었다.● 북한, 이라크와 함께 "악의 축"으로 지목된 이란 역시 '평화적 핵 사용'을 명분으로 핵무기 물질 제조에 사용될 수 있는 우라늄 농축 시설 건설과 가동에 나서고 있다. 러시아는 핵 선제공격의 권리는 미국에만 있는 것이 아니라며, 자국도 선제공격에 나설 수 있다고 경고하면서 MD를 무력화할 수 있는 핵전력 강화에 박차를 가하고 있다. 부시가 21세기의 "전략적 경쟁자"로 지목했던 중국 역시 '최소 억제 전략'에 만족할 수 없다며, 핵전력 강화에 나서고 있다. '핵무기 없는 세계'를 비전으로 제시한 오바마는 이처럼 간단하지 않은 현실에 직면해 있는 것이다.

● 1985년 소련의 압력과 권유로 NPT에 가입한 북한은 1993년 3월에 이 조약에서 탈퇴했다가 그해 6월에 북미 고위급 회담이 재개되면서 탈퇴를 유보했다. 그리고 2003년 1월에 부시 행정부의 적대 정책을 강력히 비난하면서 NPT 탈퇴를 다시 선언했다. 북한은 NPT 40년 역사상 유일하게 이 조약에서 탈퇴해 핵실험까지 강행한 나라이다.

오바마의 핵 정책

그렇다면 오바마의 미국은 달라질 수 있을까? 우선 NPT에 명시된 핵무기 감축 및 폐기에 관한 정책을 살펴볼 필요가 있다. 부시 행정부는 러시아와의 전략무기감축협정 START 을 거부하고 '무늬만 핵 감축'인 전략공격무기감

●● START는 감축한 핵무기 폐기를 명시한 반면에, SORT는 핵탄두를 제거하면 비축할 수 있다는 내용이 포함되어 있다.

축조약^{SORT}을 추진해 국제 사회의 강한 비판에 직면한 바 있다.●● 미국의 핵 폐기 공약 이행 여부는 국제 사회 전체의 핵무기의 미래에 가장 큰 영향을 미치는 사안이다. 이와 관련해 오바마는 "나는 핵 억제력이 필요하다고 믿는다"면서도, "미국은 너무 많은 핵무기를 갖고 있다"며 감축이 필요하다는 입장이다. 그러나 미국 일방적으로 감축하지는 않을 것이며, 러시아 등 핵보유국과의 협상을 통해 상호간의 감축을 추진하겠다고 밝히고 있다.

보다 구체적으로는 "새로운 핵무기 개발을 중단하고, 러시아와의 협력을 통해 일촉즉발의 상황에 있는 핵미사일 경계 태세를 해제하며, 미러 간의 중거리 미사일 금지 조약을 국제화해" 핵 위협을 크게 줄이겠다는 것이다. 이러한 내용을 통해 알 수 있듯이, 오바마 행정부의 핵 감축 여부는 러시아와의 협상에 상당 부분 의존할 수밖에 없다. 미국의 핵 감축은 러시아와의 군축 협상 결과에 따라 이루어져 왔을 뿐만 아니라, 오바마 역시 일방적인 핵 감축이 아니라 러시아와의 상호 감축을 선호하고 있기 때문이다. 이에 따라 미국은 START 협상을 재개해 양측의 핵무기 수를 1천 개 안팎으로 감축하는 방안을 강구하고 있다. 그런데 러시아는 향후 핵 감축 협상을 미국의 동유럽 MD 배치 계획과 연계시키려 하고 있다. 이에 따라 오바마가 동유럽 MD를 강행할 경우 미러 간의 핵 군축 협상은 교착 상태에 빠져들 가능성이 높다. MD에 대한 오바마의 선택이 중요한 또 하나의 이유이다.

오바마는 핵 감축에 모범을 보이는 동시에 NPT 개정 및 핵분열물질 금지조약^{FMCT}에 박차를 가한다는 방침이다. NPT 개정 방향의 핵심은 "북한이나 이란과 같이 NPT를 위반한 국가에 대해서는 자동적으로 제재를 부과"

하는 내용을 포함시키겠다는 것이다. 이러한 방침은 부시 행정부도 추구한 바 있지만, 다른 나라들의 동의를 얻지 못해 실패로 그치고 말았다. FMCT는 핵무기 제조에 사용될 수 있는 핵분열 물질의 폐기 및 추가 생산 금지를 목표로 하는 조약으로, 1993년 유엔 총회의 결의로 논의가 시작되었지만 핵보유국 간의 입장 차이로 이렇다 할 진전이 없었다. 오바마 행정부는 "임기 4년 내에 전 세계의 모든 핵분열 물질에 대한 통제 구축"을 목표로 FMCT 협상과 발효를 촉진한다는 방침이다.

다음으로 부시 행정부가 임기 말에 들고 나온 '핵탄두 대체[RRW: Reliable Replacement Warhead] 프로그램'도 주목을 끈다. 국제 사회의 반발과 미국 의회의 반대에 부딪혀 지표 관통형 핵무기[일명 벙커버스터] 개발을 포기해야 했던 부시 행정부는 2007년부터 노후한 핵탄두를 신뢰할 만한 것으로 대체한다는 명분으로 RRW 프로그램을 추진했다. 핵탄두 속에 있는 플루토늄의 수명이 다 되어 가므로 새로운 핵탄두로 교체하지 않으면 미국 핵전력에 차질이 생길 수 있다는 논리이다. 그러나 기존 핵탄두의 수명이 최소 85년은 되므로 RRW 프로그램이 불필요하다는 반론이 강하게 제기되었다. 또한 최소한 85년 동안 핵무기를 갖게 되는데, 이것이 노후하다는 이유로 새로운 핵탄두를 가지려고 한다면 '미국은 핵무기를 영원히 포기할 생각이 없다'는 국제 사회의 의구심을 자극해 핵확산이 더욱 심각해질 수 있다는 우려도 제기되었다. 이와 관련해 오바마는 "새로운 핵무기 개발을 승인하지 않겠다"고 말해 RRW에 부정적인 입장을 밝혔다.

오바마가 포괄핵실험금지조약[CTBT]에 비준할 것인가의 여부도 큰 관심거리이다. 과거 클린턴 행정부는 CTBT에 서명했고, 상원에 비준을 요청한 바 있다. 그러나 1999년 공화당 주도의 상원과 2001년 출범한 부시 행정부는

CTBT가 미국의 새로운 핵무기 개발에 차질을 줄 수 있다는 이유로 이 조약에 동의하지 않았다. CTBT와 관련해 오바마는 일찍이 CTBT 비준을 대선 공약으로 제시했고, 취임 이후에도 이를 거듭 확인했다. 그러나 CTBT 비준을 위해서는 상원 의원 3분의 2 이상의 동의가 필요한데 민주당 의석 수는 59/100라 상원 비준을 통과할 수 있을지는 미지수이다.

미국이 앞으로도 핵 선제공격 전략을 유지할 것인지도 큰 관심거리이다. 미국이 법적 구속력을 갖춘 소극적 안전 보장을 반대하거나 핵 선제공격 전략을 채택하는 것은 국제 핵비확산 체제의 가장 큰 문젯거리로 지적되어 왔다. 미국 스스로가 필요하다면 핵무기를 사용할 수 있다는 입장을 고수하면서 다른 나라들에 핵무기를 개발·보유하지 말라고 요구하는 것은 정당성을 갖기 힘들기 때문이다.

실제로 북한과 이란 등 '부시 독트린'에 의해 "깡패 국가" 혹은 "악의 축"으로 지목되어 선제공격 대상으로 거론된 나라들은 미국의 핵전략을 자국의 핵개발의 정당한 근거로 삼아 왔다. 또한 미국이 핵 선제공격 전략을 채택하면서 러시아, 프랑스, 영국 등도 대량 살상 무기 위협에 맞서 핵무기를 사용할 수 있다는 가능성을 내비치기도 했고, 줄곧 무조건적인 소극적 안전 보장을 확약했던 중국도 이를 재고할 수 있다는 입장을 보인 바 있다. 이러한 맥락에서 볼 때, 향후 미국이 소극적 안전 보장에 어떤 입장을 취하느냐는 핵비확산뿐만 아니라 핵보유국의 핵전략에도 큰 영향을 미칠 수밖에 없다.

이와 관련해 오바마는 "나는 누구에게도 핵무기를 사용하지 않겠다"고 공언해 핵무기 사용에 상당히 부정적인 입장을 밝히고 있다. 그러나 소극적 안전 보장을 국제법화하는 것은 미국의 핵전략 및 동맹 전략에 차질을 줄 수 있다는 우려가 제기되고 있어, 오바마가 법적 구속력을 갖춘 핵무기 불사용에 동의할 것인지는 불확실하다. 과거 클린턴 행정부도 정치적 약속은 했지만 법제화하는 것에는 반대했고, 핵무기가 아니더라도 생화학 무기로 미국이나 동맹국을 공격하면 핵무기로 보복할 수 있다는 입장을 내비친 바 있다.

제3부

::미-중-러
전략적 삼각 게임과 동북아

한미일 3국은 동북아 평화 안보 체제를 미국 주도의 동맹 체제의 '대체재'가 아니라 '보완재'로 바라보는 반면에, 중국과 러시아는 이를 동맹의 '대체재'로 보는 시각이 강하다. 이에 따라 오바마 시대의 동북아 정세는 미국 주도의 동맹 체제와 중러 양국이 선호하는 동북아 평화 안보 체제의 관계가 핵심적인 변수로 떠오를 전망이다.

권력 이동 : 나토에서 상하이협력기구로?

나토 사무총장에게,

우리는 내일 만나서 전략 대화를 시작할 예정입니다. 그러나 만남에 앞서 상하이협력기구^{SCO}가 얼마나 많이 성장했는지 말씀드리고자 합니다. 불과 15년 전만 하더라도 SCO가 북대서양조약기구^{NATO}와 대등해질 것이라고 감히 상상도 못했습니다. 서방 세계가 비틀거리기 전에 우리는 "위대함^{greatness}"을 꿈꾸지 않았습니다. 솔직히 말해, 나토가 아프가니스탄에서의 임무를 달성하지 못하고 철수했을 때, 이러한 시대는 이미 시작되었습니다. 미국과 유럽 연합의 경제 성장이 주춤해지면서 군사비 지출을 위축시켰습니다. 미국인들은 지나치게 이곳저곳에 개입한다고 느꼈고, 유럽인들은 강력한 미군의 주둔이 없다면 자신들도 아프가니스탄에 남아 있기 어렵다고 생각했습니다.

아프가니스탄의 상황은 지역 전체를 불안하게 만들 위험이 있었기 때문에 우리는 팔짱만 끼고 있을 순 없었습니다. 게다가 우리는 중앙아시아의 일부 우방국 정부들이 급진적인 이슬람 세력의 손아귀 안에 들어갈 것이라는 끔찍한 정보도 입수했습니다. 그런데 우리는 중앙아시아에 에너지를 의존해야 할 처지입니다. 중국과 인도는 러시아에 의존하는 것을 아주 꺼렸습니다. 그러나 다른 선택이 없었습니다. 우리 세 나라^{러시아, 중국, 인도} 가운데 누구도 상대국이 주인이 되는 것을 원하지 않았습니다. 우리는 서로를 불신하고 있고, 앞으로도 그럴 것이니까요.

이른바 "평화 유지"라는 임무가 SCO의 행동에 포함되었고, 우리는 이 일을 시작했습니다. 이에 앞서 SCO에 대해 말씀드리지요. 솔직히 말해 SCO는 '협력' 기구라는 표현보다는 '상호 불신^{Mutual Distrust}' 기구라는 표현이 더 어울릴 것 같습니다. 중국은 미국을 자극하길 원하지 않아서 러시아와 함께 반미 전선을 세우지 않았습니다. 인도는 중국과 러시아를 예의 주시하기 위해 SCO에 발을 들여놓았고, 중앙아시아 국가들은 SCO를 주변 강대국들이 서로 견제함으로써 자국의 목적을 달성하는 방편으로 보았습니다. 이란은 '반미'라는 단순한 의도를 가지고 참여했던 것 같습니다. 이러한 점들을 고려할 때, 미국과 유럽 연합이 중국에 대해 적대감을 드러내지 않았다면 SCO는 나토와 같은 '블록^{bloc}'이 되지 않았을 것입니다. 미중 간의 강력한 유대 관계는 중국에 정당성을 부여했습니다. 중국은 미국이 아시아에 주둔함으로써 많은 이익을 얻었고, 중국의 주변 국가들도 미국이 계속 주둔했다면 중국의 부상에 대해 크게 걱정하지 않았을 것입니다. 중국과 인도는 미국을 적대시하는 것을 두려워해 러시아와 강력한 동맹을 구축하기보다는 현상 유지를 선호했습니다. 현상 유지가 지속되었다면 SCO가 블록화되는 것은 제한적이었을 것이란 뜻입니다.

그러나 미국과 유럽에서 좌우 연합으로 보호주의 움직임이 강해지면서 상황은 달라졌습니다. 미국과 유럽에서 보호주의가 강화되면서 중국의 투자는 철저한 검열에 부딪혔고, 거부되는 상황도 잇따랐습니다. 또한 중국의 군사력 현대화가 위협으로 간주되면서 미국은 중국을 비롯한 신흥 강대국을 미국의 보호하에 있는 해양 수송로에서 제외시키는 문제를 논의하기도 했습니다. 두말할 나위 없이 이러한 서방 세계의 적대감은 중국의 민족주의를 자극했습니다. 흥미롭게도 우리 러시아는 이러한 상황에서 한 발 비켜나 있었습니다. 세계 경제가 후퇴하면서 에너지 가격의 하락으로 타격을 받긴 했지만, 러시아는 이미 충분한 외환 보유고를 확보해 놓았으니까요.

결국 이러한 상황은 러시아와 중국이 서로 껴안게 만듦으로써 뜻하지 않은 선물을 안겨주었습니다. 이전에 러시아는 미국보다 중국의 부상에 더 촉각을 곤두세웠습니다. 중국이 러시아의 극동 지역에서 압도적인 영향력을 행사한다는 것은 러시아가 우려하는 것의 일부였습니다. 더 큰 두려움은 중국이 이제는 유엔에서 러시아의 치마폭에 있지 않은 강력한 나라가 되는 것이었습니다. 저는 개인적으로 중국이 수시로 소련의 실수를 되풀이하지 않을 것이라고 말하는 것에 분개했었습니다. 중국의 말이 틀려서가 아니라, 소련이 성공할 수 있었던 시대에 실패한 것을 중국은 잘 인식하고 있었기 때문입니다.

그러나 이는 과거의 일입니다. 화석 연료를 청정 에너지로 전환할 수 있는 기술을 보유한 것은 '신의 선물'입니다. 서방 세계가 우리에게 그 기술을 제공하느냐 안 하느냐는 중요하지 않습니다. 러시아가 중국에 안정적인 에너지를 공급할 기회를 제공함에 따라, 중국이 중동에서 해양 수송로를 이용해 에너지를 수입해야 할 필요성은 줄어들었습니다. 그것은 양국 관계를 더욱 긴밀하게 만들었습니다. 중러 관계가 급진전하자 인도, 이란, 중앙아시아의 여러 나라들도 뒤처지지 않기 위해 두 나라에 줄을 섰습니다. 그러자 미국과 유럽의 보호주의자들은 중국과 인도를 한통속으로 묶어 버렸습니다.

SCO와 나토의 관계는 얼마나 안정적일까요? 두 블록의 관계는 신냉전은 아닙니다. 국가 자본주의와 권위주의에 대한 언급은 있어도 공산주의는 아닙니다. 중앙아시아에서의 민주화 혁명이 러시아와 중국에서도 유사한 상황을 초래할 수 있기 때문에, 그러한 상황이 발생하지 않는 것이 서로 간의 이익입니다. 중러 관계가 탄탄대로를 달릴 수만은 없겠지요. 서로 우호적일 만큼 신뢰가 두텁지 않기 때문입니다. 러시아 인들은 아시아 인보다는 유럽 인에게 존경받기를 원합니다. 중국의 엘리트들은 여전히 서방 세계에 앙심을 품고 있습니다. 그러나 일시적인 편리함으로 맺어진 중러 관계가 영원히 지속될 수 있다는 것을 당신은 알고 있습니까?

2015년 6월 15일, 상하이협력기구 대표 보냄

위의 편지는 미국의 국가정보위원회^{NIC}가 가상으로 작성한 것이다.● 미국이 아프가니스탄에서 퇴각하고 중국, 인도, 러시아 등 강대국과의 관계를 원만히 풀지 못하면 세계 권력의 중심이 나토에서 상하이협력기구로 이동할 수 있다는 경고를 담고 있다. 출발점을 아프가니스탄을 비롯한 중앙아시아로 잡은 까닭은 이 지역이 19세기 이래로 강대국 간 패권 경쟁의 각축장이었기 때문이다. 중앙아시아를 장악하기 위한 강대국 간의 경쟁을 '거대한 게임^{Great Game}'으로 부르는 까닭이기도 하다.●●

NIC가 나토에서 SCO로 권력의 중심이 이동할 가능성을 언급한 것은 사전 경고를 통해 이렇게 되어서는 안 된다는 의미를 담고 있다. 이것은 엄살이 아니다. 미국발 금융 위기가 전 세계를 강타하면서 거의 모든 나라가 추락하고 있는 반면, 중국의 위상은 상대적으로 높아지고 있다. 글로벌 경제 위기의 여파로 미국과 유럽 일부 국가들의 보호주의 움직임도 이미 나타나고 있다. 아프가니스탄 전쟁을 둘러싸고 미국과 유럽 연합의 균열이 커지고 있는 반면에, SCO는 결속과 확대를 다지고 있다. 미국에 기지를 제공했던 중앙아시아 국가들도 하나 둘씩 철수를 요구하고 있다. 러시아는 막강한 에너지 파워를 앞세워 주변국에 영향력을 확대해 가고 있다. 냉전 시대 나토와 바르샤바조약기구^{WTO} 사이의 이념 전쟁은 아니겠지만, 나토와 SCO 사이의 패권 경쟁이 대두될 가능성을 암시하는 대목들이다.

● NIC, *Global Trends 2025: A Transformed World*, November 2008, pp. 38-39.

●● Barnett R. Rubin and Ahmed Rashid, "From Great Game to Grand Bargain," *Foreign Affairs*, November/December, 2008.

오바마는
'제2의 냉전'을 막을 수 있을까?

왜 '제2의 냉전'인가

1977년, 갓 출범한 미국의 카터 행정부는 소련이 신형 중거리 핵미사일 SS-20을 서유럽을 겨냥해 배치하려고 한다는 정보를 입수했다. 그러자 미국 내 강경파들이 벌 떼처럼 들고일어나 소련과 대규모의 핵 감축을 시도하려는 지미 카터 대통령에게 맹공을 퍼부었다. 이에 카터는 두 가지 조치를 취했다. SS-20보다 파괴력과 정확도가 높은 퍼싱-2 Pershing-II 미사일을 유럽에 배치하기로 하는 한편, 미국 강경파들의 반발을 무릅쓰고 1979년 6월 오스트리아의 빈에서 브레즈네프를 만나 2차 전략무기제한협정 SALT-II 에 서명한 것이다.

그러나 미국 의회의 비준 거부로 SALT-II는 발효하지 못했다. 그리고 유럽 전역에서 들불처럼 번진 퍼싱-2 미사일 반대 운동에도 불구하고 나토는 이 미사일의 유럽 배치를 승인하였다. 뒤이어 소련은 아프가니스탄을 침공했다. "핵무기 없는 세계"와 냉전 종식을 꿈꿨던 카터는 소련의 아프가니스탄 침공을 "제2차 세계 대전 이후 평화를 위협하는 가장 심각한 문제"라고 비난하면서 SALT 철회, 1980년 모스크바 올림픽 거부, 소련에 대한 경제 제재, 대규모의 국방비 증액을 발표했다. 데탕트가 끝나고 '신냉전'의 개막을 알리는 순간이었다. 그리고 카터는 공화당의 레이건에게 참패하면서 미국 역사상 가장 인기 없는 대통령으로 추락하고 말았다.

그로부터 30년 정도 지난 2008년 11월 5일, 최초의 흑인 대통령 탄생으로 축제 분위기에 흠뻑 젖어 있는 미국에 러시아는 고약하지만 예견된 선물을 보냈다. 만약 미국의 새로운 행정부가 동유럽 MD 배치 계획을 철회하지 않으면, 러시아는 동유럽의 MD 기지를 겨냥해 발트 해 인근의 칼리닌그라드에 중단거리 미사일을 배치하겠다고 경고하고 나선 것이다. 드미트리 메드베데프 대통령은 미사일 배치를 경고하면서 이렇게 말했다. "우리는 협력을 원하며 공동의 위협에 함께 대응하자고 수없이 말해왔다. 그러나 불행하게도 그들은 우리의 말에 귀를 기울이지 않았다." 이 말 속에는 러시아의 울분과 단호함이 담겨 있다. 이로써 러시아는 오바마를 시험대에 올려놓았다. 대통령직 복귀를 저울질해 온 푸틴이 오바마를 상대로 기선을 제압해 보겠다는 의도도 엿보인다. 무엇보다도 오바마의 당선을 계기로 미러 간의 '제2의 냉전'은 없을 것이라는 국제 사회의 기대가 얼마나 충족되기 어려운지를 여실히 보여 준다.

30년 전 신냉전을 촉발한 것이 소련의 핵미사일 배치였다면, 오늘날 냉전의 망령을 불러온 일차적인 책임은 나토의 확장과 동유럽 MD 배치를 강행하려고 한 부시 행정부에 있다. 미사일 '방어용' 미사일이 '유럽판 쿠바 미사일 위기'를 불러일으키려고 하는 것이다. 부시 행정부는 이란의 핵미사일 위협을 이유로 2008년 7월 체코 공화국과 MD용 레이더[X-밴드 레이더] 기지 배치 협정에 서명한 데 이어 한 달 뒤에는 폴란드와도 MD 배치 협정을 체결했다. 이 협정에 따라 미국은 대륙 간 탄도 미사일[ICBM] 요격이 가능한 10기의 미사일을 러시아에서 불과 180km 떨어진 폴란드 내 기지에 2012년까지 배치할 수 있게 되었다. 이에 대한 대가로 미국은 패트리엇 미사일 부대를 폴란드에 배치하는 것을 비롯해 폴란드의 군사력 현대화를 지원하기로 했다. 이는 유럽의 전략적 요충지인 폴란드 영토에 미군이 주둔한다는 것을 의미한다.

이처럼 미국의 동유럽 MD 배치가 가시화되자, 러시아는 군사적 위협을 노골화하기 시작했다. 러시아의 한 장군은 미국-폴란드 MD 협정 체결 직전에 "폴란드의 MD 기지가 러시아의 핵미사일 공격을 받을 수 있다"고 으름장을 놓았다. 이러한 경고에도 불구하고 미국과 폴란드가 MD 협정 서명을 강행하자, 러시아 외무 장관은 "우리의 대응은 외교로만 끝나지 않을 것"이라고 말해, 군사적 조치 가능성까지 언급하고 나섰다.

미국도 물러서지 않았다. 콘돌리자 라이스 국무 장관은 8월 20일 MD 협정 서명식을 마치고 "러시아는 지금이 (냉전 시대인) 1988년이 아니라 2008년이라는 것을 잊어서는 안 된다. 미국은 폴란드의 영토를 미국의 영토처럼 방어하고자 하는 확고한 안전 보장 조약을 갖고 있다"며, 러시아가 폴란드를 공격하면 미국이 보복에 나설 것임을 강력히 시사했다. 실제로 폴란드는 나토 회원국이므로 러시아의 공격을 받을 경우 나토가 '집단적 자위권'을 발동해 개입할 가능성이 있다. 게다가 미국과 폴란드는 MD 협정과 함께 '전략적 협력 선언'도 채택했는데, 여기에는 "어떤 국가가 외부로부터 공격을 받으면 즉시 상호 지원을 공약한다"는 내용이 포함되어 있다.

반격에 나선 러시아, 복귀 서두르는 푸틴

러시아가 미국에 '뿔난' 이유는 MD 때문만은 아니다. 보다 근본적으로는 소련의 몰락 이후 서방 세계로부터 굴욕적인 대우를 받았다는 인식이 깔려 있다. 특히 서방 세계에서는 민주주의와 시장 경제로의 이행을 성공적으로 완수했다고 평가하는 옐친을 오늘날 러시아의 지배 엘리트는 치욕의 시기로 여긴다. 푸틴이 "소련의 몰락은 20세기의 가장 재앙적인 지정학적 사건"이라고 말한 것은 이러한 기류를 잘 보여 준다. ● 러시아는 세르비아의 코소보 독립, 우크라이나의 '오렌지 혁명', 그루지야의 남오세티아 공격의 이면에는 미국과 유럽 연합이 러시아를 포위하고 분열을 획책하고 있다는 확신을 갖고 있다. 냉전 시대 같으면 상상할 수 없는 일이 벌어지고 있다고 보는 것이다.

● Christian Caryl, "The Russians Are Coming?" *The New York Review of Books*, February 12, 2009.

러시아가 이처럼 모욕을 느낀 핵심적인 이유는 나토의 동진과 확장에 있다. 조지 H. W. 부시1989~1992년 재임와 빌 클린턴1993~2000년 재임은 동유럽 국가들과 구소련에서 분리·독립한 국가들을 나토에 가입시키지 않겠다고 약속했었다. 그러나 1998년 클린턴 행정부는 폴란드, 헝가리, 체코 공화국의 나토 가입을 승인했다. 이어 부시 행정부는 2004년에 접어들면서 우크라이나와 그루지야 등 구소련에서 분리된 국가들까지 가입시키려는 움직임을 보이기 시작했다. 이에 심각한 위협을 느낀 러시아는 "만약 러시아가 멕시코, 캐나다와 동맹을 맺는다면 미국이 가만히 있겠느냐"는 불만을 폭발시켰고, 이는 결국 2008년 8월 그루지야 사태로 이어졌다. 실제로 나토의 동진에 따라 냉전 시대에는 러시아의 상트페테르부르크가 나토 최전방에서 약 1900km 떨어져 있었던 반면에, 현재에는 160km까지 근접해 있다.

우크라이나의 '오렌지 혁명'도 비슷한 맥락에서 이해할 수 있다. 미국과 유럽의 관점에서는 "민주주의의 승리"로 해석될 수 있지만, 러시아가 볼 때 "CIA가 우크라이나의 내정에 개입해 나토에 가입시키기 위한 정치 공작"이라고 해석할 수 있기 때문이다.●● 그루지야와 키르기스스탄에서의 정권 교체 역시 마찬가지이다. 이러한 와중에 터진 그루지야의 남오세티아 공격과 러시아의 그루지야 침공은 나토의 확장을 둘러싼 미국과 러시아의 '간접 충돌'이라고 할 수 있다.

또 한 가지 문제는 분리 독립을 바라보는 서방 세계의 '이중 잣대'이다. 제2차 세계 대전 이후 유럽에서 분쟁과 전쟁을 방지하기 위해서는 국경의 변경을 시도해서는 안 된다는 것이 유럽의 기본 원칙이었다. 그러나 미국과 유럽 연합이 코소보 독립을 지지하고 승인하면서 이 원칙은 깨지고 말았다. 코소보 문제를 '자치' 수준에서 합의하자고 주장했던 러시아는 좌절감에 빠져들었다. 그리고 반격의 카드를 만지작거리던 러시아는 마침내 기회를 잡았다. 그루지야 사태에 개입하면서 남오세티아와 압하지아의 독립을 지지·승인한 것이다. 미국과 유럽 연합은 그루지야의 주권과 영토 통합을 위협하는 행위라며 반발하고 나섰지만, 러시아의 반격을 무마시킬 힘은 없었다. 러시아는 "코소보 독립은 되면서 남오세티아와 압하지아는 왜 안 되느냐"는 논리와 가스 파이프라인으로 대표되는 에너지 파워●●●를 앞세워 대반격에 나섰다.

●● George Friedman, "Georgia and the Balance of Power," *The New York Review of Books*, September 25, 2008.

●●● 러시아는 사우디아라비아에 이어 세계 2위의 석유 수출국이자 세계 최대의 매장량을 가진 천연가스 수출국이다. 특히 다양한 방법으로 운반이 가능한 석유와는 달리 천연가스의 유일한 운반 수단은 파이프라인이다. 그런데 유럽으로 가는 파이프라인은 러시아의 국영 회사이자 푸틴과 유착 관계에 있는 가즈프롬(Gazprom)이 장악하고 있다.

미국 속 태우는 러시아

우선 러시아는 미국과 폴란드가 협정에 서명한 직후, 나토에 "모든 군사 협력을 중단하겠다"고 통보했다. 나토의 아프가니스탄 작전에 비협조적인 자세로 돌아서겠다는 의미이다. 탈레반이 아프가니스탄에서 재집권하는 것이 달가울 리 없는 러시아는 2008년 4월 나토군이 러시아 영토를 경유해 아프가니스탄으로 진입하는 것을 승인했다. 나토에 대한 러시아의 보복 조치는 이러한 승인을 철회하는 것이 될 공산이 크다. 또한 아프가니스탄에서 작전을 벌이고 있는 키르기스스탄 주둔 미군의 철수를 요구할 수도 있다. 실제로 러시아는 키르기스스탄 정부에 20억 달러의 차관과 1억 5천만 달러의 원조 제공을 약속하면서 미군 철수를 요구하도록 압박했다. 이러한 정책의 이면에는 '나토가 러시아를 무시한 만큼, 러시아도 나토를 도울 이유가 없다'는 여론이 깔려 있다. 이처럼 러시아가 나토의 아프가니스탄 작전에 비협조적인 자세로 돌아선다면, 아프가니스탄 전쟁 승리를 최우선 과제로 삼고 있는 오바마 행정부는 적지 않은 타격을 입을 것으로 전망된다.

러시아가 나토의 확장과 미국의 동유럽 MD 배치 계획에 반발해 각종 군비 통제 조약에서 탈퇴하겠다는 경고를 행동으로 옮기는 것 역시 유력한 반격 카드이다. 러시아는 2007년에 미국의 동유럽 MD 배치 계획에 강력히 반발하면서 유럽재래식무기감축협정^{CFE} 유보 방침을 정했고, 중거리핵미사일폐기협정^{INF}에서 탈퇴할 수 있다고 경고했다. INF는 냉전 시대의 대표적인 군축 조약 가운데 하나로, 미소 양국은 사거리 500~5500km의 탄도 미사일과 순항 미사일을 폐기하기로 합의했다. 만약 러시아가 이 조약에서 탈퇴하면 러시아는 유럽 전역을 공격할 수 있는 핵미사일을 계속 보유할 수 있게 된다. CFE 역시 냉전의 종식을 상징하는 조약으로, 러시아가 자국의 의무 사항 이행을 '유보'한 데 이어 '탈퇴'까지 강행하면 그 파장은 만만치 않을 것이다. 냉전이 끝났다던 유럽에서 '제2의 냉전'이 도래하는 셈이기 때문이다. 러시아가 오바마의 당선 다음 날, 동유럽 MD 배치 계획을 철회하지 않으면 유럽을 겨냥한 중단거리 미사일 배치에 나서겠다고 공언한 것은 불길한 징조가 아닐 수 없다.

이 밖에도 러시아는 미국의 이익을 위협할 수 있는 다양한 카드를 갖고 있다. 미국에 버금가는 핵보유국이자 유엔 안보리 상임 이사국인 러시아는 유엔에서 사사건건 미국의 발목을 잡음으로써 미국을 궁지에 몰아넣을 수 있다. "핵무기 없는 세계"를 만들겠다는 오바마의 이상은 러시아의 동의 없이는 불가능하다. 또한 유럽 연합이 가스 수입의 3분의 1을 러시아에 의존하고 있기 때문에 러시아는 에너지 카드를 무기 삼아 미국과 유럽 연합의 결속에 제동을 걸 수 있다. 이는 그루지야 사태에 미국과 유럽 연합이 한목소리를 낼 수 없었던 까닭이다. 또한 러시아는 친서방 행보를 걸었던 우크라이나에 가스 단가 인상을 요구하며 가스 공급을 중단함으로써 에너지를 무기화할 수 있다는 것을 보여 주기도 했다.

러시아의 무기 수출 카드도 주목된다. 이미 러시아와 시리아는 차세대 지대지 미사일을 비롯한 무기 거래를 추진해 왔다. 그런데 2008년 10월 말 미국이 알카에다 소탕을 명분으로 시리아 영토를 공격하고, 12월 말에는 이스라엘이 미국의 동조 속에 가자 지구를 침공하자, 시리아에서는 반미-반이스라엘 여론이 극에 달하고 있다. 또한 러시아는 이란에 최첨단 지대공 미사일인 S-300 판매를 저울질하고 있다. 만약 무기 거래가 성사되면 중동은 일촉즉발의 위기 상황에 직면할 수 있다.

더구나 러시아는 베네수엘라와 쿠바에 핵미사일 탑재가 가능한 전략 폭격기 배치까지 검토하고 있다. 이에 대해 미국 군부는 "쿠바에 전략 폭격기를 배치하는 것은 금지선을 넘어서는 것"이라고 경고하고 있어 자칫 '제2의 쿠바 미사일 위기'가 발생할 가능성도 배제할 수 없다.

푸틴, 대통령으로 복귀할까?

러시아의 움직임 가운데 가장 주목해야 할 대목은 '총리' 푸틴이 '대통령'으로 복귀할 가능성이다. 메드베데프 대통령은 2008년 11월 5일 오바마 당선자에게 MD 경고를 보내는 한편, 국내 정치 개혁의 필요성을 역설해 주목을 끌었다. 국제 사회에서는 러시아가 다시 권위주의로 후퇴하고 있다는 비판이 높아지던 시점이었다. 특히 8년간의 대통령 임기를 마친 푸틴이 메드베데프 대통령을 대리인으로 내세워 '상왕上王' 노릇을 하고 있다는 지적이 많았다. 러시아 역시 미국발 금융 위기의 직격탄을 맞아 주식과 석유 값은 반토막이 났고, 자본 유출도 심각한 상태이다. 그럼에도 메드베데프는 정치 개혁의 칼날을 뽑아 들었다. 핵심적인 내용은 시민 사회의 정치적 자유 신장, 대통령 임기 연장4년→6년, 의회에서 야당의 대표성 강화, 지방 정부의 자율성 증대 등이다.

이 가운데 단연 눈에 띄는 대목은 대통령 임기 연장이다. 메드베데프가 조만간 사임하고 푸틴이 대통령직에 복귀하기 위한 수순으로 읽히기 때문이다. 이러한 분석을 뒷받침하듯, 크렘린 대변인은 개정된 헌법은 현직 대통령에게 적용되지 않을 것이라고 말했다. 메드베데프가 국정 연설을 한 다음 날인 11월 6일, 러시아 언론은 크렘린의 내부 문건을 인용해 메드베데프가 2009년에 사임하고, 푸틴이 대선에 출마하는 방안이 이미 논의되고 있다고 보도했다. 2009년 57세가 된 푸틴이 2009년 대선에 출마해 당선되면, 그는 6년 임기의 대통령직을 연임할 수 있으므로 길게는 최대 2021년까지 러시아의 대통령직을 수행할 수 있다.

● RIA Novosti, November 6, 2008.

이에 따라 메드베데프가 여러 가지 정치 개혁안을 발표한 것은 '러시아가 권위주의로 회귀했다'는 서방 세계의 비판에 물타기를 하면서, 푸틴이 대통령직에 복귀할 수 있도록 문을 열어 주기 위한 것이라는 해석이 지배적이었다. 이처럼 푸틴이 총리직에 만족하지 않고 대통령직 복귀를 서두르고 있는 데에는 '미국의 추락'과 오바마라는 '새내기 지도자'의 등장을 기회로 미국 주도의 단극 체제를 다극 체제로 재편하기 위한 의도가 깔려 있는 것으로 보인다.

그러나 푸틴의 대통령직 복귀는 순조롭지만은 않을 전망이다. 국제 사회의 비판 여론은 차치하더라도 러시아의 경제 상황이 또다시 최악으로 치달으면서 푸틴의 권력 기반과 대중적 지지도가 흔들리고 있기 때문이다. 푸틴이 대통령 재임 기간 2000~2008 중에 철권 통치를 할 수 있었던 데에는 국제 유가 및 원자재 값 급등으로 급격한 경제 성장을 달성한 것이 큰 몫을 했다. 그러나 미국발 금융 위기가 전 세계 경제를 강타하면서 러시아의 주가와 루블화의 가치는 급락했고, 유가도 4분의 1 수준으로 떨어졌다. 이에 따라 국내 경제를 총괄하는 총리 푸틴의 인기도 함께 추락하고 있다. 이를 틈타 메드베데프가 푸틴을 견제하면서 권력 기반 강화를 시도하고 있는 것 역시 주목된다.

러시아의 경제 위기와 이로 인한 사회 불안 및 정부와 시민 사회의 갈등 증폭이 푸틴의 대통령직 복귀에 꼭 부정적인 영향만 미치지는 않을 것이라는 분석도 있다. 푸틴은 자신이 8년간 쌓아 온 철옹성이 메드베데프의 허약한 리더십으로 허물어질 수 있다는 우려를 갖고 있다. 또한 대통령직 복귀가 국내적으로는 경제난의 책임을 회피하면서 대외적으로는 강력한 외교 정책을 수행하는 데 효율적이라고 판단할 수 있다. 만약 푸틴이 대통령직 복귀를 시도한다면 오바마 행정부는 심각한 딜레마에 빠질 것이다. 민주주의에서 권위주의로의 후퇴가 분명해진 러시아를 상대로 관계 개선을 추구할 것인지, 아니면 관계 악화를 불사하면서 민주주의의 원칙을 강조할 것인지 말이다.

● *Times Online*(United Kingdom), January 26, 2009.

오바마, '검은 케네디' 혹은 '검은 카터'

'검은 링컨'으로 불리는 오바마의 또 다른 애칭은 '검은 케네디'이다. 그만큼 오바마를 향한 미국 국민들의 사랑과 기대가 크다. 그러나 오바마가 러시아와의 관계를 잘 풀지 못하면, 소련과의 냉전 종식을 꿈꿨다가 신냉전을 초래한 지미 카터의 전철을 밟을 수도 있다. 그리고 그 결과는 카터 때 초래된 신냉전이 레이건의 등장을 가능케 했던 것처럼, 오바마가 2012년 재선에 실패하고 신보수주의가 재등장하는 '레이건의 귀환'으로 이어질 수 있다. 오바마의 재임 기간에 '제2의 냉전'이 현실화될 경우, 공화당은 2012년 대선에서 주 무기인 안보를 전면에 내세우면서 정권 탈환을 노릴 것이기 때문이다. 더구나 푸틴의 러시아 대통령직 복귀는 그 '여부'가 아니라 '시점'이 초점이 되고 있다. 미러 간의 '제2의 냉전'이 미국에서 '제2의 신보수주의 혁명'의 토대가 될 수 있는 것이다. 이러한 맥락에서 볼 때, 오바마가 직면한 가장 큰 과제 가운데 하나는 '제2의 냉전'을 막는 것이다.

앞서 소개한 것처럼 카터는 초기에 대소 유화 정책을 펼쳤다가 소련의 SS-20 배치 계획으로 역풍을 맞았고, 퍼싱-2 미사일 배치로 맞불을 놓았다가 결국 신냉전을 초래한 당사자 가운데 한 사람이 되고 말았다. 반면에 케네디는 1962년 전 세계를 핵전쟁의 공포로 몰아넣었던 '쿠바 미사일 위기'●●를 해결하는 데 성공했다. 당시 위기가 얼마나 심각했는지는 "핵 대재앙은 실 끝에 걸려 있었다. 우리는 하루나 시간 단위가 아니라 분^{minute} 단위로 카운트다운을 하고 있었다"라는 당시 소련의 육군 작전참모장 아나톨리 그립코프의 발언에서 잘 알 수 있다.

●● 러시아에서는 이를 '카리브 해의 위기'로, 쿠바에서는 '10월 위기'로 부른다.

소련이 쿠바에 탄도 미사일 기지를 건설하고 있다는 것을 포착한 케네디는 초기부터 강경하게 대응했다. 쿠바를 해상 봉쇄하는 한편, 소련에 철수하지 않으면 보복이 따를 것이라고 경고했다. 특히 "쿠바에서 미국 본토로 핵 미사일이 날아오면 소련에도 핵 보복을 하겠다"며 초강경 대응 방침을 밝혔다. 그러나 흐루쇼프는 쿠바로 향하던 16척의 소련 선단의 뱃머리를 돌리지 않았다. 오히려 철수 조건으로 미국이 쿠바를 침공하지 않고 터키에 배치한 미사일을 철거할 것을 요구했지만, 케네디는 용단을 내리지 못했다. 결국 미국과 소련의 함정들이 13일간 대치하는 상황이 발생했다. 전 세계는 공멸의 두려움에 떨었다. 그러나 대치의 이면에서 케네디와 흐루쇼프는 '비밀 협상'

에 들어갔다. 결국 케네디가 소련의 요구 조건을 수용하기로 함으로써 쿠바 미사일 위기는 무사히 해결되었다.

그렇다면 당시 위기가 오늘날에 주는 교훈은 무엇일까? 먼저 쿠바 미사일 위기와 동유럽 MD 배치 계획이 초래한 '유럽판 미사일 위기'의 원인이 흡사한 성격을 띠고 있다는 점을 이해할 필요가 있다. 케네디는 대선 유세에서 있지도 않은 '미사일 갭 missile gap'● 을 들어 경쟁자였던 닉슨을 공격했고, 터키에 배치된 핵미사일을 철수하라는 소련의 요구를 일축했다. 또한 1961년에는 카스트로 정권을 전복시키기 위해 피그스 만 침공 작전을 강행하는 무리수를 두었다. 이에 소련은 케네디를 아주 위험한 인물로 인식하고, 미국 바로 밑에 있는 쿠바에 미사일 기지를 건설하는 것으로 대응했다. 오늘날 러시아 역시 미국이 이란 위협을 이유로 동유럽에 MD 배치를 강행하고, '민주주의 확산론'에 근거해 나토의 확장을 도모하는 것을 비슷한 위협으로 간주하고 있다.

● '미사일 갭'은 미국이 소련보다 미사일 보유량과 파괴력이 크게 부족하다는 것으로, 소련이 1957년 세계 최초의 인공위성 스푸트니크 발사에 성공하자 미국의 일부 의원들과 군부에서 제기하기 시작했다. 대선에 나선 케네디는 이를 닉슨에 대한 정치 공세의 빌미로 삼았으며, 취임 1년 후 CIA는 미국의 미사일 전력이 소련보다 확고한 우위에 있다고 보고했다.

쿠바 미사일 위기가 핵전쟁으로 비화되는 것을 막을 수 있었던 것은 '공멸의 위협'보다는 소련과의 주고받기 협상에 있었다. 소련이 쿠바 미사일 기지 계획을 철회할 수 있었던 데에는 미국이 쿠바를 침공하지 않겠다는 '공개적인 약속'과 함께 터키에 배치한 미사일을 철거하기로 '비밀 약속'을 했던 것이 주효했다. '쿠바 미사일과 터키 미사일의 교환'이었던 것이다. 마찬가지로 오바마 행정부가 '제2의 냉전'이라는 최악의 시나리오를 예방하기 위해서는 동유럽 MD 배치와 나토의 확장에 대해 유연한 자세를 보여야 한다.

오바마, '어쩌란 말이냐'

그렇다면 오바마는 나토의 확장 및 동유럽 MD 문제를 슬기롭게 해결해 제2의 냉전을 막을 수 있을까? 그의 대선 공약을 통해서는 가능하기 쉽지 않다. 오바마-바이든 플랜에 따르면, 이들은 새로운 대러 정책으로 "포괄적 전략"을 내세우고 있다. "러시아는 소련이 아니다. 우리는 냉전으로 회귀하지 않을 것이다"를 전제로 깔면서도 "전제적이고 호전적인 러시아의 도전을 해결하겠다"는 것이다. 구체적으로는 ▲민주적 우방국을 지지하고 주권 존중의 원칙을 견지하면서 예방 외교에 적극 나서고, ▲나토 동맹을 강화함으로써 러시아에 단일하고 통합된 목소리를 낼 것이며, ▲미국의 동맹국과 우방국의 러시아 에너지에 대한 의존도를 줄이고, ▲핵비확산 및 핵 군축, 교역과 투자 확대, 테러와의 전쟁 등 상호간의 이익을 증진하기 위해 러시아 정부와의 직접적인 관계를 추구하며, ▲러시아가 책임 있는 국가로 행동하고 국제 규범을 준수하면 세계무역기구 등 국제기구 가입을 지원한다는 것이다.

미러 관계를 좌우할 일차적인 관건은 동유럽 MD에 대한 오바마의 선택에 있다. 그러나 이 문제는 점차 고차 방정식이 되고 있다. 러시아는 이미 미국이 이 계획을 철회하지 않으면 동유럽을 겨냥한 미사일 배치에 들어가겠다고 공언한 상황이다. 그렇다고 오바마가 계획을 철회하면, 폴란드와 체코의 반발은 물론이고 국내 안보파들의 거센 비난에 직면할 수밖에 없다. 또한 '푸틴과의 기 싸움'에서 밀렸다는 비판도 쏟아질 것이다.

미국 국내에서의 견제도 만만치 않다. MD에 대한 오바마의 모호한 입장에 불안을 느낀 안보파들은 오바마의 당선 직후부터 견제구를 던지기 시작했다. 국방부 미사일방어국^{MDA} 국장인 헨리 오버링은 "부시 행정부에 속하지 않은 사람들이 MD에 대해 시대착오적인 생각을 갖고 있는 것 같다"며, "오바마 행정부가 동유럽에 MD를 확장하는 계획을 철회한다면 미국의 국익이 심각하게 손상될 것"이라고 경고했다. 네오콘의 대변인 격인 존 볼턴은 "오바마가 MD의 기술적 성능이 입증되어야 배치하겠다는 것은 구실일 뿐"이라고 맹공을 퍼부었다. 부시 행정부에 이어 오바마 행정부에서도 국방 장관을 맡은 로버트 게이츠 역시 "러시아는 방어적 MD에 대해 조금도 불안을 느낄 필요가 없다"며 동유럽 MD는 필요하다는 입장을 거듭 밝혔다.

국제 사회에서 날아드는 메시지도 오바마를 혼란스럽게 하고 있다. 우선 오바마는 당선 직후 폴란드 대통령과 통화를 했는데, 통화 내용에 대한 양측의 설명이 정반대였다. 오바마 측근은 양국 관계에 대해 폭넓게 논의했지만 MD 배치 계획은 재확인하지 않았다고 주장했다. 반면 레흐 카친스키 폴란드 대통령은 "오바마가 MD 계획이 계속될 것임을 약속했다"고 주장했다.● 그러자 러시아의 메드베데프가 둘 사이의 간극을 파고들었다. 그는 오바마가 폴란드에 MD 계획을 재확인해 주지 않은 것은 "우리에게 희망의 근거를 준다"며, 오바마 행정부가 출범하면 새롭게 시작할 수 있을 것이라고 강조했다. 또한 "미국이 MD 계획을 우리가 수용할 수 없는 방식으로 계속할 때에만 우리는 보복을 하게 될 것"이라며, "러시아를 포함한 글로벌 MD를 추진하는 것이 더 좋을 것"이라고 말했다.●● 이는 러시아가 미국이 MD를 동유럽이 아니라 아제르바이잔에 배치하는 것은 수용할 수 있다는 것을 의미한다. 러시아는 부시 행정부 때, 미국이 이란에서 가까운 아제르바이잔에 MD를 배치한다면 이를 인정하겠다는 입장을 밝힌 바 있다. 그러나 부시 행정부는 이

● *AP*, November 9, 2008; *AFP*, November 9, 2008.

●● CFR News Briefing, November 15, 2008.

를 거부하고 동유럽 배치를 추진했다.

　　유럽 연합 의장국을 맡고 있는 프랑스의 반응도 오락가락했다. 사르코지 대통령은 2008년 11월 14일 러시아 대통령과의 정상 회담 직후 가진 기자 회견에서 "MD는 안보에 아무런 도움이 되지 않을 뿐만 아니라, 오히려 사정만 복잡하게 만들 것"이라며 반대의 뜻을 분명히 했다. 그러나 다음 날 워싱턴에서 G-20 정상 회담을 가진 직후에는 "궁극적으로 MD는 이란 등의 미사일 위협을 막는 데 보완적인 역할을 할 수 있을 것"이라며 신중한 태도로 돌아섰다. ●●●

●●● Mark Thompson, "Why Obama Will Continue Star Wars," *Time*, November 16, 2008.

　　이처럼 MD는 미국 안팎에서 첨예한 갈등을 낳고 있다. 오바마로서는 가급적 피하고 싶은 숙제인 셈이다. 이를 반영하듯 오바마 행정부는 취임 직후 발표한 국방 정책에서 '중간 수준'의 비중을 두면서, 동유럽 MD에 대한 모호한 입장을 견지하고 있다. 국방 정책 6대 목표 가운데 두 번째 목표의 다섯 번째 과제로 제시하면서, "MD를 지지하지만" 실용적이고 비용 절감형이어야 하며, "무엇보다도 MD 기술이 미국을 보호할 수 있을 것이라고 믿기 전까지는 다른 안보 우선순위에 필요한 자원을 전용해서는 안 될 것"이라고 강조한다.

　　그러나 MD에 대한 오바마의 기술주의적 접근은 큰 위험성을 안고 있다. MD는 '총알로 총알을 맞히는 게임'이라고 불릴 정도로 기술적인 한계가 있다. 특히 적대국이 교란체를 탄두와 함께 장착하여 미사일을 발사하면 이를 식별해서 요격하기란 거의 불가능하다. 이에 따라 기술적 타당성을 실전 배치의 전제 조건으로 삼는 것은 일면 합리성을 지닌다. 그러나 MD 기술이 꾸준히 개발되고 있고, 미국 군부가 성공률을 높이기 위해 자의적인 실험을 할 수 있으며, 교란체를 장착할 수 있는 나라들이 많지 않다는 점에서 기술적인 접근의 문제점이 있다.

실제로 미국 국방부는 오바마 당선 한 달 후인 2008년 12월 5일 북한의 가상 장거리 미사일을 대상으로 MD 실험에 성공했다. 국방부는 "이번 실험은 가장 규모가 크고 가장 복잡한 것"이었다며, 이 실험이 성공함으로써 "우리는 MD에 대한 더욱 강한 확신을 갖게 되었다"고 밝혔다. 특히 이 실험은 교란체를 장착하지 않은 미사일을 요격 대상으로 삼았는데, 국방부는 MD의 주된 대상이 되는 북한과 이란은 교란체를 비롯한 대응 수단을 장착할 능력이 없다는 점을 강조했다.

오바마, MD 철회로 '미국병' 치유해야

미국과 러시아의 격돌로 또다시 지구촌을 배회하고 있는 '제2의 냉전'은 기우로 끝날 것인가, 현실로 나타날 것인가? 이는 동유럽 MD 배치에 대한 오바마 행정부의 입장, 그루지야와 우크라이나의 나토 가입 여부, 푸틴의 복귀 여부, 이란 핵문제의 전개 양상, 아프가니스탄 전쟁을 둘러싼 양국의 갈등과 협력 등이 복잡하게 맞물려 있다는 점에서 예측하기가 쉽지 않다. 일단 앞서 강조한 것처럼, 최대 변수는 미국의 동유럽 MD 배치 여부이다. 오바마 행정부가 이 계획을 철회하면 '제2의 냉전'은 기우로 끝날 가능성이 높다. 반면 부시의 길을 계속 걷는다면, 러시아의 동유럽을 겨냥한 미사일 배치 등 강력한 반발을 야기하면서 냉전의 망령을 다시 불러오는 결과를 초래할 것이다.

이를 의식할 수밖에 없는 오바마 행정부는 신중한 자세를 보이고 있다. MD의 성능과 비용을 고려해 합리적인 선택을 하겠다는 원칙론을 견지하면서 말을 아끼고 있는 것이다. 이와 관련해 주무 부처인 펜타곤의 입장이 주목된다. 로버트 게이츠 국방 장관은 원칙적으로 MD를 지지하는 입장이다. 국방부 부장관으로 지명된 윌리엄 린은 1월 15일 상원 군사위원회 청문회에서 MD를 비롯한 무기 획득 프로그램의 개혁이 필요하다고 말했다. 그러나 린은 세계 최대 군수 산업체의 하나인 레이시온 임원 출신이라는 점에서 MD에 대한 전향적인 결정을 주도할 것인지는 미지수이다. 미셸 플라우노이 국방부 정책 담당 차관 지명자 역시 같은 자리에서 "오바마 행정부는 MD 계획을 재검토하게 될 것"이라고 말했다.

러시아는 계속해서 강온 양면 전략을 취하고 있다. 2008년 12월 하순, 러시아 군부는 두 가지 중요한 메시지를 미국에 전달했다. 하나는 미국이 동유럽 MD 배치 계획을 중단하면, 러시아도 핵미사일 전력 증강 계획을 일부 취소하겠다는 것이다. 러시아는 부시 행정부가 MD 계획을 적극적으로 추진하자, MD를 무력화하기 위해 핵미사일 전력 증강에 박차를 가해 왔다. 다른 하나는 대규모 전력 증강 계획이다. 2009년부터 2011년까지 3년간 약 1천4백억 달러를 투입해 70기 이상의 전략 미사일과 30기 이상의 이스칸데르 단거리 미사일을 비롯해 전투기, 헬기, 무인 정찰기, 군함, 전차 등 전방위적인 전력 증강에 나서겠다는 것이다. 이는 MD를 둘러싼 미러 간의 갈등이 해소되지 않으면 파장이 엄청날 것임을 예고해 준다. 러시아의 핵전력 강화는 오바마가 내세우고 있는 '핵무기 없는 세계' 만들기에 역행할 뿐만 아니라, 부시 행정부 때 추진되었다가 의회의 반대로 무산된 신형 핵무기 개발 사업이 부활하는 구실로 작용할 수 있기 때문이다. 또한 미러 간의 전략무기감축협정START에도 부정적인 영향을 미칠 수 있다.

러시아는 또한 MD 문제를 오바마가 최우선 의제로 삼고 있는 아프가니스탄 전쟁과 연계시키고 있다. 막대한 경제 원조를 지렛대로 삼아 키르기스스탄 정부에 미군 철수를 압박해 이를 관철시켰다. 동시에 나토군이 러시아를 통해 무기를 제외한 물자를 아프가니스탄에 수송하는 것을 허용할 수 있다는 입장을 보이면서도, 무기 수송은 미국의 협력 여부를 보고 판단하겠다고 워싱턴에 공을 넘기고 있다. 미국이 MD와 나토 확장을 철회하면 무기 수송을 허용하겠다는 의미이다.

오바마의 비밀 편지

러시아의 올 코트 프레싱에 다급해진 오바마는 3월 들어 러시아와의 관계를 재설정reset하기 위한 시동을 걸었다. 메드베데프 대통령에게 비밀 편지를 보내 "러시아가 이란의 핵무기와 탄도 미사일 개발을 저지하는 데 돕는다면, 미국은 동유럽 MD 계획을 철회할 수 있다"며 거래를 시도하고 나선 것이다. 이에 대해 러시아는 양 갈래로 반응했다. 일단 미국이 러시아와 대화를 통해 문제를 풀려고 하는 것 자체에 대해서는 환영의 뜻을 나타냈다. 부시 행정부에 대한 러시아의 가장 큰 불만은 양국이 제대로 된 협의를 거치지 않은 채 미국이 결정한 뒤 통보해 버리는 일방주의에 있었기 때문이다. 그러나 러시아는 일단 오바마의 협상안에 대해서는 거부의 뜻도 분명히 했다. 미국의 동유럽 MD 계획 철회와 러시아의 이란에 대한 압력 가중은 '거래의 대상'이 될 수 없다는 것이다. 이에 따라 오바마의 비밀 제안이 성공할지의 여부는 불투명해지고 있다.

　더구나 이런 식의 접근법은 국내 여론의 반대에도 불구하고 미국과 MD 협정을 체결한 폴란드와 체코 공화국 정부를 궁지로 몰아넣고 있다. '미국에 배신당했다'는 분위기가 점차 팽배해지고 있는 것이다. 이러한 상황 전개는 유럽 연합의 통합과 나토의 확장에 치명타를 가할 수 있다. 이미 미국발 금융 위기는 동유럽의 일부 국가들을 국가 부도 직전까지 몰고 갔고, 동유럽 국가들의 구제 금융 요구를 서유럽 국가들이 일축하면서 "제2의 철의 장막 금융위기이 유럽을 분열시키고 있다"는 경고까지 나오고 있는 상황이다. 여기에 더해 오바마 행정부가 동유럽 MD 배치 계획까지 철회한다면 동유럽의 서방 세계 미국과 서유럽에 대한 불신은 더욱 커질 공산이 크다.

　보다 본질적인 문제는 오바마의 비밀 제안이 '제 발등을 찍는' 결과를 낳을 수 있다는 점에 있다. 오바마의 제안은 러시아의 협력을 바탕으로 이란 핵과 미사일 문제를 해결해 동유럽 MD 배치의 '근본 원인' 러시아는 이를 구실로 본다을 제거하겠다는 것이다. 이는 거꾸로 이란 핵과 미사일 문제가 해결 국면에 접어들지 않으면 오바마가 국내외적으로 궁지에 몰릴 수 있다는 것을 의미한다. 최악의, 그러나 가능성을 배제할 수 없는 시나리오는 이렇다.

　이란 핵문제의 외교적 해결 실패 → 미국의 동유럽 MD 배치 강행 → 러시아의 유럽 겨냥 미사일 재배치 → 제2의 냉전 도래 → 미국 공화당의 '제2의 레이건 혁명' 시동 → 2012년 미국 대선에서 안보 문제의 전면화. 오바마 행정부가 MD를 이란 핵문제와 연계시킨 것이 전략적 오류라는 느낌을 지울 수 없는 까닭이다.

MD는 '미국병' 상징

결국 MD와 미러 관계 악화, 유라시아 대륙에 걸친 냉전의 부활이라는 끔찍한 시나리오를 예방하기 위해서는 오바바 행정부가 결자해지의 자세를 보이는 것이 중요하다. 출발점은 MD를 기술적인 관점이 아니라 지정학적인 관점에서 접근하는 것이어야 한다. '성능 나쁜 MD'가 현재 수준의 갈등을 야기한다면, '성능 좋은 MD'는 러시아와 중국 등 MD의 잠재적, 명시적 상대국들에 실질적인 위협을 주면서 더욱 심각한 문제를 야기할 수 있기 때문이다. 마찬가지로 위에서 언급한 것처럼, MD 갈등을 이란 핵문제와 연계시켜 풀려고 하는 것 역시 현명한 접근법이라고 할 수 없다.

기실 MD는 '미국병'을 상징한다. 레이건의 "악의 제국", 부시의 "악의 축" 발언이 잘 보여 주듯, MD에는 국제 질서를 선과 악의 이분법으로 보는 미국의 삐뚤어진 안보관이 깔려 있다. 세계에서 가장 강력한 창을 이미 보유한 상태에서 상대방의 공격을 막을 수 있는 방패까지 갖는다면 미국의 패권은 영원하다는 제국주의가 숨어 있다. MD를 발판으로 삼아 우주를 군사적으로 정복하면 "우주를 통해 지구를 지배할 수 있다"는 지배 논리도 깔려 있다. 무엇보다도 아이젠하워가 1961년 퇴임사에서 경고했던 군산 복합체의 막강한 힘이 여전히 미국의 정책 결정을 지배하고 있다는 것을 반증한다. 미국 패권주의자들에게는 MD가 '절대 반지'인 셈이다.

만약 오바마 역시 부시와 같은 길을 간다면, MD는 유라시아 대륙을 미국 주도의 동맹 체제와 러시아–중국을 주축으로 하는 대항 동맹 세력으로 나누는 '21세기의 철의 장막'이 될 것이다. 그리고 오바마는 제2의 냉전을 막지 못하여 '검은 케네디'가 아니라 '검은 카터'가 되고 말 것이다. 물론 MD

계획의 철회는 하나의 무기 체계 개발을 취소한다는 것 이상으로 훨씬 복잡하고 구조적인 의미를 담고 있다. 절대 안보에 기초한 일방적 안보에서 협력 안보로의 전환, 우주의 군사화에서 평화적 이용으로의 전환, 전쟁 경제$^{war\ economy}$에서 녹색 경제$^{green\ economy}$로의 전환, 군산 복합체의 부당한 영향력의 차단과 미국 재정 지출의 인간화 등 패러다임의 전환을 요구하고 있기 때문이다. 이러한 맥락에서 볼 때, 오바마가 스타워즈$^{MD의\ 별칭}$ 환상에서 깨어나는 것은 '미국병'을 치유하고 21세기 국제 사회에서 미국의 리더십을 재건하는 데 반드시 필요하다고 할 수 있다.

오바마의 미국은
중국과 잘 지낼 수 있을까?

미중 관계의 어제와 오늘

중국의 급격한 부상과 미국의 상대적인 쇠퇴가 조우하면서 21세기의 국제 질서는 미중 관계가 좌우하게 될 것이라는 전망이 높아지고 있다. 소련의 몰락 이후 '팍스 아메리카나'를 꿈꾸었던 미국은 중국을 자국의 패권에 도전할 수 있는 유일한 경쟁자로 보면서 중국을 어떻게 상대할 것인가를 놓고 오랜 논쟁을 벌여 왔다. 강경파는 중국만 꺾으면 21세기도 미국의 시대로 만들 수 있다는 확신을 갖고 봉쇄 전략에 초점을 맞춰야 한다고 주문해 왔다. 반면에 온건파는 이는 가능하지도 바람직하지도 않다며, 중국을 미국 주도의 국제 체제에 안정적으로 편입시키는 것이 미국의 이익에 부합한다고 반론을 펴 왔다.

이러한 대중 전략을 둘러싼 논쟁은 미중 관계의 낙관론과 비관론을 동시에 낳기도 했다. 전망이 엇갈린 근본적인 이유는 중국의 의도에 대한 평가의 차이에서 비롯한다. 낙관주의자들은 중국은 패권 추구보다는 경제 성장에 주안점을 두고 있기 때문에 중국의 패권 추구를 전제로 한 미중 간의 충돌은 가능성이 낮다고 주장한 반면에, 비관주의자들은 중국이 아시아 패권을 추구할 것이고 미국은 이를 사전에 억제하려고 할 것이기 때문에 미중 간의 충돌

● Zbigniew Brzezinski and John J. Mearsheimer, "Clash of the Titans," *Foreign Policy*, January/February, 2005.

은 불가피하다고 내다보았다.● 결국 이러한 논쟁은 중간으로 수렴되면서, 지난 20년간 미국은 개입engagement과 봉쇄containment를 동시에 추구해 왔다. 이에 맞서 중국 역시 미국과의 협력을 중시하면서도 미국에 대한 경계심을 늦추지 않았다. 이처럼 양국이 '양다리 걸치기'를 바탕에 깔면서, 미중 관계는 협력과 갈등을 동시에 내재할 수밖에 없었다.

'죽의 장막'에서 '전략적 경쟁자'로

역사적으로 볼 때에도 미중 관계의 진폭은 컸다. 1949년 중국공산당이 국민당을 대륙에서 축출하고 중화인민공화국을 수립한 이후 미중 관계는 크게 네 차례에 걸쳐 변화를 겪어 왔다. 1949부터 헨리 키신저의 중국 방문 이전인 1971년까지는 "죽의 장막Bamboo Curtain"이라는 표현이 잘 보여 주듯 미국 내에서 중국은 공산주의 독재 체제의 하나로 인식되었고, 양국 관계는 봉쇄와 견제로 얼룩졌다. 이후 키신저의 중국 방문과 뒤이은 닉슨 대통령의 방중으로 미중 관계는 새로운 관계로 접어들었는데, 1989년 천안문 사태 이전까지 양국 관계는 대소 견제에 초점을 맞춘 '냉전 시대의 동반자'가 되었다. 이 시기는 중국의 개혁 개방이 본격화되는 때였다. 그러나 1989년 천안문 사태가 발생하자 양국 관계는 조정기에 들어갔고, 한동안 미국의 주된 관심사는 중국의 인권 문제로 집중되었다.

1990년대 미중 관계는 여러 가지 악재를 겪었다. 1990년대 초반 한반도 핵 위기를 둘러싼 갈등, 1996년 대만 해협 위기, 1999년 중국의 미국 핵 기술 절취 혐의 및 미국의 콕스 보고서 발표, 1999년 5월 미국의 중국 대사관 오폭 사고, 미국의 MD 추진 및 중국의 반발, 2001년 4월 미국 정찰기 사건 등이 겹치면서 미중 관계는 악화 일로를 걸었다. 특히 이즈음에 등장한 부시 행정부는 중국을 "전략적 경쟁자"로 규정함으로써 미중 관계의 불안한 앞날을 예고하는 듯했다. 그러나 9·11 테러 이후 미중 관계는 협력 기조로 돌아섰다. 미국으로서는 '테러와의 전쟁'에서 승리하기 위해서는 중국의 협력이 필요했고, 중국 역시 '테러와의 전쟁'에 적극 협력함으로써 미국과의 관계를 개선하고 자국 내의 분리주의 움직임을 '테러와의 전쟁'의 연장 선상에서 다루고 싶었던 것이다.

이처럼 시대와 사안에 따라 협력과 갈등을 반복해 온 미중 관계는 전략적 차원에서 근본적인 갈등을 일으켜 왔다. 21세기에도 단일 패권 체제를 공고화하려는 미국의 전략과 장기적으로 다극 체제를 선호하는 중국의 전략은 양립하기 어려운 속성을 갖고 있기 때문이다. 이는 일종의 '거울 영상 효과'를 야기했다. 미국은 중국이 언젠가는 자국의 패권적 지위에 도전할 것으로 보고 이를 사전에 차단하는 데 주력하고자 했다. 반면에 중국은 미국의 단일 패권 체제가 내부 통합 유지와 경제 성장, 대만 통일 및 한반도 안정 유지 등 자국의 사활적 문제가 걸린 사안들까지도 침해될 수 있다고 보고, 점진적이지만 착실히 미국의 패권주의에 대항할 수 있는 하드 파워와 소프트 파워를 키워 왔다.

미국의 대중 전략은 근본적으로 중국의 불확실성에 전제를 두었다. 중국이 미국 주도의 국제 체제에 순응하면서 자국의 발전을 도모할 것인지, 아니면 강력해진 영향력을 앞세워 수정주의 세력이 될 것인지 확실하지 않다는 것이다. 그러나 미국의 전제에는 모순이 도사리고 있었다. 금융의 세계화를 앞세운 신자유주의가 대표적이다. 미국발 금융 위기가 단적으로 보여 준 것처럼, 신자유주의는 중국의 수정주의가 아니라 미국 자체 내의 모순에 의해 폭발했다. 안보 문제 역시 마찬가지이다. 미국의 이라크 침공, 핵 선제공격 채택과 MD 강행에 의한 핵비확산 체제의 위기 자초, 나토의 확장 등에서 나타난 것처럼 미국이 자국의 판단에 따라 국제 규범과 여론을 무시할 수 있다는 것을 여실히 보여 주었다.

이것이 부시 행정부 시기에 두드러지게 나타난 예외적 현상인지, 아니면 미국 시스템의 구조적 작동 원리인지를 판단하기는 어렵다. 부시 행정부는 이전의 미국과의 단절 못지않게 연속성도 강한 정권이었기 때문이다. 그러나 한 가지 분명한 것은, 미국 스스로가 지속 가능하고 합리적인 국제 체제를 만드는 데 모범을 보이지 못한 사이에 정작 국제 체제의 책임 있는 일원으로 통합될 것을 요구받았던 중국이 너무나도 강해졌다는 것이다. 앞으로 미국이 그렇게 부르든 말든, 중국은 미국의 '전략적 경쟁자'가 되어 버린 것이다.

오바마의 등장이 미중 관계에 갖는 의미는?

이처럼 오바마는 중국이 슈퍼파워로 등장한 시점에 미국 대통령이 되었다. 미국이 개입 정책을 통해 중국을 미국 주도의 세계 체제에 편입시키는 것도, 봉쇄와 예방 정책으로 중국이 미국과 대등해지는 것을 사전에 좌절시키겠다는 패권 전략도 더는 유효하기 어렵게 된 것이다. 이에 따라 오바마는 중국의 지위와 영향력을 상당 부분 인정하는 토대 위에서 대중 정책을 모색해야 할 처지에 있다. 오바마 행정부가 양국의 전략 대화 수준을 격상하려는 것도 이러한 현실을 반영한 것이라고 할 수 있다.● 전반적으로 볼 때, "안보보다는 경제가 더 중요해질 것"이라는 오바마의 발언에서 드러난 것처럼, 오바마 시대에 미중 관계의 핵심 고리는 경제 분야가 될 전망이다.

● 부시 행정부 시기 미중 간의 전략 대화는 두 가지 분야에서 이루어졌다. 외교 안보는 양측의 차관급이 대표로 나서는 전략 대화가 있었고, 경제 분야에서는 장관급 전략 대화가 있었다. 그러나 오바마 행정부는 이를 부통령-총리급으로 격상하고, 전략 대화의 주제도 포괄적으로 접근하는 방향을 모색하고 있다.

오바마의 당선을 바라보는 중국의 시각 역시 이중적이다. '최초의 흑인 대통령' 등장에 감탄과 환호를 보내면서 미국이 일방주의 노선에서 국제사회의 여론을 존중하는 다자주의로 전환할 것을 기대한다. 그러나 무역 문제에서는 경계심을 감추지 않고 있다. 중국 역시 경제 성장이 둔화될 조짐을 보이고 있어 최대 수출국인 미국의 중요성이 더욱 커진 반면에, 오바마는 중국과의 무역 불균형 해소를 핵심적인 경제 공약으로 제시했기 때문이다. 실제로 무역을 둘러싼 오바마와 중국 사이의 신경전은 대선 기간부터 불거졌다. 오바마가 "모든 외교적 수단을 동원해" 중국의 위안화 저평가 정책과 미중 간의 무역 불균형을 바로잡겠다고 공약하자, 중국 외교부는 "위안화 환율은 미중 간의 무역 불균형의 근본 원인이 아니다"라고 반박하고 나섰다.

오바마가 중국과의 무역 불균형 해소에 어느 정도 성과를 낼지는 미지수이다. 과거의 사례를 보더라도 집권 초기에 의기양양했던 미국 정부는 결국 꼬리를 내리는 경우가 많았다. 클린턴 행정부는 중국의 인권 문제를 무역과 연계하겠다고 공언했지만, 중국의 강력한 반발에 부딪히면서 인권 문제는 제대로 거론조차 하지 못하고 중국에 최혜국 대우를 부여했다. 부시 행정부 역시 집권 초기 중국을 "전략적 경쟁자"로 부르면서 중국에 대한 봉쇄와 포위를 추구했지만, 시간이 지나면서 "중국에 외교를 아웃소싱한다"는 비난을 받을 정도로 중국에 의존적인 태도를 보였다. 더구나 중국은 막대한 미국 채권을 보유하고 있어 오바마가 중국에 큰소리를 낼 처지도 아니다.

'지는 해' 미국과 '뜨는 해' 중국

21세기 세계 권력 이동의 가장 핵심적인 특징은 미국의 쇠퇴와 중국의 부상이다. 물론 아직까지 양국 사이의 격차는 크다. 2007년 미국의 경제 규모는 13조 9천억 달러로 3조 2천억 달러를 기록한 중국의 4.3배에 달했다. 군사비 역시 2008년에 6천억 달러를 넘어서 6백억 달러의 중국보다 10배가량 높다. 이는 미국이 앞으로도 상당 기간 '세계 초강대국으로서의 지위'가 유지될 것이라는 전망을 가능케 하는 물리적 지표라고 할 수 있다.

그러나 중국의 성장 속도도 만만치 않다. 중국이 국제 정치 무대의 전면에 부상하게 된 배경에는 급격한 경제 성장이 자리 잡고 있다. 개혁 개방이 본격화된 1978년부터 2007년까지 30년간 중국의 경제 성장 추세를 보면, 연평균 9.5%의 경제 성장률을 바탕으로 국내총생산^{GDP}은 5배로 늘었고, 무역 규모는 세계 30위에서 3위로 껑충 뛰어올랐다. 아울러 세계 최대의 해외 직접 투자 유치국이자 GDP의 약 80%를 무역에 의존하는 무역 대국으로 성장하고 있다. 또한 2008년 외환 보유고는 2조 달러, 미국 채권 보유액도 1조 달러에 달했다. 이는 단연 세계 최대 규모이다. ● 이에 따라 중국이 2025년 이전에 독일과 일본을 제치고 세계 2위의 경제 대국으로 성장하고, 2030년을 전후해 미국마저도 추월할 것이라는 전망이 나오고 있다. 이러한 비약적인 경제 성장은 중국인의 삶의 질을 개선하는 데에도 크게 기여해 왔다. 약 4억 명이 절대 빈곤에서 벗어났고, 평균 수명은 72세로 늘었으며, 문맹률도 3분의 2 정도 줄었다. 또한 1천 명당 영아 5세 미만 사망자 수는 1970년 120명에서 2004년 31명으로 줄었다.

● Thomas Omestad, "How China, an Emerging Superpower, will Test the Obama Administration," *U.S. News and World Report*, December 3, 2008.

    중국의 경제 성장과 관련해 더욱 주목할 점은 중국이 동아시아 경제의 '성장 엔진' 역할을 하고 있다는 것이다. 1993년부터 2003년까지 아시아 주요국들과의 무역 규모를 보면, 한국 670%, 일본 250%, 대만 300%, 말레이시아 1025%, 싱가포르 350%, 필리핀 1800%, 태국 835%, 인도 1025% 등의 증가율을 보인 바 있고, 이러한 증가 추세는 이후에도 계속되고 있다. 특히 아시아 주요 국가들은 중국과의 무역에서 대규모의 흑자를 나타내고 있어 중국의 경제 성장을 '기회'로 인식하는 경향이 강하다. 반면 미국은 중국이 아시아에서의 무역 적자를 대미 수출에서 만회함에 따라 '위기'로 받아들이고 있다. 미중 간의 무역 불균형 해소가 미국 대선 후보의 단골 공약으로 등장하는 까닭이다.

    그러나 중국 경제에 장밋빛 미래만 있는 것은 아니다. 세계은행IBRD에 따르면, 2005년 중국은 영국을 제치고 GDP 순위 세계 4위로 도약했지만, 1인당 GDP는 세계 128위에 그쳤다. 이에 따라 2020년에 GDP가 일본을 추월하더라도 1인당 GDP는 일본의 10분의 1 정도에 지나지 않을 것이다. 이처럼 중국은 국가 전체의 경제 규모는 세계 최고 수준에 도달해 있지만, 개인 소득은 후진국 수준을 면하지 못하는 "이중 정체성dual identity"에 직면해 있다. 또한 빈부 격차가 점차 커지고 있다. 2008년 세계은행의 통계에 따르면 1억 3천만 명가량이 하루 소득 1달러 미만의 절대 빈곤층을 이루고 있고, 도농 간, 지역 간 격차도 더욱 심해지고 있다. 특히 급격한 자본주의화의 와중에 사회 안전망이 제대로 구축되지 않아 사회 불만 세력이 점차 늘어나는 추세이다.

중국의 급격한 산업화는 '세계 최악의 환경 오염국'이라는 오명도 함께 낳고 있다. 환경 오염이 가장 심각한 도시 30곳 중에 중국 도시가 무려 20곳이나 포함되어 있다. 이에 따라 매년 70만 명 이상이 호흡기 질환으로 사망하고 있고, 8~12%의 잠재 성장률도 잠식당하고 있다. 또한 적절한 산업 규제의 미비와 지방 관료들의 부정부패로 먹을거리와 수출 상품의 안전성 확보에도 빨간불이 켜진 상태이다. 아울러 GDP의 80%, 에너지 수요의 70%를 무역에 의존하고 있는 것에서 알 수 있듯이, 중국 경제의 대외 의존도가 높아지는 것 역시 중국 경제의 취약성이다. 이러한 맥락에서 볼 때, 중국의 경제 성장은 빛과 그림자를 함께 드리우고 있다고 할 수 있는데, 이는 중국이 당분간 내부적 문제 해결과 경제 성장에 집중할 것이라는 전망의 근거가 되고 있다. ●●

●● 중국의 경제 성장이 갖는 양면성에 대한 글로는, David M. Lampton, "Paradigm Lost : The Demise of 'Weak China'," *The National Interest*, Fall, 2005 참조.

이와 같은 중국의 경제 성장은 미국에 두 가지 의미를 부여한다. 긍정적인 측면으로는 중국의 경제 성장이 미국 기업의 수출과 투자 증대로 이어지고 있고, 중국이 막대한 재무부 채권을 구매·보유함으로써 미국이 저금리를 유지하는 데 기여하고 있으며, 중국의 저가 상품이 미국의 물가 상승을 억제하고 있다는 점 등이 거론된다. 부정적인 측면으로는 양국의 무역 불균형이 해소되지 않고 있고, 중국의 지적 재산권 위반으로 미국 기업이 엄청난 손해를 보고 있으며, 중국의 저환율 정책으로 미국 기업의 경쟁력이 떨어지고 있는 데다가 중국의 막대한 에너지 소비와 확보 추구로 미국의 안정적인 석유 확보가 어려워지고 있다는 점 등이 지적된다.

● Jeffrey A. Bader, "China's Emergence and its Implications for the United States," Presentation to the Brookings Council, February 14, 2006.

경제 대국에서 군사 대국으로?

중국의 강대국화는 경제적인 영역에만 국한된 것이 아니다. 중국은 유엔 안보리 상임 이사국이자 공식적인 핵보유국으로서 국제 정치의 유력한 행위자이다. 또한 급격한 경제 성장을 바탕으로 지난 20년간 연평균 10% 이상의 군사비를 증강시키고 있다. 경제 성장률도 세계 최고이지만 군비 증강률도 세계 최고이다. 이에 따라 중국의 군사비는 중국 정부의 공식 발표로는 세계 4위, 미국 국방부 추정으로는 세계 2위 수준이다. 특히 중국은 최근 해군력 및 공군력의 첨단화, 위성 파괴 무기 개발, 항공모함 보유 추진, 미국의 MD에 대응하기 위한 핵미사일 전력 증강 등 군사력 현대화에 박차를 가하고 있다. 이에 따라 국제 사회 일각에서는 중국이 경제 대국에 이어 군사 대국으로서의 지위마저 확보하려고 한다는 우려의 목소리가 높다.

그러나 중국 군사력에 대한 다른 시각도 있다. 중국의 군비 증강이 빠른 속도로 이루어지고 있지만, 상당수의 무기 체계는 여전히 노후화되어 있

●● Nina Hachigian, Michael Schiffer and Winny Chen, "A Global Imperative : A Progressive Approach to U.S.–China Relations in the 21st Century," Center for American Progressive, August, 2008.

●●● *Beijing Review*, June 5, 2008.

●●●● China's National Defense in 2006, http://www.china.org.cn/english/features/book/194421.htm.

고, 전력 투사^{power-projection} 능력도 글로벌 수준에 이르기에는 아직 멀었다. 따라서 중국의 군사력은 미국보다 모든 분야에서 수십 년 뒤떨어져 있다는 것이다.●● 중국 역시 할 말이 많다는 입장이다. 자국의 군사비는 미국의 10분의 1에 지나지 않고, GDP 대비 1.5% 수준 및 정부 예산 지출에서 차지하는 비중 약 10%이 여전히 낮으며, 13억 명의 인구와 15개국과 국경을 접하고 있는 현실을 고려해야 한다는 것이다. 또한 증액된 군사비의 상당 부분은 군인의 월급과 연금 등 병력 유지비에 사용되며, 전력 증강에 투입되는 비율은 40% 정도에 불과하기 때문에 중국의 군사 위협론은 과장된 것이라고 주장한다.●●● 이에 따라 중국은 "군비 경쟁과 다른 나라에 대한 군사적 위협에 관여할 의도가 없다"고 말하면서도, 국가 안보와 통합 유지, 통일 실현 및 전면적 소강 사회 小康社會 건설을 위해서는 군사 분야의 혁신을 적극 활용해 군 현대화에 나설 필요가 있다고 강조한다. 중국은 2010년까지 군 현대화의 공고한 기반을 닦고, 2020년경에 중대한 진전을 이루며, 2050년을 전후해 정보화된 전쟁에서 승리할 수 있는 정보화 군대를 양성하여 군사력 건설의 목표를 달성하겠다고 밝히고 있다.●●●●

중국이 다자 외교를 주도함으로써 국제적 위상과 영향력을 높이고 있는 것도 주목된다. 중국은 1990년대 중반까지 국제기구와 국제법을 미국 패권주의의 도구로 인식하면서 다자간 외교에 소극적이었다. 그러나 1990년대 중반 이후 대외 관계에서의 '신사고'를 강조하면서 국제무대에 적극 나서고 있다. 1990년대 말 아시아를 강타한 금융 위기에도 불구하고 위안화의 가치

절하를 자제함으로써 아시아 국가들의 환심을 샀고, 이는 이후 동남아시아국가연합ASEAN과의 자유무역협정FTA 및 ASEAN+3한, 중, 일과 동아시아 공동체EAC 논의를 주도하는 배경이 되었다. 또한 상하이협력기구SCO와 6자 회담을 주도해 중앙아시아와 동북아시아에서 위상을 높이고 있고, 과거 적대 관계에 있었던 러시아, 베트남, 인도와의 관계 개선에 나서는 한편, 1990년대에 소원해졌던 북한과의 관계도 강화하고 있다.

중국이 이른바 '연성 권력soft power' 측면에서도 두각을 나타내고 있다는 평가도 많이 나타난다. 즉, 중국이 경제력과 군사력 등 '강성 권력hard power' 영역에서뿐만 아니라 문화, 교육, 외교 등 강압적인 힘에 의존하지 않고도 상대방에게 영향력을 투사할 수 있는 연성 권력 영역에서도 부상하고 있다는 것이다. 중국은 연성 권력의 강화를 통해 자국의 부상이 위협이 아니라 기회임을 강조하고, 경제 성장에 필수적인 에너지원과 수출 시장을 확보하며, 국제적으로 '하나의 중국' 원칙을 인정받고자 한다.● 이에 따라 미국 내부에서는 중국의 연성 권력이 신장하는 것에 주목해 미국도 동아시아에서 연성 권력을 증진시켜야 중국과의 경쟁력을 높일 수 있다는 주문이 나오고 있다.●●

● Ester Pan, China's Soft Power Initiative, May 18, 2006, http://www.cfr.org/publication/10715/chinas_soft_power_initiative.html?breadcrumb=default.

●● David M. Lampton, "What Growing Chinese Power Means for America," Hearing on : "The Emergence of China Throughout Asia : Security and Economic Consequences for the U.S." The East Asian and Pacific Affairs Subcommittee, June 7, 2005.

부시 행정부의 '양면 전략'

21세기 미국의 대중 전략은 "중국의 미래가 불확실하다"는 인식에 바탕을 두고 있다. 이에 따라 미국의 대응 전략은 이에 대비하는 방향으로 나타났는데, 이는 봉쇄containment와 개입engagement의 합성어인 '컨게이지먼트congagement'가 탄생하게 된 배경이다. 이후 미국의 대중 전략은 중국의 불확실성에 대비하기 위한 '양면 전략hedging strategy', 중국이 국제 사회의 책임 있는 강대국이 되어야 한다는 점을 강조한 '이익 상관자stakeholder', 중국이 군사적으로 미국과 대등해지려는 것을 사전에 예방해야 한다는 '단념시키기 전략dissuasion strategy' 등으로 나타났다.

미국의 대중 전략을 나타내는 이러한 표현들은 한편으로는 중국의 부상에 따른 미국 내부의 혼란을 반영하는 것이면서, 다른 한편으로는 중국의 미래에 대한 불확실성을 근거로 최소한 중국의 부상에 대비한 군사적 능력은 확보해야 한다는 군사 패권주의의 발현이기도 하다. 부시 행정부가 말로는 중국과의 우호 협력 관계를 강조하면서도 중국에 대한 군사적 포위 및 봉쇄 전략에 박차를 가한 것은 이러한 기류를 잘 보여 준다.

●●● Zalmay Khalilzad, "Congage China," *RAND Issue Papers*, IP-187, 1999.

미국의 대중 전략은 공화당의 대표적인 안보통인 잘메이 칼리자드가 1999년에 발표한 보고서에서 제안한 '컨게이지먼트'라는 개념●●● 과, 이를 정책화한 부시 행정부의 '양면 전략'에서 잘 나타난다. 우선 컨게이지먼트는 개입 정책에 대한 비판에 근거를 두고 있다. 칼리자드는 아버지 부시 행정부와 클린턴 행정부의 대중 전략을 '개입'으로 규정하면서, 개입 정책이 중국과의 협력 관계를 발전시키는 데 도움이 될 수 있지만, 중국이 적대적이고 도전적인 국가가 될 경우에는 대비책이 없다고 지적했다. 특히 개입 정책은 중국의 경제력과 군사력이 강해지는 것을 돕기 때문에 '호랑이 새끼를 키우는 꼴'이 될 수 있다는 점을 경고했다.

반면에 '예방+봉쇄 전략'은 미중 관계가 협력 관계로 발전할 가능성을 위축시키고 불확실한 중국의 적대국화를 확실하게 만드는 자기 충족적 예언self-fulifilling prophecy의 속성을 갖고 있다고 비판했다. 이에 따라 칼리자드는 개입 전략과 '예방+봉쇄 전략'의 단점을 최소화하고 장점을 결합시키는 컨게이지먼트 전략이 21세기 미국의 대중 전략이 되어야 한다고 주장했다. 칼리자드가 중국을 봉쇄하기 위해 제시한 구체적인 정책은 세 가지이다. 첫째 중국의 군사력 증강에 도움을 줄 수 있는 정책은 피하고, 둘째 미국의 동맹국 및 우방국이 중국의 군사력 강화에 기여할 수 있는 협력을 제한하며, 셋째 미국 및 동아시아의 동맹국과 우방국들의 능력을 강화시켜 중국의 도발을 억제하되 억제가 실패할 경우 중국을 제압할 수 있는 기반을 갖춰야 한다는 것이다. 중국을 "전략적 경쟁자"로 규정한 부시 행정부는 이러한 세 가지 주문을 거의 그대로 받아들였다.

그러나 부시 행정부는 '컨게이지먼트' 대신에 '양면 전략'이라는 표현을 사용했다. 미중 고위급 대화의 미국 측 수석 대표를 맡았던 로버트 졸릭 국무부 부장관은 2005년 9월 21일 미중관계위원회 연설에서 "미국과 세계의 입장에서 핵심적인 질문은 중국이 어떻게 영향력을 행사할 것인가"에 있다며, 이에 대한 불확실성은 "미국뿐만 아니라 다른 나라들도 중국과의 관계에 양면 전략으로 대처하게 하고 있다"고 말했다.● 또한 미국 국방부도 2006년 『4개년 국방 정책 검토 보

● *People's Daily*, November 21, 2005.

고서』^{QDR}에서 중국을 잠재적 적국이 아니라 국제 사회의 책임 있는 국가로 유도하기 위해서는 '양면 전략'이 필요하다고 강조했다. 이는 부시의 대중 정책이 '양면 전략'에 있음을 명확히 한 것이다.

개념적으로나 정책적으로 컨게이지먼트에 뿌리를 두고 있는 양면 전략은 "한편으로는 포용과 통합 기제를 강조하면서도 다른 한편으로는 아시아 국가들과의 안보 협력과 국방력을 강화해 현실주의적 균형 정책에 주안점을 두는 것"을 의미한다. 미국의 이러한 전략은 네 가지 가정에 기초한다. 첫째, 현재의 중국은 미국 주도하의 국제 체제에서 지분을 확보하고 있기 때문에 현상 변경을 추구하지 않을 것이라는 가정이다. 둘째, 그럼에도 중국은 미국의 대만 정책을 비롯해 단극 질서에 불만을 갖고 있다는 것이다. 셋째, 중국에 대한 봉쇄 일변도의 정책은 중국을 적대 국가로 만들 위험이 있다는 것이다. 넷째, 이러한 맥락에서 중국에 대한 양면 전략은 미국의 이익과 목표에 가장 부합하는 선택이라는 것이다.●●

●● Evan S. Medeiros, "Strategic Hedging and the Future of Asia-Pacific Stability," *The Washington Quarterly*, Winter 2005-06, pp. 145-148.

중국을 단념시켜라

부시의 양면 전략은 외교 및 경제 분야에서는 '개입' 쪽에, 군사 안보 분야에서는 '예방+봉쇄' 쪽에 무게 중심이 있었다. 이러한 군사 전략은 이른바 '단념시키기 전략'에 잘 투영되어 있다. 이 전략은 한마디로 중국으로 하여금 미국과 대등해지려고 하거나 미국의 중대한 이익에 도전하려는 구상을 단념시키겠다는 것으로, 부시 행정부는 이를 위한 압도적인 군사력 확보와 동맹 관계의 재편을 핵심 수단으로 삼았다. 2001년 QDR에서는 중국을 직접 거명하지 않았지만, "미국의 전략과 정책은 다른 국가들이 미래의 군사 경쟁을 추구하려는 것을 단념시킬 수 있다"는 목표를 제시했고,● 2002년 『국가안보전략 보고서』NSS에서는 "우리의 군사력은 잠재적인 적들이 미국의 힘을 능가하거나 대등해지려는 희망하에 추구하는 군사력 증강을 좌절시킬 정도로 충분한 힘을 갖게 될 것"이라고 강조했다.●●

그리고 2006년 QDR와 NSS에서는 중국을 직접 거론하면서 중국에 대한 경계심과 대응책을 한 단계 높였다. QDR에서는 미국의 패권적 지위에 영향을 미칠 수 있는 "전략적 기로에 선 국가들Countries at Strategic Crossroads"로 인도, 러시아, 중국 등 세 나라를 들면서, "부상하는 강대국들 가운데 중국은 미국과 군사적으로 경쟁하고 미국의 우위를 상쇄할 만한 파괴적인 군사 기술을 이용할 수 있는 가장 큰 잠재력을 갖고 있다"고 주장했다.●●● NSS에서도 "우리는 중국이 자국의 국민을 위해 전략적으로 올바른 선택을 하기 바라지만, 그렇지 않을 가능성에도 대비하고 있다"고 밝혀 중국에 대한 경계심을 숨기지 않았다.

● Department of Defense, *Quadrennial Defense Review*, September 30, 2001.

●● White House, *The National Security of the United Stated of America*, September, 2002, p. 30.

●●● Department of Defense, *Quadrennial Defense Review*, February, 2006, pp. 28-29.

이와 관련해 미국 국방부는 비공식 조사를 통해 '단념시키기 전략'의 구체적인 목표를 설정했다. 주요 내용은 ▲중국인민해방군의 현대화 및 대만 장악 억제, ▲미국의 MD 배치에 경쟁하려는 중국의 동기와 전략적, 외교적 대응 무마, ▲중국이 유라시아 대륙에서 핵 강대국으로 부상하는 것을 차단,

●●●● Brad Roberts, "Dissuasion and China," *Strategic Insights*, October, 2004.

▲중국공산당 지배 체제의 종식 등이다. ●●●● 이러한 하위 목표들의 정점에는 중국이 미국과 주요한 군사 경쟁을 벌이고자 하는 동기를 아예 사전에 차단하려는 의도가 깔려 있었다. 그리고 이를 위한 핵심 수단으로 압도적인 군사력 우위를 내세워 중국이 미국과 대등해지는 것 자체가 불가능할 뿐만 아니라, 대등해지려는 노력이 중국에 막대한 비용을 초래할 것이라는 점을 중국 지도부에 주지시킴으로써 미국 주도의 단극 체제를 공고화하려는 것이었다. 냉전 시대에 군비 경쟁을 통해 소련을 몰락시켰다는 자만심이 투영되어 있음을 확인할 수 있는 대목이다.

중국을 포위·봉쇄하라

부시 행정부는 "전략적 경쟁자" 중국을 포위·봉쇄하려는 구상을 하나둘씩 정책에 옮겼다. 먼저 미일·한미·미-오스트레일리아 동맹 및 인도와의 동반자 관계 구축 등 아시아 국가들과의 관계 강화에 상당한 공을 들였다. 특히 동쪽에서는 '일본'을, 서쪽에서는 '인도'를 파트너로 삼아 중국을 양쪽에서 압박하려고 했다. "일본을 아시아의 영국으로 만들겠다"는 목표하에 미일 동맹을 미영 동맹 수준으로 강화시키려고 했고, 이러한 부시의 구상은 '강한 일본'과 미일 동맹 강화를 추구하는 일본의 보수적 정권들과 찰떡궁합을 이루면서 가속도가 붙었다. 미일 양국은 2005년 2월 19일 외교 및 국방 장관들이 참여하는 '2+2' 전략 대화에서 양국 공동의 전략적 목표로 "대화를 통한 대만 문제의 평화적 해결"과 "중국 군사 문제의 투명성 제고"를 포함시켜, 미

일 동맹 재편이 중국을 겨냥하고 있음을 내비쳤다.●

부시는 또한 인도를 "핵심적인 전략적 동반자"로 규정하면서 인도와의 관계 강화에 박차를 가했다. "인도가 세계의 주요 강대국이 되는 것을 도울 것"이라고 공언하면서 인도와의 군사 훈련을 강화하는 한편, 인도의 군사력 증강을 적극 후원했다. 일례로 부시 행정부는 이스라엘이 공중 조기 경보 통제기AWACS를 중국에 판매하는 것을 불허한 반면에, 인도에 판매하는 것은 승인했다. 또한 최첨단 전투기 및 방공 미사일, 지휘 통제 관련 장비를 인도에 판매하는 한편, 2005년 6월 말에는 인도와 상호 방위 조약을 체결해 양국 관계를 준군사 동맹 수준으로 격상시켰다. 2005년 7월 중순에는 핵확산금지조약NPT 회원국도 아닌 데다가 비밀리에 핵무기를 개발한 인도와 원자력 협정을 체결해 국제적 비난을 자초하기도 했다.●● 이러한 일련의 조치들은 인도가 중국과 협력 관계를 강화하는 것을 차단하는 한편, 대항마를 키워 중국을 견제·봉쇄하겠다는 전략에 따른 것이었다.

미국의 중국 포위 전략은 여기에서 끝나지 않았다. 한미 동맹을 재편해 주한 미군의 전력을 해공군 중심으로 개편하는 동시에, 중국과 가장 인접한 평택 기지를 확대해 동북아 미군 기지의 중심hub으로 삼으려 했다. 또한 민주주의 동맹을 구축해 비민주 국가인 중국에 대한 압박도 높이려고 했다. 냉전 해체 이후 소원해졌던 동남아 국가들과의 군사 협력 관계를 강화하는 한편, 중앙아시아의 여러 국가들에 새로운 미군 기지를 건설하는 데에도 박차를 가했다. 중국을 중심에 놓고 볼 때, 동쪽에서는 한국과 일본, 서남쪽에서는 인도, 남쪽에서는 동남아시아 국가들, 서북쪽에서는 중앙아시아 국가

● http://www.mofa.go.jp/region/n-america/us/security/scc/joint0502.html.

●● Alan Kronstadt, "India–U.S. Security Relations," *CRS Report*, August 1, 2005.

들과의 군사 협력을 통해 중국을 포위하려는 저의가 여실히 드러나는 대목들이다.

부시 행정부는 이러한 지리적, 군사적 포위 전략과 함께 중국에 대해 압도적인 군사력 우위를 공고화하기 위해 군비 증강에 박차를 가했다. 9·11 테러 이후 '국가 안보 지상주의'를 틈타 군사비를 대폭 증액한 부시 행정부는 MD, F-22와 F-35 등 차세대 전투기 개발 및 생산, 핵전력 현대화, 무인 장거리 폭격기 보유, 이지스함 등 해상 전력 강화 등 새로운 무기 체계의 개발과 생산에 주력했다. 부시 행정부가 특히 공들인 분야는 MD였다. 강경파들은 세계에서 가장 막강한 공격 능력을 갖춘 미국이 상대방의 보복 공격을 무력화시킬 수 있는 MD까지 갖는다면 누구도 따라올 수 없는 군사력을 확보할 수 있다고 보고 MD 구축에 사활을 걸어 왔다. 실제로 MD는 미중 간의 군사력 균형에 상당한 영향을 줄 수 있다. 미국이 한국, 일본, 오스트레일리아 등 아시아-태평양 동맹국들과 MD를 구축하면 유사시 대만을 방어할 수 있는 능력이 획기적으로 배가될뿐더러, 미국 본토를 방어할 수 있는 MD를 갖추면 양안 분쟁 시 중국의 보복 능력을 약화시켜 미국의 개입이 훨씬 용이해질 수 있다. 중국이 21세기 자국의 안보를 가장 위협하는 요소로 MD를 뽑은 것도 이러한 맥락에서 이해할 수 있다.

부시는 또한 전략적 중심축을 대서양에서 아시아-태평양 지역으로 옮기고, 대규모 전력 증강에 나섰다. 우선 대서양에 있던 해군력을 태평양으로 대거 이동시켜, 2010년까지 미군 해군력의 60%를 태평양에 집중하기로 했다. 이에 따라 잠수함의 수를 대폭 늘리고 핵 추진 항공모함 '조지 워싱턴'을 일본 요코스카 해군 기지에 배치하는 한편, MD 능력을 갖춘 이지스함을 대거 배치했다. 아울러 미국의 군사 작전에서 핵심적인 역할을 수행하는 항공모함 전단도 신속 대응 체제로 바꿔 30일 이내에 무려 6~7척의 항공모함 전단을 미국이 원하는 지역에 배치할 수 있도록 했다. 공군력도 강화하고 있는데, F-15 전투기 및 스텔스 전폭기 B-2, 무인 정찰기 글로벌 호크, 최신예 전투기 F-22 등을 괌, 일본, 한국 등지에 대거 전진·순환 배치하고 있다.

중국의 대응 전략, '미국의 봉쇄망을 뚫어라'

중국은 오래전부터 미국의 의도에 강한 의구심을 품고 있었다. 미국의 의도가 자국을 포위 및 봉쇄해 성장을 억제·예방하려는 데 있다고 보는 것이다. 그러면서도 중국은 미국과의 우호 협력 관계를 유지·발전시키는 것을 대외 정책의 핵심 목표로 삼고 있다. 이는 중국도 미국과 마찬가지로 '양면 전략'을 취하고 있다는 것을 의미한다. 여기에는 지속적인 경제 성장과 대만의 독립 노선 억제 등 자국의 이익을 달성하기 위해서는 미국과 안정적인 관계를 유지하는 것이 필수적이라는 현실적 판단과 중국이 강대국으로 부상하는 것을 봉쇄하거나 제약하려는 나라 역시 미국이라는 전략적 판단이 함께 깔려 있다.

이러한 판단은 대만 문제 및 미일 동맹 등 구체적인 문제에서 잘 나타난다. 중국은 대만 문제와 관련해 미국이 '하나의 중국' 정책을 지지한다는 점에서 대만의 독립 노선을 억제하는 역할도 하지만, 중국의 대만 통일 역시 방해하는 세력으로 보고 있다. 미국이 대만에 무기를 수출하고 대만 관계법에 따른 대만 안보 수호 방침을 세운 것은 중국의 의구심을 자극한 핵심 요인이다. 미일 동맹 역시 과거에는 일본의 재무장을 억제하는 효과가 있었지만, 부시 행정부 때에는 재무장을 촉진하는 요인으로 보았다. 부시 행정부가 일본에 평화 헌법 개정을 요구하고 MD를 핵심 고리로 군사 동맹을 강화한 것이 미일 동맹에 대한 중국의 의구심을 증폭시킨 핵심 요인이다.

● Evan S. Medeiros, "Strategic Hedging and the Future of Asia-Pacific Stability," *The Washington Quarterly*, Winter 2005-06, pp. 153-157.

부시가 쌓은 '포위의 성' 허물기

부시 행정부가 한편으로는 중국과의 우호 협력 관계를 강조하면서도 다른 한편으로는 군사적 봉쇄·포위 전략을 구체화하자, 중국 역시 미국과 친구가 되고 싶다고 말하면서 미국의 봉쇄망을 무력화하기 위해 치밀한 외교 안보 전략을 구사해 왔다. 중국은 우선 미국이 봉쇄 정책을 추구하는 것은 미국의 이익에도 부합하지 않는다는 점을 내세우는 한편, 중국의 부상은 위협이 아니라 기회임을 강조함으로써 아시아 국가들이 미국의 대중 봉쇄 정책에 참여하지 않도록 하는 데 방점을 두었다. 이러한 원칙하에 중국이 공들이고 있는 것은 크게 세 가지이다.

첫째는 경제 성장과 군비 증강의 균형을 이루면서 미국과의 국력 격차를 줄여 나가는 것이다. 소련이 몰락한 것은 미국과 무리한 군비 경쟁을 벌인 것이 가장 큰 원인이었다고 생각하는 중국은 경제 성장에 큰 부담을 주지 않으면서도 미국에 대한 최소한의 억제력과 대만 독립을 저지할 수 있는 수준의 군비 증강을 꾸준히 해 오고 있다. 실제로 중국은 지난 20년간 연평균 10% 이상의 군사비를 증액해 2008년에는 570억 달러_{중국 정부 발표치}에 달했지만, GDP의 1.5% 수준이다. 이는 GDP의 4%에 육박하는 미국보다 훨씬 낮은 비율로, 중국은 이 정도의 군사비는 충분히 감당할 수 있다고 본다.

중국이 추진하는 군비 증강의 핵심적인 특징과 양상은 다음과 같이 정리할 수 있다. 첫째는 공군력의 작전 반경을 넓히고 공중전 수행 능력을 강화하기 위한 최신예 전투기 사업의 촉진이다. 중국은 러시아의 수호이-27 개량형인 J-10을 2006년부터 생산하기 시작했고, F-15에 상응하는 수호이-30을 러시아에서 도입해 실전 배치했다. 또한 패트리엇 최신형인 PAC-3에 필적하는 러시아의 S-300 지대공 미사일을 도입하는 등 방공망 강화에 박차를 가하고 있다. 둘째로 미국의 MD 계획에 맞서 탄도 미사일 전력을 꾸준히 강화하는 한편, 위성 파괴 무기 개발을 통해 유사시 미국의 정보전 및 MD 작전에 대한 대응 전력을 구축하고 있다. 셋째로 해군력 증강도 두드러진다. 중국은 1995년부터 잠수함 전력 강화에 나서 킬로급 잠수함 12척을 비롯해 28척의 신형 잠수함을 실전 배치했다. 또한 방공 미사일을 탑재한 구축함, 경항공모함급에 해당하는 상륙 수송함 건조와 항공모함 확보에도 관심을 보이고 있다. 이러한 해군력 증강은 영토 분쟁을 비롯한 해양에서의 권리와 이익을 보호하고, 양안 사태 발생시 미일 동맹의 개입을 저지하기 위한 목적에서 추진되고 있다.

둘째는 주변국들과의 적극적인 관계 개선이다. 중국은 21세기 들어 과거 적대 관계였던 러시아, 인도 등 강대국들과의 양자 관계에 적극 나서고 있다. 이는 미국의 대중 전략에 맞서는 중국의 대응책 가운데 가장 주목을 끄는 부분이다. 우선 중러 관계를 살펴보자. 냉전 시대 초기에는 동맹국이었다가

1950년대 후반부터 냉전 해체기까지 적대 관계에 있던 중국과 러시아는 1990년대 후반부터 관계 개선에 나서 현재는 준동맹 관계로까지 발전했다. 양국은 1990년대 들어 미국이 발칸 반도 분쟁에 개입하고 나토가 영향력을 확대해 나가자 1996년 '전략적 협력 관계'를 선언하면서 본격적인 관계 개선을 모색했다. 또한 클린턴 행정부 말기 MD가 본격화되고 일방주의 성향의 부시 행정부가 등장한 2001년에는 '선린우호협력조약Treaty of Good-Neighborliness and Friendly Cooperation'을 체결했다. 이 조약 9조에는 조약 당사국이 위협에 직면하면 '즉각 협의'한다는 조항이 포함되어 있다. 그리고 양국은 2004년 10월 40년 간의 국경 분쟁을 매듭지은 데 이어, 2005년부터는 대규모 합동 군사 훈련을 정례화하고 있다.

이처럼 중국이 러시아와의 관계 강화에 몰두하는 이유는 다양하다. 우선 양국은 미국 단일 패권 체제에 대한 불만을 공유하고 있다. 이는 양국이 유엔 안보리에서 밀접한 협력 관계를 유지해 온 바탕이다. 또한 러시아는 급격히 증가하는 중국의 에너지 수요를 상당 부분 충족시켜 줄 수 있는 자원 부국이며, 러시아의 최첨단 무기 체계는 중국 군사 현대화의 가장 중요한 기반이다. 특히 중국은 자체적인 군사 기술이 여전히 이류 수준인 데다가 미국이 유럽 연합과 이스라엘의 대중 무기 수출을 차단하자 러시아에 크게 의존하고 있다. 이를 보여 주듯, 1990년대 초반 이후 중국의 무기 수입 가운데 러시아가 차지하는 비중이 무려 85%에 달한다. 이러한 양국 관계의 밀착은 미국의 MD 및 나토와 미일 동맹으로 대표되는 군사 동맹에 대한 '대항 동맹' 수준으로까지 발전할 조짐을 보이고 있다.

중국이 2005년 4월 인도와의 관계에서 최대 걸림돌인 국경 분쟁을 해결하고 양국 관계를 '전략적 동반자'로 격상하기로 한 것 역시 주목할 필요가 있다. 적어도 인도를 친미 일변도의 국가로 기울지 않게 함으로써 미국의 중국 포위 전략에 타격을 준 것이라고 볼 수 있기 때문이다. 특히 중국과 인도가 세계 1, 2위의 인구 대국이자 군사력 역시 만만치 않다는 점에서 두 나라의 관계는 미중 관계는 물론 유라시아의 안보 및 경제 질서에 중요한 변수가 되고 있다. 이에 따라 미중 양국의 잇따른 러브콜에 인도의 몸값은 치솟고 있고, 인도는 미중 관계의 균형자로 부상하고 있다.

이 밖에도 중국은 1990년대 후반 이후 아세안과 연례 정상 회담을 개최하는 한편, 비아세안 국가들 가운데 가장 먼저 불가침 약속 및 자유무역협정 체결 추진을 골자로 하는 우호 협력 조약을 체결했다. 아울러 아세안 국가들과 영해 분쟁의 대상이었던 남중국해 문제를 평화적으로 해결하기로 한 선언을 채택함으로써 중국과 아세안 사이의 신뢰 구축을 도모하고 있다. 한반도와 관련해서도 해양 세력^{미일 동맹}에 대한 완충 지대를 유지한다는 전략적 목표하에 한국과의 관계 개선 및 북한에 대한 지원자 역할을 계속하고 있다. 최근에는 일본과의 관계 개선을 추진하고 금융 위기를 기회로 한중일 3국 정상 회담을 주도하는 등 동북아에서의 입지 강화에도 심혈을 기울이고 있다.

셋째는 다자간 외교 무대의 적극적인 활용이다. 중국은 미국 주도의 국제 제도가 중국의 성장과 국제적 위상 확보에 도움이 되지 않을 것으로 보고, 1990년대 전반기까지는 국제 제도 참여에 매우 소극적이었다. 그러나 1990년대 후반기 들어 이러한 인식에 변화가 생기기 시작했고, 이를 상징하듯 1997년 장쩌민 주석은 "우리는 다자간 외교 무대에 적극 참여해야 한다"며 '신사고'를 강조했다. 이는 중국이 지속적인 경제 성장을 이루기 위해서는 다자 제도의 장점을 활용할 필요가 있고, 적극적인 다자 외교가 중국의 부상에 따른 국제 사회의 우려를 불식시키는 데 도움이 될 것으로 보았기 때문이다.

 이를 보여 주듯 중국은 다자 외교에 상당한 공을 들여 왔다. 중국이 아세안과의 관계 개선에 적극적으로 나서고 6자 회담을 주도하고 있는 것 역시 이와 맥락이 닿아 있다. 또한 새로운 에너지원이자 전략적 요충지로 평가받는 중앙아시아 국가들과의 관계 개선에도 박차를 가하고 있다. 이는 2001년에 창설된 상하이협력기구^{SCO}를 통해 주로 이루어지고 있는데, 초기에는 테러리즘, 분리주의, 종교적 극단주의 문제를 다루었으나 점차 경제와 안보 분야까지 협력을 확대하고 있다. 현재 회원국은 중국, 러시아, 카자흐스탄, 키르기스스탄, 타지키스탄, 우즈베키스탄으로 구성되어 있으나, 2005년부터 이란, 인도, 파키스탄이 SCO 회의에 참관단을 보낸 것에서 알 수 있듯이 남아시아와 중동으로까지 확대될 전망이다. 이는 안정적인 에너지 확보 및 분리주의 저지 등 공식적인 목표 외에, 미군 기지를 중앙아시아까지 확대하고 있는 미국의 군사 포위 전략에 대한 대응책이기도 하다.

오바마의 중국 정책과 미중 관계

 오바마의 기본적인 중국관은 "중국은 적도 친구도 아니다. 그들은 경쟁자"라는 말로 요약된다. 그렇다고 부시 행정부처럼 중국이 미국과 대등해지려는 노력을 압도적인 군사력으로 예방하겠다는 전략을 갖고 있다고 보기는 어렵다. "미국이 당면한 가장 난해한 군사적 과제는 중국을 능가하는 군사력을 유지하는 것이 아니다. 중국과 관련된 가장 큰 난제가 있다면 군사적 과제가 아닌 경제적 과제일 것"이라는 언급에서 알 수 있듯이, 오바마의 중국에 대한 경계심은 군사보다는 경제에 있다고 할 수 있다.● 또한 오바마 행정부는 중국과의 협력이 중요하다는 것도 잘 알고 있다. 힐러리 클린턴 국무장관이 인준 청문회에서 중국을 "매우 중요한 행위자"라고 부르면서, 테러리즘, 핵확산, 기후 변화, 금융 시장 개혁 등에서 "적극적이고 협력적인 관계를 원한다"고 강조하면서, 첫 해외 순방 지역으로 동아시아를 삼고, 그 대상에 중국을 포함시킨 것에서도 오바마 행정부가 중국을 중시하는 경향이 잘 드러난다.

무엇보다도 주목되는 것은 미중 간의 '최고위 전략 대화'의 창설 움직임이다. 부시 행정부 시기에 미중 간의 전략 대화는 투 트랙으로 이루어졌다. 외교 안보 분야에는 양측의 차관급이 대표로 나서는 '고위급 회담'이 있었고, 경제 분야에는 양측의 장관급이 대표로 참석하는 '전략 경제 대화'가 있었다. 그러나 "부시 행정부의 미중 전략 대화는 경제 대화가 돼 버렸다"는 힐러리의 발언에서도 알 수 있듯이, 이러한 대화 체제로는 포괄적이고 최고 지도부의 결단을 필요로 하는 전략적 문제로 의제를 확대하는 데 한계가 있었다. 이에 따라 오바마 행정부 일각에서는 전략 대화 수준을 부통령-총리급으로 격상해 이를 정례화하는 방안을 강구하고 있다. 그러나 미중 간의 최고위급 전략 대화는 아시아의 질서를 양국 간의 협조 체제로 다루려 한다는 메시지를 전달함으로써 미국의 전통적인 동맹국인 일본, 한국, 오스트레일리아를 소외시키는 결과를 초래할 것이라는 주장도 제기되고 있다.●●

● 『담대한 희망』, 431쪽.

●● *The Yomiuri Shimbun*, February 3, 2009.

중국의 협력이 절실한 오바마

2008년 미국 대선에서 중국 문제는 상대적으로 이슈화되지 않았다. 이는 과거에 미국 대선 기간이나 정권 초기에 '중국 때리기'가 유행했던 것과는 사뭇 달라진 분위기이다. 워낙 이슈가 많은 탓도 있지만, 그만큼 중국의 강대국화와 경제 회복을 위해서는 중국과의 협력이 중요하다는 것을 인정할 수밖에 없다는 워싱턴의 기류가 엿보이는 부분이기도 하다.

대선 유세 때 발표된 오바마-바이든 플랜에서는 국제무대에 부상하는 중국을 다루는 방법과 관련해 "충분한 군사 교류를 갖고 양자 관계를 강화시켜" 아시아-태평양 지역의 안정을 도모하고 새로운 틀을 짜기 위해 협력을 강화해야 한다는 입장을 밝혔다. 양안 관계와 관련해서도 '하나의 중국' 정책을 지지하는 동시에, 대만 관계법도 준수하겠다는 입장이다. 또한 오바마 플랜에서는 "중국은 대만과의 신뢰를 구축하여 중국 동남부에 집중 배치된 군사력을 감축하고 대만의 국제기구 가입도 허용해야 한다"고 주문했다. 아울러 지적 재산권, 위안화 저평가, 인권, 수단의 다르푸르 사태, 이란 핵문제 등 "미국이 동의하지 않는 중국의 정책에 대해 명확히 밝히는 것을 주저해서는 안 된다"는 입장을 보였다. 2008년 3월에 발생한 티베트 사태와 관련해서도 중국의 강경 진압을 비난하는 한편, 중국은 티베트에 참되고 유의미한 자치권을 부여해야 한다고 주장한 바 있다. 또한 4월에는 부시 대통령에게 중국이 티베트 및 수단의 다르푸르 사태와 관련해 전향적인 태도를 보이지 않으면 베이징 올림픽 개막식 불참도 고려해야 할 것이라고 요구했다.

그러나 오바마 행정부는 출범 이후 가급적 중국을 자극하지 않으려고 하면서 경제에 초점을 맞추고 있다. 중국의 협조 없이는 경제 살리기가 불가능하다는 판단 때문이다. 힐러리 클린턴이 2009년 2월 20일 베이징 도착 직전에 "대만, 티베트, 인권 문제에 대해 중국에 압력을 가하는 것은 글로벌 경제 위기, 기후 변화 위기, 안보 위기를 고려할 때 우선순위가 되기 힘들다"고 말한 것은 이를 잘 보여 준다. 이처럼 오바마 행정부가 경제 살리기와 기후 변화 대처를 최우선순위로 삼으면서 미중 관계의 오랜 갈등 요인이었던 대만, 인권, 티베트, 중국 군사력의 현대화 등의 비중은 줄어들 전망이다.

그러나 양국의 경제 관계에도 여러 가지 복병이 도사리고 있다. 1부에서 설명한 것처럼 양국의 채권-채무 관계는 언제든 미중 관계를 뒤흔들 수 있다. 또한 무역 불균형과 미국 내 보호주의의 움직임을 둘러싼 갈등은 벌써부터 불거지고 있다. 기후 변화 역시 마찬가지이다. 오바마 행정부는 기후 변화를 양국 관계의 핵심 의제로 삼고 있지만, 중국은 신흥 공업국인 점을 내세워 온실가스 감축에 부정적인 태도를 보이고 있다.

양국 관계의 최대 갈등 요소인 대만 문제는 2008년 대만의 마잉주 정권 출범 이후 양안 관계가 화해 협력 기조로 가고 있어, 적어도 대만 총통 선거가 예정된 2012년까지는 큰 쟁점으로 떠오르지 않을 공산이 크다. 다만, 미국의 대만 무기 수출 문제가 잠복 요인으로 남아 있다. 또한 부시 행정부 시대에 미중 간의 핵심적인 갈등 요인이었던 MD 및 동맹 재편, 위성 파괴 무기 등의 우주 무기에 대해서도 오바마는 유연한 입장을 보이고 있다. 부시 행정부 초기에 북한에 대한 정권 교체 전략으로 중국과 마찰을 겪었던 사례도 되풀이될 것 같지는 않다. 오바마 행정부는 강압적인 방식으로 적대국의 정권 교체를 추구하는 것에 부정적인 생각을 갖고 있기 때문이다.

'양면 전략' 극복이 관건

그러나 오바마 시대의 미중 관계 역시 전략적 갈등을 피하기는 어려울 것이다. 근본적으로 양국은 협력을 강조하면서도 상대방의 의도에 대한 의구심을 바탕으로 견제도 함께 추구하는 '양면 전략'을 택해 왔다. 또한 미국은 중국의 군사적 불투명성에, 중국은 미국의 아시아-태평양 지역 전력 증강에 강한 우려를 나타내고 있다. 양국 모두 6자 회담을 동북아 평화 안보 체제로 발전시키는 데에는 동의하지만, 군사 동맹에 대한 생각은 다르다. 오바마 행정부도 한미·미일 동맹을 비롯한 아시아에서의 동맹 관계를 유지·강화하는 것이 중국의 부상을 견제하는 데 필요하다고 본다. 반면 중국은 이를 냉전 시대의 유물로 간주하면서, 동북아 다자간 안보 체제를 통해 동맹 위주의 아시아 질서를 재편하는 데 관심을 두고 있다.

결국 오바마 시대의 미중 관계의 향방은 양면 전략이 초래한 '자기 충족적 예언'을 얼마나 슬기롭게 극복하느냐에 달려 있다고 해도 과언이 아니다. 미국은 중국의 군사력 증강이 아시아에서 패권 추구로 이어지는 것에 '대비'한다는 명분으로 자국의 군사력 강화와 동맹 체제를 강화해 왔다. 중국은 이를 자국에 대한 봉쇄·포위 전략으로 받아들여 군비 증강에 더욱 매진해 왔다. 그러자 미국 내에서는 '중국 위협론'이 더욱 기승을 부리면서 군사력 위주의 정책을 강화하는 경향을 보였다. 지난 20년간 미중 관계의 진폭은 있었지만, 적어도 군사 안보 문제에서 이러한 악순환은 확대 재생산되어 왔다. 오바마 시대의 미중 관계가 이러한 악순환의 고리를 끊을 수 있을지 주목되는 까닭이다.

전환기의 동북아 질서

불안과 희망의 공존

유라시아 대륙의 갈등과 협력 구조는 대단히 복잡하다. 잠재적인 경쟁의 기본 축은 유라시아 대륙 서쪽의 나토와 동쪽의 상하이협력기구 사이에 있다. 아시아에서는 미국 주도의 동맹 체제와 중국 사이의 대분단 체제가 존재한다. 이러한 대분단 체제에서 인도, 동남아시아, 대만, 한반도는 샌드위치 신세와 가교 역할 사이에서 오락가락하는 형국이다. 동북아에서는 한-미-일 남방 3각축과 북-중-러 북방 3각축 사이의 갈등 구조가 있다. 이러한 갈등 구조가 현실로 나타날지, 아니면 새로운 안보 질서를 만드는 '성장통'으로 끝날지는 아직 미지수이다.

시야를 동북아에 맞춰 보자. ● 우선 동북아 군비 경쟁이 치열해져 가는 것이 가장 큰 우려 사항이다. 지난 10년간 동북아의 군사비는 두 배가 늘었고, 6개국이 전 세계 군사비에서 차지하는 비중도 70%에 육박하고 있다. 군비 경쟁의 특징은 크게 세 가지로 요약할 수 있다. 첫째는 최신예 전투기를 비롯한 공군력 강화 경쟁이다. 일본이 F-15J를 보유하자 한국은 F-15K 도입을 서둘렀고, 한미일 3국이 F-15 및 F-22와 F-35로의 전력 증강을 고려하자, 중국이 이에 필적하는 수호이-30을 구

● 이하의 내용은 정욱식, 「동북아 군비경쟁과 국제시민사회」, 『창작과비평』(2009년 봄호)의 내용을 일부 수정·보완한 것이다.

매하는 양상이 나타나고 있다. 둘째는 해상 전투함 및 잠수함 전력 강화이다. 일본의 이지스함 보유는 한국이 이지스함을 도입하는 구실로 작용했고, 미국의 아시아-태평양 해군력 증강은 중국이 해군력을 증강하는 명분으로 작용하고 있다. 셋째는 미사일과 MD의 경쟁이다. 북한의 미사일 전력 증강은 미국 주도의 동아시아 MD 추진의 구실이 되었고, MD 강화는 중국과 러시아의 미사일 전력 증강 및 위성 파괴 무기 등 대항 전력 구축으로 이어지고 있다. 이는 또한 주변 4국의 우주 군비 경쟁으로 이어지는데, 대표적으로 중국이 2007년 위성 파괴 미사일을 발사하자, 미국도 2008년에 이지스함에서 SM-3 미사일을 발사해 고장난 위성을 파괴했다.

　　미국은 강력한 국방력과 동맹 체제 유지를 다짐하고 있고, 중국과 러시아는 미국에 비해 군사비가 턱없이 적고 군사력 현대화에서 뒤떨어진다고 판단하고 있어 군비 경쟁은 당분간 지속될 가능성이 높다. 동북아 질서에 훈풍을 몰고 올 것으로 기대되던 남북 관계는 이명박 정부 출범 이후 역주행을 거듭하고 있다. 동북아의 문제아로 떠오른 일본이 동북아 평화 구축에 적극 나설 것으로 기대하기도 힘들다. 동북아 역내 국가들 사이의 역사 교과서 문제와 영토 분쟁에서 잘 나타나듯이, 각국의 민족주의 경향 역시 커지고 있다. 게다가 국익이나 정권의 이익을 넘어서 보편적 가치와 공동 번영 및 협력 안보를 추동할 수 있는 동북아 시민 사회의 성숙도도 미약하다.

　　그러나 반전反轉의 징후와 계기도 보인다. 첫째, 6자 회담이라는 틀이 있다. '소가 뒷걸음치다 쥐 잡는 격'으로, 부시가 북한과의 직접 대화를 피하고 국제적 압박 구도를 만들기 위해 고집했던 6자 회담은 동북아 문제 해결의 소중한 토대가 되고 있다. 2005년 9·19 공동 성명에서는 "동북아의 항구적인 평화와 안정을 위해 공동으로 노력"하기로 했고, 2007년 2·13 합의에서는 '동북아 평화 안보 체제 실무 회의'를 창설키로 해 간헐적이나마 실무 회의를 열고 있다. 특히 중국과 러시아가 강한 의욕을 보이고 있다. 이와 관련해 오바마의 등장은 두 가지 긍정적인 의미를 담고 있다. 6자 회담이 동북아 평화 체제로 발전하기 위한 기본 전제는 북핵 해결과 북미 관계 정상화라고 할 수 있는데, 오바마 행정부는 '단호하고 직접적인 외교'에 나서겠다고 공언하고 있다. 또한 오바마의 아시아 정책에는 동북아 평화 체제 같은 다자적 협력 틀의 추진이 핵심을 이루고 있다.

둘째, 동북아에서 권력 재편이 일어나면서 어떤 나라도 질서와 규범을 강제하는 패권적 지위를 확보하지 못하는 반면에, 협력의 필요성은 더욱 커지고 있다는 점이다. '주변 4강'으로 일컬어지는 미국, 중국, 일본, 러시아는 세계에서 종합 국력 5위 안팎에 드는 나라들이다. 더구나 미국, 중국, 러시아는 핵보유국이자 유엔 안보리 상임 이사국이다. 또한 한국의 국력 역시 만만치 않은 수준에 도달했고, 북한은 동북아 국제 관계에서 일정 정도의 발언권과 지렛대를 확보하고 있다. 이는 어느 나라도 대외 관계에서 일방주의를 고수하기가 힘들어지면서, 협의와 타협에 기초한 다자주의의 필요성이 커지고 있는 구조적 요인이라고 할 수 있다. 오바마는 부시처럼 제국 건설을 시도하기보다는 협력적 다자주의와 리더십 회복을 통한 세계 전략을 공언하고 있다. 이는 강대국 간의 패권 경쟁 경향이 퇴조하고 협조 체제가 등장할 가능성이 높아졌음을 의미한다.

셋째, 한반도 문제와 함께 동북아의 핵심적인 불안 요인으로 거론되어 온 양안 관계의 해빙 무드 역시 주목할 필요가 있다. 민진당의 천수이볜 시대에 대만 독립 문제로 날카롭게 대립하던 중국과 대만은 국민당의 마잉주 정부 출범을 계기로 본격적인 화해 국면에 접어들었다. 이 같은 양안 관계 개선은 동북아 안보 딜레마를 푸는 중요한 계기가 될 수 있다. 미국의 아시아-태평양 전력 증강 및 한미-미일 동맹 재편과 중국의 군사력 현대화 노선이 충돌하면서 격화된 동북아 군비 경쟁의 이면에는 양안 문제를 둘러싼 미일 동맹과 중국 사이의 첨예한 대립이 있었다. 그런데 양안 관계가 크게 개선되면서 이러한 갈등이 눈에 띄게 줄었다. 이 와중에 등장한 오바마는 '하나의 중국'과 '대만 방어'라는 전통적인 정책의 연장 선상에 있으면서도 경제 위기 해결과 국제 평화 증진을 위해 중국과의 협력을 강조하고 있다.

넷째, 미국발 금융 위기로 악화되고 있는 전 지구적 경제 위기의 여파이다. 경제 위기가 동북아 군비 경쟁과 평화 체제의 미래와 관련해 주목되는 점은 세 가지이다. 먼저 경제 성장은 군비 증강의 물적 토대라는 점에서 경제 위기는 각국의 군사비 증액에 압박 요인이 될 것이다. 또한 2008년 12월 중순에 열린 한중일 정상 회담에서도 알 수 있듯이, 금융 경제 위기는 국가 간 협력의 필요성을 크게 증진시킨다. 경제 협력이 안보 협력으로 발전할 것인지는 두고 봐야 하지만, 경제적 상호 의존성 증대가 안보 갈등을 피하고자 하는 동기로 작용할 것임은 분명하다. 끝으로 동북아 6개국 모두 극심한 경기 후퇴, 실업 및 소득 감소, 사회 안전망 미비로 내부적인 불안이 커지고 있어 군사비를 동결하거나 감축하여 내부 문제를 해결해야 할 필요성이 커지고 있다.

물론 앞에서 언급한 것들은 미완의 가능성에 불과하다. 북핵 문제가 해결되지 않으면 6자 회담에서 동북아 평화 안보 체제를 본격적으로 논의하기도 어려워진다. 설사 동북아 평화 체제가 본격적으로 논의되더라도, '모여서 차 마시고 얘기 나누는 친목 모임' 수준으로 전락할 수도 있다. 양안 관계 역시 언제 다시 악화될지 알 수 없으며, '패권국 부재의 동북아'가 다자간 협력 체제를 가져올 수 있는 필요충분조건도 아니다. 내부적 불안 요인을 외부의 관심으로 돌리기 위해 더욱 공격적인 대외 정책을 추구하는 나라가 등장할 수도 있다. 결국 앞에서 언급한 동북아 평화의 실현 조건과 환경은 아직까지 가능성에 불과하다.

6자 회담은 동북아 평화 체제로 발전할까?

동북아의 미래 질서와 관련해 가장 주목되는 것은 6자 회담의 미래이다. 6자 회담에는 남북한과 미국, 중국, 러시아, 일본 등 동북아 6개국이 모두 참여하고 있다. 이처럼 동북아 6개국이 한자리에 모여 공동의 관심사를 논의하는 것은 역사상 처음 있는 일이다. 이와 관련해 2008년 12월 초순에 열린 6자 회담은 두 가지 점에서 주목을 끌었다.

먼저 대북 에너지 지원과 관련해 6자 회담 참가국 간에 균열이 나타났다는 점이다. 미국은 회담 결렬 직후 북한이 '시료 채취'를 포함한 검증 의정서 채택을 거부했다는 이유로 북한을 제외한 "5자가 대북 에너지 지원 및 경제 원조를 유보하기로 합의했다"고 밝혔다. 그러나 중국과 러시아는 "그러한 내용에 합의한 바 없다"며 미국의 주장을 반박하면서, 대북 중유 지원을 계속하겠다는 방침을 밝혔다. 중유 지원은 북한의 핵 불능화 조치에 상응하는 대가로 제공되는 것이므로, 이를 검증과 연계하는 것은 합의 정신에 위배된다는 이유 때문이다. 한-미-일과 북-중-러 사이의 갈등 구조가 재연된 것이라고 평가할 수 있는 대목이다.

동북아 차원에서 더욱 주목을 끈 부분은 중국과 러시아가 동북아 평화 안보 체제 구축에 적극적인 입장을 개진했다는 점이다. 6자 회담 의장국인 중국은 동북아 평화 안보 체제를 검증 문제 및 비핵화 2단계 마무리와 함께 3대 의제로 제시했다. 또한 동북아 평화 안보 체제 실무 회의 의장국인 러시아는 까다로운 검증 문제와 비핵화 2단계 논의에 앞서 동북아 평화 안보 체제 문제부터 논의하자고 제안해, 2009년 2월에 모스크바에서 실무 회의를 개최한다는 합의를 이끌어 냈다. 이미 9·19 공동 성명과 2·13 합의에서 동북아 평화 안보 체제에 대한 언급이 나왔다는 점에서 이는 각별해 보이지 않을 수도 있다.

그러나 중국과 러시아의 움직임을 주목할 필요가 있다. 동북아 평화 안보 체제 구축은 6자의 합의 사항이지만, 한미일 3국은 한반도 비핵화가 마무리 단계에 접어든 '이후'에나 본격화될 수 있다는 입장을 표명했다. 반면 중국과 러시아는 '병행' 추진을 선호하는 것으로 나타났다. 이는 중러 양국이 한미·미일 동맹 재편을 비롯한 미국 주도의 동아시아 동맹 체제에 대한 경계심을 공유하면서, 동북아 질서를 다자주의적 다극 체제로 재편하는 발판으로 6자 회담을 활용하려는 의도를 드러낸 것이라고 할 수 있다. 반면 미국은 동북아 평화 안보 체제를 미국 주도의 동맹 체제의 '대체재'가 아니라 '보완재'로 바라보는 시각이 강하다. 이에 따라 오바마 시대의 동북아 정세는 미국 주도의 동맹 체제와 중러 양국이 선호하는 동북아 평화 안보 체제의 관계가 핵심적인 변수로 떠오를 전망이다.

중국과 러시아가 미일 동맹에 이어 한미 동맹에 경계심을 나타내면서 다자간 안보 협력 체제를 선호한다는 것은 이명박 대통령의 중국 및 러시아 방문 때에도 확인되었다. 중국 정부는 2008년 5월 하순 이 대통령의 방중 기간에

"한미 군사 동맹은 지나간 역사의 유물"이라며, "시대가 많이 변하고 동북아 각국의 상황도 크게 변한 만큼 낡은 사고로 세계 또는 각 지역이 당면한 문제를 다루려고 해서는 안 된다"며 이 대통령의 한미 전략 동맹 추진 방침에 직격탄을 날렸다. 더불어 중국은 한국과 안보 이익을 공유하고 있으며 이에 협력할 의사가 있다면서, 상호 신뢰와 공동 안보에 기초한 협력을 증진하는 것이 지역의 평화를 실현할 수 있는 "유일한 선택"이라고 주장했다. 특히 장차 6자 회담이 동북아 안보 체제로 발전해야 한다며 한국과의 협력 필요성을 강조했다.

러시아 역시 비슷한 입장을 보였다. 한러 양국은 2008년 9월 이명박 대통령의 방러 기간에 양국 관계를 '상호 신뢰의 포괄적 동반자'에서 '전략적 협력 동반자'로 격상시켰다. 그런데 당시 한국은 한미 동맹을 '전략 동맹'으로 격상하는 것을 대외 정책의 최우선 목표로 삼았던 반면에, 미국과 러시아는 동유럽 MD 및 나토의 확장, 그루지야 사태 등으로 날카롭게 대립하고 있었다. 이러한 상황에서 러시아가 미국의 핵심적인 동맹국 가운데 하나인 한국과 '전략적 협력 동반자' 관계를 수립한 것은 지정학적으로 큰 의미가 있었다. 이와 관련해 러시아의 한 언론은 한러 간의 전략적 동반자 관계 수립이 "국제 관계에서 단극 체제가 더는 유지될 수도 지탱될 수도 없다는 것을 보여 준 또 하나의 증거"라며, 이는 "동북아 지역의 균형을 유지하고, 전 지구적 차원에서 긍정적인 선례를 창출할 수 있을 것"이라고 논평했다.

● *Novosil*, October 3, 2008.

제4부

:: 오바마의 미국과 한반도,
그리고 6자 회담

> "북한이 진정으로 완전하고 검증 가능하게 핵무기 프로그램을 제거할 준비가 되어 있다면, 오바마 행정부는 양자 관계를 정상화하고, 정전 협정을 평화 협정으로 대체하며, 다른 나라들과 함께 북한 주민들의 에너지 수요와 경제적 필요를 충족시키기 위한 지원에 나설 것이다."
>
> 힐러리 클린턴 미국 국무 장관, 2009년 2월 9일 아시아소사이어티 연설에서

오바마는 김정일과 악수할 것인가

김정일-오바마 정상 회담

"이것이 우리 공화국의 마지막 핵실험입니다."
김정일 국방위원장이 오바마 대통령에게 말했다. 그러나 핵실험은 어두컴컴한 지하가 아니라, 평양의 능라도 5·1 경기장에서 북한 인민들의 카드 섹션으로 연출되었다. 마치 김정일이 2000년 10월 말 평양을 방문한 올브라이트 국무 장관에게 카드 섹션으로 미사일 발사 장면을 보여 주면서 "저것이 마지막"이라고 말한 장면을 떠올리게 한다.
"오바마 각하의 평양 방문으로 60년 넘게 이어져 온 조미 간의 적대 관계는 끝났습니다." 김정일이 믿을 수 없다는 표정으로 카드 섹션을 지켜보던 오바마에게 말을 이어 갔다.
"자리를 옮겨서 축배를 듭시다."
2010년 4월 10일, 오바마는 전격적으로 평양행을 결행했다. 10일 오후 첫 정상 회담을

가진 김정일과 오바마는 북한의 핵 포기와 미국의 대북 적대 정책 철회를 맞바꾸는 협상에 원칙적으로 동의했다. 그리고 두 정상은 능라도 경기장으로 자리를 옮겨 집단 체조와 카드 섹션을 감상하고 있었고, 같은 시간 양측의 실무진은 북미 기본 협정 문안을 조율하는 데에 막바지 줄다리기를 하고 있었다.

핵심 쟁점은 미국의 적대시 정책 철회를 둘러싼 양측의 이견과 남북 대화였다. 미국은 평화 협정을 체결하고 대사급 외교 관계를 수립하면 미국의 적대시 정책도 끝난다는 입장이었지만, 북한은 한미 합동 군사 훈련의 중단과 핵우산 철수를 비롯한 미국의 핵 위협 해소도 적대시 정책 철회에 포함시켜야 한다고 맞섰다. 결국 실무 회담에서 합의 도출에 실패해, 김정일과 오바마는 11일 오전에 다시 만나 마지막 담판에 돌입한다.

"한미 합동 군사 훈련과 핵우산 정책은 한미 양국이 논의해야 할 사안입니다. 이 자리에서 더 얘기하는 것은 적절하지 않습니다."

오바마가 김정일에게 말했다.

"적대적인 의도가 없다면서 우리를 상대로 군사 훈련을 하고, 우리에겐 핵무기를 포기하라면서 남조선에는 계속 핵우산을 씌우겠다는 것이 공정한 것입니까?"

"군대가 훈련을 하는 것은 자연스러운 일입니다. 또한 한미 합동 군사 훈련은 철저하게 방어용입니다. 원하신다면 북측의 군사 참관단에게 군사 훈련을 개방할 수 있습니다. 핵우산 역시 마찬가지입니다. 우리는 이미 귀측에 핵무기 사용 의사가 없다는 것을 분명히 했습니다."

"그렇다면 우리가 주한 미군 철수를 요구해야 하는 것입니까? 미군 주둔을 용인하겠다는 것만으로도 우리는 크게 양보한 것입니다. 그렇다면 최소한 우리를 겨냥한 대규모 군사 훈련은 그만해야 하는 것 아닙니까? 그리고 우리 군부가 남조선과 미국의 합동 군사 훈련을 보고 와서 뭐라고 말할 것 같습니까? '방어용이니 안심하십시오'라고 저한테 보고하겠습니까? 본질적으로 방어용과 공격용을 구분하는 것 자체가 어려운 일입니다. 더구나 최첨단 무기가 총동원된 군사 훈련을 보고 오면, 새로운 무기를 사달라고 조르지 않겠습니까? 그리고 우리에게 핵무기를 사용할 의사가 없다면서, 핵우산을 고집하는 이유가 뭡니까? 중국 때문입니까, 러시아 때문입니까?"

김정일과 오바마의 입장은 좀처럼 좁혀지지 않았다. 세 시간의 휴회 동안 두 사람은 각자 참모들과 만나 대책을 숙의했다. 그리고 정상 간의 회담 재개에 앞서 강석주와 힐러리가 만나 합의안 도출을 시도한다. 합의안의 핵심은 '한반도 군사 문제에 대해 서로 만족할 수 있는 방향으로 문제를 풀기로 하고, 조속한 시일 내에 남-북-미 3자가 참여하는 고위급 군사 회담을 개최한다'는 것이었다. 강석주와 힐러리는 이러한 합의안을 각각 김정일과 오바마에게 보고했고, 두 정상이 이를 승인하면서 한 고비를 넘겼다. 그러나 남북 대화에 대해서는 합의점에 도달하지 못해 두 정상 간의 회담 의제로 넘기기로 했다.

"이미 여러 차례 말씀드린 것처럼, 남북 대화 재개는 반드시 포함되어야 합니다. 이 사항은 한미 간의 약속입니다. 또한 한국은 6자 회담 참가국일뿐더러 평화 협정 체결 및 경수로 사업 당사국입니다. 한국의 동의와 참여 없이는 진전을 이루기가 매우 어려운 형편입니다."

오바마가 단호하게 말했다.

"저 역시 여러 차례 강조했습니다. 우리 역시 북남 대화를 원하고 있습니다. 이를 위해서는 남쪽 정부가 6·15와 10·4 선언 이행 의지를 천명하고 우리를 적대시하는 정책을 철회해야 합니다."

김정일 역시 단호하게 응수했다.

"이 문제로 공동 선언 채택이 무산된다면 양측 모두 큰 손실을 입게 됩니다. 김 위원장께서 결단을 내려 주십시오."

오바마가 재차 요구했다.

"그러면 이렇게 합시다. 일단 조미 기본 협정에는 북남 대화의 필요성을 언급하고, 각하께서 이명박 대통령을 만나면 제 제안을 전해 주십시오. '이명박 대통령이 6·15와 10·4

선언을 충실히 이행하겠다는 의지를 천명하면 북남 수뇌 회담을 즉각 개최할 의지가 있다. 다만 남측 분위기를 고려해 상봉 장소는 평양이 좋겠다'고 말입니다."

"제가 이곳에 오기 전에 이명박 대통령께 6·15와 10·4 선언을 이행하겠다고 말하고 남북 관계 정상화를 시도하는 것이 어떻겠냐고 여러 차례 물었습니다. 그런데 이 대통령은 '우리는 두 선언을 존중한다. 구체적인 이행 방안은 남북 대화가 열리면 논의하겠다'고 되풀이해서 말했습니다. 이러한 입장을 고려할 때, 김 위원장의 제안을 이 대통령이 받아들일 것 같지 않습니다."

오바마가 조심스럽게 말하고 나서, 상체를 앞으로 숙이면서 제안한다.

"이렇게 하면 어떨까요? 김 위원장과 이 대통령이 하나씩 양보하는 것인데요. 아시다시피 3차 남북 정상 회담도 평양에서 개최하는 것은 한국이 마땅치 않게 생각할 것입니다. 이 문제는 제가 이 대통령을 설득해 보겠습니다. 김 위원장께서도 양보를 하나 하셔야 합니다. 6·15와 10·4 선언과 관련해 남북 정상 회담 이전에 이 대통령이 이행 선언을 하는 것이 아니라, 두 정상이 만나서 합의할 선언문에 담기로 하는 것이 어떨까요? 김 위원장이 동의하신다면, 제가 이 대통령을 설득해 보겠습니다."

"으음, 좋습니다. 제가 또 하나 선물을 드리는 셈이군요. 역시 각하께서는 듣던 대로 공감을 이끌어 내는 데 달인이시군요. 하하하."

김정일이 호탕하게 웃으면서 오바마를 치켜세웠다.

"결단을 내려 주셔서 감사합니다. 이제 한반도에 새로운 역사를 쓰는 시간만 남았군요. 듣던 대로 김 위원장께서도 통이 크시군요. 하하하."

만면에 웃음을 띠며 악수를 나눈 두 정상은 최종 문안 작성을 실무자들에게 지시하고 오찬 장소로 자리를 옮겼다. 그리고 세 시간 후 김정일과 오바마는 외신들이 전 세계에 생중계하는 가운데 북미 관계 기본 협정문에 서명을 하고 기자 회견을 가졌다.

2010년 4월 10~11일, '가상' 북미 정상 회담 북한을 "악의 축"이라고 불렀던 부시가 퇴장하고, "조건 없이 김정일과 만나겠다"고 말한 오바마가 백악관의 새로운 주인이 되었다. 그렇다면 우리는 곧 김정일과 오바마가 직접 만나 악수하는 장면을 볼 수 있을까? 여러 정상이 함께 만나든, 둘이 만나든 북미 정상 회담은 양국 간의 적대 관계를 종식하고 한반도 평화 시대의 개막을 보여 주는 가장 확실한 이벤트이다. 그러나 낙관은 금물이다. 길게는 지난 60년 넘게 지속되어 온 북미 간의 적대 관계를, 짧게는 20년 가까이 끌어 온 핵 협상을 돌이켜 볼 때, 그리고 앞으로 가야 할 길목 곳곳에 도사린 복병을 생각해 보면, 오바마 시대에도 한반도 비핵 평화로 가는 길은 '뻥 뚫린 고속 도로'가 아니라 '굴곡도 많고 차도 막히는 비포장도로'라고 할 수 있다.

북한의 입장에서는 북미 정상 회담이 대단히 중요하다. 핵 폐기는 '선군 정치'의 상징을, 북미 관계 정상화는 '미 제국주의 타도'를 포기하는 것을 의미한다. 이는 북한이 이전과는 전혀 다른 새로운 생존 수단과 지배 이념을 찾아야 한다는 것을 뜻한다. 결국 새로운 지배 이념은 '선군 정치 덕분에 반세기 넘게 지속되어 온 미국의 적대시 정책을 철회시키고 조선반도의 정전 체제를 평화 체제로 대체하게 되었다'는 대내적 정당화에서 출발할 수밖에 없다. 이를 위해서는 미국 대통령이 평양을 방문하는 것만큼 좋은 방법은 없다. 이러한 맥락에서 볼 때, 미국 대통령의 평양 방문은 북한 핵 포기의 가장 중요한 조건 가운데 하나라고 할 수 있다.

김정일이 미국 대통령과의 정상 회담을 원하고 있다는 것은 잘 알려진 사실이다. 그의 초청으로 추진되었던 빌 클린턴 대통령의 방북은 2000년 미국 대선에서 부시가 당선되면서 무산된 바 있다. 또한 김정일은 두 차례 평양을 방문한 고이즈미 준이치로 일본 총리를 통해 부시와의 정상 회담 의사를 강력히 피력한 바 있다.● 그러나 부시는 김정일에 대한 개인적인 혐오감을 버리지 못해 정상 회담은 끝내 성사되지 못했다. 클린턴 때에는 상황이 좋지 않았고, 부시는 아예 마음이 없었던 것이다. 이에 반해 오바마는 상황도 괜찮고 마음도 있다. 오바마 행정부는 방북을 고려했던 시점의 클린턴과는 달리 레임덕을 걱정할 위치에 있지 않고, 9·19 공동 성명의 2단계 이행 조치가 마무리되는 시점에 출범했다. 오바마 자신도 김정일을 비롯한 적대 국가 지도자와 "조건 없이 만나겠다"고 공언해 왔다.

● 고이즈미는 한미일 3국을 통틀어 김정일과 두 차례에 걸쳐 정상 회담을 가진 유일한 지도자이다. 그러나 북일 관계에 새로운 장을 열 것으로 기대했던 두 차례의 정상 회담은 일본인 납치 문제로 인해 오히려 최악의 상황을 낳고 말았다.

오바마의 공약과 발언을 통해 본 대북 정책

●● 오바마의 대북 정책은 북미 직접 대화와 6자 회담을 통해 북한 핵 포기 여부에 따른 득실 관계를 명확하게 보여줌으로써 핵문제를 해결하겠다는 것으로 요약된다. 그는 대선 후보 때 "북한 핵무기 프로그램의 완전하고 검증 가능한 제거 complete and verifiable elimination"를 목표로 제시하면서, "북한이 검증 가능한 방식으로 핵무기 프로그램을 폐기하고 핵확산 활동에 관여하지 않는다면 상당한 수준의 경제적, 정치적, 안보적 이익을 얻게 되지만, 이를 거부할 경우 정치 경제적인 고립이 더욱 심화될 것"이라고 말했다. 그는 이를 위해 대통령 취임 직후부터 북핵 문제를 다루어 나갈 방침을 밝혔다.●● 특히 외교

●● Arms Control Today 2008 Presidential Q&A: Democratic Nominee Barack Obama, September 24, 2008.

●●● 국내 언론과 전문가들은 'tough'의 의미를 둘러싸고 논란을 빚기도 했다. 일부에서는 '거침없는'으로 해석하면서 적극적인 대북 정책을 추구한다는 의미라고 주장했고, 일부에서는 '강경한'으로 해석하면서 오바마의 대북 정책이 결코 온건하지 않다고 주장했다. 그러나 필자가 보기에는 '단호한'이 적합하다. '단호한'은 북한의 핵 포기에 따른 득실 관계를 명확히 제시하면서, 포기 시에는 확실한 이익을 제공하고 불응 시에는 강력한 제재를 가하겠다는 의미를 담고 있다. 따라서 오바마의 대북 정책을 '강온'으로 구분하는 것은 적절하지 않다.

●●●● http://www.msnbc.msn.com/id/15304689/

적으로 사전 준비가 되면 김정일 위원장과 조건 없이 만나는 등 "직접적이고 적극적인 외교"를 펼치겠다고 공언했다. 당선 직후 내놓은 오바마-바이든 플랜에서는 "적이든 우방이든 관계없이 모든 나라를 상대로 '단호하고 직접적인 외교$_{\text{tough and direct diplomacy}}$'를 추구하겠다"고 밝혔다. ●●●

오바마의 대북 정책은 부시 행정부의 2007년 '이전'과 '이후'에 대한 상반된 평가에서 잘 드러난다. 그는 2008년 2월에 발표한 한반도 정책에서 부시 행정부가 초기에 북한을 "악의 축"이라 부르고 직접 대화를 하지 않음으로써 한미 간에는 갈등을, 북한에는 핵무기 개발의 기회를 제공했다고 비판했다. 특히 북한의 핵실험 직후에는 "미국은 북한과의 양자 협상을 거부함으로써 북한에 어떠한 지렛대도 갖지 못했다"며 직접 대화의 필요성을 강조했다. 그는 북한의 핵실험 직후 가진 한 방송과의 인터뷰에서 김정일과 만나 직접 협상에 나설 의사가 있느냐는 질문에 "적절한 시점에 6자 회담과 병행해 북미 양자 대화를 하는 것은 의미가 있다"고 답했다. ●●●●

그러나 2007년 2·13 합의 이후부터 부시 행정부의 대북 정책에 대한 오바마의 평가는 우호적으로 바뀌기 시작했다. 그는 『포린 어페어스』 2007년 7~8월호에 기고한 글에서 6자 회담을 북한 핵문제를 다루기 위한 "특별한 국제 연합"이라고 부르면서, 자신은 "지속적이고 직접적이며 적극적인 외교"를 지지한다고 밝혔다. 오바마의 6자 회담 지지 및 외교 중시 노선은 대선 직전인 8월 말에 채택된 민주당의 정강 정책에서도 거듭 확인된다. 여기에서는 "6자 회담을 통해 검증 가능한 한반도 비핵화를 이룩할 수 있도록 외교적 노력을 다해 나갈 것을 다짐한다"며 6자 회담 계승 방침을 분명히 했다.

● Barack Obama, "Renewing American Leadership," *Foreign Affairs*, July/August, 2007.

그렇다고 오바마의 대북 정책을 국내외 일부 강경파들이 비난하는 것처럼 '유화 정책'이라고 보기는 어렵다. 그는 2005년 5월 한 연설에서 북한을 "미국이 직면한 가장 심각한 핵확산 국가"라고 부르면서, 핵확산금지조약 NPT을 강화함으로써 북한처럼 이 조약에서 탈퇴해 규칙을 위반한 국가는 "자동적으로 강력한 국제 제재에 직면하게 만들어야 한다"고 말했다. 아울러 북한을 침공할 의사는 없지만, 무력 사용은 최후의 수단으로 "테이블 위에 올려져 있어야 한다"는 입장을 여러 차례 피력했다. 또한 2008년 2월에 발표한 한반도 정책에서도 "나는 북한에 대해 어떠한 환상도 가지고 있지 않다. 그리고 우리는 한반도 비핵화를 지켜 내기 위해서 단호해야 할 뿐 아니라 양보해서도 안 된다"고 강조했다. 9월 미국의 군비통제연합과의 인터뷰에서도 "북한의 과거 플루토늄 생산뿐만 아니라 우라늄 농축 활동과 핵확산 활동에 대해서도 완전하고 정확하며 검증 가능한 설명"을 요구할 것이라고 말했다.

대북 정책과 관련해 부통령인 조지프 바이든도 주목된다. 오바마가 상대적으로 외교 안보 정책, 특히 대북 정책에 대해 경험과 전문성이 부족한 반면에, 바이든은 1972년 상원 의원으로 선출된 이후 30여 년간 외교위원회에서 외교 안보 이슈를 다뤄 온 '베테랑'이다. 또한 그는 여러 차례에 걸쳐 방북을 추진하기도 했다. 게다가 바이든의 핵심 보좌관인 프랭크 자누지는 미국

내에서 대표적인 '북한통'일 뿐만 아니라 오바마 캠프에서 한반도 정책 팀장을 맡은 바 있다. 바이든의 대북 정책 역시 위에서 설명한 오바마의 정책과 아주 흡사하다. 특기할 만한 점이 있다면, 한반도 긴장 완화를 이라크, 이란과 함께 "다음 미국 대통령이 다루어야 할 가장 중요한 세 가지 의제"로 꼽은 것이다. 그는 2007년 6월 민주당 대선 후보 토론회에서 "집권 이후 100일 동안 가장 중요한 문제가 무엇이냐"는 질문에 이렇게 답했다. 이는 바이든이 북핵 해결을 무엇보다도 가장 중요하고 가장 시급한 현안으로 간주하고 있음을 보여 준다.

북핵 문제와 함께 미국 정계의 또 다른 관심사인 북한 인권 문제에 대해서는 민주당의 정강 정책에 원론적인 입장이 담겨 있다. "우리는 쿠바에서 북한에 이르기까지, 버마^{미얀마}에서 짐바브웨, 수단에 이르기까지 압제를 받고 있는 사람들을 위해 목소리를 낼 것"이라는 것이다. 미일 관계 및 북일 관계의 핵심 사안인 일본인 납치 문제와 관련해서도 오바마는 "6자 회담이 이 사안을 해결할 수 있도록 동맹 및 우방 국가와 협력하겠다"고 밝혔다. 이는 오바마 행정부 역시 북한 인권과 일본인 납치 문제를 비중 있게 다룰 것임을 예고한다. 그러나 이러한 사안들을 구실로 대북 강경책을 정당화하려고 했던 1기 부시 행정부와는 달리, 북한과의 관계 개선을 추구하면서 인권 문제 개선을 추구하는 '병행 전략'을 채택할 것으로 보인다. 2007년 이전과 이후의 부시 및 오바마의 대북 정책을 비교해 보면 다음의 표^{238쪽 참조}와 같다.

정리하자면, 오바마 행정부는 수레 위에 당근과 채찍을 함께 올려놓고, 6자 회담과 북미 직접 대화라는 두 개의 수레바퀴를 동시에 굴려 한반도 비핵화로 가는 여정에 나서겠다는 대북 정책을 구상하고 있다. 이는 2007년 이전의 부시와 여러모로 비교된다. 2007년 이전의 부시는 '그림의 떡'과 가

부시 행정부와 오바마 행정부의 대북 정책 비교

	2007년 이전의 부시	2007년 이후의 부시	오바마
대북 정책 목표	정권 교체, MD 및 동맹 재편 구실 찾기, 비핵화 등이 뒤섞임	비핵화	비핵화, 적대국에서 잠재적 파트너로의 전환
외교 안보 팀 성향	네오콘 주도의 이념적 군사주의	보수적 실용주의	중도적 실용주의
북미 직접 대화	거부	수용	긍정
북미 정상 회담	거부	거부	가능
동시 행동	선 핵 폐기 고수	점차적 수용	찬성
HEU, 핵확산	강하게 문제 제기	공세 수위 낮춤	우려 사항으로 협상에 포함
북한 인권	적극 제기 및 비난전	비난 자제	북미 관계 개선과 병행해서 인권 개선 추구
북한 불응 시	선제공격론 및 정권 교체	압박과 협상 병행	제재와 압박으로 국제적 고립화 추구

공할 채찍을 수레에 싣고 '정권 교체regime change'를 마음에 품으면서 북한의 선先 핵 폐기를 요구했다. 한사코 북미 직접 대화를 거부하고 6자 회담이라는 하나의 수레바퀴만 굴리려고 했다. 2006년까지 수레가 제자리를 맴돌 수밖에 없었던 까닭이다. 부시가 2007년 들어 북미 직접 대화에 나서면서 비로소 수레는 앞으로 전진할 수 있었다.

　이에 따라 대선 유세 과정에서 "부시의 대북 정책 계승자는 매케인이 아니라 오바마다"라는 평가가 나올 정도로 2007년 이후의 부시와 오바마의 대북 정책은 매우 흡사한 모습을 띠었다. 그러나 다른 점도 있다. 우선 부시는 정책 전환 이후에도 김정일과의 정상 회담에 강한 거부감을 갖고 있었던 반면에, 오바마는 '조건 없는 만남'도 가질 수 있다는 입장이다. 이보다 더 근본적인 차이는 대북 정책의 목표이다. 2007년 이후의 부시는 '비핵화'만 언

● Robert Carlin and John W. Lewis, "What North Korea Really Wants," *The Washington Post*, January 27, 2007.

급했지만, 오바마 행정부는 이보다 더 광범위하고 포괄적인 목표를 설정했다. 오바마의 외교 정책 밑바탕에는 '적대국을 줄여 미국의 잠재적 파트너로 만들겠다'는 구상이 깔려 있다. 이러한 구상은 북한의 전략적 목표와 일치하는 부분이 있다. 북한이 미국에 진정으로 원하는 것은 "전략적 관계를 수립해" 중국, 러시아, 일본 등 주변 강대국들의 틈바구니에서 생존과 발전을 모색하려는 것이기 때문이다.●

오바마의 대북 정책을 둘러싼 변수들

북한과 관련된 발언이나 공약 이외에도 오바마 행정부의 대북 정책에 영향을 미칠 변수는 매우 많다. 2006년 말 부시의 대북 정책 전환이 북한과 6자 회담 이외에도 이라크 사태의 악화, 이란 핵문제 부상, 네오콘의 퇴조 및 외교 안보 팀의 변화, 민주당의 의회 권력 장악, 재선을 고려할 필요가 없는 2기 행정부의 특성 등 다른 요인들이 종합적으로 작용했다는 것에서도 이러한 메커니즘을 찾을 수 있다. 더구나 오바마 행정부는 금융 위기를 비롯해 다루어야 할 사안들이 산적한 상황이다. 이에 따라 오바마의 대북 정책만 쳐다봐서는 제대로 된 분석과 전망이 어렵다. '나무는 보되 숲을 보지 못하는 오류'를 범할 수 있다는 것이다.

일례로 2000년 대선에서 부시가 당선되었을 때, 한국 정부와 대다수 전문가들은 부시가 대북 포용 정책을 계승할 것이라고 예상했다. MD에 대한 부시의 집착과 '북한 위협론'의 관계를 제대로 파악하지 못했던 까닭이다. 반대로 2006년 10월 북한의 핵실험 이후 부시의 대북 정책 전환을 예상한 전문가들도 거의 없었다. 공교롭게도 북한의 핵실험은 미국이 이라크 수렁에 빠지면서 이라크 전쟁을 주도한 네오콘이 몰락하던 시점에 이루어졌는데, 이것이 미국의 대북 정책에 갖는 영향을 잘 몰랐던 것이다.●

● 2003년 8월까지 부시 행정부의 대북 특사를 맡았던 프리처드는 도널드 럼즈펠드 국방 장관의 해임, 존 볼턴 유엔 대사 지명자의 인준 무산, 국무부의 밥 조지프 및 NSC의 잭 크라우치의 사임, 딕 체니 부통령의 비서실장인 루이스 리비의 재판 등 네오콘의 몰락이 대북 정책 전환의 핵심 요인이라고 지적했다. Charles L. 'Jack' Pritchard, *Failed Diplomacy*(The Brookings Institute, 2007), 김연철·서보혁 옮김, 『실패한 외교』(사계절, 2008), 16~17쪽.

이처럼 미국의 대북 정책은 변수에 따라 얼마든지 달라질 수 있다. 특히 21세기의 세계가 하나의 거대하고 복잡한 그물망처럼 상호 연관성이 강해지고 있다는 점을 염두에 둘 필요가 있다. 미국의 대북 정책 역시 그 그물망 위에서 어디로 튈지 알 수 없기 때문이다. 예상치 못한 우연적 요소들까지 감안한다면, 미국의 대북 정책을 예측하기란 더욱 어려운 일이다. 그러나 몇 가지 중요한 요소와 변수는 짚어 볼 필요가 있다.

첫째, 미국의 대외 정책에 막강한 영향력을 행사하는 의회를 주목할 필요가 있다. 11월 4일 대선과 함께 치러진 의회 선거는 하원 전체와 상원 3분의 1이 대상이었는데, 민주당이 상하원 모두에서 압승을 거두었다. 민주당이 행정부와 의회 권력을 모두 장악했다는 것은 클린턴 행정부 때 공화당이 장악한 의회가 사사건건 대북 정책의 발목을 잡았던 예가 되풀이되지 않을 것임을 뜻한다. 더구나 오바마는 공화당인 부시 행정부의 대북 정책을 상당 부분 계승하고 있어, 공화당이 노골적으로 제동을 걸기도 쉽지 않은 상황이다. 바이든이 부통령에 당선되면서 상원 외교위원회 위원장 자리를 존 케리가 이어받은 것 역시 긍정적이다. 그는 줄곧 북미 직접 대화를 주문해 왔다. 이에 따라 미국 의회의 정치적 역학 관계는 오바마 행정부가 전향적인 대북 정책을 추진하는 데 유리한 요소라고 할 수 있다.

둘째, 오바마 행정부가 대북 정책을 수립할 때 '숨은 악의적 의도'를 가질 것인가의 여부이다. MD 구축과 동맹 재편, 이를 통한 중국 봉쇄를 최우선순위로 삼았던 부시 행정부는 2006년까지 북한과의 협상보다는 "악의 축"으로 상징되는 '자극'과 양자 회담 거부로 나타나는 '무시' 전략을 취했다. 또한 대북 정책의 목표가 '정권 교체'에 있다는 것도 숨기지 않았다. 그러나 오바마는 MD와 중국 봉쇄에 대한 열망이 부시보다 약하고, 상대적으로 국제주의를 선호한다는 점에서 '다른 목적'을 위해 대북 협상을 고의로 피하거나 불성실하게 임할 것으로 보이지는 않는다. 또한 강압적인 정권 교체보다는 "단호하고 직접적인 외교"를 통해 적대국의 행동을 변화시키고 잠재적 파트너로 만드는 것에 관심을 두고 있다.

셋째, 부시와는 반대로 오바마가 한반도 비핵 평화의 긍정적 확산 효과$^{spill\text{-}over\ effect}$에 주목할 것인가도 중요하다. 이는 오바마 행정부의 대전략$^{Grand\ strategy}$과 연관된 것이다. 대북 정책이 미국이 추구하는 세계 전략의 하위 변수이고, 또한 21세기의 세계가 상호 연관성이 더욱 강해지고 있다는 점에서 오바마가 한반도 문제 해결의 확산 효과에 주목한다면 대북 정책의 우선순위도 자연스럽게 높아질 수 있다. 실제로 핵문제를 비롯한 한반도 문제는 유라시아 전역에 걸쳐 직간접적인 연관성이 있다. 발등에 떨어진 불이라고 할 수 있는 이란 핵문제부터 러시아와의 MD 갈등, NPT 재구축 및 '핵무기 없는 세계 만들기', 아프가니스탄에 미군 증파, '핵 테러리즘' 예방, 동북아 다자간 안보 체제 구축, 국방비 감축을 통한 예산 운용의 여유 확보 등에 이르기까지 미국의 핵심적인 이익과 연관된 많은 분야에 걸쳐 있다.

넷째, 오바마 행정부의 핵전략도 주목된다. 우선 미국의 핵전략은 NPT 문제뿐만 아니라 경수로 문제 및 북한과 한미일이 말하는 한반도 비핵화에 대한 '동상이몽'과도 연관되어 있다. 일단 '핵 선제공격론'으로 상징되는 부시의 핵전략과는 달리 오바마 행정부는 핵무기 선제 사용에 부정적이고, 핵무기 감축을 공언하고 있으며, 포괄핵실험금지조약^{CTBT} 비준 등 핵비확산 체제 구축에 적극적이라는 점에서 북한이 과거처럼 '미국의 핵 위협'을 거론하는 것은 쉽지 않을 전망이다. 반면 오바마가 안보 정책에서 핵무기에 대한 의존도를 낮추겠다고 공언하고 있어, 북한이 말하는 '조선반도 비핵화'와의 접점이 마련될 가능성은 있다.

다섯째, 글로벌 경제 위기가 대북 정책에 미칠 영향도 관심사이다. 미국의 재정 적자는 눈덩이처럼 불어나는 반면에 지출할 곳은 엄청나게 늘고 있기 때문에 미국이 북한과의 협상에서 돈 드는 일에 인색해질 수 있다. 핵문제 해결을 비롯한 대북 정책에 투입될 예산 항목은 에너지 및 식량 지원, 경수로 사업, 북한 핵 시설의 폐기 및 환경 정화 비용, 핵 시설 종사자의 직접 전환 등이다. 이러한 사업들에 필요한 전체 예산은 수십억 달러에 달하는데, 이에 따라 미국은 한국과 일본에 비용 부담을 강하게 요구할 가능성이 높다. 큰돈이 들어가는 협상 단계에서는 한국과 일본의 태도가 중요한 변수가 될 것임을 예고하는 대목이다.

여섯째, 오바마 대통령의 재선 전략과 대북 정책의 관계도 전망해 볼 필요가 있다. 대체로 1기 행정부는 업적보다는 재선을, 재선을 의식할 필요가 없는 2기 행정부는 업적을 중시하는 경향이 있다. 클린턴과 부시 모두 1기 때에는 북한과의 정면 충돌도 불사한다는 태세를 보였고, 2기 때에는 관계 개선을 도모했었다. 이러한 특성과 전례는 2012년 미국 대선이 오바마 행정부의 대북 정책 추진 시 중요한 고려 사항이 될 것임을 말해 준다. 이에 대해서는 이 책의 결론에서 자세히 다루었다.

이 밖에도 '제2의 9·11 테러', 아프가니스탄 사태의 악화, 이스라엘의 이란 공격 및 전쟁 발발 등 우발적 사건이 발생하면 오바마의 대북 정책에도 상당한 영향을 줄 것이다. 9·11 테러가 부시의 대북 정책을 더욱 강경하게 만들었듯이, 제2의 9·11은 미국 내에서 국가 안보를 절대시하는 분위기를 초래해 대외 정책도 강경한 방향으로 나아가게 할 것이다. 아프가니스탄 사태 악화와 이란 핵문제의 전개가 오바마의 한반도 정책에 미칠 수 있는 영향에 대해서는 이 책의 2부에서 이미 언급한 바 있다.

오바마는 북한을 어느 정도의 우선순위에 둘까?

오바마 행정부가 북핵 문제 해결을 비롯한 대북 정책을 어느 정도의 우선순위에 둘 것인지는 초미의 관심사로 거론되어 왔다. 금융 경제 위기 및 이라크·아프가니스탄 전쟁 등 '설거지론'이 거론될 정도로 차기 오바마는 부시로부터 엄청난 부채를 떠안았다. 이에 따라 북핵 문제가 오바마의 대외 정책에서 우선순위가 될 가능성은 낮다는 전망이 우세하다. 일례로 미국의 북한 전문가인 해리슨은 "미국 금융 기관을 구제하는 것이 북한을 구제하는 것보다 훨씬 다급하고, 이라크에서 내전 사태를 방지하면서 발을 빼는 것에 외교 역량을 쏟아부어야 하기" 때문에 오바마의 대북 정책에 급진전이 있을

것이라는 기대를 버리라고 충고했다.●

● 셀리그 해리슨, 「대북정책 '급진전' 기대 버려야」, 「한겨레」, 2008년 11월 12일.

그러나 오바마와 바이든은 대선 유세 때 북핵 해결을 우선순위 가운데 하나로 삼겠다는 의사를 분명히 해 왔다. 이러한 공약을 뒷받침하듯 5개 분야의 특사직 가운데 하나를 북한 정책에 배정했고, 힐러리 클린턴 국무 장관의 첫 해외 순방 지역으로 동아시아를 선택해 핵심 의제를 북핵 문제로 삼았다. 또한 정책의 우선순위는 사안의 시급성과 중대성에 의해서만 결정되는 것은 아니다. 전임 정부의 정책에 대한 평가, 정책 추진 시 성공 가능성, 다른 사안에 미치는 영향, 관련 국가의 반응, 여론의 추이 등도 중요한 요소이다.

이와 관련해 북핵 문제는 미국이 직면한 다른 사안들에 비해 성공 가능성이 높은 의제라고 할 수 있다. 부시 행정부가 한미일 강경파의 강력한 반발에도 불구하고 2007년부터 대북 정책을 전환해 북한과의 협상에 적극 나선 이유도 다른 사안에 비해 성과를 거두기가 비교적 용이하다고 판단했기 때문이다. 또한 오바마 행정부는 검증 논란을 제외하곤 2007년 이후 부시의 대북 정책을 크게 손볼 것이 없어 정책 재검토에 그리 오랜 시간이 요구되지 않고, 클린턴 행정부 때 요직에 있었던 오바마의 외교 안보 팀도 대북 정책에 익숙한 편이다.

무엇보다도 클린턴 행정부가 1995년 NPT 무기한 연장 여부를 결정하는 회의를 앞두고 1994년 제네바 합의를 체결했듯이, 2010년으로 예정된 NPT 검토 회의 역시 오바마의 적극적인 대북 정책에 영향을 줄 수 있다. 2010년 5월 이전에 북미 갈등이 해소돼 북한이 NPT에 복귀하거나 '옵서버' 자격으로라도 NPT 회의에 참가한다면 오바마로서는 엄청난 외교적 성과를 거두게 되기 때문이다. 이에 따라 2010년 NPT 회의는 단기적으로 오바마의 대북 정책 구상에 최대 요소가 될 가능성이 높다.

오바마 행정부가 대북 정책에 어느 정도의 비중을 둘 것인가의 문제와 관련해 한국이 중대 변수로 부상할 가능성도 있다. 대북 정책이 오바마 행정부의 우선순위가 될 것인가의 여부는 '미완의 가능성'으로 존재한다. 이명박 정부가 적극적인 대미 외교와 전향적인 한미 공조를 모색하면서 오바마 행정부를 설득한다면 우선순위가 될 가능성은 그만큼 높아진다. 반면 남북 관계를 회복하지 못하고 오바마의 적극적인 대북 정책 및 북미 관계의 급진전에 경계심을 나타낸다면, 동맹국의 입장을 중시하는 오바마로서도 주춤하지 않을 수 없게 될 것이다.

북한의 반응도 중요하다. 북한이 적극적인 협상 의지를 보이면서 대화에 나선다면 정책 우선순위는 높아질 수 있다. 김정일이 오바마 취임 직후 왕자루이 중국 특사를 만나 한반도 비핵화와 긴장 완화 의지를 과시한 것이 이에 해당한다. 그러나 한반도 위기를 고조시키는 벼랑 끝 전술을 택하면, 한국과 일본의 반발과 맞물려 '역효과'가 날 수 있다. 북한이 오바마 집권 초기에 남북 관계의 전면 충돌 가능성을 언급하고, 장거리 로켓 발사 준비 징후를 보인 것에 대해 오바마 행정부가 북미 관계 및 6자 회담에 "도움이 되지 않는 도발"이라고 규정한 것이 예가 될 수 있다. 벼랑 끝 전술을 통해 미국에 시급성을 인식시킬 수는 있지만, 역으로 성공 가능성 및 동맹국의 입장에 대한 오바마 행정부의 소극적인 판단을 가져와 조속한 협상 재개를 어렵게 할 수 있기 때문이다.

결국 오바마가 대북 정책에 어느 정도 우선순위를 둘 것인가는 북미 간의 첫 만남에서 윤곽이 드러나게 될 것이다. 오바마가 북한의 비핵화 의지를 확인해 성공 가능성에 대한 확신을 갖게 된다면 "단호하고 직접적인 외교"는 신속하게 전개될 것이다. 반면 첫 만남에서 북한의 비핵화에 대해 회의적인 생각을 갖게 된다면 정책 우선순위는 뒤로 밀리고 상황 관리에 초점을 맞추게 될 것이다. 2009년 4월 말~5월 초로 예상되는 북미 간의 첫 대화에 관심이 집중되는 까닭이다.

오바마의 한반도 정책 라인

오바마 행정부의 한반도 정책 라인의 윤곽도 드러나고 있다. 물론 최고 정책 결정자는 버락 오바마 대통령이다. 조지프 바이든 부통령도 풍부한 외교 안보 경험을 바탕으로 중요한 역할을 할 것으로 전망된다. '빅 3'에는 힐러리 클린턴 국무 장관, 로버트 게이츠 국방 장관, 제임스 존스 국가 안보 보좌관이 포진해 있다.

미국 행정부의 대외 정책이 외교-정보-군사 분야 간의 조율을 통해 결정되는 만큼, 오바마 행정부의 대북 정책을 비롯한 한반도 정책도 이 세 가지를 함께 봐야 한다. 우선 외교 라인에는 국무부와 백악관 국가안전보장회의 NSC가 핵심 부처이다. 국무부에서는 클린턴 행정부 때 국무부 정책기획국장과 백악관 국가 안보 부보좌관을 지낸 제임스 스타인버그 국무부 부장관, 클린턴 행정부 때 북한과의 미사일 협상에 참여했던 로버트 아인혼 군축·비확산 담당 차관, 6자 회담 미국 측 수석 대표를 맡았던 크리스토퍼 힐 후임자인 커트 캠벨 동아시아 태평양 담당 차관보, 클린턴 행정부 때 비확산 전략을 세운 전략통인 대니얼 포네먼 군축·비확산 담당 차관보 등이 중요한 인물이다.

이들 이외에 대북 정책을 전담할 인물은 스티븐 보즈워스 대북 정책 특별 대표와 성김 6자 회담 특사이다. 보즈워스는 의회 인준이 불필요한 특사이고, 성김은 부시 행정부 때 이어 6자 회담 담당 특사로 유임된 상태이다. 보즈워스는 북한과 다른 6자 회담 참가국들과의 고위급 협상 및 미국 부처 내의 정책 조율, 그리고 오바마와 클린턴에게 보고를 하고 협상 지침을 받는 역할을 할 것이다. 크리스토퍼 힐에 이어 6자 회담 수석 대표를 맡게 된 성김은 실무를 총괄하면서 북미 실무급 대화 및 6자 회담에서 실무급 회담을 이끌면서 보즈워스를 보좌하는 역할을 맡게 된다. 한편 오바마 대선 캠프의 핵심 참모였던 수전 라이스 유엔 대사는 북한 문제가 유엔으로 넘어갈 경우 유엔 내의 논의를 주도할 것이다.

NSC에는 클린턴 행정부 때 국무부 차관보를 지낸 탐 더릴런이 부보좌관으로 발탁됐고, 힐러리 클린턴의 아시아 순방을 보좌한 제프리 베이더 아시아 담당 선임국장이 북핵 문제를 비롯한 동북아 정책을 총괄할 것으로 보이며, 미국외교협회 부회장 출신인 게리 새모어 '대량 살상 무기 확산 및 테러 행위 방지 조정관'도 대북 정책에 관여할 것이다.

정보 라인도 주목할 필요가 있다. 정보 평가는 대외 정책을 결정하는 핵심적인 기초가 될 뿐만 아니라, 북한의 경우에는 이란, 테러리즘과 함께 미국 정보기관의 최우선적인 정보 수집 대상이다. 특히 김정일의 건강 이상설 및 후계 문제가 초미의 관심사가 되고 있어 정보기관의 역할은 더욱 중요해질 전망이다. 정보 라인에는 데니스 블레어 국가정보국[DNI] 국장과 및 리언 파네타 CIA 국장이 수장으로 포진해 있다. 또한 2월 10일 상원의 비공개 북한 청문회에서 브리핑을 한 바 있는 DNI의 조지프 디트라니 북한 담당관과 국가정보국 산하 국가정보위원회^{NIC}의 반 밴디펀 대량 살상 무기 담당 국가정보관이 핵심 인물들이다.

　　　군부 인사들도 매우 중요하다. 미국이 주된 관심사인 북한의 핵과 미사일은 외교 문제이자 군사 문제이다. 이에 따라 미국의 한미 동맹 정책, 미사일 방어 체제를 비롯한 전력 증강, 한미 합동 군사 훈련 및 5029를 비롯한 작전 계획 등에 대한 미국 군부의 입장 및 정책은 북한과의 협상 및 한국의 태도에 지대한 영향을 미치게 된다. 국방부 부장관에는 2008년 7월까지 거대 군수 산업체인 레이시온의 로비스트로 활동했던 윌리엄 린이 논란 끝에 인준 청문회를 통과했고, 야전 최고 사령관이자 한국 합참 의장과 군사위원회^{MCM}를 이끌어 나갈 미국 합참 의장은 마이클 뮬렌이 맡고 있다. 이 밖에도 한반도를 작전 반경에 두고 있는 태평양사령부의 티머시 키팅 사령관, 주한 미군 및 한미 연합사령부 사령관을 겸직하고 있는 월터 샤프 등이 핵심 인물이다.

보즈워스는 누구인가

　　　누구보다도 오바마 행정부의 한반도 정책 라인에서 가장 주목해야 할 인물은 힐러리 클린턴이 2월 20일 서울에서 대북 특사로 공식 발표한 스티븐 보즈워스이다. 클린턴은 인선 배경으로 보즈워스가 강한 리더십과 능력과 경험을 겸비한 외교관이라는 점을 강조했다. 특히 "보즈워스 대사는 북한 문제를 다루는 고위 관료로서 나뿐만 아니라 오바마 대통령에게 보고할 것"이고, "가장 고위급 차원에서 외국 정부와 대화를 나누게 될 것"이라고 말해 그에게 상당한 위상과 권한을 부여할 것임을 밝혔다.

그렇다면 보즈워스는 어떤 인물일까? 그는 까다로운 북한과의 협상, 오바마 행정부와는 대북 접근법이 다른 한국 및 일본과의 정책 조율, 중국 및 러시아와의 협력을 통해 한반도 비핵 평화를 달성하는 주역이 될 수 있을까? 우선 그의 이력과 관련해 두 가지를 주목할 필요가 있다. 하나는 1995년부터 1997년까지 한반도에너지개발기구KEDO 사무총장을 지냈다는 것이고, 또 하나는 1997년부터 2001년까지 주한 미국 대사를 역임했다는 것이다. 이는 오바마 행정부의 대북 정책과 관련해 중요한 의미를 지닌다. 향후 6자 회담에서 경수로 문제는 '뜨거운 감자'가 될 것이 확실시되는데, 보즈워스는 KEDO 초대 사무총장으로 경수로의 초기 설계자였다. 경수로 해법을 찾아낼 최적의 인물이라고 볼 수 있는 것이다.

보즈워스가 주한 미국 대사로 재직했을 때, 남-북-미 3자 관계가 황금기를 구가했다는 점도 환기할 필요가 있다. 그는 김대중 정부의 '햇볕 정책 전도사'인 임동원과 찰떡 공조를 과시하면서 '페리 보고서'를 탄생시킨 주역 가운데 한 사람이다. 북한의 광명성 1호 발사 직후 클린턴 행정부가 윌리엄 페리를 대북 정책 조정관으로 임명해 대북 정책을 재검토하게 하자, 보즈워스는 김대중 정부에 페리와 접촉할 것을 적극 권장했다. 임동원과 페리 사이의 가교 역할을 한 인물이 바로 보즈워스라는 것이다. 또한 남북 정상 회담 추진 과정에서의 한미 간 협의, 북미 간의 특사 교환 등에서도 중요한 역할을 했다.

이처럼 보즈워스는 이명박 정부가 '퍼 주기'라고 맹렬히 비난했던 '햇볕 정책'의 열렬한 지지자이다. 곧이어 설명하겠지만, 그는 막연히 기다리면서 북한에 어떤 일이 발생하기를 희망하는 것이야말로 가장 한심한 대북 접근이라고 보고 있다. 그런데 이명박 정부는 '기다리는 전략'을 취하고 있다. 이러한 맥락에서 볼 때, 대북 특사로 보즈워스가 임명된 것은 이명박 정부가 대북 정책을 바꾸지 않는 한 한미 간에 불협화음이 불가피한 또 하나의 이유가 될 것이다.

보즈워스는 여러 차례 북한을 방문해 북한 관리들과 속 깊은 얘기를 나눈 '북한통'이기도 하다. 오바마 행정부 출범 직후인 2월 초에 민간인 자격으로 평양을 방문해, 외무성, 국방위원회, 경제 관료들과 만나 북미 관계와 6자 회담에 대해 폭넓은 의견을 나누었다. 그는 방북 후 "북한이 비핵화 협상을 계속하겠다는 의지를 보였다"며, "우리는 점진적인 한반도 비핵화를 향해 계속 일할 수 있다"고 말했다.

보즈워스가 생각하는 대북 정책의 방향은 모턴 에이브러모위츠와 함께 2008년에 북한을 방문하고 돌아와 『뉴스위크』에 기고한 글에 잘 나타나 있다. 기고 시점은 2008

● Morton Abramowitz and Stephen Bosworth, "Reaching Out To Pyongyang," Newsweek, May 12, 2008.

년 5월로, 6자 회담 2단계 이행을 둘러싸고 북미 간에 신경전이 격화될 때였다. 이들은 대북 정책을 둘러싸고 부시 행정부가 분열되어 있는 것과는 달리 북한은 단기적, 장기적 정책을 갖고 있다고 강조했다. 부시 행정부가 오로지 비핵화에만 초점을 맞추고 포괄적이고 장기적인 전략은 없다고 비판하면서 "차기 행정부는 북한의 핵 프로그램뿐만 아니라, 약하지만 위험한 나라를 장기적인 관점에서 어떻게 상대해야 할 것인가의 과제를 풀어야 할 것"이라고 주문했다. 특히 "북한은 핵무기를 목적이 아니라 목적 달성을 위한 수단으로 간주하고 있는데, 미국 지도자들은 이를 이해하지 못하고 있다"고 주장했다. 북한은 미국과의 협상을 단순히 비핵화에만 국한하는 것이 아니라 "훨씬 광범위하게 설정하고" 있는데, 부시 행정부는 비핵화에만 관심을 가짐으로써 근본적인 문제 해결이 불가능했다는 것이다.

그러면서 북한이 원하는 것은 "정치적 보상"이라며, 이는 "미국이 대북 위협을 중단하고, 모든 제재를 해제하며, 자국을 우방국으로 상대해 달라"는 의미라고 설명했다. 이러한 맥락에서 "북한은 미국이 영구적으로 '적대시 정책'을 철회하고 '상호 신뢰'가 구축되기 이전까지는 핵무기를 포기하지 않을 것"이라고 강조했다. 북한이 핵을 포기하도록 하기 위해서는 과감하면서도 포괄적인 접근이 필요하다는 뜻이다. 아래 인용한 내용은 보즈워스의 대북 정책관을 잘 보여 준다. 특히 마지막 구절은 이명박 정부가 귀담아들을 가치가 있다.

"미국의 다음 대통령은 단순히 핵문제가 아니라 보다 넓은 시각에서 북한을 어떻게 상대해야 할 것인지를 결정해야 할 것이다. 우리는 북한이 아시아와 세계 경제에 편입될 수 있도록 다른 6자 회담 참가국들과 협력해 관계의 망web of connections을 구축하면서 비핵화 프로세스를 밟아 나가는 것이 최선의 방법이라고 본다. 이러한 접근에는 식량 및 에너지 지원, 투자 확대를 비롯한 경제적 지원이 포함되어야 할 것이다. 물론 북한이 계속해서 내부적으로 억압 정책을 펴고 있는데, 미국이 이러한 조치를 취하는 것은 국내 정치적으로 쉬운 일이 아니다. 그러나 이러한 접근은 최소한 북한의 핵확산 위협을 줄이고 플루토늄과 핵무기를 포기할 가능성을 높여 준다. 물론 이렇게 된다는 보장은 없다. 그러나 그저 북한이 붕괴하기를 희망하면서 기다리는 것보다는 훨씬 나은 정책이다."

이명박 정부의 대북 정책

'뿔난' 이명박 대통령

"아니, 어떻게 된 것이오? 한미 공조에 전혀 문제가 없다고 보고받았는데, 오바마 대통령이 다음 주에 평양에 간다고 하지 않소?"
이명박 대통령이 다그쳤다. 참석자들은 고개를 떨구며 숨소리조차 들리지 않을 정도의 침묵에 휩싸였다.
"말들을 해보세요. 나는 당신들의 보고만 믿고 있었는데, 이건 완전히 뒤통수 맞는 격 아니오. 힐러리 국무 장관은 뭐라고 하던가요?"
이 대통령이 미국을 방문해 힐러리와 만나고 어젯밤에 돌아온 유명환 외교통상부 장관에게 물었다.
이명박 대통령은 2009년 4월 런던 G-20 정상 회담 때 만난 오바마에게 북한의 통미봉남 전술에 말려들 우려가 있다며, 남북 대화 재개 이전에 대북 특사 파견과 북미 정상 회담은 곤란하다는 입장을 강하게 피력했다.
"저는 힐러리에게 지금 상황에서 미국 대통령이 평양에 가는 것은 북한의 통미봉남 전술에 말려드는 것이라며 거듭 재고를 요청했습니다. 또한 지금처럼 한미 간에 엇박자가 나면 한국으로서는 미국의 아프가니스탄 정책에 협조하기가 곤란해질 수 있다고 말했습니다. 그런데 힐러리의 입장은 완강했습니다. 한국의 아프가니스탄 파병과 지원에 사의를 표하면서도 이를 대북 정책과 연계하는 것은 동맹의 도리가 아니라며……."

유 장관이 말끝을 흐리면서 대답했다.

"망신만 당한 셈이군요."

이 대통령이 혀를 차며 말했다.

"그래도 성과는 있었습니다. 힐러리는 오바마 대통령의 방북 목적은 두 가지라고 설명했습니다. 하나는 북한의 핵 포기와 관계 정상화를 교환하는 대타협을 조속히 추진한다는 것이고, 또 하나는 오바마가 남북 대화를 직접 권유하겠다고 합니다. 또 평양에 가기 전에 한국을 방문하겠다는 약속도 재확인했습니다."

유 장관이 작은 목소리로 말했다.

"아니, 그건 이전 보고 사항과 다르지 않소? 내가 계속 보고받은 내용은 '미북 정상 회담은 남북 대화가 재개된 이후에 가능하다는 우리의 입장을 미국도 동의했다'는 것이었는데, 어떻게 하루아침에 말이 바뀔 수 있소?"

"아무래도 지난주 백악관 회의에서 미국의 입장이 바뀐 것 같습니다."

유 장관이 답했다.

"유 장관은 그것도 미리 감지하지 못했습니까? 국정원장은 알고 있었습니까?"

이 대통령이 물었다.

"저 역시도……."

원세훈 국정원장이 말끝을 흐리면서 답했다.

"아니, 그러면 내가 제일 먼저 알았다는 겁니까?"

이 대통령은 3월 18일 오바마 대통령의 전화를 받고 방북 의사를 통보받은 상태였다.

"이러고도 한미 공조가 잘 되고 있다고 말할 수 있습니까? 도대체 뭣들 하고 있었습니까? 다들 옷 벗을 각오 하세요!"

"지금 외교 안보 팀을 교체하면 우리의 정책이 잘못되었다는 것을 시인하는 꼴이 됩니다. 경질은 신중하게 판단하셔야 할 듯합니다."

정정길 대통령 비서실장이 이 대통령을 만류하고 나섰다.

"정책이 잘못된 게 아니면 뭐란 말입니까?"

이 대통령이 분을 삭이지 못하고 말했다.

"일단 외교 안보 팀 교체 여부는 시간을 두고 검토하고, 한미 정상 회담과 미북 정상 회담 대책부터 세우는 것이 순리에 맞을 것 같습니다."

비서실장이 제안했다.

"좋소. 나는 이만 자리를 떠야 하니, 여러분이 대책을 마련해 내일 오전에 다시 모입시다. 김태효 비서관은 대책 회의가 끝나는 즉시 나한테 결과를 보고하시오."

저녁 9시, 김태효 대외 전략 비서관은 이명박 대통령에게 회의 결과를 보고하기 위해 대통령 집무실을 찾았다.

"크게 세 가지 대책을 마련했습니다. 첫째는 다음 주에 대통령님께서 오바마 대통령을 만나면 '남북 대화 재개'가 미북 간의 합의에 반드시 포함되어야 한다는 입장을 전달하는 것입니다. 둘째는 북한이 핵을 가진 상태에서 미북 관계 정상화나 한반도 평화 협정 체결은 절대로 안 된다는 입장을 강력하게 표명하는 것입니다. 셋째는 미북 간에 어떠한 합의가 나와도 주한 미군 감축과 같은 한미 동맹의 급격한 변화는 수용할 수 없다는 것입니다."

"전반적으로 좋소. 그런데 오바마한테 부탁하는 내용만 있는 것 같으니 우리가 좀 주도적으로 문제를 풀 수 있는 방법도 찾아보도록 해요. 내일 오전에 다시 얘기합시다."

"아, 그리고 또 한 가지."

이 대통령이 인사를 하고 뒤돌아서는 김 비서관을 불러 세웠다.

"우리 외교 안보 팀 말만 듣고서는 정확한 상황을 파악하는 데 한계가 있는 것 같소. 김 비서관이 과거 정권 인사들을 포함해 도움말을 줄 만한 사람 두세 명과 나와의 면담을 추진해 보시오. 임동원 씨는 반드시 포함시키도록 해요. 모임은 비밀리에 하는 게 좋겠소."

"김정일 위원장이 오바마 대통령의 요구를 수용할 것 같소?"

다음 날 오전 안보장관회의를 주재하면서 이 대통령이 물었다. 이 대통령이 말한 오바마의 요구는 남북 대화 재개였다.

"아마 김정일은 대통령님께서 6·15와 10·4 선언을 전면적으로 이행하겠다고 선언해야 남북 대화가 가능하다고 반론을 펼 것입니다."

현인택 통일부 장관이 답변했다.

"내가 김정일한테 머리를 숙여야 한단 말이오? 그건 안 됩니다. 오바마 행정부에도 이 점은 분명히 해 두시오."

"1994년에도 유사한 상황이 있었습니다. 당시 지미 카터 전 대통령이 평양에서 김일성을 만나 남북 정상 회담을 중재한 바 있습니다. 김일성도 동의했었습니다."

유명환 외교통상부 장관이 말을 이어 갔다.

"대통령님께서 오바마 대통령을 만나면 이 점을 상기시키면서 남북 대화 재개를 중재해 달라고 요청하면 성과가 있을 것입니다. 미국도 남북 대화 중재에 적극 나서겠다고 말하고 있습니다."

"그건 그렇게 하기로 하고……. 국방 장관, 한미 동맹에 급격한 변화가 있어서는 안 된다는 말은 무슨 뜻이오? 미북 정상 회담 이후에 주한 미군이 대폭 감축될 수도 있다는 말입니까?"

"아직 미국으로부터 들은 바가 없기 때문에 예단하기 어렵습니다. 다만, 미국 내 일각에서는 주한 미군을 감축해 아프가니스탄에 투입해야 한다는 얘기가 나오고 있습니다. 게이츠 국방 장관에게 물어보고 다시 보고드리겠습니다."

"아니, 장관께서는 한미 동맹에 아무런 문제가 없다, 주한 미군은 현 수준으로 유지될 것이라고 보고해 오지 않았소? 도대체 일들을 어떻게 하고 있는 것이오?"

이 대통령이 고개를 좌우로 돌리면서 호통을 쳤다.

"미군 감축은 절대 안 됩니다. 어떻게든 막아 보세요!"

2010년 3월 29~30일, 이명박 대통령 주재 '가상' 안보장관회의

이명박 정부 1년, 남북 관계에는 무슨 일이?

2007년 대선에서 530만 표 차이로 압도적인 승리를 거둔 이명박 대통령의 대북 정책은 '비핵·개방·3000'으로 압축된다. "북한이 핵을 폐기하고 개방을 선택하면, 10년 이내에 북한의 1인당 국민 소득을 3천 달러까지 끌어올리겠다"는 것이다. 남북 경협을 핵문제와 연계시키겠다는 것이 핵심인데, 이는 김대중-노무현 10년간 이어져 온 '정경 분리 원칙'을 사실상 폐기한다는 의미를 담고 있다. 이명박 정부가 대북 경협의 4대 원칙으로 북핵 해결의 진전, 국민적 공감대 형성, 사업의 타당성, 재정적 부담 능력을 제시한 것도 '북핵-경협 연계 전략'을 잘 보여 준다. 발끈한 북한은 비핵·개방·3000을 "반동적인 실용주의", "반통일 선언", "대결론"이라며 맹공을 퍼부었다. 국내에서도 전략적 실효성에서부터 명칭의 타당성에 이르기까지 많은 논란을 야기했다. 그러자 정부는 대북 정책의 공식 명칭을 '상생과 공영의 정책'으로 바꿨고, 비핵·개방·3000은 그 하위 개념으로 재설정했다.

상생 공영 정책은 "북한의 변화와 함께 남북 관계는 더욱 발전할 수 있고, 평화와 경제의 공동체 구축을 통해 선진 한반도와 평화 통일 기반을 마련하겠다"는 것이다. 이러한 정책 기조는 '김대중-노무현 10년간의 햇볕 정책이 북한의 변화를 이끌어 내는 데 실패했고, 북한의 요구에 질질 끌려다니면서 오히려 핵무기 개발을 도왔다'는 평가에 기반을 두고 있다. 그러나 이명박 정부의 대북 정책은 '함께 살고 함께 번영하는 상생·공영'이 아니라 '서로 싸우고 함께 망하는 상쟁相爭·공멸共滅'의 과정이었다고 해도 과언이 아니다. 적어도 집권 1년간은 그랬다. 이에 따라 2007년 10월 2차 남북 정상 회담을 거치면서 최고조에 달했던 남북 관계는 불과 1년여 만에 최저점을 향해 내리닫고 말았다. 이명박 정부 1년간 남북 관계의 짧은 역사는 이를 잘 보여 준다.

북한은 2008년 1월 1일 신년 공동 사설에서 "10·4 선언 철저 관철"을 강조했다. 그리고 1월 중순 이명박 당선인 측에게 회동을 제의했지만, "목적이 뚜렷하지 않다"는 이유로 거절당했다. 대통령직 인수위에서는 통일부 폐지가 검토되었고, 『통일은 없다』라는 저서를 내는 등 대북 초강경파인 남주홍 경기대 교수를 통일부 장관으로 임명하려는 움직임도 보였다. 결국 통일부는 살아남았고, 김대중-노무현 정부 때 외교 안보 수석과 주중 대사를 지낸 김하중이 통일부 장관이 되었지만, 통일부의 위상은 급격히 추락했다. 또한 대통령직 인수위 고위 관계자들은 북한이 민감하게 반응해 온 대량살상무기 확산방지구상PSI 및 미사일 방어 체제 참가 문제도 거론해 파문을 일으켰다. 그러나 북한은 이명박 정부에 대한 비난을 자제했다. 신년 사설에서 "10·4 선언 철저 관철"을 대남 정책의 목표로 삼은 만큼, 남측의 새로운 정부를 자극할 필요가 없다고 판단했던 것으로 보인다.

● 『동아일보』, 2008년 3월 5일.

북한이 이명박 정부를 비난하고 나선 시점은 2월 25일 대통령 취임식 직후부터이다. 한미 양국이 북한의 강력한 반발을 '연례적인 비난'으로 일축하고 핵 항공모함, 핵 잠수함, 이지스함이 대거 동원된 '키 리졸브' 훈련을 강행한 것에 따른 반응이었다. 북한은 한미 합동 군사 훈련을 강력하게 비난하면서 "오랫동안 비싸게 마련해 놓은 모든 수단을 총동원한 주동적 대응 타격"으로 맞서겠다고 말했다. 허리띠를 졸라매고 "비싸게 마련해 놓은" 수단은 핵무기를 떠올리게 했다. 또한 3월 1~2일에는 서해상에서 3백여 발의 해안포 발사 훈련을 했다. 키 리졸브 훈련 시작과 겹치는 시기이다.

여기에 인권 문제를 둘러싼 갈등도 표출되었다. 박인국 외교통상부 다자외교실장은 3월 초 제네바 유엔 인권회의에서 "한국 정부는 보편적 가치로서 인권의 중요성에 입각해 북한의 인권 상황이 개선되지 않고 있다는 국제 사회의 우려에 대해 북한이 적절한 조치를 취할 것을 촉구한다"고 밝혔다. 김대중-노무현 정부 때의 신중하고 조용한 대북 인권 외교 기조가 바뀔 것임을 국제 외교 무대에서 공개적으로 밝힌 것이다. 이에 대해 제네바 북한 대표부 최명남 참사관은 "한국 측은 남북 관계에 부정적 결과를 초래할 이러한 무책임한 발언에 따른 모든 결과에 책임져야 할 것"이라고 비난했다. 군사 및 인권 문제로 남북 관계에 적신호가 켜질 조짐을 보이기 시작한 것이다. 그러나 한미 합동 군사 훈련이 벌어질 때마다 남북 관계는 홍역을 치렀었다. 노무현 정부가 유엔의 대북 인권 결의안에 찬성할 때에도 비방전이 벌어졌었다.

아! 3월 26일

그런데 2008년 3월 하순을 거치면서 남북 관계는 파국의 문턱에 도달하기 시작했다. 발단은 정부 최고위층의 부적절하고 비실용적인 발언들에서 비롯되었다. 김하중 통일부 장관은 3월 19일 "북핵 문제가 타결되지 않으면 개성 공단 확장이 어렵다"며, 북핵과 남북 경협을 연계하겠다는 방침을 분명히 했다. 이명박 대통령은 3월 26일 통일부 업무 보고 자리에서 "남북 기본 합의서를 기본으로 삼겠다"면서, 북측이 합의 이행을 강조했던 6·15 공동 선언과 10·4 남북 정상 선언에 대해서는 언급조차 하지 않았다. 정부는 대북 정책의 대전제를 '북핵 폐기'로 설정했는데, "기본 합의서에는 북핵과 관련된 것도 들어가 있기" 때문이었다. ● 유명환 외교통상부 장관은 같은 날 미국 워싱턴에서 "북핵 문제에 대해 시간과 인내심이 다해 가고 있다"고 말했다. 과거 부시 행정부 말을 그대로 옮겨 놓은 발언이었다.

이뿐만이 아니다. 김태영 신임 합참 의장은 같은 날인 3월 26일 국회 인사 청문회에서 북한의 핵무기 보유 대책을 묻는 질의에 대해, "중요한 것은 적^{북한군}이 핵을 가지고 있을 만한 장소를 확인해 타격하는 것"이라며 '선제공격론'을 언급했다. ●● 이는 '선제공격론'의 상징인 부시 행정부조차도 2007년 이후 공개적으로 입에 올리지 않은 발언이었다. 일례로 미국의 정보기관 수장인 존 매코넬은 2008년 2월 미 상원 청문회에서 "북한은 핵무기와 탄도 미사일을 전투 수행보다는 억제와 강압 외교의 목적으로 간주하고 있다"고 말하면서, "북한이 정권의 붕괴를 가져올 수 있는 군사적 패배에 직면하거나 급변 사태가 발생하지 않으면 핵무기를 사용하지 않을 것으로 본다"고 말했다. 이처럼 3월 26일은 남북 관계의 재앙이 시작된 날이라고 기록할 만하다.

● 이명박 대통령은 북핵 문제가 남북 기본 합의서에는 있지만, 6·15 선언과 10·4 선언에는 없다고 이해했었다. 그러나 6·15 선언이 채택된 2000년에는 제네바 합의가 비교적 순조롭게 이행되는 시점이었기 때문에 굳이 핵문제를 합의 사항에 포함시킬 필요가 없었다. 또한 이명박 정부가 이행 선언을 거부해 온 10·4 선언에는 "남과 북은 한반도 핵문제 해결을 위해 6자 회담 9·19 공동 성명과 2·13 합의가 순조롭게 이행되도록 공동으로 노력하기로 하였다"는 내용이 명기되어 있다.

●● 이명박 정부 초기 남북 관계 악화의 시발점이 되었던 김태영 합참 의장의 발언 논란을 되새겨 볼 필요가 있다. 김 의장은 2008년 3월 26일 국회 인사 청문회에서 북한의 핵무기 보유 대책을 묻는 질문에 "우선 가장 중요한 것은 적이 핵을 가지고 있을 만한 장소를 빨리 확인해서 적이 그것을 사용하기 전에 타격하는 것"이라며 선제공격론을 제기했다. 그러자 북한은 남측이 북침 의도를 명확히 드러냈다며 강력히 반발했고, 남측은 "일반적인 얘기를 가지고 북측이 시비를 건다"고 반박해 남북 관계는 급랭했다. 그런데 이 논란을 둘러싸고 중대한 사실 관계의 오해가 있었다. 당시 대다수 언론과 정부 및 군 관계자는 "북한이 소형 핵무기를 개발해 남한을 공격할 경우 어떻게 대처하겠느냐"는 질문에 대한 답변이었기 때문에, 적의 공격이 임박했을 때 군 책임자로서 자위적 차원에서 당연히 할 수 있는 말이라는 반응을 보였다. 그러나 필자가 국회 대화록을 확인한 결과, 질문은 북한의 핵 공격 시가 아니라 "북한이 핵을 가지고 있다고 가정했을 때 우리의 대비책은 무엇이냐"라는 것이었다. 이에 따라 김 의장의 발언은 국제법적으로 권리를 인정하는 추세가 강한 '자위적 선제공격'보다는 불법으로 간주되는 '예방적 선제공격론'이라고 할 수 있다.

그러자 북한의 보복 조치가 잇따라 나왔다. 3월 24일에는 김하중 통일부 장관의 핵-개성 공단 연계 발언을 문제 삼으면서 개성 공단에서 남측 인원의 전원 철수를 요구했다. 이어 3월 29일에는 김태영 합참 의장의 선제공격론 발언을 강하게 비난하면서 북방한계선^{NLL} 수역에서 남북한의 무력 충돌 발생 가능성을 경고했다. 또한 서해상에서 단거리 함대함 미사일을 세 차례 발사하는 무력시위도 벌였다. 급기야 『로동신문』 4월 1일자 논평에서는 이명박 대통령을 "역도"로 부르면서 '비핵·개방·3000'을 전면 거부하고 남북 관계 악화에 따른 결과를 경고했다. 북한의 매체가 이 대통령의 실명을 거론하면서 비난을 퍼부은 것은 이때가 처음이었다.

그러나 이 논평의 행간에는 북한이 이명박 정부에 바라는 것이 무엇인지도 나타났다. 우선 "6·15 공동 선언과 10·4 선언에 따라 북남 관계를 발전시키고 자주 통일과 평화 번영을 이룩하려는 것은 우리의 일관한 입장"이라고 밝혔다. 이는 이명박 정부가 이 선언들을 존중하고 이행할 의지를 밝히면 남북 관계가 달라질 수 있다는 의미도 담겨 있다. 한반도 비핵화와 관련해서도 "북남 간의 문제가 아니라 조미 관계 문제이고, 남조선까지도 포함한 국제적 문제"라며, "6자 회담 9·19 공동 성명에는 조선반도 핵문제의 기본 당사국인 미국과 함께 남조선의 의무도 명백히 규정되어 있다"고 강조했다. 이는 한반도 비핵화가 북한의 선 핵 폐기가 아니라 9·19 공동 성명에 따른 '동시 행동'의 원칙하에 이루어져야 한다는 의미를 담고 있다. 이에 따라 북한은 선 핵 폐기를 담고 있는 이명박 정부의 대북 정책이 9·19 공동 성명의 정신을 위반한 것이라고 본 것이다. 거꾸로 해석하면 이명박 정부에 6자 회담 합의 사항을 존중해 달라는 요구인 셈이다. 그러나 이명박 정부는 6·15와 10·4 선언 이행 의지를 끝내 밝히지 않았고, 선 핵폐기론을 고집했다.

이명박 정부가 대북 식량 지원을 중단한 것 역시 남북 관계의 악재였다. 2007년 북한의 식량 수확량과 국제 사회의 지원량이 줄면서 북한이 2008년에 또다시 대기근 사태에 직면할 것이라는 경고가 여기저기에서 나왔다. 당연히 이명박 정부에 대북 지원에 나서라는 요구도 높아졌다. 그러나 정부는 북한이 먼저 요청하지 않았고, 국민적 동의도 이루어지지 않았다며 지원 방침을 밝히지 않았다. "북한의 식량난이 그리 심각하지 않다"는 말도 흘렸다. 바로 이때 부시 행정부가 4월 초에 50만 톤의 식량 지원 방침을 발표했다. 당황한 이명박 정부는 5만 톤의 옥수수를 지원할 테니 대화를 하자고 북한에 제안했지만, 북한은 묵묵부답이었다. 결국 12월 9일에는 북한의 요청도 없고 인도적 지원이 필요한 긴급한 상황도 아니라며, 대북 지원 방침이 없음을 공식적으로 밝혔다. 그러나 하루 전날 세계식량계획WFP은 2009년 북한의 식량 부족분이 83만 6천 톤에 달할 것이라고 발표했다. 어쨌든 한국 정부가 북한에 직접 지원이든 국제기구를 통해서든 한 톨의 쌀도 보내지 않은 것은 2000년 이후 처음이었다.

3월과 4월을 거치면서 악화 일로를 걷던 남북 관계는 7월 들어 최악의 상황에 직면했다. 7월 11일 새벽 금강산 관광객이 북한의 군사 보호 구역에 들어갔다가 북한군의 총격으로 사망한 사건이 발생한 것이다. 공교롭게도 이날 오전에는 이명박 대통령이 국회 개원 연설에서 "전면적인 남북 대화"를 제안하기로 되어 있었고, 이 대통령은 금강산 피격 사건에도 불구하고 대화를 제의했다. 그러나 오후가 되자 정부의 기조는 확 바뀌었다. 금강산 관광 사업을 중단하는 한편, 남측 조사단의 현장 조사를 요구하고 나선 것이다. 북한은 이 사건에 대해 "유감"을 표했지만, 사건의 책임을 전적으로 남측에 돌리면서 현장 조사 요구를 거부했다. 또한 8월 9일에는 "금강산 관광 지구에 체류 중인 불필요한 남측 인원을 추방하는 조치"를 취하겠다고 발표했고, 다음 날부터 실행에 들어갔다. 이에 따라 '화해 협력의 상징'인 금강산 사업은 갈등의 상징으로 추락했고, 관광 개시 10년 만에 최대 위기에 봉착하고 말았다.

7월 들어 격화된 남북 관계는 국제무대에서도 톡톡히 망신살이 뻗쳤다. 아세안지역안보포럼^{ARF} 회원국인 남북한은 7월 하순 싱가포르에서 열린 회의에서 각기 금강산 피격 사건과 10·4 선언을 의장 성명에 포함시키기 위해 로비전을 펼쳤다. 결국 초안에는 두 안건 모두 포함되었으나, 나중에 이명박 정부가 10·4 선언이 포함된 것에 불만을 나타내자, ARF 의장은 두 가지 모두를 삭제했다. 그러나 두 사안은 성격이 다른 것이었다. 10·4 선언은 2007년 유엔 총회에서도 만장일치로 통과된 바 있어 국제무대에서 이를 재확인하는 것은 큰 무리가 없었다. 그러나 금강산 피격 사건은 남북한의 사안이라는 점에서 이를 국제 외교 무대로까지 끌고 가는 것이 타당했느냐는 논란을 야기했다. 어쨌든 이 사건을 거치면서 남북한의 불신과 대결의 골은 더욱 깊어졌다.

김정일 와병설이 통일의 호기?

악재는 여기에서 끝나지 않았다. 9월 들어 김정일 국방위원장의 '와병설'이 불거진 것이다. 이러한 소문은 김정일이 8월 14일 군부대 시찰 이후 공개 활동을 하지 않다가, 9월 9일 북한 정권 수립 60돌 행사에도 불참함으로써 더욱 증폭되었다. 그러자 국가정보원은 "김정일이 뇌졸중이나 뇌일혈로 쓰러져 수술을 받았고, 현재는 회복 중"이라고 밝혔다. 특히 정부 관계자들은

● 1990년대 후반에 만들어진 것으로 알려진 5029는 당초 북한 붕괴에 대비하기 위한 성격이 강했다. 그러나 부시 행정부가 일부 적성 국가의 정권 교체를 염두에 두고 "대량 살상 무기와의 전쟁"을 선포하자 5029에도 근본적인 변화가 일어났다. 이른바 '예방 전쟁'의 개념을 적용해 북한에 대한 군사적 개입을 '붕괴'에서 '급변 사태(contingency)'로 바꾼 것이다. 이유는 이렇다. 북한 내에서 급변 사태가 발생하면 핵무기를 비롯한 대량 살상 무기에 대한 중앙 권력의 통제력이 약화돼 위험 세력의 손으로 넘어가거나 알카에다와 같은 반미 테러 집단에 판매할 가능성이 제기된다는 것이다. 이를 방지하기 위해서는 김정일 유고나 군부 쿠데타와 같은 급변 사태 발생 시 한미 연합군을 투입해 대량 살상 무기를 안전하게 확보할 필요가 있다는 것이다. 이러한 군사 계획이 바로 5029의 골자다.

"부축하면 걸어 다닐 수 있을 정도로 상태가 호전되고 있다", "양치질을 할 정도의 건강 상태인 것으로 파악된다"는 등 마치 김정일을 옆에서 보고 있는 것처럼 상세한 언급들을 쏟아 냈다. 그러면서 북한의 급변 사태 발생에 대비하여 개념 계획인 5029를 작전 계획으로 격상하는 것을 비롯한 대응책 마련에 나설 것이라고 공개적으로 언급했다. ● 이에 따라 최고 지도자에 대한 모독과 군사적 위협을 받았다고 판단한 북한의 반발은 더욱 거세어졌다.

    10월 중순부터 김정일이 다시 공개 활동을 재개하고 '사진 정치'를 통해 '이상 무'를 과시했지만, 남측 당국자들의 부적절한 언행은 계속되었다. 이상희 국방 장관은 10월 17일 워싱턴 기자 회견에서 김정일의 건강 이상설에 대한 질문을 받고 "(국내외에서 관심을 갖는 것을) 김정일이 즐기고 있을지도 모른다. 지나친 관심은 (김정일의) 버릇을 망칠 수도 있다"고 말했다. 11월 4일 5029에 대한 국회 답변에서는 "북한의 불안정 상태, 정규전 혹은 국지전 가능성에 대비하는 게 군의 책무"라고 말했고, 12월 3일에는 "북한에 급변 사태나 불안정 사태가 발생할 때 중국이 부정적인 영향을 미치지 않도록 모든 수단을 동원해 조치해야 한다"고 말했다. 이는 북한의 강력한 반발에도 불구하고 '작전 계획' 5029를 계속 추진하겠다는 의사를 피력한 것으로 해석된다.

    파국을 향해 치닫던 남북 관계는 11월 들어 문턱을 넘어서기 시작했다. 북한은 이미 10월 2일 남북 군사 실무 회담을 통해, 남측 민간 단체의 대북 전단 살포가 개성 공단 사업 등 남북 관계에 부정적인 영향을 초래할 것이라며 살포 중단을 요구했다. 그리고 10월 16일에는 『로동신문』 논평원의 글을 통해, 이명박 정부의 "반북 대결 정책 지속 시 북남 관계 전면 차단을 포함해 중대 결단을 내리지 않을 수 없게 될 것"이라고 경고했다. 그리고 11월 6일 국방위원회 소속 군부 조사단을 개성 공단에 보내 남측 기업의 철수 가능성을 언급했다.

급기야 북한은 11월 12일부터 행동에 옮기기 시작했다. "12월 1일부터 일차적으로 군사 분계선을 통한 모든 육로 통행을 엄격히 제한, 차단"하겠다고 발표했고, 1971년 개통 이후 처음으로 판문점 남북 적십자 채널도 끊었다. 이에 따라 개성 공단 사업은 심각한 타격을 입기 시작했고, 남북 당국 간 핫라인 역할을 해 온 적십자 채널이 끊어짐에 따라 남북 당국 간 연락망은 군사 직통 전화만 덩그러니 남게 되었다. 또한 육로 통행 차단으로 금강산 관광에 이어 개성 관광도 중단되었다. 다만 북한은 개성 공단 사업은 전면 중단하지 않고 남측 인력을 절반으로 줄여 속도 조절에 들어갔다. 그러나 이를 "일차적인 조치"라고 언급해 상황에 따라서는 개성 공단 사업도 중단할 수 있음을 내비쳤다.

11월 들어 남북 관계가 파국으로 치닫게 된 데에는 북한 인권 문제에 대한 정부의 공세적 외교와 이명박 대통령의 부적절한 발언도 한몫했다. 북한 인권 문제를 적극적으로 다루겠다고 공언해 온 정부는 11월 초순 사상 처음으로 유엔의 북한 인권 결의안의 공동 제안국으로 참여했다. 또한 이명박 대통령은 북한이 남북 관계 차단을 경고하고 나서자 "기다리는 것도 때로는 전략"이라며, 전향적인 정책 변화가 없음을 분명히 했다. 청와대 관계자는

"오히려 남북 관계를 하나씩 풀어가는 수순으로 볼 수도 있기 때문에 남북이 생산성 있는 대화를 할 수 있는 단계가 올 때까지 기다릴 것"이라며 대통령의 방침을 거듭 확인했다.

더구나 이 대통령은 11월 15일 워싱턴 기자 간담회에서 "자유 민주주의하에서 통일하는 것이 궁극적 목표다"라고 말했다. 사실상 북한 체제를 부정하고 흡수 통일을 추진하겠다는 발언이었다. 그러자 북한은 일주일 후 조국평화통일위원회 조평통 대변인 담화를 통해 이 대통령의 발언을 "전쟁에 의한 흡수 통일 의도"로 규정하고, "북남 관계, 통일 문제를 논할 여지가 없다"며 남북 관계 차단을 강행할 방침을 분명히 했다. 그리고 12월 1일 이러한 경고를 실행에 옮겼다.

'치킨 게임'으로 향하는 2009년 남북 관계

● 치킨 게임은 1950년대 미국 젊은이들 사이에서 유행하던 자동차 게임으로, 한밤중에 도로 양 끝에서 두 명의 경쟁자가 차를 몰고 정면으로 돌진하다가 충돌 직전에 핸들을 꺾는 사람이 지는 경기를 일컫는다. 핸들을 꺾지 않으면 자존심을 세울 수 있겠지만, 그 대가는 목숨이다.

서로에 대한 부정과 비난, 그리고 교류 협력의 위축 등으로 점철된 남북 관계는 2009년 들어 군사적 충돌까지 걱정해야 하는 상황으로 몰리고 있다. 충돌도 불사하겠다는 치킨 게임●의 기운이 감돌고 있는 것이다. 그 징후는 2009년 남북 양측의 신년사에서부터 드러났다. 북한은 『로동신문』, 『조선인민군』, 『청년전위』 1월 1일자 공동 사설에서 이명박 정부의 대북 정책을 비난하면서, "남조선 인민들은 자주, 민주, 통일의 구호를 들고 사대 매국적인 보수 당국의 파쑈 통치를 쓸어

버리며 전쟁의 위험을 제거하기 위한 투쟁의 불길을 더욱 세차게 지펴 올려야 한다"며 반정부 투쟁을 촉구하고 나섰다. 그러자 이명박 대통령은 1월 2일 신년사에서 "북한은 이제 남남 갈등을 부추기는 구태를 벗고 협력의 자세로 나와야 한다"며 맞받아쳤다. 이 부분은 이 대통령이 직접 원고를 수정해 삽입한 것이다. 더구나 이 대통령은 2009년 4대 국정 과제에 남북 관계를 포함시키지 않았다.

그러자 북한은 남한에 대한 위협과 압박의 수준을 한층 높이기 시작했다. 1월 17일 인민군 총참모부 대변인이 군복을 입고 직접 조선중앙통신에 나와 이명박 정부를 맹렬히 비난하면서, 남한에 대한 "전면 대결 태세 진입"을 경고했다. 이 성명에는 세 가지 내용이 담겨 있다. 첫째는 이명박 정부가 "대결의 길을 선택한" 만큼 북한군도 "전면 대결 태세"를 갖추겠다는 것이다. 둘째는 남한 정부의 "반공화국 적대감 고취와 임전 태세 강화에 따른 북침 전쟁열이 높아질수록" "더욱더 강력하고 무자비한 섬멸적인 징벌"에 나서겠다는 것이다. 셋째는 남한에서 해상 분계선으로 간주해 온 북방한계선NLL을 인정하지 않고 북한이 선포한 "서해 해상 군사 분계선을 고수"하게 될 것이라는 것이다. 이틀 후 『로동신문』은 "우리는 빈말을 모른다"라고 강조하기도 했다.

그리고 1월 30일에는 북한의 대남 정책 총괄 기구인 조국평화통일위원회가 나섰다. 남북한 사이의 "정치 군사적 대결 상태 해소와 관련된 모든 합의 사항들"에 대해 무효화를 선언하고, 남북 기본 합의서와 부속 합의서에 명시된 "서해 해상 군사 분계선에 관한 조항들"을 폐기한다고 발표한 것이다. 성명에서는 이명박 정부가 북한이 이미 거부 의사를 밝힌 '비핵·개방·3000'의 핵심 입안자인 현인택 고려대 교수를 통일부 장관으로 지명한 것을 두고 "우리와 끝까지 엇서 나가겠다는 것을 세계 면전에 선언"한 것이라고 비난하면서, "이제 북남 관계는 더 수습할 방법도, 바로잡을 희망도 없게 되었다"고 주장했다. 이명박 정부에 더는 기대할 것이 없다는 의미이다.

그럼에도 이명박 정부의 '무시 정책'은 계속되었다. 이러한 경향은 이명박 대통령이 1월 30일 밤 SBS TV 원탁 토론에 나와 발언한 것에서도 잘 드러난다. 이 대통령은 북한의 강경한 발언은 "새삼스러운 것이 아니고", 통미봉남은 한미 간의 신뢰가 회복된 오늘날에는 걱정할 필요가 없으며, "분단 60년을 볼 때 1년 관계가 경색된 것은 있을 만하다"고 말했다. 남북 관계 악화는 과거에도 있었고, 최근의 상황은 균형을 잡아 가는 과정이라는 인식이 깔려 있는 것이다. 그러면서 일각에서 거론되어 온 대북 특사 파견에 대해서는 부정적인 입장을 밝혔다.

3차 서해 교전의 가능성 ●

● 이 부분은 필자가 『내일신문』 2009년 2월 3일자에 기고한 글을 다시 정리한 것이다.

이렇듯 북한의 벼랑 끝 전술과 남한의 무시 정책이 충돌하면서 남북 관계는 초유의 불확실성에 휩싸이고 있다. 불확실성의 중심에는 NLL에서의 군사 충돌의 우려가 있다. NLL은 1953년 정전 협정 체결 직후 유엔군 사령관이 일방적으로 선포한 선이라는 점에서 근본적으로 갈등의 씨앗을 잉태하고 있다. 1992년 남북 기본 합의서에서 새로운 분계선 설정에 합의할 때까지 남한의 관할권을 인정하기로 했지만, NLL을 영해선으로 간주하려는 남한과 이를 무력화하려는 북한의 입장이 충돌하면서 두 차례의 교전 사태를 겪기도 했다. 2007년 10월 남북 정상 회담에서 '서해 평화협력 특별 지대'를 조성하기로 합의했지만, 10·4 선언을 못마땅해하는 이명박 정부 출범 이후 사문화될 위기에 놓여 있다. 더구나 북한은 2009년 들어 NLL 폐기를 선언하면서 자신이 일방적으로 선포한 해상 분계선 사수에 나서겠다고 공언하고 있는 실정이다. 북한이 설정한 분계선은 NLL보다 훨씬 남쪽에 있기 때문에, 앞으로 북한 함정이 NLL을 넘어오는 일이 빈번하게 나타날 수 있다.

3차 서해 교전이 우려되는 가장 큰 이유는 두 차례의 교전을 거치면서 바뀐 남북한의 작전 지침에 있다. 1999년 1차 서해 교전 당시 남측의 밀어내기^{차단 기동}로 상당한 피해를 입은 북한은 이후 교전 규칙을 바꿔 남측 함정이 밀어내기를 위해 접근하면 선제 사격을 가하기로 했다. 이는 2차 서해 교전의 원인이 되고 말았고, 남한의 교전 규칙 변경으로 이어졌다. 이전의 교전 규칙은 '경고 방송 → 시위 및 차단 기동 → 경고 사격 → 위협 사격 → 조준 및 격파 사격' 단계로 이어졌다. 남북 간의 무력 충돌을 가급적 피하고, 무력 충돌 시 확전을 방지하고자 하는 목적에서 세워진 것이었다. 그러나 2차 교전 이후 보수파들의 비난이 거세게 일면서 교전 규칙은 '시위 기동 → 경고 사격 → 격파 사격' 3단계로 단순화됐다. 이에 따라 NLL을 넘어선 북한 함정이 남측의 시위 기동에도 퇴각하지 않으면 무력 충돌이 발생할 가능성이 예전보다 훨씬 높아졌다.

더욱 심각한 문제는 1, 2차 교전 사태와는 달리 또다시 서해에서 무력 충돌이 발생하면 확전으로 치달을 위험성이 매우 크다는 점이다. 2차 서해 교전 직후 이상희 당시 합참 작전본부장^{현 국방부 장관}은 "앞으로는 북 함정의 NLL 침범 징후만 포착되어도 해군뿐만 아니라 공군 전력, 백령도와 연평도에 위치한 지상군 전력이 합동으로 대비할 것"이라며, "이때 공군 전투기의 초계 비행 범위는 NLL 부근 쪽으로 전진 배치된다"고 밝혔다. 한마디로 3차 교전 사태가 발생하면 육해공 합동 작전으로 대응하겠다는 것이다. 이에 반해 남측 해군보다 해상 타격 능력이 떨어지는 북한은 최근 수년간 실크웜 미사일 등 지대함 타격 능력을 크게 강화했다. 이에 따라 해상에서 무력 충돌이 발생하면 북한은 해주에서 지대함 미사일과 해안포를 가동할 가능성이 높고, 이를 포착한 남한은 북한의 지상 기지를 공격 대상으로 삼게 될 것이다.

이러한 우려를 뒷받침하듯 이상희 국방 장관은 2009년 2월 중순 국회 답변에서 "북한이 장사정포나 미사일 등으로 우리 함정을 공격할 경우 북한의 공격 지점을 타격하겠다"며 강경 대응 방침을 밝혔다. 일부 의원들이 확전의 위험성을 제기하자, "현장에서 가장 짧은 시간 내에 적이 도발하는 만큼만 대응하겠다"는 '비례의 원칙'을 제시했다. 그러나 교전 상태에 접어들면 '비례의 원칙'을 지키기란 거의 불가능하다는 것은 전쟁 상식에 속한다. 이에 따라 서해상에서 남북 해군 간에 포격전이 벌어지면, 북한군의 지대함 미사일 및 해안포를 사용한 남측 함정 공격 → 남측의 북측 공격 지점 타격 → 북한의 남측 공격 지점 타격 등으로 이어질 가능성을 배제할 수 없다. 자칫 서해상의 소규모 충돌이 지상에서의 공방으로 이어지면서 전면전으로 비화될 위험성까지 안고 있는 것이다.

이러한 불길한 시나리오는 한미 합동 군사 훈련이 예정된 3월부터 점차 고조되어 꽃게잡이가 본격화되는 4~6월에 절정에 달할 가능성이 높다. 꽃 피는 봄이 오면 한반도에 해빙이 찾아오는 것이 아니라 전례를 찾아보기 힘든 안보 위기가 조성될 가능성이 높아지고 있는 것이다. 특히 북한 함정이 NLL을 넘어서면, 이명박 대통령은 '법과 원칙'에 따라 대응하라고 지시할 가능성이 높다.

'악의적 무시'와 '벼랑 끝 전술'이 만날 때

이명박 정부 출범 이후 1년간의 남북 관계는 남한의 북한에 대한 '악의적 무시'와 북한의 '벼랑 끝 전술'이 충돌한 시기로 정리할 수 있다. 이 두 가지 용어에 남북 관계가 악화된 원인도 찾을 수 있다. '악의적 무시malign neglect'는 상대방에 대한 무관심과 비호감을 바탕에 깔면서 상대방의 언행과 의도를 부정적으로 해석해, 그러한 언행과 의도가 개선되지 않으면 관계 맺기를 거부하는 태도를 일컫는다. 2007년 이전까지 부시 행정부의 대북 정책이 이에 해당한다. '벼랑 끝 전술brinkmanship'은 위기 지수를 높여 상대방에게 위기감과 위협감을 조성해 자신의 의도를 관철하려는 태도를 의미한다. 2006년 7월과 10월 북한의 탄도 미사일 시험 발사와 핵실험이 이에 해당한다.

먼저 이명박 정부의 '악의적 무시'를 자세히 살펴보자. 흔히 MB 정부의 대북 정책을 '무시' 혹은 '방관' 정책이라고 부른다. 대통령직 인수위 때 통일부 폐지 추진, 남북 관계보다 한미 동맹을 우위에 두겠다는 전략 방침, 북한의 대남 비방과 위협성 발언을 통상적인 것으로 간주하고 "기다리는 전략"을 채택한 것 등은 무시 정책의 성격을 잘 보여 준다. 이 대통령이 2009년 국정 연설에서 남북 관계를 4대 국정 목표에 포함시키지 않은 것도 마찬가지 맥락이다. 이는 근본적으로 투자에 비해 단기적 이익이 잘 보이지 않는다는 상업주의적 발상과 남북 관계 발전 시의 기대 효과와 악화 시의 손실에 대한 둔감함에서 비롯된 것이다.

그러나 이명박 정부의 대북 정책은 단순히 무시나 방관의 수준에 머물지 않는다. '악의적 의도'도 깔고 있기 때문이다. 우선 이명박 정부는 대북 정책을 국내 정치 투쟁의 연장 선상에서 바라본다. 대북 정책 역시 선거라는 시장에 내놓은 상품 가운데 하나라는 점에서 국내 정치와 완전히 분리될 수는 없다. 그러나 대북 정책을 놓고 선택과 평가를 받는 것과 정치적 의도에 따라 남북 관계를 이용하는 것은 차원이 다른 문제이다. 그런데 이명박 정부에는 후자의 경향이 두드러지게 나타난다. 6·15와 10·4 선언은 1992년 남북 기본 합의서를 모태로 삼고 있을 뿐만 아니라 내용적으로도 흡사한 것이 많다. 그럼에도 이명박 정부는 두 선언은 무시하고 "기본 합의서로 돌아가야 한다"고 말한다. 이는 두 선언과 기본 합의서에 대한 내용적, 정책적 평가보다는 6·15와 10·4 선언이 "잃어버린 10년" 정권의 유산이라고 생각하기 때문이다. 이는 '악의적 무시'의 대명사였던 부시 행정부가 클린턴 행정부의 대북 정책과는 반대로 가겠다는 ABC$^{Anything\ But\ Clinton}$의 한국판이라고 할 수 있다.

    남북 관계를 국내 정치적 기반 강화의 소재로 이용하고 있다는 것은 MB 정권의 '국민 정신 개조' 움직임에서도 잘 나타난다. 근현대사 교과서가 "친북적이고 좌편향되었다"며 법과 절차를 무시하면서까지 역사 교과서를 개악한 것이나, 통일부의 통일 교육 기본 지침에 따라 도덕 교과서의 '평화 교육' 부분을 삭제하고 '안보 교육'을 강화하기로 한 것이나, 국방부가 장병들의 안보 의식을 바로잡겠다며 불온 서적을 지정한 것 등은 이를 잘 보여 준다. 정부와 여당이 이러한 반공 반북형의 이념적 정체성을 고수하는 한, 대북 정책은 남북 관계를 발전시키는 정책적 수단이 아니라 반동적 보수 혁명을 뒷받침하는 정치적 도구에 불과하게 된다.

'악의적 무시'의 목표는 흡수 통일?

이명박 정부의 '악의적 무시'가 절정에 달했던 시기는 2008년 가을 김정일의 건강 이상설이 불거졌을 때였다. 정부 내에서는 김정일의 건강 상태에 대해 시시콜콜한 발언과 급변 사태 대비론이 잇따라 나왔다. 더구나 정부 안팎에서는 '이 기회에 흡수 통일을 하자'는 분위기가 팽배해졌다. 서재진 통일연구원 원장은 9월 하순 "김정일의 건강 이상설이 발표되면서 통일이 가까워지고 있다는 생각이 든다"고 했고, 이기택 민주평화통일자문회의 수석부의장도 "언제 다가올지 모르는 통일에 이제라도 서둘러 대비해야 한다"고 말했다. 그리고 11월 중순에 이명박 대통령의 '자유 민주주의 통일' 발언이 나왔다. 이는 과거 부시 행정부의 '정권 교체' 전략을 떠올리게 할 정도였다. 악화 일로를 걷던 남북 관계를 정상화시키겠다는 정책 방향은 실종된 채, 김정일의 건강 이상설을 계기로 흡수 통일을 기대하는 것이야말로 악의적 무시의 본질이라고 할 수 있기 때문이다.

이와 관련해 2008년 12월 31일 통일부 업무 보고 자리에서 이 대통령의 발언과 통일부 장관 교체 배경을 주목할 필요가 있다. 김하중 장관은 남북 대화 재개와 관계 정상화 방안을 설명했다. 이 대통령은 "과거와 같이 북한에 뭔가를 주고 경제 협력을 하는 것으로 남북 관계가 개선됐다고 생각하는 것은 안 된다"며 김하중을 강하게 질타했다. 그러면서 대화 재개가 목표가 되어서는 안 된다며, "통일부는 제대로 된 근본적인 전략을 세워 보라"고 지시했다.● 이 대통령이 말한 "근본적인 전략"이 무엇을 뜻하는지는 아직 불분명하다. 그러나 앞에서 소개한 이 대통령 및 측근 인사들의 발언을 종

● 「중앙일보」, 2009년 1월 6일.

합해 볼 때, 흡수 통일 전략을 의미할 가능성이 높다. 이 대통령이 2008년 9월 하순에 한 발언은 이러한 분석을 뒷받침한다. 그는 "그동안 통일에 비해 평화의 가치를 과도하게 내세웠던 적이 있었다"며, "그러나 평화와 통일은 대립하는 것이 아니라 동시에 추구해야 할 우리의 가치"라며 통일에 주목할 필요성을 강조했다. 이는 김정일의 건강 이상설이 정점에 달한 시기에 나온 것으로, 북한의 급변 사태나 붕괴를 상정한 '근본 전략'을 세우겠다는 의미로 해석할 수 있다. 그리고 정부는 2009년 들어 '비핵·개방·3000'의 핵심 입안자인 현인택을 통일부 장관으로 임명했다.

추후에 자세히 설명하겠지만, '악의적 무시' 정책은 단순히 대북 정책과 관련해 아무것도 하지 않으면서 기다리는 것에 그치지는 않는다. 6자 회담 참가국이자 미국의 동맹국이라는 지위를 이용해 한반도 비핵 평화 프로세스에 제동을 걸고 있는 것은 악의적 무시의 정책적 표현이라고 할 수 있기 때문이다. 이명박 정부는 2008년 12월에 열린 6자 회담에서 기존 합의에도 없는 '시료 채취'를 포함한 검증 의정서 채택을 대북 에너지 지원과 연계함으로써 6자 회담 결렬의 중요한 원인을 제공했다. 또한 2009년 1월 초에는 이 대통령의 민관 합동 외교 자문단을 워싱턴에 보내 오바마 행정부가 대북 특사를 보내는 것에 부정적인 의견을 전달하기도 했다. 일방적 요구로 6자 회담을 지체시키고, 협상파 일각에서 추진한 대북 특사 파견을 사사건건 가로막았던 1기 부시 행정부 때 네오콘의 정책을 떠올리게 하는 대목이다.

북한의 '벼랑 끝 전술'과 세 가지 오해

북한은 궁지에 몰리거나 자국의 뜻이 제대로 관철되지 않을 때, 특유의 벼랑 끝 전술로 돌파구를 모색해 왔다. 1993년 3월에는 국제원자력기구IAEA가 특별 사찰을 촉구하는 결의안을 채택하자 핵확산금지조약NPT 탈퇴라는 초강수를 들고 나와 갓 출범한 클린턴 행정부를 압박했다. 그리고 이는 북미 고위급 회담 개최 및 공동 선언 채택으로 이어졌다. 그러나 한미 강경파의 반발로 고위급 회담에 진척이 없고 다시 특별 사찰이 거론되자 북한은 1994년부터는 5MWe 원자로에서 연료봉을 인출해 재처리를 강행하겠다며 '핵 카드'를 전면에 꺼내 들었다. 북미 간의 날선 공방 속에 한반도는 한국 전쟁 이후 최악의 전쟁 위기에 내몰렸지만, 지미 카터 전 대통령의 중재에 힘입어 제네바 합의라는 전화위복의 결과가 도출되기도 했다.

1998년 8월 31일에는 3단계 로켓을 이용한 인공위성광명성 1호을 쏘아 올려 세계를 놀라게 했다. 당시 미국에서는 의회를 장악한 공화당의 강경론과 북한 붕괴론이 맹위를 떨치면서 금창리의 '텅 빈 동굴'을 '핵 의혹 시설'이라며 중유 제공 중단과 함께 북폭론까지 거론되고 있었다. 그러나 광명성 1호 발사는 미국 내 대북 정책에 대한 논란을 야기하면서 결국 클린턴 행정부의 대북 정책 재검토로 이어졌다. 1994년 전쟁 위기 당시 국방 장관이었던 윌리엄 페리가 정책 조정관을 맡아 1년간의 검토 끝에 '페리 보고서'를 발표했고, 북미 관계는 빌 클린턴 대통령의 방북까지 추진될 정도로 급물살을 탔다.

부시가 북한을 "악의 축"으로 규정하고 근거가 불확실한 고농축 우라늄 카드로 북한을 압박하자, 북한 역시 핵 카드를 다시 꺼내 들었다. 2002년 말부터 IAEA 감시단 추방, NPT와 IAEA 탈퇴 선언, 폐연료봉의 재처리를 통한 플루토늄 추출, 50MWe 원자로 건설 재개 등을 통해 미국을 압박했다. 결과는 이중적이었다. 부시 행정부는 북한에 대한 봉쇄와 압박을 강화했지만, 이라크 전쟁에 몰두하고 있는 시점인 데다가 한국, 중국, 러시아, 일본의 우려에 직면해 6자 회담에 나서게 되었다. 그러나 북한과의 직접 대화를 거부하고 방코델타아시아[BDA] 문제를 풀지 않자 북한은 2006년 7월과 10월, 각각 탄도 미사일 시험 발사와 핵실험을 강행했다. 유엔 안보리의 대북 경고 및 제재 결의안도 잇따라 나왔지만, '까마귀 날자 배 떨어진 것'처럼 부시 행정부의 대북 정책이 '확' 바뀌었다. 부시 행정부가 약속한 테러 지원국 해제가 지연되자 북한은 핵 시설 불능화 조치를 중단하고 원상 복귀를 경고했고, 결국 이러한 전술은 테러 지원국 해제로 연결되었다.

그런데 북한의 '벼랑 끝 전술'에 대한 일반적인 이해에는 세 가지 중대한 오해가 있다. 첫째는 벼랑 끝 전술의 대상이 한국과 미국을 가리지 않고 무차별적으로 이루어진 것처럼 생각하는 경향이다. 그러나 벼랑 끝 전술은 미국을 겨냥한 것이었다. 오히려 북한은 남북 관계가 최악으로 치달았던 김영삼 정부 때에는 '무시 전략'을 택했다. YS의 대북 정책 변화를 시도한 것이 아니라 아예 상대조차 하지 않으려고 했던 것이다.● 둘째는 북한이 별다른 원인 없이 벼랑 끝 전술을 구사한다는 오해이다. 그러나 북한의 벼랑 끝 전술은 벼랑 끝에 몰린 상황에서 주로 나왔던 것이다. 1993~1994년의 1차 핵 위기 때에는 한미 양국의 강경파에 대한 반발로, 1998년 미사일 위기 때에는 한미 양국의 '북한 붕괴론'에 대한 대응

● 이와 관련해 미국 국무부는 "김영삼 정부는 김정일 정권이 오래가지 못할 것이라고 판단하고 북한의 붕괴를 촉진하는 정책을 추구"했고, "김정일은 김영삼이 권좌에 있는 한 남한을 상대하지 않겠다"고 결심했다고 분석했다. Roy to Secretary of State Albright, Memorandum, Subject : Pyongyang at the Summit, June 16, 2000, State Department FOIA release, http://www.gwu.edu/~nsarchiv/NSAEBB/NSAEBB164/EBB%20Doc%2016.pdf.

으로, 2001년 부시 등장 이후에는 '정권 교체' 전략에 맞서는 방식으로 벼랑 끝 전술을 택한 것이다.

  셋째는 북한이 벼랑 끝 전술로 자국의 목적을 달성해 왔다는 오해이다. 결과적으로 이러한 경향이 나타난 것은 사실이지만, 이를 인과 관계로 보기는 어렵다. 1차 핵 위기 때 북한의 벼랑 끝 전술에 놀란 클린턴 행정부가 카터를 북한에 보내 타협을 시도했다고 알고 있는 데, 이는 사실이 아니다. 오히려 클린턴은 카터의 방북을 반대했고, 카터가 고집을 부리자 '미국의 협상 대표'가 아니라 '개인 자격'으로 가는 것이라고 못 박았다. 페리 보고서의 탄생 배경 역시 북한의 벼랑 끝 전술의 산물로 보기 어렵다. 만약 당시에 김대중 정부가 미국의 정책 재검토에 적극 개입하지 않았다면 페리 보고서는 상당히 강경한 정책을 담게 되었을 것이다.● '북한 핵실험 이후에 부시의 정책이 바뀌었다'는 인식 역시 오해이다. 부시의 대북 정책 전환은 핵실험 때문이 아니라 강경책을 주도했던 네오콘이 이라크 전쟁의 실패로 몰락했기 때문에 가능했던 것이다.●● 이러한 맥락에서 볼 때, '북한이 벼랑 끝 전술로 재미를 봤다'는 식의 보도와 분석은 오히려 북한의 벼랑 끝 전술을 부채질하는 결과를 초래할 수 있다.

● 페리는 보고서 내용을 소개하기 위해 김대중 대통령을 만난 자리에서 한국의 정책을 "표절했다"고 말하기도 했다. 자세한 내용은 임동원, 『피스메이커』 (중앙books, 2008), 394~441쪽 참조.

●● 일례로 2006년 11월 실시된 미국 중간 선거에서 공화당이 참패하자 국내의 많은 언론과 전문가들은 북한의 핵실험 및 부시의 대북 정책 실패를 원인으로 들었다. 그러나 이는 사실이 아니다. 핵실험 직후, 그리고 선거 직전에 실시된 CNN의 여론 조사에서는 부시의 대북 정책 지지가 48%로 나타나 반대 의견을 2% 앞섰다. 이는 미국 중간 선거 결과와 부시의 대북 정책은 거의 관계가 없었다는 것을 보여 준다.

북한이 MB를 상대로 '벼랑 끝 전술'을 택한 이유

그렇다면 북한이 YS 때와는 달리 MB 정부를 상대로 벼랑 끝 전술을 택한 이유는 무엇일까? 우선 북한이 6·15와 10·4 선언의 철저한 이행을 2008년 이후의 목표로 삼았다는 것을 이해할 필요가 있다. 그런데 이명박 정부는 두 선언을 '무시'하는 정도가 아니라 때때로 정면으로 '위반'하는 언행을 보였다. 이는 북한이 '뿔난 이유'와 벼랑 끝 전술을 구사하는 이유를 알게 해 준다. 두 선언의 기본 정신은 상호 체제 인정, 내정 불간섭 및 상호 비방 중지, 국제무대에서 공동의 이익 실현 등이다. 남북 경협과 이산 가족 상봉을 비롯한 선언의 구체적인 이행은 이러한 정신을 전제로 이루어진다. 그러나 정부는 김정일의 '건강 이상설'을 적극적으로 유포하면서 북한 급변 사태 발생 시 군사적으로 대응하는 '작전 계획 5029' 및 흡수 통일론을 공개적으로 언급해 왔다. 전단 살포 문제도 마찬가지 맥락에서 이해할 수 있다. 이명박 정부는 민간 단체의 활동을 제지할 법적 근거가 없다고 하지만, 북한은 '촛불 집회는 강경 진압하면서 전단 살포는 방조하고 있다'고 본다. 결과적으로 MB 정부의 '작전 계획 5029' 논의와 민간 단체의 '전단 살포' 행위를 북한 체제를 전복하기 위한 '민관 합동 작전'으로 바라보고 있는 것이다. ●●●

●●● 납북자가족모임과 자유북한운동연합 등 전단 살포 단체들은 2008년 12월 5일 박희태 한나라당 대표를 만난 자리에서 전단 살포를 당분간 자제하겠다고 발표했다. 그러나 "북한의 태도를 지켜보고 언제든 재개하겠다"는 입장을 덧붙였고, 실제로 2009년 2월부터 북한 돈을 넣어 전단 살포를 다시 하겠다고 공표했다.

그러나 북한의 강경 기조는 적어도 2008년까지는 남북 관계의 차단과 대결보다는 이명박 정부의 대북 정책 전환을 겨냥한 것이었다. 북한이 남한에 대한 비방전과 남북 관계 차단 조치를 하나 둘씩 취하면서도 MB 정부가

6·15와 10·4 선언 이행 의사를 천명하면 남북 관계가 정상화될 수 있다는 입장을 지속적으로 밝힌 것에서 이러한 의도를 읽을 수 있다. 탄도 미사일 시험 발사와 핵실험 등 전면적 대결을 불사한 정책이 부시 행정부의 대북 정책을 전환시키는 데 기여했다는 판단을 갖고 있는 북한은 '부시도 바꿨는데 이명박을 못 바꾸랴'고 생각했을 가능성이 크다.

그러나 남북 관계 차단 위협과 조치로 이명박 정부의 대북 정책을 바꾸겠다는 북한의 벼랑 끝 전술은 애초부터 한계가 있었다. 이러한 북한의 태도는 이명박 정부에 남북 관계 개선의 시급성을 일깨우기보다는 북한에 대한 비호감을 더욱 자극했다. 또한 북한의 위협에 양보를 하는 것은 북한의 버릇을 더욱 나쁘게 만든다는 생각을 갖게 했다. 남북 관계가 악화되더라도 남한이 손해 볼 것이 별로 없고, 북한의 버릇을 고쳐 놓겠다는 인식과 태도를 갖고 있는 MB 정부에 북한의 비난전과 남북 관계 차단 조치는 오히려 MB 정부의 자기 확신을 더욱 강하게 만들었다.

문제는 2009년 들어 북한이 MB 정부에 더는 기대할 것이 없다고 보고, 벼랑 끝 전술의 의도를 'MB 정부의 대북 정책 전환'에서 'MB 정부 흔들기'로 바꾸고 있는 징후가 점차 강해지고 있다는 것이다. MB 정부의 국정 장악력이 흔들리고 민심 이반 현상이 두드러지자, 북한은 안보 위기까지 조성되면 MB 정부를 더욱 흔들 수 있다고 여기는 듯하다. 북한은 이미 2008년 4월 1일 『로동신문』 논평원의 글에서 "남조선이 우리와 등지고 대결하면서 어떻게 살아가는지 두고 볼 것"이라고 노골적으로 경고한 바 있다. 또한 2009년 신년 사설에서 MB 반대 투쟁을 촉구한 것이나, 1월 17일 총참모부 성명에서 "남조선 사회에서도" 이명박 정부가 "히틀러 못지않게 민족의 재앙을 불러오는 위험 인물이라고 지탄하고 있다"고 주장하고 나선 것은 이러한 분석을 뒷받침해 준다. 1월 30일 조평통 성명에서 현인택을 통일부 장관으로 지명한 것을 두고 "우리와 끝까지 엇서 나가겠다는 것을 세계 면전에 선언"한 것이라고 비난하면서, "이제 북남 관계는 더 수습할 방법도, 바로잡을 희망도 없게 되었다"고 주장한 것도 MB정부에 더는 기대할 것이 없다는 인식을 드러낸 것이라고 할 수 있다.

남한의 '악의적 무시'와 북한의 '벼랑 끝 전술'이 어떤 결과를 낳을지는 아직 미지수이다. 1994년 핵 위기 때에는 카터가, 1998년 페리 보고서에는 DJ-임동원이, 2006년 핵실험 이후의 상황에서는 '네오콘의 몰락'이 위기를 기회로 반전시킨 '제3의 힘'이었다. 오늘날 점차 분명해지고 있는 것은 남북한이 자주적으로 문제를 풀 수 있는 의지와 능력이 갈수록 보이지 않는다는 점이다. 그렇다면 오바마의 미국이 남북한의 정면 충돌을 막고 한반도 비핵 평화 프로세스에 탄력을 줄 수 있는 제3의 힘이 될 수 있을까?

이명박 정부의 착각 시리즈

이명박 정부의 대북 정책은 많은 착각과 오해, 오판에 기초한다. 대선 후보 때 마련된 'MB 독트린'은 이명박 정부의 대외 정책이 시작부터 잘못되었다는 것을 보여 준다. MB 독트린의 핵심은 한미 전략 동맹 추구와 대일 관계 강화를 통해 한미일 삼각 체제를 구축한다는 데 있다. 이를 위해 남북 관계를 한미 관계보다 하위에 두고 대북 정책의 코드를 미국에 맞춰 한미·한일

간의 갈등을 해소하는 한편, 한미일 정책 공조를 강화하고자 했다. 그러나 이는 정세에 대한 명백한 오판에 기초한 것이었다. 오판에 따라 세워진 'MB 독트린'이 애초부터 성공할 수 없는 이유이다. MB 정부의 오판 시리즈를 하나하나 짚어 보자.

첫째는 민의에 대한 오판이다. 이명박과 한나라당은 2007년 대선과 2008년 총선에서 압승을 거두면서 마치 국민들이 정부·여당에게 '백지 수표'를 준 것처럼 착각했다. 이러한 오만에는 '노무현 정부가 얼마나 잘못했기에 국민들이 이렇게 밀어 주나'라는 판단이 깔려 있다. 노무현 정부의 정책과는 거꾸로 간다는 'ABR Anything But Roh Moohyun'도 이러한 맥락에서 나온 것이다. 그러나 대선과 총선에 반영된 민심은 '경제를 살리라'는 것이지, '통일 외교 안보 정책을 완전히 바꾸라'는 것이 아니었다. 실제로 2007년 대선 직전에 실시된 각종 여론 조사를 보면 차기 대통령의 가장 중요한 과제를 경제라고 답변한 비율이 70~80%에 달한 반면, 남북 관계와 외교 안보 문제는 10%에도 미치지 못했다. 이에 반해 노무현 정부의 대북 정책을 비롯한 대외 정책에 대한 지지도는 50%를 상회했다. 이는 유권자들이 노무현 정부의 통일 외교 안보 정책에 실망해 이명박 후보와 한나라당을 밀어 준 것이 아니라는 것을 의미한다. 그럼에도 이명박 정부는 마치 전임 정부의 통일 외교 안보 정책도 전면 수정하라는 위임을 국민들에게 받은 것처럼 착각했다. 결과는 경제와 외교 모두 경쟁적으로 망쳐 놓는 것으로 나타나고 있다.

둘째는 김대중-노무현 정부의 대북 정책에 대한 착각이다. 이명박 정부는 한나라당의 전신인 노태우 정권 때 채택된 남북 기본 합의서는 계승하고, 6·15와 10·4는 "잃어버린 10년" 정권 시대의 산물이라 하여 무시하는 경향을 보였다. 그러나 남북 기본 합의서와 6·15 선언의 산파 역할을 했던 임동원의 지적처럼, "남북 기본 합의서, 6·15 선언, 10·4 선언은 연속 선상에 있는 것"이다. 즉, 남북 화해 협력 정책은 이명박 정부가 "기초로 삼겠다"던 노태우 정부 때부터 시작된 것이다. 안보 문제에 대한 오해도 마찬가지 맥락에서 이해할 수 있다. 한나라당과 보수 세력은 햇볕 정책으로 인해 안보 불안이 가중되었다고 주장했다. 그러나 DJ가 제시한 햇볕 정책의 근본 전제는 강력한 한미 동맹에 기초한 '튼튼한 안보'였고, 노무현 정부의 평화 번영 정책 역시 '협력적 자주 국방'의 기초 아래 세워졌다. 이에 따라 김대중-노무현 정부 10년간 한국의 군사비는 두 배 가까이 늘었다.●

● 김대중 정부가 임기 첫해에 마련한 1999년 국방비는 13조 7천억 원이었고, 노무현 정부가 임기 마지막 해에 짠 2008년 국방비는 26조 8천억 원이었다.

부시를 제대로 몰랐던 MB 정부

셋째, 미국과 한미 관계에 대한 착각이다. 이명박 정부는 한미 관계를 남북 관계보다 우위에 두면서 한미 동맹 강화를 위해서는 대북 상호주의를 채택해야 한다는 '낡은 사고'를 갖고 있다. 이를 '낡은 사고'라고 칭한 것은 단순히 남북 관계보다 한미 관계를 우위에 두고 있다고 해서 나온 것이 아니다. '미국, 미국' 하면서 정작 그 미국을 제대로 이해하지 못했기 때문이다. 이명박 대통령과 통일 외교 안보 참모진들은 김대중-노무현 시대의 한미 관계도 "잃어버린 10년"이라고 규정하면서, 한미 관계가 악화된 핵심적인 이유를 대북 정책을 둘러싼 한미 간의 갈등에서 찾았다. 그리고 그 책임을 '햇볕 정책'으로 돌렸다. 이에 따라 한미 관계 강화를 위해서는 북핵 폐기 우선 및 남북 경협과의 연계, 북한 인권 거론, 상호주의 원칙 적용 등을 통해 지난 10년간의 정책과는 다른 대북 정책을 추구해야 한다는 프레임을 짰다. 그러나 이 역시 몇 가지 중대한 착각에 기초한 것이다.

먼저 부시 행정부는 2006년 말~2007년 초에 대북 정책을 전환했는데, 이명박 정부는 '과거의 부시'를 상대하려 했다. 2007년 이후 부시 행정부의 대북 정책은 정부가 그토록 거부해 온 햇볕 정책과 너무나도 닮은 꼴이었다. 과거의 부시는 북한이 먼저 변해야 한다며 양자 회담을 거부했지만, 2007년 이후부터는 '대화를 통한 변화'를 추구했다. 식량 지원이 북한 정권의 생존을 돕는다며 대북 지원에 부정적이던 입장을 바꿔 50만 톤의 식량을 지원했다. "악행을 보상하지 않겠다"며 북한이 핵을 포기하기 전까지는 에너지 지원과 관계 정상화 등 경제적, 정치적 보상을 제공하지 않겠다던 입장도 확 바꿨다. 이에 따라 2001년부터 2006년까지 대북 정책을 둘러싼 갈등은 크게 해소되었고, 한미 공조도 탄탄해졌다.

이명박 정부가 또 하나 착각한 것은 부시 행정부가 '선^{先} 핵 폐기'를 추구한다는 오판이다. '과거의 부시'가 이를 추구한 것은 사실이지만, '2007년 이후의 부시'는 동시 행동의 원칙에 따라 '주고받기식' 협상을 택했다. 북한의 핵 시설 봉인과 폐쇄에 따라 중유 제공을 재개하는 한편, 방코델타아시아 문제도 풀었다. 북한의 핵 시설 불능화 조치 및 핵 신고서 제출과 동시 행동으로 에너지 및 경제 지원에 나섰고, 대북 테러 지원국 해제 및 적성국 교역법도 종료시켰다. 또한 북한의 핵무기와 핵물질의 폐기를 한반도 평화 체제 구축 및 북미 관계 정상화와 병렬적으로 추진한다는 점에도 동의했다. 그런데 이명박 정부의 '비핵·개방·3000' 및 뒤이은 상생 공영 정책은 선 핵 폐기를 전제로 깔고 있다. 2008년에 한미 공조에 엇박자가 난 이유가 바로 여기에 있는 것이다.

한미 동맹에 대한 오판은 한마디로 '코미디'에 가깝다. 이명박 정부는 마치 노무현 정부 때 한미 동맹이 무너지기라도 한 것처럼 '한미 동맹의 복원'이니 '전략 동맹'이니 하면서 한미 동맹 강화에 몰두했다. 그러나 노무현-부시 때 한미 동맹 실무 총괄을 담당했던 마이클 그린 전 백악관 NSC 아시아 담당 선임 보좌관은 노무현 정부 때 한미 동맹이 "전두환·노태우 때보다 더 강해졌다"고 말했다.● 2008년 9월까지 주한 미국 대사를 지낸 알렉산더 버시바우 역시 노무현 정부의 한미 동맹 정책이 "결과적으로 미국의 이해관계와 일치했다"고 강조했다. 이러한 미국의 전직 고위 관료들의 발언은 한미 간에 대북 정책을 둘러싼 갈등은 있었지만 부시의 정책 전환 이후 상당 부분 해소되었고, 이라크 파병, 주한 미군 기지 재편 및 감축, 전략적 유연성 등 미국의 핵심적인 이해관계에 노무현 정부가 적극 호응했다는 것을 뜻한다.

● 『중앙일보』, 2008년 2월 25일.

'그림의 떡'으로 북한을 변화시킨다?

끝으로 이명박 정부의 북한에 대한 오판을 살펴보자. MB 정부는 비핵·개방·3000으로 상징되는 것처럼 헐벗고 굶주린 북한에 '돈과 식량을 주겠다'고 말하면 자기 말을 잘 들을 것이라고 오판했다. 남북 관계가 악화되어도 아쉬운 쪽은 북한이라고 생각해 '기다리는 전략'을 택했다. 그러나 '북한이 스스로 세운 원칙까지 포기하면서 손을 벌리지 않는다'는 것은 북한 대외 정책의 기본 중의 기본이다. 여기서 "북한이 스스로 세운 원칙"은 6·15와 10·4 선언의 이행을 뜻한다. 이명박 정부가 두 선언의 이행 의지를 밝히지 않으면서 "경제적인 이유 때문에 북한이 백기를 들 것"이라고 판단한 것이 커다란 정책적 오판이 되고 만 것이다. 경제난에 시달리고 있는 북한이 외화 수입의 막대한 차질에도 불구하고 금강산 관광 및 개성 관광 사업 중단을 불사하고, 개성 공단 사업의 속도 조절에 들어간 것은 북한의 원칙과 이명박 정부의 오판을 여실히 보여준다.

● 양문수, 「위기의 남북관계, 출구는 있는가」, 코리아연구원, 「현안진단」 제133호, 2008년 12월 8일.

북한에 대한 몰이해는 전략과 정책 수단의 부재로 이어졌다. 전략을 "여러 가지 정책 목표 가운데 우선순위를 정하는 것"이라고 할 때, 전략적 사고의 핵심은 다른 정책 목표가 우선순위로 정한 정책 목표의 달성을 어렵지 않게 하는 지혜가 필요하다. 이명박 정부는 북핵 폐기를 최우선 과제로 설정했다. 사안의 시급성과 중대성을 생각할 때, 이는 당연한 것이라고 할 수 있다. 북핵 문제를 해결하기 위해서는 남북 관계를 꾸준히 발전시켜 북한에 대한 지렛대를 확보하고 6자 회담에서 한국의 입지를 강화해야 한다는 것은 상식에 속한다. 그런데 이명박 정부는 최우선 목표를 북핵 해결로 설정해 놓고는 다른 사안과 뒤죽박죽으로 만들어버렸다. 6·15와 10·4 선언을 무시하고, 북핵 문제를 남북 경협과 연계시켰다. 북한 식량 사정에 빨간불이 켜졌을 때도 이를 무시했고, 틈만 나면 북한 인권 문제를 거론해 상호 비방전의 빌미를 제공했다. 결과는 남북 관계가 냉전 시대와 흡사한 대결 상태로 후퇴하고, 6자 회담에서 한국이 '중재자'에서 '훼방꾼'으로 전락하는 것으로 나타났다.

정책 수단의 부재도 심각한 문제이다. 비핵·개방·3000을 포함한 상생 공영 정책의 타당성을 떠나, 이명박 정부는 이 정책을 실현할 수 있는 수단 자체를 마련하지 못했다. '접촉과 지원과 협력을 통해 북한을 변화시키겠다'는 대북 포용 정책과 달리 상생 공영 정책은 '북한이 변해야 뭔가를 하겠다'는 전제를 깔고 있다. 그런데 북한의 변화를 유도하고 견인할 수 있는 수단이 없다. 그저 "북한이 핵을 포기하고 개방을 선택하면 10년 내에 1인당 국민 소득을 3천 달러로 올려 주겠다"는 '그림의 떡'만 보여 줄 뿐이다. 북한이 '그림의 떡'을 보고 이명박 정부가 원하는 대로 변할 것이라고 기대하는 것은 '연목구어'와 같은 일이다. 그런데 이명박 정부는 "우리의 진정성을 몰라 준다"며 볼멘소리를 하고 있다. "이명박 정부의 대북 정책은 없다"는 평가는 이러한 맥락에서 나오는 것이다.

●● 김창남, 김영희 중앙일보 대기자와의 인터뷰, 「기자협회보」, 2008년 11월 26일.

이명박과 오바마는 닮았다?

2008년 11월 5일 버락 오바마가 미국 대통령 당선자로 확정되자, 이명박 대통령은 "새로운 미국의 변화를 주창하는 오바마 당선자와 새로운 변화를 제기한 대한민국 이명박 정부의 비전이 닮은 꼴"이라고 말했다. 이동관 청와대 대변인은 "이 대통령은 대선 이후 일관되게 '변화와 개혁'을 국정 운영의 중요 가치로 삼아 왔으며, 그런 점에서 두 정상은 공통된 철학을 공유하고 있다"고 덧붙였다. 그러자 네티즌들은 '발가락이 닮았다', '두 사람의 이름 이니셜이 닮았다', '이 대통령이 오바마 당선 선물로 허무 개그를 했다'며 야유성 댓글을 달았다.

오바마 당선을 계기로 한미 간의 대북 정책이 엇박자로 가고 있음을 우려하면서 대북 정책 전환을 촉구하는 목소리가 높아졌다. 그러자 정부는 "오바마와 MB는 대북 정책도 닮았다"고 응수했다. "북한과의 대화, 6자 회담을 통한 북핵 해결 등으로 방향을 정한 2기 부시 행정부와 비교해 오바마 당선자의 대북 정책이 다르지 않다"는 것이다. "부시 행정부에서 쌓아 왔던 한미 공조도 유효하다. 따라서 대북 정책 기조에는 변화가 없다"고 못 박기도 했다. 이러한 정부의 설명은 특이한 삼단 논법에 기초하고 있다. ①이명박과 2기 부시의 대북 정책은 닮았다. ②2기 부시와 오바마의 대북 정책이 다르지 않다. ③고로, 이명박과 오바마의 대북 정책은 닮았고 한미 공조에도 문제가 없다.

과연 그럴까? 두 가지 질문이 제기된다. 하나는 '2기 부시와 오바마의 대북 정책이 과연 같은가'이다. 다른 하나는 '부시 행정부와 이명박 정부 사이에 대북 정책 공조가 잘 이루어졌느냐'는 것이다. 첫 번째 질문부터 검증해 보자. 미국 대선 때 "부시의 대북 정책 계승자는 매케인이 아니라 오바마"라는 말이 나올 정도로 오바마의 대북 정책이 2007년 이후 부시의 정책과 매우 흡사한 것은 사실이다. 북한에 대한 비난 자제 및 핵문제에 대한 집중, 북한과의 직접 대화 및 6자 회담 병행, 주고받기식의 협상, 북한의 핵 포기와 북미 관계 개선 병행 등은 오바마의 대북 정책일 뿐만 아니라 부시가 6년을 허송세월했다가 2007년부터 선택한 정책 노선이다. 이에 따라 '부시와 오바마의 대북 정책은 다르지 않다'는 이명박 정부의 인식에는 일리가 있다.

그러나 이러한 인식은 '일리만' 있다. 두 가지 중대한 차이를 간과했기 때문이다. 하나는 부시의 정책 전환이 안팎의 사정에 따라 '울며 겨자 먹기'식으로 이루어졌다면, 오바마의 대북 정책은 '국제주의적 실용주의'라는 그의 철학에서 나왔다는 것이다. 다른 하나는 북한의 김정일 국방위원장과의 정상 회담이다. 부시는 정책 전환에도 불구하고 임기 내에 김정일을 만날 의사가 없다는 뜻을 여러 차례에 걸쳐 분명히 했었다. 그런데 오바마는 김정일을 만나겠다는 입장이다. 한반도 비핵 평화로 가는 길에 북미 정상 회담의 중요성은 아무리 강조해도 지나치지 않다.

다음 질문으로 넘어가 보자. '과연 이명박 정부가 부시 행정부와 대북 정책 공조를 잘했느냐'는 것이다. 결론부터 말하면, 두 정부의 대북 정책에는 상당한 차이가 있었고, 이에 따라 불협화음도 컸다. 세 가지 사례가 있다. 첫째, 대북 지원이다. 이명박 정부는 북한이 극심한 식량난에 처해 있다는 경고음이 곳곳에서 나왔음에도 '그리 심각한 상황은 아니다', '국민적 동의가 필요하다', '북한이 요청하면 검토하겠다'는 등 구실 만들기에 급급했다. 반면 부시 행정부는 2008년 4월 50만 톤의 식량 지원을 결정하고 6월부터 인도적 지원에 나섰다.

둘째, 북한의 핵 신고에 대한 한국 외교부의 반응이다. 북한은 6개월간의 논란과 갈등 끝에 6월 26일 핵 신고서를 제출했다. 부시 행정부는 큰 진전이라고 환영했지만, 네오콘들은 '핵무기 신고가 빠졌다'며 부시 행정부에 맹공을 퍼부었다. 그런데 유명환 외교부 장관이 핵무기 신고가 누락된 것은 "유감스러운 일"이라고 논평했다. 부시 행정부로서는 안 그래도 네오콘의 공세가 귀찮은 마당에 북핵 공조의 대상이자 '전략적 동맹국'인 한국의 외교부로부터 등 뒤에서 총질을 당한 것이다. 그런데 6자 회담 10·3 합의에 명시된 북한의 신고 대상은 '모든 핵 프로그램'이다. 핵무기는 애초부터 신고 대상에서 빠져 있었던 것이다.

셋째, 테러 지원국 해제에 대한 정부 여당의 '겉 다르고 속 다른 반응'이다. 외교부는 미국 정부가 북한을 테러 지원국 명단에서 삭제한다고 공식 발표하자 "환영한다"고 논평했다. 그러나 여당의 일부 의원들은 '북한의 위협에 미국이 굴복했다'고 비난하고 나섰다. 이명박 대통령도 '북쪽의 위협에 굴복한 잘못한 대응'이라는 취지의 발언을 한 것으로 알려졌다.

만약 부시가 임기 말 레임덕에 시달리지 않은 상태에서 이러한 일들이 벌어졌다면 이명박-부시 사이에 외교 대란이 벌어졌을 것이다. '부시 행정부에서 쫓겨난 네오콘이 MB 정부로 갔나 보다'라는 자조 섞인 농담이 나오는 것도 이 때문이다.

결론적으로 이명박과 오바마의 대북 정책이 닮았다는 것은 '황당 개그'에 가깝다. 삼단 논법으로 정리해 보자. ① 2기 부시와 오바마의 대북 정책은 표면적으로는 거의 같지만, 중대한 차이가 있다. ② MB와 부시의 대북 정책에는 큰 차이가 있고, 한미 공조도 잘 이루어지지 않았다. ③ 고로, 오바마와 MB의 대북 정책에는 더 큰 차이가 있다. 그렇다면 한미 관계와 대북 정책 공조의 미래는 어떻게 될까?

남-북-미 삼각 관계와 6자 회담

서울-평양-워싱턴의 가상 대화

가상 대화 ① 미국 대북 특사의 이명박 대통령 접견(서울)

이명박 대통령 대북 정책과 관련해 한미 간의 협력과 공조는 오랜 전통이자, 오바마 행정부도 약속한 사안입니다. 양국이 대북 정책과 관련해 엇박자를 내면 결국 북한의 통미봉남과 한미 관계를 이간질하려는 전술에 말려들고 말 것입니다.

스티븐 보즈워스 대북 특사 우리는 남북 관계 개선 필요성에 대해 지속적이고 전폭적인 지지 입장을 갖고 있습니다. 남북 관계 개선을 위해서는 남북 양측 모두 양보와 대화 재개 노력이 필요합니다.

이 대통령 우리는 계속 북한에 대화를 하자고 말해 왔습니다. 대화를 거부하는 쪽은 북한입니다. 평양에 가면 남북 대화에 나서라고 설득하고 압박해 주세요. 남북 대화가 이뤄지지 않는 상태에서 북미 관계가 진전되는 상황은 결코 바람직하지 않습니다.

대북 특사 이 대통령님의 뜻은 잘 알겠습니다. 평양에 다녀와서 다시 말씀드리겠습니다.

가상 대화 ② 미국 대북 특사의 김정일 위원장 접견(평양)

대북 특사 오바마 대통령께서는 북조선이 핵을 포기하면 정치적, 경제적, 안보적 이익을 제공할 확고한 의지를 갖고 있습니다. 그런데 남북 관계가 문제입니다. 한국은 6자 회담 참가국이자 에너지·경제 지원 실무 회의 의장국이며, 한반도 평화 협정 논의 및 경수로 사업의 당사국입니다. 한국의 적극적인 역할 없이는 6자 회담이 성공을 거둘 수 없습니다. 우리 정부는 미국의 중요한 동맹국인 한국의 입장을 고려하지 않을 수 없습니다. 조속히 남북 대화에 나서 주십시오.

김정일 위원장 미국의 적대시 정책이 철회되고 조선반도에 평화 체제가 구축되면 우리는 단 한 개의 핵무기도 가질 이유가 없다는 것은 이미 여러 차례 밝혀 왔습니다. 이 자리에서 이 점은 거듭 확인해 드리지요. 오바마 행정부 출범을 계기로 서로가 만족할 수 있는 방향으로 문제를 풀 수 있을 것이라고 확신합니다. 북남 관계에 대해서 말씀드리자면, 우리 역시 대화를 원합니다. 그런데 남측 정부는 과거의 합의 사항을 무시하는 정도가 아니라 정면으로 위배되는 언행을 일삼아 왔습니다. 부시 행정부도 그렇게 하지 않았습니까? 1994년 제네바 합의와 2000년 조미 공동 성명을 철저하게 무시하면서 적대시 정책을 노골화했습니다. 그러면서 대화하자고 했습니다. 이전 합의 사항을 무시하면서 대화한들 무슨 소용이 있었습니까? 그나마 부시 행정부 말기에 조미 관계와 핵문제의 진전이 있었던 것은 우리를 동등한 대화 상대로 인정하고 적대시 정책을 하나 둘씩 철회했기 때문에 가능했던 것입니다.

대북 특사 남북 양측의 시각 차이가 대단히 큽니다. 일단 만나서 풀어 보는 게 어떻겠습니까?

김 위원장 남측 정부의 정책이 바뀌지 않았는데, 백번 대화한들 무슨 소용이 있겠습니까? 지금 상황에서 만나 봐야 말싸움만 하게 되고 관계는 더 나빠집니다. 그리고 남조선에서 자꾸 통미봉남, 통미봉남 하는데, 그건 우리의 전략이 아니라 남조선에서 자초한 것입니다. 북남 관계는 6·15와 10·4 선언을 잘 이행하면 통하게 되어 있습니다. 그걸 부정하면서 우리가 북남 관계를 막았다고 하는 것은 적반하장입니다. 특사께서 이명박 대통령을 다시 만나면 이 말을 꼭 전해 주세요. '우리를 자극하는 언행을 삼가고, 6·15와 10·4 선언 이행 의지를 분명히 밝혀 달라. 그러면 대화뿐만 아니라 그 이상도 얼마든지 가능하다'고. 그리고 오바마 대통령을 평양으로 초청하고 싶은데, 이 문제도 워싱턴에 돌아가면 상의해 주세요.

대북 특사 비방전으로 따지자면 북조선이 남한보다 더했으면 더했지 결코 덜하지 않습니다. 대화 분위기 조성을 위해 북조선도 남한에 대한 비방을 자제할 필요가 있습니다. 그리고 남북 관계가 풀리지 않으면 미북 관계 개선에도 큰 어려움이 있을 것이라는 점을 위원장께서 주지해 주시길 바랍니다. 정상 회담은 오바마 대통령께서도 고려하고 있지만, 외교적 사전 정지 작업이 필요하다는 입장입니다. 남북 관계 정상화도 그중 하나입니다.

가상 대화 ③ 오바마 대통령 주재 NSC 회의(워싱턴)

대북 특사 이번 평양 방문을 통해 미북 관계와 핵문제와 관련해서는 상당한 성과가 있을 것이라는 확신을 가졌습니다. 문제는 남북 관계입니다. 남한은 실질적인 태도 변화 없이 남북 대화만 주문하고 있고, 북한은 대화를 위해서는 남한의 정책 변화가 선행되어야 한다는 입장입니다. 특히 북한은 이명박 정부가 과거 김영삼 정부 때처럼 흡수 통일을 추구하고 있다고 믿는 듯합니다.

오바마 지금 상황에서 우리가 북한과의 관계 개선을 추구하면 어떤 문제가 있습니까?

국방 장관 한국은 우리의 중요한 동맹국입니다. 한국의 입장을 무시하고 대북 관계 개선에 나서면 국내외적으로 상당한 부담을 안을 수 있습니다. '북한의 전술에 말려들었다'는 비난이 나라 안팎에서 엄청나게 제기될 것입니다. 더구나 지금은 정권 초기입니다. 동맹국의 입장을 우선 고려하고 북한에 지속적으로 남북 대화에 나설 것을 요구해야 합니다.

국무 장관 1990년대 초반에도 지금과 흡사한 상황이 있었습니다. 결국 한국 정부는 미북 간의 합의 사항을 수용했고, 경수로 비용 부담에도 동의했습니다. 이명박 정부와 계속 협의는 해야겠지만, 한국의 입장을 고려해 우리의 이익까지 침해받을 필요는 없다고 봅니다. 더구나 내년 5월에는 핵확산금지조약 검토 회의가 있습니다. 그때까지 북핵 해결에 상당한 진전이 없으면 우리의 비확산 정책은 큰 손실을 입게 됩니다. 한국과 계속 협의는 하되, 우리는 우리의 목표와 스케줄에 따라 움직여야 합니다.

오바마 한국의 동의와 참여 없이 우리 계획대로 움직이는 것이 가능합니까?

대북 특사 그건 현실적으로 어렵습니다. 정치적인 문제도 있지만, 비핵화 프로세스를 신속히 이행하기 위해서는 한국의 역할이 매우 중요합니다. 북한은 핵 포기 조건으로 경수로 사업 재개와 한반도 평화 협정을 요구하고 있는데, 한국의 동의와 참여 없이는 불가능합니다.

바이든 부통령 투 트랙으로 가야 할 것 같습니다. 일단 국무부는 뉴욕 채널을 통해 북한에 남북 대화의 필요성을 계속 강조하고, 북한이 원하는 정상 회담은 남북 관계 정상화 없이는 불가능하다는 점을 분명히 해 두는 것이 필요합니다. 한국 정부에는 남북 대화 재개를 위한 분위기 조성에 힘써 달라고 계속 요구해야 합니다. 대통령께서 수일 내에 직접 이명박 대통령과 통화를 해 보는 것이 어떻겠습니까?

오바마 좋은 생각입니다. 우리가 남북 관계까지 중재해야 하는 상황이 답답하기만 합니다.

오늘날 한반도 상공에는 순풍과 역풍이 충돌하고 있다. 북미 정상 회담을 포함해 "단호하고 직접적인 대화"를 천명한 오바마 행정부의 등장이 순풍이라면, 이명박 정부의 대북 강경책과 북한의 잇따른 보복 조치로 인한 남북 관계의 악화는 역풍이다. 이명박 정부의 정책이 무책임한 것이라면, 북한의 대응 역시 유감스러운 일이 아닐 수 없다. 위의 가상 대화는 이러한 상황을 빗대어 써 본 것이다. 그리고 이러한 상황은 복잡한 질문들로 이어진다.

오바마 행정부는 MB가 원하는 것처럼 통미봉남을 막아 줄까? 오바마 행정부의 출범이라는 외풍은 MB의 대북 정책에도 변화를 가져올까? MB 정부는 북미 관계에 제동을 걸 수 있는 힘이 있을까? 한미 공조는 궁합이 잘 맞을까, 엇박자가 날까? 이에 따라 북한은 어떻게 대응할까? 일본은 계속 한국과 '몽니 연대'를 구축할까? 6자 회담 의장국이자 슈퍼파워로 등장한 중국은 어떻게 나올까? 동유럽에서 시작된 미러 간의 '제2의 냉전'의 기운은 한반도와 동북아에 어떤 영향을 미칠까? 혹시 미중 전략 대화가 한반도의 운명을 결정짓는 상황은 오지 않을까? 이러한 질문들은 복잡한 상호 작용을 동반하며 한반도의 앞날에 불확실한 그림자를 드리우고 있다.

오바마는 통미봉남을 막아 줄까?

남북 관계가 악화 일로를 걷고 있는 상황에서 오바마의 한반도 정책은 이미 그 자체로 '엇박자'를 내포하고 있다. 한편으로는 북한에 대해 "단호하고 직접적인 외교"를 추구하겠다는 것이고, 다른 한편으로는 "한국의 입장을 존중하고 한미 동맹을 강화하겠다"고 말하고 있기 때문이다. 이러한 상황에서 전자에 무게 중심을 두면 한미 관계가 흔들릴 수 있다. 반면 후자에 무게 중심을 두면 부시의 실패를 답습할 뿐만 아니라, 북한의 벼랑 끝 전술에 시달리게 될 것이다. 여기에 오바마의 '한반도 딜레마'가 있다.

그렇다면 이러한 상황에서 오바마는 어떤 선택을 하게 될 것인가? 결론부터 말하면, MB 정부가 대북 정책을 실질적으로 바꾸지 않으면 믿는 도끼에 발등 찍힐 가능성이 상당히 높다. 오바마보다 북한을 미워했고 동맹을 중시했던 부시 행정부조차도 일본의 강력한 반발에도 불구하고 북한을 테러 지원국 명단에서 삭제했다. 일본은 한국보다 미국에 훨씬 중요한 동맹국이고, 일본인 납치 문제는 MB 정부의 대북 정책보다 미국에 훨씬 중요한 요소였음에도 말이다. 이는 북한이 좋아서도, 동맹이 중요하지 않아서도 아니다. 그렇게 하는 것이 미국의 이익에 부합한다고 판단했기 때문이다.

한미 공조에 대한 오바마 행정부의 태도는 외교 정책의 기본 원칙, 과거의 학습 효과, 미국의 정책 목표에 미치는 득실 관계, 다른 6자 회담 참가국들과의 관계, 재선에 주는 영향 등을 주요 변수로 하는 고차 방정식이 될 것이다. 첫 번째는 외교의 기본 원칙이다. 이와 관련해, 오바마는 동맹의 유지 및 강화 못지않게 적대국과의 관계 개선이 미국의 이익에 부합한다는 인식을 갖고 있다. 문제는 이것이 한반도의 상황처럼 상호 모순 관계에 있을 때 나타난다. 그런데 한미 동맹은 이미 존재하는 것인 반면에, 한반도 비핵화 및 북한과의 적대 관계 해소는 새롭게 달성해야 하는 과제라는 차이가 있다. 이에 따라 오바마는 한미 동맹을 관리하면서 대북 정책을 추진하려고 할 것이다. 관리가 가능한 까닭은 이명박 정부가 한미 동맹을 저버릴 위치에 있지 않기 때문이다.

두 번째는 과거의 학습 효과이다. 이는 바로 1994년 제네바 합의 때의 한미 관계를 의미한다. 당시 김영삼 정부는 북미 협상에 사사건건 발목을 잡았다가, 협상에서는 배제되고 경수로 비용의 대부분을 뒤집어쓴 바 있다. 그런데 오바마의 외교 안보 팀에는 이러한 경험을 잘 알고 있는 인사들이 수두룩하다. 힐러리 클린턴 국무 장관은 당시 대통령 부인이었고, 당시 대통령이었던 빌 클린턴은 힐러리의 '이불 속' 참모이다. 부통령인 조지프 바이든 역시 당시 상원 외교위원회 소속 의원으로서 북미 협상 과정을 잘 알고 있다. 이러한 맥락에서 볼 때, MB 정부가 YS와 흡사한 길을 가려고 하면, 오바마 행정부는 결국 한국도 동의하게 될 것이라는 기대감을 가지고 한미 공조에 얽매이려고 하지 않을 가능성이 높다.

세 번째는 정책 목표이다. 북핵 문제 해결을 비롯한 핵비확산은 오바마의 최우선적인 정책 목표 가운데 하나이다. 북핵 해결은 그 자체로도 중요할 뿐만 아니라, 핵비확산 체제 재구축을 위해서도 반드시 필요하다. 이에 따라 2010년 5월로 예정된 핵확산금지조약[NPT] 검토 회의는 MB 정부의 한미 공조 맹신에 찬물을 끼얹는 핵심 요인이 될 것이다. 부시 행정부의 핵 선제공격 독트린과 포괄핵실험금지조약[CTBT] 비준 거부, 북한의 NPT 탈퇴 및 핵무기 개발, 이란의 우라늄 농축 프로그램 보유 시도 등이 맞물리면서 NPT는 40년 만에 최대 위기에 봉착해 있다. 그런데 NPT 검토 회의를 앞두고 북핵 문제에 상당한 진전이 있으면 오바마의 NPT 강화 정책은 상당한 성과를 거둘 수 있다. 1994년 클린턴 행정부가 이듬해 NPT의 무기한 연장 여부를 결정할 검토 회의를 앞두고 국내외의 강한 반발, 특히 YS의 강력한 반발에도 불구하고 제네바 합의를 체결한 핵심적인 이유 가운데 하나도 바로 NPT에 있었다. 북한이 NPT에서 탈퇴해 핵 개발에 나서는 상황을 방치할 경우 NPT 체제가 무너질 수도 있었기 때문이다.

이에 반해 한미 간의 갈등으로 미국이 입게 될 손실은 그리 크지 않을 것이다. 예상해 볼 수 있는 손실은 미국 강경파의 공세와 MB 정부의 아프가니스탄 협력 '주저' 정도이다. 그러나 이 정도의 손실은 북핵 해결과 핵비확산 체제와 비교할 때 미미한 수준이라고 할 수 있다. 역으로 오바마 행정부는 이명박 정부가 극도로 민감해하는 주한 미군 감축과 한미 자유무역협정[FTA] 재협상 요구 등을 내세워 한국을 압박할 수도 있다.

네 번째는 남북한을 제외한 다른 6자 회담 참가국들의 관계이다. 이와 관련해 일본은 변수로 작용하는 반면에, 중국과 러시아의 방침은 비교적 명확하다. 일본이 한국과 함께 계속 '몽니 연대'를 구축할 경우, 오바마 행정부의 딜레마는 더욱 커지게 될 것이다. 반면 일본이 북일 관계 개선과 6자 회담에 적극적으로 나올 경우, 오바마의 한미 공조에 대한 부담은 더욱 줄어들게 된다. 중국과 러시아는 북한의 위협성 언행에 우려하고 있지만, 이명박 정부의 대북 정책에 근본적인 결함이 있다고 본다. 또한 이 두 나라는 6자 회담이 한반도 비핵화를 넘어 동북아 평화 안보 체제로 발전하는 데 지대한 관심을 갖고 있는데, 이는 오바마의 동북아 정책과 조응하는 부분이 있다. 특히 오바마 시대에 미중 관계의 격상이 예상되고 중국의 영향력도 더욱 커질 전망인데, 이에 따라 오바마는 한국보다는 중국을 더 중요한 공조 대상으로 삼게 될 것이다.

끝으로 오바마의 재선에 미치는 영향이다. 오바마 입장에서 최선은 한미 공조 유지와 비핵화를 동시에 달성하는 것이다. 반면 최악은 둘 다 안 되는 것이다. 이에 따라 차선과 차악이 중요해진다. 그런데 차악은 한미 공조는 유지되면서 비핵화는 뒷걸음치는 것이다. 차선은 한미 공조에 문제가 생겨도 비핵화 진전을 이루어 내는 것이다. 이러한 분석의 근거는 한미 동맹이 깨지지 않는 한, 한반도 비핵화 진전이 한미 동맹보다 미국 유권자에게 더 중요한 사안이라는 데 있다. 그런데 앞서 언급한 것처럼, 이명박 정부는 대북 정책 갈등을 이유로 한미 동맹 파기를 절대로 선택할 수 없다.

이러한 점들을 종합해 볼 때, 결론은 비교적 명확해진다. MB 정부가 대북 강경책을 고수하면, 오바마 행정부는 한국과 협의는 하겠지만 미국의 중대한 이익이 걸린 대북 정책을 MB 정부의 요구에 맞게 수정하거나 한미 공조 틀에 얽매이지 않을 것이다. 물론 이러한 분석이 오바마가 한국을 우회하여 북한과의 직접 대화 및 6자 회담을 통해 비핵 평화의 탄탄대로로 갈 수 있다는 결론으로 이어지지는 않는다. 북한이라는 까다로운 변수를 제외하더라도 이명박 정부는 북미 관계 및 6자 회담의 속도와 폭을 조절할 수 있는 일정한 힘이 있기 때문이다. 이것이 바로 YS와 MB의 차이이다.

MB 정부의 선택은?

역설적으로 향후 한반도 비핵 평화 프로세스의 최대 변수 가운데 하나는 이명박 정부가 되고 있다. 정부가 신속히 대북 정책을 전환해 남북 관계를 정상화하고, 이를 바탕으로 한미 공조를 해 나간다면 한반도 비핵 평화 달성 가능성은 상당히 높아진다. 그리고 이명박은 김대중과 노무현을 능가하는 역사의 주인공이 될 수 있다. 그러나 '이념의 포로'로 잡혀 있는 MB 정부에 이를 기대하기는 당분간 어려워 보인다. 이에 따라 관심은 MB가 얼마나 한반도 비핵 평화 프로세스에 제동을 걸 수 있는지, 그리고 MB가 끝까지 대북 강경책을 고수할 것인지, 바꾼다면 언제 이루어질 것인지에 집중된다.

일단 MB는 YS보다 구조적으로 강한 힘을 갖고 있다. 1차 핵 위기 때 협상 구도는 북미 일변도였다. 반면에 오늘날에는 한국도 중요한 당사국으로 참가하고 있는 6자 회담이 기본 틀이다. 한국은 6자 회담 실무 그룹 가운데 하나인 '경제 및 에너지 협력 회의'의 의장국이기도 하다. 또한 9·19 공동 성명에서 합의된 "적절한 시기에 논의"하기로 한 경수로와 "직접 관련 당사국들"이 "별도 포럼"에서 논의할 한반도 평화 체제 구축, 10·4 남북 정상 선언에서 합의한 3자 혹은 4자 간의 종전 선언은 향후 한반도 비핵 평화 프로세스의 핵심적인 사안들이다. 그런데 이 세 가지 모두 한국의 참여와 역할이 매우 중요하다. 한국은 경수로 사업에 드는 대부분의 비용을 부담하는 당사국이므로 한국의 동의 없이 경수로 사업이 재개되기는 불가능하다. 또한 한국이 빠진 종전 선언과 평화 협정 역시 상상하기 힘들다.

MB가 한국의 이러한 지위를 이용해 6자 회담에 영향력을 행사할 수 있다는 것은 2008년 12월 6자 회담에서 나타났다. 일본과 찰떡 공조를 과시하면서 에너지 지원을 검증 의정서 채택과 연계하고, 또 검증 방법으로 '시료 채취'를 관철시키고자 했다. 그러나 이는 이전 6자 회담 합의를 무시한 것이었다. 10·3 합의에서는 에너지 지원을 북한의 검증 의정서 수용이 아니라, 영변 핵 시설 불능화 조치에 대한 대가로 제공하기로 되어 있었기 때문이다. 결국 MB 정부의 강경책은 6자 회담 결렬의 중요한 원인이 되었다.

문제는 앞으로도 이러한 상황이 재연될 수 있다는 것이다. 한국이 계속해서 검증과 에너지 지원 연계 전략을 고집하면 6자 회담은 정체되거나 역행할 수 있다. 이 고비를 넘기더라도 경수로라는 복병이 있다. 한국이 북핵 문제가 완전히 해결되기 전까지는 경수로 제공에 동의할 수 없다고 버티면 6자 회담은 총체적으로 흔들릴 가능성이 높다. 이는 평화 협정 문제도 마찬가지이다. 만약 이명박 정부가 이러한 입장을 보인다면, 북한은 6자 회담 및 평화 협정에서 남한 배제론을 들고 나와 한미 양국을 압박하려고 할 것이다. 그러나 오바마 행정부가 북한의 이러한 요구를 수용할 것이라고 상상하기는 어렵다.

MB, 통미봉남을 막아라! 오바마가 들어줄까?

크게 볼 때, MB 정부가 선택할 수 있는 방향은 세 가지이다. 첫째는 대북 강경책을 고수함으로써 한반도 비핵 평화 프로세스의 '훼방꾼spoiler'이 되는 것이다. 둘째는 오바마 행정부의 유무형의 압력과 정세 변화에 떠밀려 '울며 겨자 먹기'식으로 대북 정책을 바꾸는 듯한 모양새를 취함으로써 '주변인outsider'이 되는 것이다. 셋째는 오바마 행정부 등장에 따른 역사적 기회를 포착해 능동적이고 적극적인 대북 정책을 도모함으로써 비핵 평화 프로세스의 '촉진자promotor'가 되고 한반도 냉전을 종식시킨 주역이 되는 것이다. 상식적으로 볼 때, 세 번째 선택이 가장 합리적이다. 그러나 MB의 선택은 첫 번째와 두 번째 사이를 오락가락하고 있다. 그리고 자의적으로 한반도 정세를 통미봉남으로 규정하고 이를 막는 데 주력하고 있다.

오바마가 당선된 후 국내에서는 이명박 정부가 대북 정책을 바꾸지 않으면 통미봉남에 몰릴 것이라는 지적이 많았다. 그러나 정부는 미국 대선 당일 "오바마가 당선돼 북핵 문제에 획기적 조치를 취해도 한미 간 공조 위에서 이루어질 것"이라고 단언했다. 이명박 대통령도 오바마의 취임을 전후해 두 차례 통화를 하고 나서 한미 동맹 강화, 북핵 공조 유지 등을 확인하고는 "통미봉남은 가능하지도 않으며, 폐기되어야 한다"고 자신감을 피력했다. 그러나 앞서 분석한 것처럼 한미 공조에 대한 맹신은 MB의 '짝사랑'으로 끝날 가능성이 높다.

이에 따라 관심의 초점은 이명박-오바마 관계로 모인다. 오바마는 일차적으로는 이명박을 설득하는 데 노력하겠지만, '한국이 6자 회담의 걸림돌'이라는 판단이 서면 한미 공조는 형식적으로 하고 실질적으로는 북미 직접 대화 및 중국과의 공조 강화를 통한 6자 회담에 관심을 두게 될 것이다. 이를 통해 남북 관계를 중재하는 한편, 북미 관계 개선에도 속도를 낼 것이다.

오바마가 이런 식으로 정책 방향을 잡으면, MB 역시 버티다가 결국 대북 정책을 전환하는 길을 택하게 될 것이다. 통미봉북通美封北:한미 공조를 통해 북미 관계의 진전을 가로막는 것을 통해 통미봉남을 예방하겠다는 것은 오바마의 정책 목표와 충돌하고, 이러한 이유 때문에 한미 관계에 빨간불이 켜지는 것은 MB 정부에도 상당한 부담으로 작용할 수밖에 없기 때문이다. 특히 한미 관계의 엇박자는 한미 FTA 비준과 주한 미군 감축 중단 등 MB 정부가 우선시하는 정책 목표에 차질을 줄 수 있다. 정책 전환의 시점은 한미 간의 대북 정책 협의 시점인 2009년 상반기가 아니라, 오바마가 한국을 우회하고 북미 직접 대화 및 중국과의 6자 회담 공조에 방점을 두는 2010년 이후가 될 전망이다.

그러나 MB 정부가 뒤늦게 대북 정책을 바로잡더라도 이것이 곧 남북 관계의 정상화로 이어질지는 미지수이다. MB 정부가 2009년에도 6·15와 10·4 선언 이행에 주저하면서 '악의적 무시'로 일관할 경우, 북한은 MB 정부를 더는 상대하지 않고 미국과의 관계 개선에 치중할 가능성이 있기 때문이다. 이렇게 되면 MB 정부가 그토록 우려했던 북한의 통미봉남은 현실로 나타날 수 있다. MB의 대북 정책 전환이 빠르면 빠를수록 좋은 까닭이다.

'협상의 법칙' 재구성에 나선 북한

북한은 공식적으로 언급한 적은 없지만, 오바마의 당선을 내심 기대했다. 북한의 입장을 대변하는 조총련계 신문 『조선신보』는 2008년 6월 9일 "조선반도와의 관계에서 본다면 부시 정권의 잘못을 엄중하게 비판하고 조선의 지도자와 조건 없이 만나겠다고 공언해 온 오바마가 '부시의 아류'이자 네오콘의 허수아비나 다름없는 매케인보다 낫기는 낫다"고 말한 바 있다. 북한이 오바마의 당선 소식을 이틀 만에 보도한 것 역시 북한의 의중을 엿보게 한다.

오바마의 당선에 즈음한 북한의 행보 역시 주목을 끌었다. 대선을 전후해 뉴욕을 방문한 리근 외무성 미주 국장은 부시 행정부 측 인사들은 물론이고 오바마 측 인사도 두루 만났다. 리근은 "조선은 과거에 대화를 지향한 행정부나 고립과 억제를 추구한 행정부나 모두 상대했다"며, "어떤 정부가 출범해도 그 정부의 대북 정책에 대응할 준비를 하고 있다"고 강조했다. 이와 동시에 북한은 '사진 정치'를 선보였다. 미국 대선을 전후해 북한 매체는 김정일 위원장의 축구 경기 관람 모습과 군부대 시찰 모습을 잇따라 내보냈다. 사진 정치의 강도는 점차 높아졌다. 처음에는 김정일이 왼손을 호주머니에 넣고 있는 장면을 내보냈다가, 남한 언론이 반신마비가 온 것이 아니냐는 추측을 내놓자 두 손으로 박수 치는 장면을 내보냈다. 또한 오바마 취임 직후에는 김정일과 왕자루이의 면담 사진 수십 장을 내보내 건재를 과시했다. 이는 "나의 통치 능력에는 문제가 없으니, 잘해 보자"는 메시지를 오바마에게 보낸 것이라고 할 수 있다.

그렇다면 북한은 오바마의 당선을 계기로 핵 포기라는 전략적 결단을 내리고 미국과의 적대 관계 청산에 적극 나설까? 한 걸음 더 나아가 '선군 정치'에서 '선민 정치'로의 대전환을 도모할 것인가? 이와 관련해 미국 대선 직후인 11월 10일 『조선신보』의 보도가 주목된다. 이 신문은 리근의 방미를 "미국 측과 보다 높은 차원에서 현안 문제를 논의할 용의가 있다는 신호"라고 해석했는데, 이는 미국의 적대시 정책 철회와 북한의 핵무기 폐기를 본격적으로 논의하게 될 것이라는 분석과 연관된다. 특히 "김일성 주석의 유훈인 전 조선반도의 비핵화를 실현하는 것은 여전히 조선 정부의 최종 목표로 설정"되어 있다면서, "핵 억제력을 확대 강화하지 않으면 안 될 상황은 '유훈'의 관철에서 보면 비정상"이라고 강조했다.

일단은 북한 내부에서도 북미 관계 정상화를 준비하고 있는 것으로 보인다. 필자가 2005년 6월 평양을 방문했을 때 만난 북측 관계자는 "북측은 철저한 반미 국가인데, 미국과 관계 정상화를 하면 어떻게 되는 것이냐"는 질문에 "오래전부터 내부적으로 준비해 왔다"고 답한 바 있다. 또한 로이터 통신은 평양발 기사에서 북한의 한 관광 가이드가 "많은 나라들이 제재 때문에 우리와 사업하는 것에 문제가 있다고 불만을 가졌는데, 테러 지원국에서 해제된 것은 우리에게 도움이 될 것이다"라고 말한 내용을 소개했다. ● 관광 가이드가 테러 지원국 해제의 의미와 기대를 나타낸 것은 북미 관계 개선에 따른 기대감이 일반인들에게도 광범위하게 퍼져 있다는 것을 강하게 암시한다.

● Reuters, November 4, 2008.

물론 이를 근거로 북한이 핵 포기라는 전략적 결단을 쉽게 내릴 것이라고 단정할 수는 없다. 그러나 오바마의 대북 정책이 북한의 요구 사항과 공통점이 많고, 오바마가 대선 유세 과정에서 북한에 대해 도덕적, 이념적 비난을 하지 않았다는 점에서 북한이 오바마 행정부에 호의적으로 나올 가능성은 어느 때보다 높아 보인다. 이에 따라 북측이 핵 포기의 조건으로 내세워 온 미국의 적대시 정책 철회의 물리적 증표로서의 경수로 제공, 정전 체제의 평화 체제로의 대체, 관계 정상화, 미국 핵 위협의 제거 등에 대해 오바마 행정부가 전향적으로 나올 경우 북한도 핵 포기로 화답할 가능성은 충분히 있다. 이는 북한의 '포스트 김정일 시대'의 구상과 맞물려 있기도 하다.

그러나 북한이 북미 관계 개선에 속도를 내고 싶다고 해서 쉽게 되는 것은 아니다. '악마는 디테일에 있다'는 말을 실감할 수 있을 만큼, 북미 협상과 6자 회담에는 매우 까다로운 의제들이 많이 있다. 또한 남북 관계도 걸려 있다. 이에 따라 남-북-미 3자 관계의 엇박자는 당분간 지속될 전망이다. MB 정부는 북한에 대한 '악의적 무시'를 당분간 지속하면서 한미 공조를 통해 통미봉남을 저지하는 데 집중할 것이다. 북한은 남한과의 전면적 대결도 불사하겠다며 '벼랑 끝 전술'의 수위를 높이면서 MB 정부를 압박하는 한편, 북미 관계 개선에 방점을 찍을 것이다. 오바마는 MB 정부의 견제에도 북한과의 직접 대화에 나서겠지만 남북 관계를 주된 의제로 삼을 것이다. 오바마의 북미 직접 대화는 MB 정부의 불만을, 직접 대화에서 남북 관계를 의제로 삼는 것은 북한의 반발을 초래할 수 있다. 오바마 행정부가 이러한 부정적 환류 현상을 타개하기 위해 어떤 외교적 카드를 꺼내 들지, 그 시점은 언제가 될지 주목되는 까닭이다.

북한, '협상의 법칙'을 재구성하라

2009년 3월, 북한은 전례를 찾아보기 힘들 정도로 한반도 위기 지수를 높이는 행동을 보였다. 북한의 강력한 반발에도 불구하고 한미 합동 군사 훈련 '키 리졸브'가 강행되자 북한은 5일 키 리졸브 훈련 기간[3월 9일부터 20일] 동안 북한 영공과 그 주변을 통과하는 남한 민항기들의 "항공 안전을 담보할 수 없게 되었다"고 경고한 데 이어, 9일에는 "북남 사이에 유일하게 존재하여 온 마지막 통로인 군 통신을 3월 9일부터 차단"했다. 또한 키 리졸브 훈련 기간에 개성 공단과 금강산 관광 지구 관문을 열었다 닫았다를 반복했다. 국제 사회의 강력한 만류와 경고에도 불구하고 4월 초 인공위성 발사 준비도 하나둘씩 진행했다. 특히 3월 9일에는 "우리의 평화적 위성에 대한 요격은 곧 전쟁을 의미한다"며, "가장 위력한 군사적 수단"으로 한미일에 대한 "보복 타격전을 개시하게 될 것"이라고 위협의 수준을 높였다.

그렇다면 북한이 이러한 강경책을 내세우게 된 배경과 의도는 무엇일까? 우선 북한은 이명박 정부에 더는 기대할 것이 없다고 보고, 대남 전술의 목표를 이명박 정부의 대북 정책 '전환'에서 이명박 정부 '흔들기'로 바꿨을 가능성이 제기된다. 2009년 이전까지 북한은 이명박 정부에 대한 비난과 위협을 하면서도 6·15와 10·4 선언의 전면적 이행을 천명하면 남북 관계가 정상화될 수 있다는 '양면 전략'을 취했다. 그러나 2009년 들어서는 대결 일변도의 자세만 보이고 있다. 바로 이 지점에 북한의 대남 강경론의 목표와 관련된 질문이 제기된다. 이명박 정부를 제2의 YS로 보면서 아예 대화 상대로 인정하지 않기로 하고 'MB 정권 흔들기'를 작심한 것인지, 아니면 여전히 대북 정책 전환을 기대하면서 벼랑 끝 전술을 택하고 있는지가 중요하다. 후자라면 한반도 위기는 일시적 국면으로 끝나겠지만, 전자라면 상황은 매우 심각해진다.

북한은 오바마 행정부에 대한 불만도 강하게 갖고 있는 것으로 보인다. 월터 샤프 한미연합사령부 사령관은 오바마 취임 직후인 2월 초순 "전면전은 물론이고 북한의 핵무기 통제력 상실 가능성 등에 대한 대비책도 마련했다"고 말했다. 이는 북한이 과거보다 한미 합동 군사 훈련에 민감하게 반응하는 핵심적인 요인이 작용했을 공산이 크다. 한미 양국의 군 수뇌부가 북한 내에 급변 사태가 발생하면 군사 투입을 추진하겠다고 말한 직후에 대규모의 한미 합동 군사 훈련을 실시하는 셈이기 때문이다.

북한은 이러한 대외 환경의 악화 혹은 불확실성의 증대에 맞서 외부의 위협을 극적으로 부각시켜 일단 내부 결속을 강화하는 데 역점을 두고 있다. 김정일의 건강 이상설, 김정일 체제의 3기 출범과 후계 체제 준비, 2012년 강성 대국론이 맞물린 시점에 남북 관계의 악화와 6자 회담의 불확실성이 증대됨에 따라 대외적 강경 노선을 통해 체제 결속 및 이완된 통제 체제의 복원을 시도하려는 모습을 보이고 있는 것이다.

북한의 위협적인 언행은 다른 각도에서 해석할 수도 있다. 6자 회담 및 북미 직접 대화에서 본격적인 협상을 앞두고 '협상의 법칙'을 재구성하려는 의도가 엿보이기 때문이다. 북한은 오바마 행정부 출범을 전후해 미국의 핵 위협 해소, 즉 남한 내 핵무기 재배치 및 일시 통과 금지와 핵우산 철수가 이루어지지 않으면 북미 관계가 정상화되더라도 핵무기를 포기하지 않을 것이라고 말한 바 있다. 3월에는 한미 합동 군사 훈련에 대한 반발의 수위를 크게 높이는 한편, 6년 만에 유엔사 장성급 회담 재개를 제안해 군사 훈련 취소를 강하게 요구하기도 했다. 북한이 두 차례에 걸친 회담에서 "키 리졸브 철회 여부에 따라 오바마 행정부가 대조선 적대시 정책의 전철을 그대로 밟으려고 하는가를 판단하게 될 것"이라고 주장한 것도 향후 북미 회담에서 한반도 군사 문제를 집중적으로 제기할 것임을 예고한다.

    이러한 일련의 움직임은 북한이 한반도의 긴장 조성을 통해 군사 문제 해결의 시급성을 부각시키는 한편, 북한의 핵무기 및 핵물질 폐기 협상 단계에서는 한미 양국의 군사적 위협 해소도 의제에 포함되어야 한다는 의미를 담고 있다고 보인다. 이에 따라 향후 한반도의 갈등과 협상 구도는 '군사 대 군사'가 될 것이다. 이러한 해석에 따르면 북한은 단기적으로 외부 위협을 강조하면서 체제 결속을 강화해 내부의 정치적 불확실성을 최소화하고, '김정일 3기' 출범 직후 미국과의 대담판을 시도할 가능성이 높다. 대담판의 골자는 핵 포기의 조건으로 관계 정상화, 평화 협정 체결, 경제 및 에너지 지원 등 오바마 행정부가 밝힌 내용은 물론이고, 경수로 제공, 미국의 대북 핵 위협의 납득할 만한 해결 및 한미 합동 군사 훈련의 중단 내지 대폭 축소 등이 될 것이다. 또한 미사일 협상을 재개해 미사일 수출 중단에 따른 경제적 보상 및 장거리 탄도 미사일 개발 포기에 따른 인공위성 대리 발사를 요구할 가능성이 제기된다.

러시아, 중국, 일본

    다른 6자 회담 참가국들의 태도 및 미국과의 관계도 주목된다. 우선 유럽에서 벌어지고 있는 미러 간의 신냉전 조짐의 불똥이 동북아에까지 튈지가 관심사이다. 이는 일차적으로 미국이 나토의 확장 및 동유럽 MD에 어떤 입장을 취할 것인지가 중요하다. 두 나라가 이 사안을 슬기롭게 푼다면 6자 회담에서의 정책 공조도 탄력을 받을 수 있다. 반면 관계가 악화되면 러시아는 6자 회담에서 미국과의 협력보다는 북한 및 중국과의 정책 공조에 방점을 둘 가능성이 높다. 이러한 징후는 MD 문제로 미러 간의 갈등이 정점에 달했던 2008년 12월 6자 회담에서 이미 나타났다. 부시 행정부는 북한이 검증 의정서를 채택하지 않아 에너지 지원을 일시 연기한다고 5개국이 합의했다고 발표했지만, 러시아는 즉각 이를 반박하면서 중유 지원을 계속했다.

또 하나의 슈퍼파워로 떠오른 중국의 역할 및 미중 관계도 핵심 변수이다. 중국은 6자 회담 의장국이자 중재자로서의 역할을 계속 자임할 것이다. 그러나 실질적인 협상은 북한과 미국이 하고, 6자 회담은 이를 추인하는 방식으로 전락하는 것에 우려하고 있다. 특히 북미 관계가 급진전하는 과정에서 북한은 주한 미군의 주둔을 용인하고 미국은 국교를 수립하는 전략적 타협에 경계심을 갖고 있다. 이에 따라 중국은 북한 및 러시아와의 관계를 돈독히 하고, 미국의 대중 포위 전략의 대상국이 될 수 있는 한국 및 일본에 견제와 포섭을 동시에 진행하는 한편, 동북아 평화 안보 체제 구축에 적극 나섬으로써 미국 주도의 동아시아 동맹 체제가 자국을 봉쇄·포위하는 것을 차단하는 것을 전략적 목표로 삼게 될 것이다.

한반도 문제와 관련해 앞으로의 대화 틀은 북미 직접 대화와 6자 회담, 북중 협의와 미중 전략 대화 등 네 가지로 전개될 전망이다. 미중 간에 '최고위급 전략 대화'가 시작되면 핵심 의제는 경제, 기후 변화, 양안 관계와 함께 북핵 문제, 한반도 평화 체제, 동북아 평화 안보 체제 등 6자 회담의 핵심 현안도 포함될 것이다. 미중 양국은 큰 틀에서 6자 회담의 미래를 설계하면서 이를 북한과의 양자 회담 및 6자 회담에서 다루어 나가는 방식을 선호할 것이다. 특히 남북 관계가 계속 악화되고, 그 여파로 북미 관계 및 6자 회담도 진전을 이루지 못하면 한반도 문제의 핵심적인 논의 틀은 미중 전략 대화가 될 가능성도 있다.

일본 정치의 변화 및 미일 관계도 새로운 변수이다. 고이즈미는 미일 동맹을 중시하면서도 북미 관계 중재 및 북한과의 관계 개선에 나선 바 있다. 그러나 부시 행정부의 대북 강경책과 일본인 납치 문제로 두 가지 모두 소득이 없었다. 아베 신조는 '일본의 네오콘'으로 불릴 정도로 북한에 강경했다. 그는 특히 일본인 납치 문제를 정치적으로 악용한 것으로 유명하다. 후쿠다 야스오는 '아시아 중시 외교'의 맥락에서 북한과의 관계 개선을 추구했지만 이렇다 할 성과 없이 물러났다. 현재는 강경 보수 성향을 보여온 아소 타로가 총리를 맡고 있다. 그러나 아소 역시 잦은 말실수와 정책 혼선으로 지지율이 급락해 2009년을 넘기기 어려울 전망이다.

관심의 초점은 일본의 대북 정책이다. 이명박 정부와 함께 대북 강경책을 고수하면서 미국의 대북 접근과 6자 회담의 진전을 가로막으려고 할 것인지, 아니면 변화된 환경에 따라 대북 정책을 바꿀지 주목된다. 전자를 선택하면 북미 관계와 6자 회담은 상당한 진통이 뒤따르게 될 것이다. 후자를 선택하면 한국이 6자 회담에서 왕따가 되고 일본 역할론이 부상할 수 있다. 그렇다면 오바마의 등장이 일본의 외교 안보 정책에 어떤 변화를 가져올까? 일단 '북한 위협론'과 '중국 경계론'을 바탕으로 지난 8년간 추구해 온 미일 동맹 강화는 숨 고르기에 들어갈 전망이다. 중국을 중시하고 아시아에서 양자 관계를 넘어선 다자주의를 모색하겠다는 오바마의 공약은 일본 외교의 변화 요인이 될 수 있다. 아울러 오바마의 적극적인 대북 정책이 일본의 강경책에도 압박 요인이 될 수 있다.

그러나 일본 정치의 구조상 일본인 납치 문제에 진전이 있을 것이라는 확신이 없다면 섣불리 대북 정책을 바꾸지는 않을 것이다. 이는 일본 자민당은 물론이고 민주당 역시 마찬가지이다. 이에 따라 일본의 대북 정책 변화는 납치 문제에 대한 북한의 협력 여부가 최대 관건이 될 것이다. 그런데 북한의 협력 역시 일본이 대북 제재를 해제할 것이라는 확신이 없으면 기대하기 힘들다. 바로 여기에서 오바마 행정부의 중재안이 나올 수 있다. 북한이 재조사에 응하고, 일본이 대북 제재를 완화해 나가는 방식으로 문제를 풀 가능성이 높아 보이기 때문이다.

'악마는 디테일에 있다'

신경전은 시작되었다

2009년 1월 20일 취임한 오바마는 북한과의 '본 게임'에 나서게 된다. 북한의 "모든 핵무기와 현존하는 핵 프로그램"의 폐기 협상은 매우 까다롭고 지난한 과정이 될 것이다. 동시에 북한의 전략적 결단을 이끌어 내기 위해서는 경수로 제공, 정전 체제의 평화 체제로의 대체, 북미 관계 정상화, 미국의 대북 군사적 위협 해소 등 김정일 정권 못지않은 오바마 행정부의 전략적 결단도 요구된다. 또한 김정일과 오바마가 각각 '핵 포기'와 '적대시 정책 철회'를 할 의지가 있다고 하더라도 앞으로의 협상 과정에는 상당한 진통이 뒤따르게 될 것이다. 부시 때 풀기 힘든 숙제는 오바마 때도 쉽지 않을 것이며, "악마는 디테일에 있다"는 말처럼 미시적인 사안에서의 갈등이 거시적인 틀을 뒤흔드는 상황도 얼마든지 발생할 수 있다.

이러한 전망을 뒷받침하듯, 오바마 행정부 출범을 전후해 남-북-미 3자 사이의 치열한 신경전이 시작되었다. 공개적으로 드러나지는 않았지만, 선공先攻은 이명박 정부에서 나왔다. 1월 6~10일 미국을 방문했던 이명박 대통령의 민관 합동 외교 자문단이 오바마 대통령 당선자 측에 "고위급 대북 특사 파견을 서둘지 말아 달라"고 요청한 것이다. 『조선일보』가 복수의 방미단 인사들의 발언을 인용 보도한 바에 따르면, "향후 3~6개월 안에 오바마 정부

● 『조선일보』, 2009년 1월 14일.

가 한국을 위해 무엇을 해 줄 수 있는지 의견을 제시해 달라"는 오바마 당선자 측의 질문에 "미북 고위급 대화는 기본적으로 찬성하지만, 남북 관계와 6자 회담이 모두 정체된 상황에서 대북 특사 등을 너무 서두르면 북한에 좋지 않은 신호를 줄 수 있기 때문에 신중을 기해 달라"고 답했다는 것이다.● 이는 남북 관계와 핵문제 해결에 진전이 없는 상태에서 북미 관계 개선에 대한 우려를 전달함으로써 미국이 북한의 '통미봉남' 전략에 말려들어서는 안 된다는 입장을 강조한 것이라고 할 수 있다. 참고로 1월 방미단에는 한승주 전 외무부 장관, 김태효 청와대 대외 전략 비서관, 김성한 고려대 교수 등 이명박 정부 안팎의 핵심 인사들이 포함되어 있었다.

북한, 선先 적대 정책 철회, 후後 비핵화

이처럼 이명박 정부가 남북 관계와 핵문제 진전을 북미 관계 개선의 전제 조건으로 삼았다면, 북한은 북미 관계 정상화 및 미국의 핵 위협 제거를 핵문제 해결의 조건으로 제시함으로써 치열한 신경전을 예고하고 있다. 북한은 오바마 당선자의 취임 일주일 전이자 힐러리 클린턴 국무 장관 지명자의 인준 청문회 바로 전날 외무성 대변인 담화를 통해 '협상의 법칙'을 거듭 환기시켰다. 핵심적인 내용은 ▲"비핵화를 통한 관계 개선이 아니라 관계 정상화를 통한 비핵화" 추구, ▲북한뿐만 아니라 주한 미군 기지까지 포함한 상호 핵 사찰, ▲검증은 '행동 대 행동'의 원칙에 따라 비핵화가 최종적으로 실현되는 단계에서 한반도 전체를 대상으로 동시 진행 및 미국의 남한에 대한 핵우산 제거, ▲적대 관계 지속 시 핵문제 해결 방식은 북한의 핵 포기가 아니라 모든 핵보유국의 핵군축 협상이 되어야 한다는 것 등이다. 이는 북한의 기존 입장을 거듭 확인한 것이어서 새로울 것이 없지만, 북한의 핵 포기와 북미 관계 정상화의 '선후' 관계 및 미국의 핵전략을 둘러싸고 치열한 기 싸움을 예고하는 것이다.

또 한 가지 중요한 점은 북한이 말하는 적대 관계 청산은 일반적인 이해보다 훨씬 포괄적이고 구체적인 내용을 담고 있다는 것이다. 일반적인 이해란 북미 간의 대사급 관계 수립과 정전 체제를 평화 체제로 대체하는 수준에 머물고 있지만, 북한은 사찰을 통한 미국 핵무기의 남한 내 부재 및 재반입과 일시 통과 금지뿐만 아니라 핵우산의 철수까지 '적대시 정책 철회'에 포함시키고 있다. 이는 앞으로 한미일 3국이 말하는 '한반도 비핵화'와 북한이 주장하는 '조선반도 비핵화' 사이의 개념과 목표를 둘러싼 치열한 공방전을 예고한다. '한반도 비핵화'는 미국의 핵전략을 가급적 건들려고 하지 않지만, '조선반도 비핵화'는 미국 핵전략의 가장 민감한 부분까지 해결되어야 한다는 것이기 때문이다.

미국, "우라늄 농축과 핵확산 문제도 다룰 것"

북한이 기존의 입장을 재정리해 최대 강령에 기초한 '협상의 법칙'을 제시했다면, 오바마의 미국은 부시 행정부가 백악관을 떠나기 직전에 다시 달궈 넘겨준 '뜨거운 감자'를 들고 북한을 압박하고 나섰다. 부시 대통령, 딕 체니 부통령, 스테판 해들리 국가 안보 보좌관은 북한의 고농축 우라늄[HEU] 보유 의혹과 핵확산 문제를 집중 거론하면서, 오바마 행정부 때 이 문제들을 검증 가능한 방식으로 해결하지 못하면 6자 회담의 진전은 어려울 것이라고 주장했다. 그러자 힐러리 클린턴은 이 사안들도 미국의 중요 관심사라며 협상 의제에 포함시키겠다는 의사를 분명히 했다.

1월 13일 인준 청문회에 나선 클린턴이 밝힌 북핵 외교의 기본 방침은 ▲북한의 핵확산을 저지하기 위해 시급성을 갖고 행동할 것, ▲북핵 폐기 대상에 플루토늄뿐만 아니라 HEU 프로그램도 포함시킬 것, ▲6자 회담과 북미 직접 대화를 조화시켜 북핵 해결의 최선의 방도를 찾을 것, ▲비확산의 토대인 핵확산금지조약 체제를 지탱해 나가는 데 지도력을 발휘할 것 등이다.

이러한 힐러리의 발언을 통해 오바마 행정부가 추구하는 대북 정책의 중요한 특징을 발견할 수 있다. 첫째는 북한이 부인해 온 핵확산과 HEU 문제도 중요한 협상 의제라는 점을 분명히 했다는 것이다. 힐러리는 북한의 핵확산 저지를 가장 시급한 사안의 하나로 거론했고, HEU 역시 "존재한다고 믿을 만한 이유가 있다"고 말했다. 둘째는 경제 위기와 중동 사태 등으로 북핵 문제가 후순위로 밀릴 것이라는 예측과는 달리 핵비확산 체제 재구축 차원에서 북핵 문제도 시급하게 처리해 나가겠다는 것이다. 셋째는 "아직 검토 중"이라고 전제를 달았지만, 북핵 해결을 위해서는 6자 회담과 북미 직접 대화를 조화롭게 병행시키는 것이 최선의 방법이라는 인식을 드러냈다는 것이다.

남-북-미 3자 사이의 신경전

오바마 행정부 출범을 전후해 시작된 남-북-미 3자 사이의 신경전은

3월 들어 격화되었다. 북한은 한미 합동 군사 훈련에 대한 강력한 반발과 보복 조치로 한반도 군사 문제의 전면화와 '협상의 재구성'을 시도했고, 4월 초 인공위성 발사도 강행할 태세이다. 남한은 북한의 인공위성 발사를 장거리 탄도 미사일 발사와 동일시하면서, 발사 강행 시 유엔 안보리를 통한 제재 요구, 6자 회담 합의에 따른 대북 에너지 지원 중단, 미국 주도의 대량살상무기 확산방지구상(PSI) 정식 참여 추진, 미사일 방어 체제 참여 고려 등 일련의 초강경 정책들을 쏟아 내고 있다. 이러한 강경책은 일차적으로 북한의 인공위성 발사를 저지하기 위한 것으로 보이지만, 북한이 발사를 강행할 경우 남북 관계와 한반도 정세에 일대 파란을 예고하고 있다.

  이와 관련해 미국의 입장이 주목된다. 미국 역시 북한의 인공위성 발사 움직임에 대해 우려와 경고를 보내고 있지만, 이로 인해 6자 회담이 흔들리는 것에는 명확한 반대 입장을 보이고 있다. "북한이 미사일을 쏘든 말든" 이를 6자 회담과 혼동하지 않아야 하며, 6자 회담을 조속히 재개해 한반도 비핵화로 가야 한다는 것이다. 바로 이 지점에서 한미 양국의 인식 차이가 분명히 드러난다. 이명박 정부는 북한의 미사일(인공위성) 발사를 6자 회담과 '연계'해 에너지 지원 중단과 같은 제재를 선호하는 반면에, 오바마 행정부는 '별개'의 사안이라는 입장을 밝히고 있기 때문이다.

  이러한 중대한 차이는 북한의 로켓 발사 강행 시 한미 간의 대응에 적지 않은 차이가 있을 것임을 예고한다. 유엔 안보리 이사국이 '아닌' 한국은 6자 회담의 합의 사항인 에너지 지원 중단을 유지함으로써 대북 제재를 강구할 가능성이 높다. 이는 남북 관계는 물론이고 6자 회담 재개에도 치명타를 가할 수 있다. 반면 오바마 행정부는 북한의 로켓 발사에 대해 유감을 표하고 유엔 안보리 논의를 거쳐 '의장 성명' 채택 수준으로 상황을 마무리하고, 일정 기간의 냉각기를 거쳐 북미 직접 대화 및 6자 회담 재개에 박차를 가하려고 할 것이다. 4월 중하순이면 북한도 김정일 3기 체제 출범을 마무리한 시점이기 때문에 북미 직접 대화를 마다할 이유가 없다. 북한의 로켓 발사 여부에 따라 분위기와 시점의 차이는 존재하겠지만, 4월 중하순이 되면 북미 대화가 본격화될 것이 확실해 보인다는 것이다.

일본, 중국, 러시아의 입장도 주목된다. 일본은 한국과 함께 가장 강력한 대응을 경고하고 있지만, 북한이 인공위성을 발사하더라도 마땅한 제재 카드가 없다. 중국과 러시아는 북한에 자제를 촉구하면서도 유엔 안보리 위반으로 보기 어렵다며, 오히려 한국과 일본을 겨냥해 과잉 대응을 자제할 것을 촉구하고 있다. 이에 따라 6자 회담의 구도도 재편되고 있다. 이명박 정부 출범 이전까지는 북한-중국·러시아-한국-미국-일본의 구도였다면, 2009년 3월 들어서는 북한-중국·러시아-미국-일본-한국으로 바뀌고 있다. 한국이 일본을 밀어내고 가장 강경한 입장을 보임에 따라 남북한이 대척점에 서게 된 것이다.

검증 논란은 풀릴까?

향후 한반도 비핵 평화 프로세스의 일차 관문은 검증 문제에 있다. 검증은 2008년 12월 6자 회담이 결렬된 핵심 요인이었다. 또한 오바마의 대북정책 및 한미일 공조 체계, 북미 관계 및 6자 회담의 향방을 가늠할 핵심 사안이다. 오바마 행정부가 부시 행정부처럼 강도 높은 검증 의정서 채택을 집권 초기부터 요구하면서 이를 대북 중유 제공과 연계시키면 6자 회담의 진전은 불가능해진다. 반면 일차적인 검증은 핵 시설 불능화로 한정하고, 시료 채취와 미신고 시설에 대한 사찰 등이 포함된 "국제적 기준"에 따른 검증을 추후의 과제로 인식하면 6자 회담은 다시 활력을 띠게 될 것이다. 그러나 오바마가 이러한 입장을 취하면 한국과 일본이 불만을 품을 수 있다. 두 나라는 시료 채취를 포함한 검증 의정서 채택을 대북 에너지 지원과 연계시키기를 선호하기 때문이다.

오바마 행정부 출범을 전후해 6자 회담은 검증, 대북 에너지 지원, 북한의 불능화 조치 등 세 가지 문제가 역류 현상을 일으키며 답보 상태에 빠져 있다. 2009년 3월까지 한국은 북한이 검증 의정서를 수용하지 않았다는 이유로 5만 5천 톤의 에너지 자재를 보내지 않고 있고, 일본은 검증 문제와 함께 일본인 납치 문제를 이유로 한 방울의 중유도 보내지 않고 있다. 미국은 할당량 20만 톤을 모두 보냈지만, 검증 의정서 채택을 요구하고 있다. 검증 의정서 채택과 에너지 지원은 별개라는 입장을 보여온 러시아와 중국은 각각 20만 톤의 중유와 이에 해당하는 발전 설비 자재를 북한에 보냈다. 따라서 관건은 25만 5천 톤이다. 잔여분이 북한에 제공되지 않으면 북한은 계속 불능화 속도를 늦출 것이고, 상황에 따라서는 불능화 중단 및 원상 복귀에 나설 수도 있다.

검증 논란은 구체적으로 네 가지 문제를 포함한다. 검증의 대상과 방법, 시기와 주체가 그것이다. 물론 이 네 가지는 매우 복잡하게 얽혀 있다. 핵심은 검증 대상이다. 대상에 따라 방법과 시기, 주체가 달라질 수 있기 때문이다. 북한은 초기 검증 대상을 불능화 시설로 한정했다. 이럴 경우 불능화 이행 및 완료를 검증하는 방법은 현장 방문, 문서 검토, 기술자 인터뷰 등 북한도 동의한 방법으로 충분하다.

그런데 한국, 미국, 일본은 검증 대상을 북한의 핵 신고서에 맞추었다. 이는 북한이 1990년 이후 플루토늄을 얼마만큼 추출했는지를 규명하고자 하는 것이다. 그리고 이를 검증하기 위해서는 검증 대상이 신고 시설은 물론이고 미신고 시설까지 확대되고, 핵심적인 검증 방법은 시료 채취가 될 수밖에 없다. 그러나 10·3 합의에서는 6자가 합의한 검증 대상은 핵 신고서가 아니라 불능화 시설로 명시되어 있다. 이에 따라 북한은 시료 채취를 포함한 국제적 기준의 적용은 추후의 문제이니 현 단계에서는 불능화 시설로 한정하자는 입장을 고수했던 것이다. 또한 중국과 러시아가 검증 의정서 채택의 실패에도 불구하고 중유 지원을 계속한 것은 중유 제공은 북한의 불능화에 대한 상응 조치로 제공하는 것이므로 검증 의정서 채택과는 연계될 수 없다는 이유 때문이다.

그렇다면 오바마 행정부는 이 문제를 어떻게 풀려고 할까? '현 단계'에서 고강도 검증 의정서 채택을 추진하면 시작부터 삐걱거릴 수 있다는 점에서 신중할 것이다. 그렇다고 북한이 주장하는 것처럼 '조선반도 비핵화의 최종 단계'에서 논의하는 것도 수용하기 힘들 것이다. 이는 한국과 일본은 물론이고 미국 내에서조차 동의를 구하기 어렵기 때문이다. 따라서 오바마 행정부는 '현 단계'와 '최종 단계' 사이에서 접점을 찾아야 할 상황이다. 예상해 볼 수 있는 오바마의 정책으로는 초기 검증은 불능화 시설로 한정하자는 북한의 주장을 수용하면서 시료 채취와 미신고 시설 방문 등 '국제적 기준'에 따른 검증은 '합의는 현 단계에서 하되, 이행은 추후에 검토하자'는 타협안을 내놓는 것이 될 수 있다. 그러나 북한은 이러한 타협안도 NPT를 탈퇴해 핵실험을 단행한 자국의 특수 지위를 인정하지 않는 것이라며 거부할 가능성이 높다.

결국 타협안의 채택 여부는 검증 합의에 대가를 지불할 것인가에 달려 있다. 경수로 문제가 다시 불거질 가능성이 높은 까닭이다. 이러한 분석을 뒷받침하듯 북한은 6자 회담 중국 측 수석 대표인 우다웨이 외교부 부부장이 2009년 2월 평양을 방문했을 때, 포괄적인 검증 절차의 수용 조건으로 2기의 경수로 건설을 요구한 것으로 알려졌다.●

● 『연합뉴스』, 2009년 3월 19일.

오바마 행정부는 경수로 제공에 동의할까?

9·19 공동 성명에서 "적절한 시기에 논의"하기로 한 경수로 문제는 오바마 행정부도 피할 수 없는 '뜨거운 감자'가 될 것이다. 일단 부시 행정부 때 북미 간의 시각 차이는 워낙 컸다. 미국은 9·19 공동 성명 채택 이후 "경수로 논의의 적절한 시점은 북한이 핵무기와 핵 프로그램을 모두 없애고 NPT에 복귀하여 IAEA의 안전 조치를 받아 국제 사회의 신뢰를 회복할 때"라고 못박았다. 반면 북한은 경수로 제공을 "미국의 적대 정책 철회의 물리적 증표이자 신뢰 조성의 기초"라며, 경수로 제공 이전에 핵 폐기와 NPT 및 IAEA 안전조치 협정 복귀는 불가하다고 반박했다. 부시 행정부는 '선 핵 폐기, 후 경수로 제공 논의', 북한은 '선 경수로 제공, 후 핵 폐기' 입장에 서 있음을 확인

할 수 있다. 오바마 행정부 출범 이후에도 북미 간의 이러한 입장 차이는 상당 기간 지속될 전망이다. 특히 북한은 미국에서 검증 문제를 꺼내 들면 경수로 제공 문제를 강하게 제기할 것이 확실해 보인다.

경수로 문제에 관련해 두 가지 중요한 사실 관계를 환기할 필요가 있다. 35% 공정률을 보인 경수로 사업은 2003년 일시 중단되었고, 2004년 12월 공식적으로 종료되었다. 이에 따라 경수로 사업이 재개되더라도 1기 완공까지는 5년 정도의 시간이 필요하다. 또한 경수로 사업이 보장되기 위해서는 북미 원자력 협정이 체결되어야 한다. 핵심 부품의 라이선스를 미국 기업이 보유하고 있기 때문이다. 이러한 두 가지 사실은 오바마 행정부에 한 가지 임박한 선택과 한 가지 지렛대를 제공한다. 경수로 공사가 재개되면 미국은 북미 원자력 협정 체결이라는 선택을 해야 한다. 그러나 완공까지는 5년 정도의 시간이 있기 때문에, 북한이 약속을 이행하지 않을 경우에는 '공사 중단'과 같은 벌칙을 가할 수 있는 지렛대도 가지게 된다.

일단 오바마 행정부로서도 NPT를 탈퇴해 핵무기를 제조한 북한과 원자력 협정을 조기에 체결할 가능성은 극히 낮다. 그러나 부시 행정부보다는 전향적인 입장을 취할 가능성은 있다. 경수로 사업은 민주당의 클린턴 행정부 때 약속한 사업이고, 경수로 제공을 확약하지 않는 한 추가적인 진전이 어렵다는 것도 잘 알고 있을 것이다. 또한 오바마 대통령과 바이든 부통령 모두 북한에 협력위협감소^{CTR} 프로그램을 적용하는 것에 관심을 가진 바 있는데, '북한판 CTR'에는 영변 핵 시설 종사자 가운데 일부를 경수로 사업으로 직업 전환하는 것이 핵심으로 포함되어 있다.

북한에 경수로를 제공하는 문제는 오바마의 핵비확산 전략의 맥락에서도 이해할 필요가 있다. 오바마는 핵무기 개발로 전용될 수 있는 핵연료의 국제적 통제에 큰 관심을 갖고 있다. 이에 따라 경수로 문제가 핵비확산 전략에 기여하는 부분이 있다고 판단하면 경수로 제공에 유연성을 보일 가능성이 있다. 북한에 경수로를 제공하는 대신에 핵연료의 제공과 회수는 국제 컨소시엄에서 담당하기로 하는 방안이다. 이렇게 하면 북한이 경수로를 핵무기 개발로 전용하는 것은 원천적으로 불가능해진다.

북한 역시 미국이 직접 경수로 운영에 참여하는 것을 허용하는 등 "엄격한 감시하에 운영할 의사가 있다"고 말해● 오바마 행정부와의 접점 마련에 성공할 수도 있다.

● 김계관 6자 회담 북한 수석 대표, 2005년 8월 14일 CNN과의 인터뷰.

특히 오바마 입장에서는 이러한 해법이 대외 정책의 최우선순위 가운데 하나인 이란 핵문제 해결에 좋은 모델이 될 것이라고 판단할 수 있다. 이란은 우라늄 농축 프로그램 보유 등 자체적인 핵연료 주기 완성을 목표로 하고 있는데, 북한 경수로를 국제 통제하에 운영하기로 하면 이란을 설득하고 압박할 수 있는 계기가 될 수 있기 때문이다.

물론 오바마는 북한이 경수로 제공을 요구하고 나서면 북한에도 상응 조치를 요구할 것이다. 9·19 공동 성명에서 북한이 약속한 "모든 핵무기와 현존하는 핵 프로그램 포기"는 기본이다. 여기에 더해 경수로 사업을 재개하는 조건으로 '국제적 기준'에 부합하는 검증 의정서 채택을 요구할 가능성이 높고, 북미 원자력 협정 체결과 동시에 북한이 NPT와 IAEA에 복귀하는 것을 제안할 가능성도 예상된다.

그러나 경수로 사업은 북미 양국이 합의한다고 해서 되는 것이 아니다. 비용과 사업 주체 문제가 걸려 있기 때문이다. 사업이 재개되면 30억~40억 달러의 비용이 필요한데, 미국이 이를 모두 부담할 가능성은 거의 없다.

한반도에너지개발기구ᴷᴱᴰᴼ의 전례에 따르면, 한국이 70%, 일본이 22%를 부담했는데, 두 나라가 북핵 폐기가 완전히 이루어지기 전에 경수로 사업 재개에 동의할 것인지가 불확실하다. 또한 경수로 사업 주체는 KEDO였는데, 이 기구는 사업 중단과 함께 문을 닫았다. 이에 따라 경수로 사업을 재개하려면 KEDO를 되살리든지, 새로운 다자 기구를 만들든지 해야 한다. 경수로와 관련해 북미 간에 합의가 이루어져도 상당한 진통이 예상되는 까닭이다.

'플루토늄 불일치'는 또다시 불거질까?

흔히 북핵 문제는 세 가지가 거론된다. 플루토늄 프로그램을 통한 핵무기 개발 프로그램, 2차 핵 위기의 원인이 되었고 북미 간에 '있다, 없다' 논쟁이 지금까지 지속되고 있는 고농축 우라늄ᴴᴱᵁ의 존재 여부, 시리아 핵개발 지원설을 비롯한 북한의 핵확산 문제이다. 부시 행정부는 2차 핵 위기 이후 초기에는 HEU 문제를 집중 거론하면서 이 문제가 해결되기 전까지 북한과의 실질적인 협상을 거부했다. 이에 북한은 폐연료봉을 재처리해 5~8개의 핵무기를 만들 수 있는 플루토늄을 추출했고, 2006년 10월에는 핵실험까지 단행했다. 그러자 부시 행정부는 HEU에 대한 언급을 자제하면서 플루토늄 문제에 집중했고, 이는 2·13 합의와 10·3 합의로 이어졌다. 북한의 시리아 핵개발설은 이스라엘이 시리아의 핵 의혹 시설을 폭격하면서 불거졌다. 당시 언론에서는 시리아의 핵 의혹 시설이 북한의 원자로와 유사한 형태를 띠고 있다며 북한 지원설을 제기했다. 그러나 부시 행정부는 이에 대해 긍정도 부정도 하지 않는 'NCND Neither Confirm Nor Deny'로 일관했다.

한동안 잠잠했던 HEU와 핵확산 문제는 북한의 핵 신고서 제출 문제와 맞물려 '뜨거운 감자'로 재부상했다. 미국 내 강경파들은 북한의 핵 신고서에 이 사안들도 포함되어야 한다고 주장했고, 강경론에 떠밀린 부시 행정부도 북한을 압박했다. 그러나 북한은 있지도 않은 것을 어떻게 신고하느냐며 맞섰다. 결국 2008년 상반기 내내 지속된 양측의 공방전은 미국이 이 두 가지 사안에 대해 우려를 표명하고, '북한은 이를 이해한다'는 비공개 양해각서를 통해 일단락되었다. 그리고 북한은 2008년 6월 말 핵 신고서를 제출했고, 미국은 부시 대통령이 직접 나서서 테러 지원국 해제와 적성국 교역법 종료 방침을 발표했다. 체니와 해들리 등 행정부에 잔류한 네오콘들은 강력히 반발했지만, 부시 대통령의 강력한 입단속으로 공개적인 불만을 표출하기도 어려웠다. 그러나 부시 행정부는 임기 종료를 앞두고 다시 HEU와 핵확산 문제를 집중 제기했고, 힐러리 클린턴도 인준 청문회에서 이 사안들을 다루겠다고 밝혔다.

그렇다면 이 세 가지 사안은 어떻게 전개될까? 1차 핵 위기의 원인이 되었고, 아직까지 해결되지 않은 '플루토늄 불일치'는 한반도 비핵 평화 프로세스에 놓인 최대 복병이다. 1990년대 초반에 불거진 '플루토늄 불일치'는 북한의 신고량과 미국의 추정치 사이의 간극을 의미한다. 당시 북한은 IAEA에 90g 정도를 실험용으로 추출했다고 신고했고, 미국과 IAEA는 사찰 결과 10kg 안팎을 추출했을 것으로 보고 북한에 특별 사찰을 요구했다. 북한은 특별 사찰 요구를 주권 침해라고 반발하면서 NPT와 IAEA를 탈퇴했던 것이다. 제네바 합의에서는 특별 사찰을 "경수로 사업이 상당 부분 완료된 이후에, 그러나 핵심 부품이 인도되기 전"에 하기로 했다. 그러나 2004년 경수로 사업이 완전 중단되면서 이 조항도 사문화되었다.

● 국방부는 북한이 "세 차례에 걸친 재처리를 통해 40여kg의 플루토늄을 확보한 것으로 추정"한다. 국방부, 『2008 국방백서』, 2009, 29쪽.

북한은 2008년 6월에 제출한 핵 신고서에서 플루토늄 보유량을 30.8kg로 신고한 것으로 알려져 있다. 반면 미국은 40~50kg 수준으로, 한국은 40여kg으로 보고 있다.● 일단 북한의 신고량과 미국의 추정치 사이에 핵무기 2개 정도를 만들 수 있는 10kg 이상의 차이가 있음을 알 수 있다. 따라서 일차적인 관건은 '신고' 시설에 대한 핵 사찰 결과이다. 사찰 결과 의미 있는 수준의 차이가 나타나지 않는다면 비핵 평화 프로세스는 급물살을 탈 수 있다. 반면 상당한 차이가 난다면 상황은 매우 복잡해진다. 미국은 핵폐기물 저장소로 의심되는 '미신고' 시설에 대한 특별 사찰을 요구할 것이고, 북한은 이를 수용할 수 없다며 버틸 것이다. 이에 따라 '플루토늄 불일치' 재발 여부는 향후 핵 협상의 중대 변수라고 할 수 있다.

2차 핵 위기의 발단이 되었던 HEU 문제와 북한의 핵확산 혐의를 오바마 행정부가 어떻게 다루어 나갈 것인지도 관심사이다. 오바마는 일단 이 사안들도 명확히 설명되어야 한다는 입장이다. 앞서 언급한 것처럼 클린턴 국무 장관도 이 문제를 협상 의제로 삼겠다는 입장이다. 그러나 HEU는 부시 행정부 때 불거진 사안이기 때문에 오바마 행정부의 입증 책임이 크지 않고, 북한의 핵무장 능력과도 거의 무관하다. 따라서 북한이 HEU를 보유하고 있다는 확증이 나오지 않고 적절한 감시 체제가 구축되면, HEU는 비핵 평화 협상의 큰 걸림돌이 될 것으로 보이지 않는다. 이러한 분석을 뒷받침하듯, 클린턴은 2월 중하순 동아시아 순방 때, 북한의 비밀 우라늄 농축 프로그램 논란에 대해 성경 구절을 인용해 "나는 '사람들이 하루살이는 걸러 내고 낙타는 삼키고 있다'고 우려한다"고 말했다. 작은 것에 집착하다가 큰 것을 놓치고 있다는 의미로, 정작 중요한 것은 플루토늄 프로그램이지 HEU 문제가 아니라는 뜻이다.

  북한이 다른 나라나 테러 집단에 핵을 이전하는 것은 미국이 설정한 '금지선 red line'에 해당한다. 테러 집단이 핵무기를 손에 넣어 미국이나 동맹국을 공격할 가능성이 있다는 '핵 테러 9·11'은 미국이 가장 심각한 위협으로 간주하는 사안이다. 오바마 행정부가 대량살상무기 확산방지구상 PSI을 강화하겠다는 방침을 밝힌 것이나, 클린턴이 인준 청문회에서 북한의 핵확산 문제를 시급하게 다루겠다고 공언한 것은 이러한 맥락에서 나온 것이다. 그러나 이것이 오바마 행정부가 북한–시리아 핵 거래설의 진상을 규명하겠다는 것을 의미하지는 않는다. 우선 시리아의 핵 의혹 시설은 이스라엘의 공습으로 완전히 파괴되었다. 또한 현장 실사에 나선 IAEA가 핵 시설인지 판단하기 어렵다며 시리아와 이스라엘에 관련 정보를 요구하고 있지만, 두 나라는 묵묵부답이다. 특히 오바마의 중동 정책의 핵심 가운데 하나가 시리아–이스라엘 평화 협상 중재라는 점에서 오바마가 괜히 긁어 부스럼을 만들 가능성도 없다. 이에 따라 오바마 행정부는 북한이 핵확산을 하지 않겠다고 공약하고 적절한 감시 체제를 구축하는 데 동의한다면, 이 사안을 더는 문제 삼지 않을 가능성이 높다.

제5부

:: 한반도의 핵무기와 미사일,
그리고 MD

> 한반도의 분단 현실은 미국의 MD 계획에서 극명하게 나타난다. 북한은 MD 추진의 최대 구실로, 남한은 MD의 전초 기지이자 포섭 대상이 되어 왔기 때문이다.

미국의 북핵 용인론과
북한의 핵 포기 불가론

미국이 북한을 핵보유국으로 인정할까?

오바마 행정부 출범을 전후해 미국 군부와 정보기관이 잇따라 북한을 핵보유국으로 명기하자 미국이 북한의 핵무기 보유를 인정하고 핵확산 방지에 초점을 맞추려는 것이 아니냐는 우려가 팽배해지고 있다. 2008년 11월 25일 공개된 미국 국방부 산하 합동군사령부의 「2008년 합동 작전 환경 평가 보고서」에서는 "아시아 대륙 연안에는 이미 5개국의 핵보유국이 있다"며 중국, 인도, 파키스탄, 북한, 러시아를 차례로 명시했다. 비슷한 시기에 발표된 국가정보위원회[NIC] 보고서에서도 북한을 핵보유국으로 표기했다. 또한 로버트 게이츠 국방 장관은 『포린 어페어스』 2009년 1~2월호 기고문에서 "북한은 몇 개의 핵폭탄을 제조했다"고 기술해, '북한 핵보유국 논란'을 더욱 증폭시켰다.

그러자 북한의 조선중앙통신은 2009년 1월 10일 "미국이 정부 보고서에서 조선을 핵무기 보유국으로 공식 인정하고 발표한 것은 이번이 처음"이라고 보도하기도 했다. 파문이 확산되자 미국 정부는 북한을 핵보유국으로 간주하는 것은 "미국의 정책이 아니다"라고 진화에 나섰지만 논란의 불씨는 계속 살아났다. 오바마 행정부의 중앙정보국^{CIA} 국장 지명자가 2월 5일 상원 인준 청문회에서 "우리는 북한이 2006년에 핵무기를 폭발시켰다는 것을 알고 있다"고 말한 것이다. 이를 두고 국내 언론은 '핵 장치$^{nuclear\ device}$'가 아니라 '핵무기$^{nuclear\ weapon}$'라는 표현을 사용한 것에 주목해 오바마 행정부가 북한의 핵 보유를 불가피한 현실로 인정하고 '비핵화' 대신에 '비확산'에 주력할 것이라는 보도를 쏟아 냈다. 일각에서는 북한이 '파키스탄 모델', 즉 미국이 핵보유국 북한을 인정하고 관계 개선을 추구할 가능성까지 제기한다.

그러나 이러한 보도는 한마디로 침소봉대이다. 일단 미국이 북한을 핵보유국으로 표기하는 것과 이를 인정하는 것 사이에는 근본적인 차이가 있다. '표기'한 것은 북한의 핵 능력에 대한 객관적인 기술의 의미를 갖는 것이지, 이를 정치 외교적으로 인정한다는 것은 전혀 다른 차원의 문제이다. 또한 합동군사령부와 NIC의 보고서 및 게이츠의 발언은 오바마가 아니라 부시 임기 중에 나온 것이다. 이는 오바마의 대북 정책 목표가 부시 때의 '북핵 폐기'에서 '북핵 비확산'으로 달라졌다고 볼 수 있는 근거가 아니라는 것이다.

핵실험 문제 역시 마찬가지 맥락에서 이해할 수 있다. 핵 관련 실험은 통상 2단계로 진행된다. 하나는 핵 기폭 장치의 성능 향상을 위해 핵물질을 넣지 않고 실시하는 것이고, 또 하나는 핵물질을 넣고 기폭 장치를 폭발시켜 핵분열 반응을 확인하는 것이다. 그런데 북한이 2006년 10월 9일 강행한 실험은 핵분열 물질인 플루토늄을 기폭 장치에 넣어 실시한 것이다. 기폭 장치에 플루토늄을 넣으면 이미 그것은 핵무기이다. 따라서 CIA 국장이 '핵무기 실험'이라고 언급한 것은 객관적인 사실을 언급한 것이지, 북한을 핵보유국으로 인정한다는 것과는 별개라고 보는 것이 정확하다.

또 한가지 중대한 오해는 비핵화denuclearization와 비확산nonproliferation의 개념을 혼동하는 것이다. 비핵화는 북한의 핵무기 폐기를 의미하고, 비확산은 핵무기 보유는 인정하면서 다른 나라 테러 집단에 이전되는 것을 막는 것이라고 이해하는 경우가 많다. 그러나 비확산은 비핵 국가나 테러 집단 같은 비국가 행위자가 핵무기를 개발하거나 보유하는 것을 차단하는 것을 의미한다. 이에 따라 비핵화는 비확산과 다른 개념이 아니라 비확산의 개념과 목표에 포함된다.

물론 맥락에 따라 구분되는 경우가 있다. '북한'이라는 수식어가 붙을 때이다. 미국이 '북한의 비핵화'라는 표현을 쓸 때에는 북핵 폐기를 의미하고, '북한의 비확산'라고 말할 때에는 북한의 핵 이전을 막는다는 것을 뜻한다. 이러한 구분은 북한의 비핵화를 달성하는 데에는 시간이 걸리기 때문에 그사이에 핵확산을 차단하는 것을 가장 시급한 사안으로 다루겠다는 의미를 담고 있다. 부시 행정부는 물론이고 오바마 행정부도 대량살상무기 확산방지 구상PSI과 북한의 급변 사태 발생 시 한미 연합군을 투입해 핵무기를 확보한다는 '작전 계획 5029'에 공을 들이는 이유가 바로 여기에 있다.

북한이 '파키스탄 모델'이 될 수 없는 이유

북한이 파키스탄 모델이 될 수 있다는 주장도 상당한 무리가 따른다. 두 나라는 근본적으로 다르기 때문이다. 북한의 핵개발은 미국의 위협에 맞서기 위한 동기에서 나온 반면에, 파키스탄의 핵 보유는 인도의 핵무장이 결정적 이유가 되었다. 북한의 핵 보유는 동맹국인 한국과 일본, 주한 미군과 주일 미군, 그리고 미국 본토에까지 위협이 될 수 있다. 반면 파키스탄의 핵 보유는 미국에 '직접적인 위협'이 되지는 않는다. 파키스탄의 핵무기에 대해 미국이 가장 크게 우려하는 것은 파키스탄 정부가 핵무기 통제력을 상실해 알카에다와 같은 테러 집단이 핵무기를 손에 넣는 것이다. 미국이 파키스탄 정부에 엄청난 지원을 하면서 대테러 전쟁의 핵심 지역으로 삼고 있는 이유가 여기에 있다.

또한 북한은 핵확산금지조약[NPT]에서 탈퇴해 핵 보유를 시도하고 있는 반면에, 파키스탄은 애초부터 NPT 회원국이 아니었다. 핵비확산 체제에 미치는 파급력이 질적으로 다르다는 것이다. 가장 중요하게는 북한과 달리 파키스탄은 1998년 핵실험 이전부터 미국과 외교 관계를 맺고 있었다. 클린턴 행정부는 외교 관계를 유지하면서도 일정 정도의 제재를 가했고, 부시 행정부는 9·11 테러가 터지자 파키스탄을 '테러와의 전쟁'의 핵심적인 동맹국으로 삼아 대대적으로 지원했다.

북한이 파키스탄 모델이 되기 위해서는 핵무기를 보유한 상태에서 미국과의 관계 정상화에 성공해야 한다. 만약 이러한 일이 벌어진다면 한국은 엄청난 딜레마에 빠지게 될 것이다. 그러나 그럴 가능성은 거의 없다. 우선 파키스탄, 인도, 이스라엘과 달리 NPT 회원국이었던 북한이 이 조약에서 탈퇴해 핵무기를 보유했는데, 미국이 핵을 가진 북한과 관계를 정상화한다면 이는 미국 스스로 NPT 체제를 허무는 것이나 다름없다. 더구나 미국이 대외 정책의 최고 목표 가운데 하나로 삼고 있는 이란 핵문제 해결에도 부정적인 영향을 줄 수밖에 없다.

동북아 국제 관계의 맥락에서도 마찬가지이다. 만약 미국이 북한의 핵 보유를 인정하면서 평화 체제 구축과 북미 수교에 나선다면, 미국의 핵심적인 동맹국인 한국, 특히 일본은 미국의 안보 공약에 근본적인 의구심을 품게 될 것이다. 이는 동맹 관계의 악화뿐만 아니라 한국과 일본의 독자적인 핵무장까지 야기할 수 있다는 점에서 미국으로서는 전략적으로 선택할 수 있는 게임이 아니다.

물론 미국이 북핵 문제를 완전하게 풀지 못할 수는 있다. 5개 안팎으로 추정되는 핵무기나 핵물질 보유는 불가피한 현실로 받아들이되, 추가적인 핵무기 제조를 동결시키고 핵확산을 하지 않는다는 약속을 받아 내는 '제한적 목표'를 설정할 가능성은 있다. 그러나 이러한 시나리오에서는 미국이 북한에 제공하는 상응 조치도 극히 제한적일 수밖에 없다. 북미 수교는 물론이고 정전 협정의 평화 협정으로의 대체, 경수로 제공 등 북한의 핵심적인 요구 사항을 미국이 들어줄 리 만무하다. 이렇게 되면 북한이 가만히 있지 않을 것이다. 추가적인 핵실험이나 인공위성 혹은 탄도 미사일 발사, 한반도의 군사적 긴장 고조 등 '벼랑 끝 전술'을 통해 상기한 목표를 달성하려고 할 것이다. 북한이 이렇게 나오면 미국은 북한의 핵 보유를 인정하기가 더욱 어려워진다. 북미 간에 '제한적인 목표'가 공유될 수 없는 까닭이다.

북한은 핵무기를 포기할까?

한반도 비핵화와 평화 체제에 대한 전망에서 가장 근본적인 질문은 '북한이 과연 핵무기를 포기할까'이다. 핵실험까지 한 나라 가운데 핵무기를 포기한 사례가 없고, 북한을 둘러싼 지정학적 환경이 핵 보유에 대한 야망을 불어넣고 있으며, 북한 스스로 핵 보유를 '강성 대국'과 '선군 정치'의 표상으로 삼고 있다는 점에서 그리 쉽게 핵무기를 포기하지 않을 것이다. 이에 따라 국내외의 많은 전문가들은 북한이 영변 핵 시설의 폐쇄 및 봉인, 불능화와 폐기까지는 수용하겠지만, 핵무기와 핵물질은 포기하지 않을 것이라고 전망한다.

북한의 핵 포기 여부와 관련된 핵심적인 문제는 핵 보유 자체가 '목적'인지, 아니면 다른 목적을 달성하기 위한 '수단'인지를 판단하는 것이다. 핵 보유 자체가 목적이라면 어떠한 인센티브를 제공하더라도 북한의 핵 포기를 이끌어 내는 것은 매우 어려운 일이다. 그러나 적어도 김정일 체제는 목적보다는 수단으로 간주하고 있을 가능성이 높다.

우선 경험적인 분석이 이를 뒷받침한다. 김정일은 1994년 7월 김일성 주석 사망 이후 지난 15년간 절대 권력을 행사해 왔다. 1994년 10월에 체결된 제네바 합의도 김정일의 결단이었다. 만약 김정일이 핵 보유 자체를 목적으로 삼았다면, 핵개발을 동결하고 궁극적으로 핵 시설을 해체하기로 한 합의를 수용한 것 자체를 납득하기 어렵다. 또한 핵무기와 동전의 양면 관계에 있는 탄도 미사일 개발도 미국과의 관계 개선이 급물살을 탄 1999~2000년에 상당 부분 포기할 수 있다는 의지를 분명히 했다. 이는 김정일에게 핵과 미사일은 보유 자체가 목적이 아니라 미국의 적대시 정책을 철회시키고 우호적인 관계를 맺고자 하는 수단이었다는 것을 보여 준다.

북한이 핵을 포기하지 않을 것이라는 근거로 많이 제시되는 것이 선군 정치이다. 그러나 선군 정치는 북한의 위기가 고조되었던 1990년대 중·후반에 나온 것인데, 이 시기에 북한은 핵 포기를 약속한 제네바 합의를 성실하게 이행하고 있었다. 북한이 핵개발에 다시 나선 시점은 미국의 대북 강경책이 본격화되고, 확실한 근거도 없이 고농축 우라늄 개발 의혹을 제기한 2002년 10월 이후이다. 이는 시기적으로 볼 때, 선군 정치가 나온 지 수년이 지난 시점이다. 북한이 선군 정치를 표방하기 이전에 핵개발을 중단했고, 선군 정치를 공고히 하면서도 핵개발 중단 상태를 유지했으며, 핵개발의 재개가 미국의 대북 강경책과 깊은 연관이 있다면, 선군 정치와 핵 보유는 불가분의 관계는 아니라는 해석이 가능하다.

김일성의 유훈 역시 김정일의 선택에 영향을 미치지 않을 수 없다. 북한의 절대 권력자이자 김정일의 아버지인 김일성의 유훈은 김정일의 권력 기반 강화 및 체제 결속의 핵심적인 기초로 작용해 왔다. '조선반도 비핵화'는 김일성의 유훈 가운데 하나이다. 이와 관련해 2009년 11월 10일자 『조선신보』는 "김일성 주석의 유훈인 전 조선반도의 비핵화를 실현하는 것은 여전히 조선 정부의 최종 목표로 설정"되어 있다면서, "핵 억제력을 확대 강화하지 않으면 안 될 상황은 '유훈'의 관점에서 보면 비정상"이라고 강조했다.

결국 김정일에게 핵무기는 보유 자체가 목적이 아니라 수단일 가능성이 높다. 오바마 행정부의 대북 특사로 임명된 스티븐 보즈워스 역시 "북한은 핵무기를 목적이 아니라 목적 달성을 위한 수단으로 간주하고 있다"며, 북한이 원하는 것은 미국이 영구적으로 적대시 정책을 철회하고 상호 신뢰가 구

축되어 미국이 자국을 우방국으로 대해 달라는 것이라고 강조했다. ●

● Morton Abramowitz and Stephen Bosworth, "Reaching Out To Pyongyang," *Newsweek*, May 12, 2008.

이러한 점들을 종합해 볼 때, 김정일은 핵 포기에 대한 반대급부가 핵 보유보다 더 크고 이러한 기대 이익이 달성 가능하다고 판단한다면 핵 포기도 충분히 고려할 것이다. 김정일 스스로도 "미국의 적대시 정책이 철회되면 우리는 단 한 개의 핵무기도 가질 이유가 없다"고 여러 차례 말해 왔다. 그러나 김정일 역시 핵 포기의 조건으로 많은 것을 요구할 것이다. 경수로 제공을 비롯한 에너지·경제 지원, 북미 수교, 정전 협정의 평화 협정으로의 대체는 이미 많이 거론된 것이고, 미국도 병행적으로 이행할 의사를 밝힌 것들이다.

김정일은 여기에 더해 두 가지를 더 요구할 것이다. 주한 미군의 철수는 아니더라도 한미 합동 군사 훈련을 비롯한 대북 군사적 위협을 중단하고, 미국의 핵 위협도 해소되어야 한다는 것이다. 북한이 핵실험을 한 이상, 핵무기의 포기는 '군사 대 군사'의 상호 양보 조치가 포함되어야 한다는 것이 북한의 기본 원칙이다. 이러한 요구를 한미 양국이 거부하거나 북한이 핵 보유를 정당화하려는 구실로 일축하면 김정일도 핵무기를 포기하려고 하지 않을 것이다.

김정일 '이후'에는 더욱 어려워질 것

김정일이 권좌에 있을 때에는 어렵더라도 핵문제를 해결할 가능성이 분명 있다. 그러나 김정일의 정책 결정에 문제가 있을 만큼 건강이 악화되거나 그의 시대를 넘기면 핵문제 해결은 더욱 어려워지거나 아예 불가능해질 가능성이 크다. 김정일의 통치력에 문제가 생겨 정책 결정의 상당 부분을 위임하게 되면, 수임자들은 위험이 따르는 정책 전환보다는 보수적인 판단에 따른 정책 수행에 치중할 것이다. 이와 관련해 2009년 1월 북한을 방문한 셀리그 해리슨은 "북한의 최근 강경 노선은 김정일의 건강 문제와 관련이 있다는 것을 알게 되었다"며, "2008년 8월 뇌졸중으로 쓰러진 김정일은 여전히 중대한 결정은 본인 스스로 내리고 있지만, 일상적인 국내 정치는 매제인 장성택에게, 국가 안보 관련 사안은 국방위원회에 위임했다"고 주장했다. ●●

●● Selig S. Harrison, "Living With A Nuclear North Korea," *The Washington Post*, February 17, 2009.

'포스트 김정일 시대'에는 핵문제 해결이 더욱 어려워질 수 있다. 우선 포스트 김정일 시대에는 국방위원회를 비롯한 군부의 영향력이 강화될 가능성이 높다. 이렇게 되면 북한은 핵무기 문제를 정치 외교적 관점보다는 군사 안보적 사안으로 간주할 것이다. 또한 힐러리 클린턴 국무 장관이 2월 아시아 순방 때 강하게 우려를 표명한 것처럼 북한은 권력 교체기에 "내부 권력 강화를 위해 훨씬 도발적인 행동을 취할 가능성"도 배제할 수 없다. 아울러 북한의 차기 권력 구조가 집단 지도 체제이든, 3대 세습이든, 김정일보다는 '조선반도 비핵화'라는 김일성의 유훈에서 자유로워질 수 있다는 점도 중요하다.

이러한 북한 정치의 불확실성은 한국, 미국, 중국 사이에 미묘하지만 중요한 대북 접근의 차이를 낳고 있다. 이명박 정부는 김정일의 건강 이상설이 불거지자, 남북 관계를 시급히 정상화하려는 노력보다는 북한 급변 사태에 대비한 '작전 계획 5029' 추진과 함께 김정일 사후 흡수 통일을 염두에 둔 발언을 잇따라 쏟아 냈다. 이는 남북 관계를 더욱 악화시킨 핵심적인 요인이다. 반면 중국은 김정일의 건강 문제를 언급한 사회과학연구원의 진시더를 체포할 정도로 북한의 후계 문제에 극도로 조심스러운 태도를 보이면서, 북한과의 관계 강화에 나서고 있다. 북한 정치 경제의 불안정이 중국에 부정적인 영향을 미칠 가능성을 차단하면서, 포스트 김정일 시대의 북한에 대한 영향력을 확대하고자 하는 포석이 엿보인다.

더욱 주목되는 것은 오바마 행정부의 움직임이다. 클린턴의 아시아 첫 순방 직전 국가정보위원회[NIC]의 데니스 블레어 국장은 김정일이 건강을 회복해 "핵심적인 결정을 내리고 있다"고 말했다. 그러나 클린턴은 인도네시아에서 한국으로 오는 길에 북한이 극도로 민감해하는 후계 문제를 공개적으로 언급해 큰 주목을 끌었다. 그는 "북한이 평화적으로 권력 승계를 하더라도 내부 권력 강화를 위해 훨씬 도발적인 행동을 취할 가능성이 있다"며, "북한의 정치 리더십이 불투명할 때, 북한의 행동에 영향을 행사할 수 있는 효과적인 전략을 마련하는 것이 우리의 목표"라고 말했다.

그러면서 클린턴이 강조한 것은 두 가지이다. 하나는 북한의 정치적 미래가 불확실한 만큼 "모든 것을 고려해 우발 계획을 마련할 필요가 있다"는 것이고, 다른 하나는 "우리는 현재의 북한 정부를 상대하고 있고", "분명하게 우리는 북한의 현재 리더십이 6자 회담을 통해 문제를 풀자는 우리의 희망에 응하기를 원한다"는 것이다. 이는 김정일이 핵심적인 결정을 내릴 수 있는 위치에 있을 때 북한과의 협상을 마무리 짓기를 원한다는 메시지를 전달한 것으로 해석할 수 있다.

'한반도 비핵화'와 '조선반도 비핵화'

'비핵화'를 둘러싼 동상이몽

김계관 공동 성명에 빠진 것이 있습니다. 공정하고 온전한 조선반도 비핵화를 실현하기 위해서는 미국이 남조선과 그 인근에 핵무기를 재배치하지 않고, 일시 통과도 하지 않겠다는 공약이 포함되어야 합니다. 또한 마땅히 미국 핵우산도 철수해야 합니다. 이러한 내용을 공동 성명에 포함시킵시다.

크리스토퍼 힐 미국과 한국은 이미 한반도에 핵무기가 없다는 것을 재확인했습니다. 또한 미국은 핵무기나 재래식 무기로 귀측을 공격하거나 침공할 의사가 없다는 것도 확인했습니다. 그 이상의 내용은 받아들일 수 없습니다.

김계관 그건 공정하지 못합니다. 우리만의 무장 해제를 의미하는 비핵화는 받아들일 수 없습니다.

힐 귀측에서 제기한 사안들은 6자 회담에서 논의할 문제가 아닙니다. 그건 미국과 동맹국 사이의 문제입니다. 절대 받아들일 수 없습니다.

우다웨이 우리 6자 모두 어렵게 여기까지 왔습니다. 양측의 입장 차이는 이해하나, 지금 이 자리에서 해결하기는 어렵습니다. 그 얘기는 이 정도로 끝내고 공동 성명을 채택합시다.

위의 대화록은 크리스토퍼 힐 미국 국무부 차관보가 6자 회담의 이정표라고 할 수 있는 2005년 9·19 공동 성명 채택 열흘 후에 한 토론회에서 소개한 내용을 필자의 상상력을 더해 재구성한 것이다.

미국 측 수석 대표 많은 우여곡절이 있었지만, 우리는 9·19 공동 성명 2단계 이행 조치를 완료하고 3단계 협상, 즉 북측의 모든 핵무기와 현존하는 핵 프로그램을 검증 가능한 방법으로 폐기하는 것을 논의해야 합니다.

김계관 우리가 이미 여러 차례 밝힌 것처럼, 우리만의 일방적 무장 해제는 안 됩니다. 미국 핵무기의 남한 내 재반입 및 일시 통과 금지, 그리고 핵우산 철수도 '행동 대 행동' 차원에서 논의되어야 합니다.

미국 대표 그건 동맹 문제이므로 이 자리에서 논의할 성격이 아닙니다. 우리는 이미 귀측에 안전 보장을 약속한 바 있고, 핵 폐기가 완료되면 관계 정상화와 평화 협정 체결도 가능합니다.

김계관 우리를 공격하거나 위협할 의사가 없다면서, 남조선에 계속 핵우산을 씌우고 핵무기도 가져다 놓을 수 있다는 게 말이 됩니까? 그렇다면 이 이상의 논의는 불가합니다. 이번 회담은 여기서 끝냅시다. 귀측이 우리가 제기한 문제들에 대해 전향적인 입장을 가져오지 않으면 논의의 진전은 어려울 것입니다. 잘 판단하세요.

위의 대화록은 앞으로 열릴 6자 회담 3단계 협상에서 나올 것으로 예상되는 '가상 대화'이다. 만약 이 문제로 또다시 6자 회담이 막히면, 국내외 언론과 전문가들은 '북한이 핵무기를 포기할 생각이 없다는 것을 보여 준다'며 일제히 비판하고 나설 것이다. 가당치 않은 구실을 만들어 핵 보유를 정당화하려고 한다는 것이다. 그러나 과연 그럴까?

'한반도 비핵화'와 '조선반도 비핵화'의 차이

남북 양측의 국호에 따라 달리 사용되는 이 두 가지 표현은 비핵화와 평화 프로세스에 중대한 함의를 내포하고 있다. 둘 다 '핵무기가 없는 한반도'라는 공통점을 갖고 있지만, 구체적인 내용에서는 상당한 간극이 있기 때문이다. '한반도 비핵화'는 미국이 남한에 배치한 핵무기를 1991년 모두 철수했고, 9·19 공동 성명을 통해 "핵무기 또는 재래식 무기로 조선민주주의인민공화국을 공격 또는 침공할 의사가 없다는 것을 확인"했기 때문에 북한이 "모든 핵무기와 현존하는 핵 프로그램을 포기"하면 달성할 수 있는 목표이다. 반면 '조선반도 비핵화'는 미국의 대북 안전 보장, 미국 핵무기의 남한 재배치 및 일시 통과 금지, 한국에 대한 미국의 핵우산 철수를 포함하고 있으며, 이 공약들은 검증이 가능해야 한다는 것을 의미한다.

북한의 이러한 입장이 몸값을 높이기 위한 수단인지, 실제로 관철시키기 위한 목표인지, 핵무기 보유를 정당화하기 위한 구실 찾기의 일환인지는 아직 불확실하다. 그러나 비핵화를 둘러싼 관련국들의 동상이몽은 완전한 비핵화로 가는 길이 얼마나 험난한지를 잘 보여 준다.

일각에서는 '비핵화'를 둘러싼 모호성을 해소하기 위해 '비핵 지대'라는 개념을 사용해야 한다고 주장한다. 일반적으로 비핵 지대는 핵무기 자체가 아예 없을뿐더러 사용이 금지된 지역으로 정의된다. 통상 역내 국가들이 조약을 체결하고 핵보유국들이 추가 의정서를 통해 소극적 안전 보장을 제공하는 형태로 이루어진다. 그러나 비핵 지대 역내에 핵무기 일시 통과의 허용 여부는 해당국의 주권 사항으로 간주된다. 또한 소극적 안전 보장의 경우에도 핵보유국들은 까다로운 조건을 달아 거부하는 경우가 다반사이다. 특히 미국은 비핵 지대가 동맹 등 안보 조치를 방해해서는 안 된다며 핵우산 제공 및 소극적 안전 보장의 여부가 비핵 지대에 종속되지 않는다는 것을 분명히 해 왔다. 이러한 현실은 '비핵화' 대신 '비핵 지대' 개념을 사용한다고 해서 '한반도 비핵화'와 '조선반도 비핵화'의 갈등이 해소되는 것은 아니며, 중요한 것은 표현이 아니라 내용이라는 것을 말해 준다.

9·19 공동 성명에서 규정한 '비핵화'

한반도 핵문제와 관련해 핵심적인 당사국들이 합의한 문서는 1992년 한반도 비핵화 공동 선언, 1994년 북미 제네바 기본 합의, 2005년 6자 회담 9·19 공동 성명 등 크게 세 가지이다. 비핵화 공동 선언은 한반도 핵문제의 핵심 당사국인 미국이 빠져 있어서 근본적인 한계가 있고, 제네바 합의는 남한이 빠져 있는 동시에 비핵화에 관한 명확한 규정이 없다는 한계가 있다. 반면에 9·19 공동 성명은 3자를 포함한 6자의 합의 사항이고, 이 서명의 제1조는 비핵화에 대해 비교적 구체적인 개념을 서술하고 있다. 제1조의 전문은 옆과 같다.

그런데 이 합의 이면에는 '숨은 그림'이 있다. 북한은 공동 성명에 미국 핵무기의 남한 내 재반입 및 일시 통과 금지와 함께 핵우산 철수도 포함시킬 것을 요구했다. 그러나 크리스토퍼 힐 미국 측 수석 대표는 "그것은 불가능하다. 한미 동맹은 이 회담 의제가 아니다"라며 거부했다. 이 사안들로 북미 간의 논쟁이 계속되자 "중국이 논의를 종결시켰다"는 것이 힐의 설명이다. 그런데 이러한 미국의 입장은 북한이 말하는 '조선반도 비핵화'는 물론

> 6자는 6자 회담의 목표가 한반도의 검증 가능한 비핵화를 평화적인 방법으로 달성하는 것임을 만장일치로 재확인하였다.
>
> - 조선민주주의인민공화국은 모든 핵무기와 현존하는 핵 프로그램을 포기할 것과 조속한 시일 내에 핵확산금지조약과 국제원자력기구의 안전 조치에 복귀할 것을 공약하였다.
> - 미합중국은 한반도에 핵무기를 갖고 있지 않으며, 핵무기 또는 재래식 무기로 조선민주주의인민공화국을 공격 또는 침공할 의사가 없다는 것을 확인하였다.
> - 대한민국은 1992년 한반도 비핵화 공동 선언에 따라 핵무기를 접수 및 배비하지 않는다는 약속을 재확인하고, 자국 영토 내에 핵무기가 존재하지 않는다는 것을 확인하였다.
> - 1992년도 「한반도 비핵화에 관한 남북 공동 선언」은 준수, 이행되어야 한다.
> - 조선민주주의인민공화국은 핵에너지의 평화적 이용에 관한 권리를 가지고 있다고 밝혔다. 여타 당사국들은 이에 대한 존중을 표명하였고, 적절한 시기에 조선민주주의인민공화국에 대한 경수로 제공 문제를 논의하는 데 동의하였다.

이고 9·19 공동 성명 합의 사항과도 상당한 긴장 관계에 있다. 미국이 필요에 따라 핵무기를 남한에 재배치하게 되면 한국은 접수국이 되는 셈이기 때문에 해석상의 충돌이 발생한다. 또한 9·19 공동 성명에 미국 핵무기의 재반입 및 일시 통과 금지, 핵우산 철수가 포함되지 않았다고 해서 북한이 이를 인정했다고 보기도 어렵다. 이를 반영하듯 북한은 검증 논란이 거세게 제기된 2008

년 8월 이후, '조선반도 비핵화'에 이 사안들도 포함되어야 한다고 주장하고 있다.

'한반도 비핵화'와 '조선반도 비핵화' 사이의 모순과 긴장은 미국의 핵전략 및 동맹 전략에서 비롯되는 측면이 강하다. 핵무기를 핵심적인 안보 수단이자 세계 전략의 도구로 삼아 온 미국은 타국과의 합의나 국제 조약에 의해 자국의 핵전략이 제약받는 것을 극구 꺼려 왔다. 또한 미국의 핵우산 정책은 동맹 전략의 핵심인 터라 이를 제3자와의 협상에서 다루는 것 역시 강한 거부감을 갖고 있다. 이는 6자 회담 및 북미 간의 협상이 문제의 핵심에 접근할수록 미국의 핵전략과 동맹 전략의 민감한 부분을 건드리지 않을 수 없다는 것을 의미한다. "핵무기 없는 세계 만들기"를 비전으로 제시한 오바마 행정부가 어떤 입장을 보일지 주목되는 이유이다.

세 가지 핵심 쟁점

북한이 주장하는 '조선반도 비핵화'에는 확고한 소극적 안전 보장NSA과 미국 핵무기의 남한 내 재반입 및 일시 통과 금지, 핵우산 철수가 있다. 미국은 9·19 공동 성명에서 "핵무기 또는 재래식 무기로 북한을 공격 또는 침공할 의사가 없다는 것을 확인했다." 그런데 미국은 1994

● 소극적 안전 보장은 핵보유국이 비핵 국가에 핵무기를 사용하거나 사용하겠다고 위협하지 않는 것을 의미한다. 반면 적극적 안전 보장은 비핵 국가가 다른 나라의 공격을 받았을 때 핵무기로 보복하는 것을 의미한다. 이에 따라 적극적 안전 보장은 핵우산과 같은 개념이라고 할 수 있다.

년 제네바 합의 때에도 소극적 안전 보장 제공을 공식적으로 약속했었다. 그러나 클린턴 행정부는 북한에 대한 안전 보장 제공이 남한과 일본에 대한 미국의 안보 공약의 후퇴로 비칠 것을 우려해 이러한 방침을 내부적으로 철회했다. 이를 뒷받침하듯 미국은 제네바 합의 이후에도 북한에 대한 모의 핵 공격 훈련을 계속한 사실이 노틸러스연구소의 미국 정부 비밀 해제 문서 입수로 밝혀지기도 했다. 그리고 부시 행정부는 2001년 말에 작성한 핵 태세 검토[NPR] 보고서에서 북한을 이라크와 함께 "고질적인 우려 대상"으로 언급하면서 핵 선제공격 대상에 포함시켰다.

이러한 사례는 미국의 대북 소극적 안전 보장의 신뢰성에 근본적인 의문이 제기될 수밖에 없음을 말해 준다. 북한이 미국의 안전 보장도 검증 대상에 포함시켜야 한다고 주장하는 것도 이러한 맥락에서 이해할 수 있다. 그런데 미국이 핵무기를 보유하고 있는 한 완전한 핵 위협 해소는 불가능하다. 따라서 현실적인 방안은 법적 구속력을 갖춘 소극적 안전 보장을 제공하는 것일 수 있다. 핵무기 사용 및 사용 위협에 부정적인 생각을 갖고 있는 오바마 행정부가 이를 수용할 것인가의 여부가 관건이라고 할 수 있다.

미국 핵무기의 남한 내 재반입과 일시 통과와 관련해서도 북미 간에는 근본적인 시각 차이가 있다. 북한은 줄곧 '조선반도 비핵화'를 달성하기 위해서는 미국 핵무기의 남한 내 재반입 및 일시 통과 금지도 포함되어야 하고, 주한 미군 기지 사찰을 통해 확인해야 한다는 입장을 보여 왔다. 반면 미국은 이를 미국의 일반적인 핵전략 및 한미 동맹과 관련된 사안으로 바라보면서 '한반도 비핵화'는 자국의 핵무기 재반입과 일시 통과의 권리까지 제약해서는 안 된다는 입장이었다.

향후 6자 회담 및 북미 협상에서 가장 주목되는 변수 가운데 하나는 북한이 핵무기 폐기에 상응하는 조치의 하나로 미국의 대남 핵우산 철수를 요구할 것인가의 여부이다. 만약 북한이 이를 양보할 수 없는 조건으로 내세울 경우 북핵 폐기 협상은 진통이 뒤따르게 된다. 핵우산은 미국의 핵전략 및 동맹 전략의 핵심 중의 핵심이기 때문에 '오바마의 미국'도 이를 수용할 가능성은 낮다. 오바마가 핵우산 철수를 협상 테이블에 올려놓는 순간, 미국은 물론이고 한국과 일본의 안보파들이 벌 떼처럼 들고일어날 것이기 때문이다.

따라서 일차적인 관건은 북한의 입장이다. 북한은 자국의 핵 보유를 정당화하기 위해 미국의 핵우산 철수를 요구할 수도 있고, 양보할 수 없는 핵 폐기의 조건으로 내세울 수도 있으며, 다른 양보를 받아 내기 위한 협상 지렛대로 삼을 수도 있다. 그런데 이를 예측하기란 쉽지 않다. 한반도 비핵화 공동 선언과 제네바 합의, 2000년 북미 공동 성명에는 핵우산 철수가 언급되지 않았다는 점에서 북한이 이를 비타협적인 요구로 내세우지 않을 것이라는 전망이 가능하다. 그러나 세 가지 합의 당시에는 북한 스스로 핵무기가 없다는 입장이었던 반면에, 2005년 2월에는 핵보유국임을 천명했고, 2006년 10월에는 핵실험을 강행했다는 근본적인 차이가 있다.

어떻게 풀 것인가

북한이 핵무기를 포기했음에도 불구하고 미국이 필요에 따라 핵무기를 남한 내에 재배치하거나 일시 통과하고, 남한이 미국의 핵우산 아래 계속 있겠다는 것은 결코 공정하거나 타당하다고 볼 수 없다. 미국의 한반도 핵 정책은 미소 냉전과 한국 전쟁이 낳은 냉전의 산물이다. 미소 냉전이 끝나자 러시아는 북한에 핵우산을 제공하지 않고 있다. 또한 냉전 시대 미국의 핵 정책은 북한에 비해서 남한의 재래식 군사력의 열세와 북한의 호전성을 바탕에 두었던 것이지만, 오늘날에는 남한 군사력이 북한보다 우위에 있고 평화 협정을 체결하면 북한의 군사적 위협은 사실상 사라진다는 점에서 이러한 핵 정책을 계속 유지할 명분도 약하다. 무엇보다도 "북한의 핵무기는 한반도는 물론이고 동북아와 세계 평화를 위협하는 반인류적 무기"라고 비난하면서 미국이 계속 한국에 핵우산을 씌우고, 남한은 그 아래에 있겠다는 것은 도덕적으로도 받아들이기 힘들다.

한반도 비핵화가 달성되고 평화 협정이 체결되었음에도 불구하고 기존의 핵 정책을 유지한다는 것은 중국과 러시아와의 신뢰 구축에도 부정적인 영향을 준다는 점도 주목해야 한다. 핵보유국인 중국과 러시아의 위협에 대비해 미국의 핵우산이 계속 필요하다고 생각할 수 있지만, 이는 단견이다. 한국은 이 나라들과 이미 수교를 맺고 있고 여러 분야에서 이익을 공유하고 있기 때문에 이들이 한국을 핵무기로 위협하거나 사용한다는 것은 극히 비현실적인 가정이다. 특히 중국은 핵보유국 가운데 유일하게 소극적 안전 보장을 공식적으로 천명한 나라이다. 이러한 공약에도 불구하고 미국의 핵우산을 유지하는 것은 그만큼 한국이 중국을 믿지 않는다는 반증이 되며, 이는 상호간의 전략적 불신을 심화시키게 된다. 한국이 미국 핵우산을 계속 쓰고 있다는 것은 미중 간의 갈등 시 한국이 미국을 지원하겠다는 것과 다름없을 뿐만 아니라, 유사시 한반도에서 핵전쟁의 위험성을 높이게 되는 결과를 낳을 수도 있다.

협상 전략의 관점에서도 미국의 핵 정책을 협상 테이블에 올려놓는 것은 필요하다. 논의 자체를 거부하는 것은 핵 보유를 원하는 북한 강경파에게 구실을 주게 된다. 반면 이를 협상 의제로 삼으면 북한의 핵 포기 의지를 시험하고 유도할 수 있는 인센티브가 될 수 있다. 이는 북한의 요구 여부를 떠나 현실적이고 포괄적인 해법을 모색해야 한다는 것을 의미한다.

우선 소극적 안전 보장과 관련해서는 두 가지 차원에서 접근할 수 있다. 하나는 앞으로 논의될 평화 협정에 "미국은 북한에 대해 핵무기 사용 및 사용 위협을 하지 않는다"는 조항을 포함시키는 것이다. 다른 하나는 지구적 차원의 접근법으로, NPT를 개정하거나 별도의 국제 조약을 통해 소극적 안전 보장을 국제법으로 만드는 것이다. 특히 후자의 접근법은 이란에도 핵 포기의 인센티브를 제공해 줄 수 있다.

한반도 비핵화에는 남한 내 미국 핵무기 부재뿐만 아니라 재반입 및 일시 통과도 금지하는 내용이 포함되어야 한다. 미국이 자국의 필요에 따라 핵무기를 남한에 재배치하거나 일시 통과할 수 있는 권리를 계속 갖겠다는 것은 북한의 핵무기 포기를 주저하게 만드는 요인일 뿐만 아니라, '완전한 비핵화' 정신에도 어긋나는 것이다. 또한 미국 핵무기의 재반입 및 일시 통과는 한반도 비핵화에 관한 공동 선언과 9·19 공동 성명에서 핵무기를 "접수하지 않는다"는 남한의 공약과도 모순된다. 다만 6자 회담에는 미국뿐만 아니라 핵보유국인 중국과 러시아도 당사국으로 참가하고 있는 만큼, 이 세 나라가 한반도에 핵무기를 배치하거나 일시 통과를 하지 않겠다고 함께 공약하는 것도 대안으로 검토해 볼 만하다.

가장 까다로운 문제인 미국의 핵우산 철수도 한반도 비핵화의 목표에 포함시키는 것이 바람직하다. 구체적으로는 6자 회담 합의문이나 평화 협정에 "미국은 북한의 핵무기 폐기가 완료되는 것과 동시에 핵우산을 철수한다"

는 조항을 포함시키는 방안을 강구할 수 있을 것이다.

완전하고 공정한 한반도 비핵화를 달성하고 이것이 국제 평화에 이바지하는 결과를 도출하기 위해서는 상기한 미국의 세 가지 양보 조치와 함께 북한에도 추가적인 요구를 할 필요가 있다. 핵 폐기 공약 및 NPT와 IAEA 복귀 이외에 고려할 수 있는 요구 사항으로는 "적절한 시점"에 포괄핵실험금지조약CTBT에 가입·비준하는 것과 오바마 행정부가 심혈을 기울이고 있는 핵분열물질금지조약FMCT 체결에 적극 나서는 것이다. 국제 사회에서 대표적인 핵확산 국가로 비판받아 온 북한이 이러한 조치를 취한다면, 그 자체로도 핵비확산 체제 강화에 크게 기여할 수 있다.

또 한 가지, 6자가 공동의 목표로 삼아야 하는 것은 한반도 비핵화를 넘어 동북아 비핵 지대 조성으로 나아가는 것이다. 당장 6자 모두 핵무기를 폐기하기는 어렵더라도, 위에서 언급한 세 가지 난제를 동북아 지역 차원에서 푸는 방안도 강구해 볼 수 있다. 남북한과 일본이 비핵 지대 조약을 체결하고 핵보유국인 미국, 중국, 러시아가 소극적 안전 보장을 제공하는 '3+3' 모델은 그 출발점이 될 수 있다. 이렇게 비핵 국가가 "핵무기를 개발·보유하지 않겠다"는 것과 핵보유국이 "핵무기 사용 및 사용 위협을 하지 않겠다"는 것을 국제법으로 체결하면, 동북아 역내의 핵우산 문제와 핵무기 재반입 및 일시 통과 문제를 풀 수 있는 실마리를 찾게 될 것이다. 이는 6자 회담의 중장기 목표인 동북아 평화 안보 체제 구축의 밑거름이 될 수 있다.

인공위성 발사설 타고 재등장한 MD

인공위성과 MD의 만남?

2009년 들어 한반도 상공에는 북한의 장거리 로켓 발사 준비설과 한미일 3국의 강력한 경고 및 미사일 방어 체제 요격설이 어지럽게 떠돌고 있다. 한미일 정보 당국은 2009년 1월 북한이 함경북도 무수단리 기지에서 '대포동 2호 발사' 준비에 들어갔다고 주장했고, 국내외 언론은 연일 이를 크게 보도하면서 논란을 증폭시켰다. 그러자 북한의 조선우주공간기술위원회는 2월 24일 "현재 시험 통신 위성 광명성 2호를 운반 로켓 '은하 2호'로 쏘아 올리기 위한 준비 사업"이 본격적으로 진행되고 있다고 말했다. 그러나 한미일 3국 정부는 인공위성과 장거리 탄도 미사일에 차이가 없다며, 인공위성 발사도 북한의 탄도 미사일 관련 활동 중단을 요구한 유엔 안보리 결의안 1718호를 위반하는 것이라고 으름장을 놓고 있다.

북한의 반격 역시 만만치 않다. 김명길 유엔 주재 북한 대표부 공사는 2월 26일, "인공위성 발사는 예정대로 한다"며 "시점만 남았다"고 밝혔다. 그는 특히 "인공위성 발사는 우리의 자주적 권리로서 보편적 성격의 것이며, 우리는 자주적 권리 행사를 계속해 왔고 앞으로도 계속해 나갈 것"이라면서, 이 사안은 "협상의 대상이 될 수 없다"고 강조했다. 이에 따라 3월 8일 예정된 최고인민회의 대의원 선거 '이후'와 3월 말~4월 초에 열릴 것으로 보이는 제

12기 최고인민회의 첫 회의에서 김정일 국방위원장을 재추대하기 '이전'에 북한이 인공위성 발사를 강행할 가능성이 커지고 있다. 북한은 1998년 8월 31일에 '광명성 1호'를 발사했는데, 이때도 최고인민회의 대의원 선거와 제10기 1차 최고인민회의 개막 사이였다.

이를 뒷받침하듯 북한은 3월 12일 조선중앙통신을 통해 "시험 통신 위성 광명성 2호를 운반 로켓 은하 2호로 발사하기 위한 준비 사업의 일환으로" 국제민간항공기구ICAO와 국제해사기구IMO 등 국제기구에 "비행기와 선박들의 항행 안전에 필요한 자료들"을 통보했다고 발표했다. 또한 IMO는 북한이 "광명성 2호를 4월 4~8일에 발사할 것임을 통보했다"고 확인했다.

북한은 왜 인공위성을 쏘려고 하는가

그렇다면 북한은 왜 인공위성을 발사하려고 하는 것일까? 인공위성 기술이 탄도 미사일로 전용될 수 있다는 점에서 미사일 성능 개량의 일환으로 볼 수 있고, 대북 강경책으로 일관해 온 이명박 정부와 갓 출범한 오바마 행정부를 압박하기 위한 의도도 엿보인다. 김정일 3기 체제 출범을 앞둔 정치적 이벤트로서의 성격도 있다. 이처럼 북한의 언행 하나하나에 수많은 추측과 해석이 뒤따르기 마련이지만, 이 질문에 대한 가장 상식적인 답은 '북한이 인공위성을 갖고 싶어한다'는 것이다. 북한은 많은 나라들이 그렇듯이, 인공위성 보유를 강력히 희망한다. 독재 국가에서 이러한 경향은 더욱 강하다. 북한은 "이 위성이 성공적으로 발사되면 우리의 우주 과학 기술은 경제 강국을 향한 또 하나의 큰 걸음을 내딛게 될 것"이라고 강조해, 광명성 2호 발사가 2012년 강성 대국을 향한 핵심적인 프로젝트임을 분명히 하고 있다. 이를 뒷받침하듯 "국가우주개발전망계획에 따라 우리는 1단계로 가까운 몇몇 해안에 나라의 경제 발전에 필수적인 통신, 자원 탐사, 기상 예보 등을 위한 실용 위성들을 쏘아 올리고 그 운영을 정상화할 것을 예견하고 있다"고 말해, 앞으로도 계속 인공위성을 발사할 방침을 강력히 시사했다. 이처럼 북한이 인공위성 보유를 '강성 대국론'의 상징 가운데 하나로 삼고 있다는 점에서 외교적 해법이 모색되지 않으면 북한의 인공위성 발사가 계속될 가능성이 높다.

그렇다면 이 문제를 해결할 수 있는 외교적 방법은 있을까? 외교적 해법은 2000년에 이미 상당 부분 나왔다. 북한은 광명성 1호 발사 6개월 후인 1999년 2월, 인공위성 발사는 전적으로 주권 국가의 권리라고 말하면서도 북미 관계의 진전에 따라 양보할 수도 있음을 강력히 시사했다. 또한 김정일 위원장은 2000년 7월 평양을 방문한 블라디미르 푸틴 러시아 대통령에게 미국이 인공위성을 대신 발사해 주면 장거리 탄도 미사일 개발을 포기할 수 있다고 말했다. 실제로 김정일의 이러한 제안은 북미 간의 미사일 협상에서 타결 일보 직전까지 갔다. 원칙적으로 북한은 장거리 탄도 미사일 개발을 중단하고, 미국은 인공위성을 대리로 발사해 주기로 한 것이다. 그러나 그해 미국 대선에서 부시가 당선되고 빌 클린턴 대통령의 방북이 무산되면서 북미 간의 대타협도 물 건너갔다.

이러한 맥락에서 볼 때, 북한의 인공위성 발사를 막을 수 있는 유일하면서도 유력한 방법은 2000년 북미 간에 타결 일보 직전까지 갔던 미사일 협상을 재개하는 것이라고 할 수 있다. 이와 관련해 2009년 1월 평양을 다녀온 셀리그 해리슨은 리근 6자 회담 차석 대표가 "핵 협상을 할 수 있다면 미사일 협상은 왜 못하겠는가?"라고 말했다고 전했다. 힐러리 클린턴은 2월 중순 일본 방문 중에 미사일 문제도 6자 회담의 의제가 되어야 한다고 말했다. 오바마 행정부는 북한과의 직접 대화든 6자 회담이든 북한의 탄도 미사일 문제를 협상 의제로 삼을 가능성이 상당히 높다.

인공위성을 쏘면 어떤 일이 벌어질까?

한미일 3국과 대다수 언론은 북한의 인공위성을 대륙 간 탄도 미사일 ICBM과 동일시한다. 이에 따라 북한이 인공위성을 발사하더라도 유엔 안보리 결의안을 위반하는 것이고, 일각에서는 MD를 이용한 요격에 나서야 한다고 주장한다. 그러나 인공위성을 장거리 미사일로 부르는 것은 '사슴을 가리켜 말이라고 하는 것'과 크게 다르지 않다.

우선 기술적으로도 인공위성과 ICBM은 상당한 차이가 있다. 둘 다 3단계 로켓을 발사체로 이용한다는 점에서 인공위성은 ICBM의 전 단계로 볼 수 있지만, ICBM으로 가기 위해서는 두 가지 중요한 추가적 기술이 필요하다. 첫째는 고성능 로켓 엔진이 필요하다. 소형 인공위성의 무게는 100kg 안팎인 반면에, 탄두 중량은 1톤 정도는 되어야 한다. 이처럼 탄두의 무게가 늘어나면 로켓의 사정거리도 줄어들기 때문에 이를 만회하기 위해서는 고성능 엔진이 필수적이다. 그런데 북한이 이러한 기술을 확보했다는 증거는 아직까지 없다. 둘째는 탄두가 원하는 지점에서 대기권으로 재진입하고 이때 발생하는 엄청난 열로부터 탄두를 보호할 수 있는 기술이 필요하다. 북한이 재진입체reentry vehicle 기술을 확보했다는 근거 역시 없는 상태이다. 이러한 이유 때문에 CIA는 북한의 1998년 8월 광명성 1호 발사에도 불구하고 2015년까지

ICBM 개발이 어렵다고 분석했고, 로버트 게이츠 국방 장관 역시 사정거리가 "짧다"고 말한 것이다. 이러한 맥락에서 볼 때, 북한의 인공위성이 탄도 미사일 개발로 전용될 수 있다는 분석은 타당성을 갖지만 이를 ICBM과 동일시하는 것은 북한에 대한 또 하나의 '낙인 찍기'라고 할 수 있다.

더욱 중요한 것은 국제법적 권리이다. 한미일 3국 정부는 인공위성 발사도 유엔 안보리 결의안을 위반하는 것이라고 주장하지만, 이는 국제법상 상당한 무리가 따른다. 2006년 10월 14일 채택된 안보리 결의안 1718호에 명시된 북한 탄도 미사일 관련 부분은 "탄도 미사일을 발사하지 말 것"과 "탄도 미사일 프로그램 관련 활동 중단 및 미사일 발사 유예" 등이다. 포괄적으로 해석하면 이중 용도로 사용될 수 있는 인공위성 발사를 결의안 위반으로 주장할 수 있겠지만, 결의안 어디에도 로켓을 이용한 인공위성 발사를 금지한다는 내용이 없기 때문에 이러한 주장은 일방적인 성격을 지닌다. 가령 일본은 미사일기술통제체제MTCR 가입국이다. 그런데 수시로 로켓을 이용해 인공위성을 발사해 왔다. 물론 이러한 로켓 기술은 탄도 미사일로 전환될 수 있다. 그러나 이를 두고 'MTCR를 위반했다'고 해석하지는 않는다.

그럼에도 북한이 인공위성 발사를 강행하면 상당한 파장이 일어날 것이다. 우선 인공위성 발사도 안보리 결의안 위반이라는 입장을 밝힌 미국은 이 문제를 유엔 안보리에서 논의하려고 할 것이다. ● 이에 따라 북미 관계 개선은 상당히 지체될 가능성이 높다. 또한 안보리로 넘어가면 비상임 이사국인 일본은 가장 강경한 입장을 보이면서 대북 제재를 주장할 것이고, 미국도 이에 보조를 맞출 전망이다. 반면 거부권을 갖고 있는 러시아

● 참고로 2009년 현재 유엔 안보리 이사국은 중국, 프랑스, 러시아, 영국, 미국 등 상임 이사국 5개국과 일본, 오스트리아, 우간다, 부르키나파소, 리비아, 베트남, 코스타리카, 멕시코, 크로아티아, 터키 등 비상임 이사국 10개국으로 구성되어 있다.

와 중국은 인공위성 발사가 결의안 위반이라는 해석에 신중함을 기하면서 강력한 추가적 결의안 채택은 사태 해결에 도움이 되지 않는다며 수위를 낮추는 데 주력할 것이다. 이에 따라 안보리 논의 결과는 경제적, 군사적 제재가 빠진 또 다른 결의안 채택이나 이보다도 수위가 낮은 의장 성명 수준으로 마무리될 공산이 크다.

가장 실질적인 타격은 남북 관계에 올 것이다. 이명박 정부는 북한의 인공위성 발사를 안보리 결의안 위반이라고 여러 차례에 걸쳐 강조했기 때문에 유엔 안보리 이사국이 아니더라도 독자적인 대북 제재에 나설 가능성이 있다. 결의안 1718호에 명시되었지만 6자 회담 진전 이후 유명무실화된 대북 경제 제재 일부를 재가동하고, 북한의 핵 불능화 조치에 따라 제공하기로 한 에너지 설비 및 식량 지원을 계속 유보하는 한편, 민간 단체의 방북도 엄격히 제한하는 조치가 예상된다. 또한 PSI 참여 수위를 높이고 미국과의 MD 협력에도 박차를 가할 가능성이 있다. 이렇게 되면 남북 관계 정상화는 더욱 요원해지고, 북한의 강력한 반발과 맞물려 무력 충돌의 위험성도 커지게 될 것이다.

북한이 1998년 광명성 1호를 발사했을 때, 김대중 정부는 이를 전화위복의 계기로 삼았다. 클린턴 행정부의 대북 정책 재검토 과정에 적극 개입해 '페리 보고서'를 탄생시켰다. 그러나 이명박 정부는 북한이 광명성 2호를 발사하면 '유엔 안보리 결의안을 위반했다'며 대북 제재와 압박에 앞장설 태세를 보이고 있다. 전화위복은 고사하고 '설상가상'이 걱정되는 까닭이다.

주목할 점은 북한의 인공위성이 장거리 탄도 미사일 개발로 전용되더라도 한국에 직접적인 위협이라고 보기 힘들다는 것이다. 광명성 2호의 발사체는 3단계 로켓으로, 미사일로 따지면 사정거리 2400~5499km인 중장거리 탄도 미사일IRMB에 해당한다. 이것이 사정거리 5500km 이상의 대륙 간 탄도 미사일ICBM이 되기 위해서는 위성보다 훨씬 무거운 탄두를 실어 보낼 수 있는 강력한 로켓 엔진과 대기권에 진입시킬 수 있는 재진입체가 추가적으로 필요하다. 그런데 둘 모두 한국 영토를 한참 벗어난다. 쉽게 말해 광명성 2호가 대포동 2호로 전환되더라도 한국 영토를 공격하기 위한 것으로 볼 수 없다는 것이다. 그럼에도 불구하고 이명박 정부는 미국이나 일본보다 훨씬 강경한 대응에 나서고 있다.

MD에 깔린 한반도 분단과 동북아 적대의 논리

북한의 인공위성 발사설은 MD 논란을 재점화하고 있다. 미국과 일본은 MD를 이용해 북한의 탄도 미사일 요격에 나설 수 있다고 큰소리를 치고 있고, 한국의 이명박 정부는 미국 주도의 MD 체제 참여를 또다시 저울질하고 있다. 만약 북한이 인공위성 발사를 강행하면 오바마 행정부 출범을 계기로 주춤할 것으로 보였던 MD가 다시 탄력을 받을 가능성이 높다는 것을 시사한다.

기실 한반도의 분단 현실은 미국의 MD 계획에서도 어김없이 드러난다. 북한은 MD 추진의 최대 구실로, 남한은 미국 MD의 전초 기지이자 포섭 대상이 되어 왔기 때문이다. 이러한 와중에 출범한 오바마 행정부는 부시 행정부 때보다 MD에 신중하다. 반면 한미 간의 '전략 동맹' 구축을 최고의 외교 안보 정책 목표로 삼아 온 이명박 정부는 김대중-노무현 정부보다 MD에 적극적이다. 바로 이 지점에 최근 남-북-미 3자 관계의 엇박자가 숨어 있다. 더구나 MD는 미일 동맹과 중러 협력 체제 사이의 갈등 구조도 깔고 있기 때문에 한국이 어설프게 발을 들여놓으면 대륙 세력과 해양 세력 사이의 '가교'가 아니라 '희생양'으로 전락할 수 있다. 미국과 러시아가 동유럽 MD를 둘러싸고 '제2의 냉전'을 방불케 하는 상황이 동북아에서도 벌어지면서 한국이 폴란드와 같은 신세가 될 수 있다는 것이다.

일각에서는 오바마의 등장을 계기로 MD 논란이 수그러들 것으로 기대한다. 오바마가 MD에 대해 신중하고, 북한과 이란 등 적대국뿐만 아니라 중국과 러시아 등 경쟁국과의 관계 개선에도 관심을 갖고 있다는 점에서 이러한 기대는 일견 타당하다. 그러나 오바마가 MD의 속도와 규모를 조정할 가능성은 높지만, 그 자체를 철회할 가능성은 없다. 이와 관련해 클린턴 행정부도 미국 본토 방어용인 국가 미사일 방어 체제^{NMD} 구축에는 미온적이었던 반면에, 해외 주둔 미군 및 동맹국 방어용인 전역 미사일 방어 체제^{TMD} 구축에는 비교적 적극적이었던 것을 상기할 필요가 있다.

이에 따라 오바마 행정부는 막대한 예산이 투입되고 효과는 입증되지 않은 반면에, 러시아와의 관계에 부정적인 영향을 줄 수 있는 동유럽 MD 및 미국 본토에 배치하는 NMD는 하향 조정할 것이다. 그러나 패트리엇 최신형인 PAC-3, 이지스 탄도 미사일 방어 체제^{ABMD}, 고고도 최종 단계 미사일 방어 체제^{THAAD}, 항공기 탑재 레이저^{ABL} 등으로 이루어진 TMD는 계속할 가능성이 높다. 북한의 인공위성 발사는 이를 더욱 가속화시킬 것이다. 이러한 상황 전개는 MD가 오바마의 등장에도 불구하고 현재 진행형이자, 한반도와 동북아 평화에도 여전히 중요한 변수가 되고 있다는 것을 말해 준다. 또다시 MD를 주목해야 하는 까닭이다.

한국에 MD는 세 가지 범주가 있다. 첫째는 미국이 한국 내에 MD 시스템을 배치하고 있는 것이고, 둘째는 정부가 독자적이라고 주장하는 '한국형 미사일 방어 체제^{KAMD}'를 추진하는 것이다. 이 두 가지는 현재 진행형이다. 셋째는 한국이 공식적으로 미국 MD에 참여하는 것이다. 물론 이 세 가지는 완전히 분리된 것이 아니다. 또한 KAMD와 미국 MD에의 공식 참여는 정치 외교적인 차이는 있더라도 군사 기술적으로는 통합될 수밖에 없다는 점에서 긴밀한 연관성을 갖는다.

미국, '한국을 MD의 전초 기지로'

한국은 MD의 명시적, 잠재적 대상국인 북한, 중국, 러시아와 가장 인접한 미국의 동맹국이다. 또한 2만 8천 명의 미군이 주둔하고 있는 곳이기도 하다. 이에 따라 미국은 한국을 MD의 전초 기지로 삼아 왔다. 미국은 2003년 초부터 미국 외부 지역으로는 처음으로 한국에 PAC-3 배치를 개시했는데, 이는 이라크 침공을 위해 걸프 지역에 배치한 것과 동시에 이루어졌다. PAC-3 배치는 주로 한국의 서남부에 집중되었다. 수원, 평택의 오산 공군 기지, 군산, 광주에 각각 2개 포대씩 모두 8개 포대를 배치한 것이다. 이 기지들 가운데 오산 공군 기지와 군산 기지는 미 공군력의 핵심적인 전력 투사 근거지이고, 수원과 광주● 비행장은 유사시 미국 공군력이 전개

● 참고로 광주에 배치되었던 패트리엇 부대는 2006년 10월 경북 왜관으로 이전했다.

되는 지역이다. 아울러 미국은 2004년 말 패트리엇 포대를 지휘·통제하는 상급 부대인 35방공포 여단을 미국 텍사스 주 포트블리스에서 오산 공군 기지로 옮겼다.

미국은 해외 최초로 PAC-3를 한국에 배치하기 직전인 2003년 초에 최첨단 조기 경보 레이더를 한국에 배치했다. '합동 전술 지상 기지Joint Tactical Ground Station'는 첩보 위성에서 보내온 정보를 신속하게 처리해 상대방의 미사일 발사 위치와 시점을 파악한 후 PAC-3와 전투사령부에 정보를 보내는 임무를 수행하는 이동식 시스템이다. '선제공격'과 '미사일 방어'를 동시에 수행하는 것을 골자로 한 미국의 MD 전략의 핵심 시스템 가운데 하나이다.

그런데 미국의 한국 MD 배치 계획은 여기에서 끝나지 않는다. 앞으로 PAC-3보다 요격 범위가 길고 넓은 THAAD, 적의 미사일을 이륙 단계에서 요격할 수 있는 ABL, 해상 MD인 ABMD 등을 배치해 다층multi-layered MD 체제를 구축할 계획이라고 밝히고 있다. 이에 따라 미국의 MD 시스템은 개발이 완료되는 대로 속속 한국에 배치될 전망이다. 이지스함을 이용한 ABMD는 이미 한국을 들락거리고 있고, 지상에 배치되는 THAAD는 2009년에 개발 완료될 예정이다. 또한 개량형 보잉 747기에 레이저를 탑재해 적의 미사일을 초기 단계에서 요격하는 ABL은 2009년부터 본격적인 실험에 돌입한다.

이 가운데 버웰 벨 주한 미군 사령관이 2008년 3월에 시급히 요구한 것은 두 가지이다. 하나는 PAC-3 미사일 추가 배치이다. 현재 주한 미군은 패트리엇 부대 8개 포대를 한국에 배치하고 있는데, 이들 포대에는 PAC-3와 PAC-2를 합쳐 64기의 미사일이 있다. 벨은 "PAC-3는 탄도 미사일 요격 기능이 뛰어날 뿐만 아니라 비교적 높은 고도에서 미사일을 요격하기 때문에 요격 시 발생하는 잔해물의 피해를 줄일 수 있다"며, 추가적인 PAC-3 배치의 필요성을 강조했다. 다른 하나는 MD 능력을 보유한 이지스함이다. 미군도 이용하는 한국 남부의 해군 기지를 방어하기 위해서는 이지스함 배치가 필요하다는 것이다.

벨의 후임자인 월터 샤프 역시 이러한 계획을 재확인하면서 한 가지 추가적인 사항을 강조했다. 개량형 보잉 747기에 레이저를 탑재해 적의 미사일을 초기 단계, 특히 이륙 단계에서 요격하는 ABL이 그것이다. 그는 ABL이 북한의 탄도 미사일을 발사 단계에서 파괴할 수 있어 효과적인 방어 시스템이라고 강조했다. 미국 국방부는 2008년 2월 화학 산소 요오드 레이저 COIL: Chemical Oxygen Iodine Laser 6개를 개량형 보잉 747기에 장착했고, 2009년부터 본격적인 실험에 돌입할 예정이다. 미국은 ABL 개발 초기 단계부터 한국을 유력한 배치 후보지로 삼고 1999년 이후 수차례에 걸쳐 지형 및 기후 점검을 한 것으로 알려져 있다.

이명박 정부의 선택은?

이명박 정부 시대의 한미 동맹과 관련해 가장 큰 관심사는 PSI와 함께 MD 정식 참여 여부이다. MD와 PSI는 부시 행정부가 군사 패권주의를 통한 21세기 세계 전략, 특히 압도적인 군사력으로 대량 살상 무기 위협을 분쇄한다는 대확산 Counter-proliferation 전략의 핵심 요소이자, 한국에도 참여를 요구했던 이슈들이다. 그러나 김대중-노무현 정부는 미국의 요구를 전면적으로 수용하는 것을 부담스러워했다. 이에 따라 "김대중-노무현 정부 10년간 한미 동맹이 악화되었다"며 '한미 동맹 복원'을 대외 정책의 핵심 목표로 내세우고 있는 이명박 정부가 전임 정부와의 '차별성'을 확실히 보여 줄 수 있는 정책은 MD와 PSI에 정식 참여하는 것이다.

그러나 국내의 반발 여론과 국제적 파장이 만만치 않다는 점에서 이명박 정부가 쉽게 정식 참여를 선택하기는 쉽지 않다. MD 참여는 북한은 물론 중국, 러시아 등 주변국 관계까지 훼손시킬 수 있을 뿐만 아니라, 군사적 효율성은 입증되지 않은 반면에 비용은 엄청나게 소요된다. 이러한 이유 때문에 김대중 정부와 노무현 정부는 MD에 대해 '전략적 모호성'을 유지했었다. 미국이 주한 미군 기지에 MD 시스템을 배치하는 것을 수용하고 MD로 전환될 수 있는 무기 체계를 도입하면서도 정치적으로는 'MD 참여' 의사를 밝히지 않았던 것이다.

그러나 이명박 정부와 한나라당 안팎에 MD 참여를 선호하는 인사들이 많고, 이명박 정부 출범 이후 남북 관계가 계속 악화되고 있다는 점을 고려할 때, 한국이 유지해 온 '전략적 모호성'이 지속될 수 있을지는 장담하기 어렵다. 이를 뒷받침하듯 국방부는 2008년 1월 8일 인수위의 요구로 MD를 보고했고, 해군은 이지스함에 북한의 탄도 미사일 요격이 가능한 스탠더드 미사일-6[SM-6]를 도입해 장착하는 것을 검토했다. 이에 앞서 이명박 대통령의 후보 시절 핵심 브레인이었던 김우상 연세대 교수[현재 오스트레일리아 대사]는 2007년 12월 말 "MD 체제 참여에 굳이 문을 닫아 놓을 필요는 없다"고 말했다. 청와대 대외 전략 비서관으로 발탁된 김태효 역시 2007년 12월 26일 『동아일보』와의 인터뷰에서 "이명박 당선자가 외교 환경 및 국내 여론을 고려하면서 MD 참여를 전향적으로 검토할 것"이라고 말했다.

이러한 일련의 상황은 이명박 정부가 MD 참여를 추진하는 것이 아니냐는 강한 의혹을 낳았다. 그러자 인수위는 MD 참여는 "남북 관계뿐 아니라 이해 당사국 관계까지 신중하게 고려해야 하는 사안"이라며, "대규모 자원이 소모되기 때문에 충분히 고려해 추진해야 한다는 게 인수위 방침"이라고 해명했다. 유명환 외교부 장관 역시 2008년 3월 하순 콘돌리자 라이스 국무 장관과의 회담을 마치고 MD 참여 문제에 대해 "돈이 한두 푼 들어가는 것도 아니고 중국, 러시아도 생각하지 않을 수 없다"며 일단 신중한 자세를 보였다.

그러나 2009년 들어 북한의 장거리 로켓 발사 준비설이 불거지면서 MB 정부의 MD 정책에도 변화의 움직임이 드러나고 있다. 첫째는 한국형 방공 및 미사일 방어 체제KAMD 구축에 박차를 가하기로 한 것이다. 둘째는 미국 MD 참여 문제를 다시 검토하기 시작했다는 것이다. 이상희 국방 장관은 2월 16일 국회 답변에서 "한미 동맹과 한반도 안보 상황, 예산 소요 등을 고려해 국가 전략 차원에서 검토가 필요하다"고 말했다. 인수위 시절과 정권 초기에 남북 관계와 주변국 관계, 예산 문제를 고려해 신중하게 검토하겠다는 입장과 비교해 보면 MD 참여 쪽으로 한 발 다가선 발언이다.

MB 정부, MD로 가나?

MD에 대한 이명박 정부의 선택은 크게 세 가지로 전망해 볼 수 있다. 첫째는 공식적으로 미국 주도의 MD에 참여하는 것이다. 이 경우에는 미국에 선물을 줌으로써 한미 동맹의 강화를 과시할 수 있지만, 막대한 비용과 국내의 반발, 그리고 북한, 중국, 러시아와의 관계 악화를 감수해야 한다. 둘째는 김대중-노무현 정부 때처럼 '전략적 모호성'을 계속 유지하는 것이다. 셋째는 공식적으로는 MD 참여를 선언하지 않으면서 내용적으로는 그렇게 하는 것이다. 이는 미국의 MD 시스템을 한국 내에 추가 배치하는 것을 수용하는 한편, 한국이 PAC-3 미사일 및 탄도 미사일 요격이 가능한 SM 계열의 미사일을 도입하면서 이를 KAMD라고 설명하고 내용적으로는 미국의 MD 체제와 결합하는 것을 의미한다. 이럴 경우 국내외의 반발을 일정 부분 무마하면서 미국에는 MD 협력이라는 실질적인 선물을 주는 셈이라고 판단할 수 있다. 이명박 정부는 이러한 방향을 선택할 가능성이 높다. 이는 인수위 관계자의 발언에서도 추론해 볼 수 있다.

"이름을 반드시 MD라고 붙일 필요도 없고, 명시적으로 참여를 선언할 필요도 없다. '작은 MD'건 '포괄적 MD'건 간에 우회적인 방식으로 미사일 방어에 관한 기술을 습득하고 그 장점을 취하면 되는 것이다. 한국 역시 북한이나 주변국의 미사일 위협에 노출돼 있으므로 어떤 식으로든 대비책이 필요한 것 아닌가. 잠정적으로 미국의 MD 네트워크에 협조하면서 외형적으로는 '자체적인 대비책'이라는 명분을 세우면 주변국과의 마찰을 최소화할 수 있다고 본다. 시민 단체 등의 반대도 마찬가지다."

● 황일도, 「이명박 정부 MD(미사일 방어 체제) 참여 구상 정밀 분석」, 『신동아』, 2008년 3월호.

이처럼 이명박 정부는 한미 전략 동맹을 강하게 희망하고 있어 MD 참여에 대한 동기가 확실한 편이다. 또한 대북 강경책을 구사하면서 남북 대결도 불사한다는 입장이어서 북한의 위협에 대처하기 위해서는 어떠한 형태로든 MD 능력이 필요하다고 판단할 공산이 크다. 중국과 러시아의 관계를 고려할 정도로 전략적 마인드가 있어 보이지도 않는다. 여러 정책 추진 과정에서도 나타나고 있듯이, 국민의 비판적 여론도 정책 결정 과정의 고려 대상으로 보지 않는다. 다만, 규모에 따라 달라질 수 있지만 MD 구축에 상당한 비용이 투입된다는 점에서 비용에 대한 평가가 변수가 될 수 있다.

그런데 한국이 이미 이지스함과 패트리엇을 도입하고 있다는 점에서 MD 추진에 따른 경제적 비용이 그렇게 많이 들지 않을 것이라는 판단을 내릴 수도 있다. 우선 한국이 미국에서 3척을 도입한 이지스함 전투 체계는 탄도 미사일을 탐지·추적할 수 있고, 요격 미사일 유도 기능을 갖추고 있다. 하드웨어상으로는 SM-3나 SM-6, 미국이 2009년 개발 완료를 목표로 하고 있는 SM-2 블록 4를 장착하는 것에 큰 문제가 없다. 또한 독일에서 수입하기로 한 '중고' 패트리엇 PAC-2 시스템에도 발사대 일부 소프트웨어를 변경하고 부품을 교체하면 MD용인 PAC-3 미사일을 장착할 수 있다. 이처럼 이미 하드웨어의 상당 부분을 갖추고 있거나 그럴 예정이기 때문에 이 시스템을 MD용으로 전환할 경우 추가적인 비용이 그리 많지 않다고 판단할 수 있다는 것이다.

이렇게 될 경우, 이명박 정부가 공식적으로 MD 참여를 선언하지 않더라도 김대중-노무현 정부 때까지 유지해 온 '전략적 모호성'이 사라질 가능성이 높다. 한국이 공식적으로 참여하지 않더라도 미국은 THAAD, ABL, ABMD, 레이더 등 추가적인 MD 시스템을 한국에 배치한다는 계획이다. 정부는 '주한 미군이 하는 것이지 한국군이 하는 것이 아니기 때문에 MD 참여가 아니다'라고 해명하겠지만, 미국의 MD 시스템이 대거 배치되는 것 자체가 MD 참여로 해석될 수 있다. 논란이 되고 있는 폴란드와 체코의 MD 참여는 이 나라들이 MD 시스템을 구입하는 것이 아니라, 미국의 시스템 배치를 허용하는 것이다. KAMD 역시 마찬가지이다. 동맹 관계에 있는 한미 양국이 한국 내에서 '따로' MD를 한다는 것은 설득력이 떨어지고, 군사 기술적으로 미국 주도의 MD에 편입되는 결과를 초래할 가능성이 높다.

이와 관련해 합동참모본부의 이성출 전략기획본부장●의 발언을 주목할 필요가 있다. 그는 일단 재정상의 한계, 기술 수준, 북한과의 지리적 근접성, 국민 정서 등을 고려해 MD 참여에 신중한 태도를 가질 수밖에 없다고 강조했다. 그러나 합참은 MD 참여의 구체적인 방안으로 ▲한국이 요격 미사일 발사 장소를 미군에 제공하는 방안, ▲미국이 개발 중인 MD 프로그램에 참여하는 방안, ▲미국의 MD 시스템을 한국에 배치하는 비용을 분담하는 방안, ▲미국의 MD 네트워크와 상호 운용될 수 있는 미국의 MD 시스템을 구입하는 방안 등이 포함되어 있다고 밝혔다.●● 이 가운데 미국의 MD 프로그램 개발 참여를 제외하곤 이미 현실로 나타나고 있다. 앞서 설명한 것처럼 미국은 다양한 MD 시스템을 이미 배치했거나 배치할 계획이고, 한국이 무상으로 제공한 기지에 미국이 MD를 배치하고 있기 때문에 비용 분담 효과가 나타나고 있으며, KAMD 역시 미국과 상호 운용될 수밖에 없기 때문이다.

● 참고로 이성출은 2008년 3월 대장으로 진급하면서 한미연합사령부 부사령관이 되었다.

●● Jung Sung-ki, "South Korea to Launch Theater Command by '09," *Defense News*, March 17, 2008.

한국형 MD?

이명박 정부는 김대중-노무현 정부 때 검토되거나 초기 추진 단계에 있었던 KAMD 구축에 박차를 가하고 있다. 우선 군 당국은 북한의 미사일을 탐지·요격하는 임무를 전담할 '탄도 유도탄 작전 통제소$^{AMD-Cell}$'를 3천억 원의 예산을 투입해 2012년까지 구축한다는 계획이다. 또한 탐지 거리 500km 안팎의 조기 경보 레이더 구매 방침을 정하고, 이스라엘 엘타의 그린파인$^{Green Pine}$과 프랑스-네덜란드 합작사인 탈레스의 M3R를 대상으로 2009년 4월까지 기종 선정을 끝내고 2010년에 구매한다는 계획도 세우고 있다. 아울러 단계적으로 실전 배치에 들어간 이지스함의 AN/SPY-1D(V) 레이더와 2012년까지 4대가 도입될 예정인 공중 조기 경보 통제기^{AEWS}도 한국 MD의 '센서' 역할을 하게 된다.

이와 더불어 2009년까지 독일에서 도입할 48기의 PAC-2와 '철매-2'로 불리는 중거리 지대공 유도 무기는 한국 MD의 요격 미사일 역할을 담당한다는 계획이다. 요격 능력을 강화하기 위해 이지스함에 SM-6를 비롯한 미사일 추가 확보 및 2차 차기 방공망 사업$^{SAM-X}$ 추진도 검토 중이다. 요격 미사일-센서-작전 통제소로 이루어지는 '한국형 MD'가 북한의 장거리 로켓 발사 준비설을 계기로 본격화될 조짐임을 알 수 있는 대목이다.

정치적으로 볼 때 KAMD는 독자적인 것처럼 보일 수 있다. 그러나 한미연합방위체제라는 군 구조의 특성과 상호 운용성을 고려할 때 미국과의 공동 MD 작전은 불가피하다. 이와 관련해 주한 미군 사령관들의 발언을 주목할 필요가 있다. 2008년 3월 초 버웰 벨은 한국이 독일에서 PAC-2를 도입하기로 한 것은 "시작"이고 한국이 미국과의 협력 및 미국 시스템과 완전히 통합되는 MD 능력을 갖추는 것은 한국의 이익이라며, "나는 강하게 그렇게 요구하고 있다"고 말했다. 또한 "한국은 조속히 미국의 시스템과 완전히 통합될 수 있는 한국형 전역 미사일 방어^{TMD} 시스템을 갖춰야 한다"고 강조했다.

● B. B. Bell, Commander of U.S. Forces Korea, Testimony before the Senate Armed Services Committee, March 11, 2008.

다음 달 인준 청문회에 출석한 월터 샤프 역시 "한국은 이미 PAC-2 구입 의사를 밝혔고, 미국의 시스템과 통합 절차를 밟기 시작할 것이다"라고 말했다. 이는 패트리엇을 비롯한 KAMD가 미국 시스템과 통합·운용되어야 한다는 미국의 요구 사항을 거듭 강조한 것이라고 할 수 있다. 이러한 전반적인 흐름은 한미 동맹 강화를 중시하는 이명박 정부가 등장하면서 미군 측의 MD 참여 요구가 한층 거세어지고 있다는 것을 보여 준다.

한국군의 입장 변화도 감지된다. 이상희 국방 장관은 2009년 2월 16일 국회 답변에서 MD 참여에 대해 "한미 동맹과 한반도 안보 상황, 예산 소요 등을 고려해 국가 전략 차원에서 검토가 필요하다"고 말했다. 한미 동맹과 한반도 안보 상황을 우선시한 것이 주목된다. 또한 연합뉴스는 2월 15일 군 소식통을 인용해 "앞으로 작전 통제소를 주한 미군이 단독으로 운용하고 있는 탄도탄 요격·방어 작전 지휘소인 오산의 전역 유도탄작전반$^{TMO-Cell}$과 연동하는 방안도 검토 중인 것"이라고 보도했다. 이는 KAMD과 주한 미군의 MD 시스템이 상호 연동될 수 있다는 것을 강력히 시사한 것이다.

한국이 MD에 참여하면 안 되는 이유

미국에서 군산 복합체에게는 '황금알을 낳는 거위'로, 납세자에게는

'돈 먹는 하마'로 불릴 정도로 MD에는 엄청난 예산이 소요된다. 그렇다면 한국의 MD 참여 시 재정적 비용은 얼마나 될까? 물론 예산은 사업 규모에 따라 달라진다. 한국이 독일에서 구매하고 있는 PAC-2는 1조 원이 소요되고, 이를 PAC-3로 업그레이드할 경우에 드는 추가적인 비용은 1조 원 정도이다. 3척의 이지스함에 탄도탄 요격이 가능한 SM-6, SM-3를 장착하는 비용도 1조~2조 원 정도로 추산된다. 또한 조기 경보 레이더 사업에 2천5백억 원, AEWS에 2조 원, 탄도 유토탄 작전 통제소 사업에 3천억 원, 철매-2 사업에 5천억 원 등이 투입된다. 이를 종합해 보면 획득 사업비만도 5조~7조 원에 달한다. 여기에 통상 2배 안팎이 소요되는 운영 유지비를 포함할 경우 총 사업비는 20조 원 안팎으로 폭등한다.

● 황일도, 「이명박 정부 MD(미사일 방어 체제) 참여 구상 정밀분석」, 『신동아』, 2008년 3월호.

이처럼 경제적인 관점에서도 MD는 상당한 무리가 따른다. 한국이 독자적으로 하든, 미국과 함께 하든, MD는 한마디로 '돈 먹는 하마'라고 할 수 있다. 무기 획득비와 운영 유지비를 포함하면 수십조 원의 예산이 투입되어야 하기 때문이다. 극심한 경제난으로 많은 국민들이 생존의 위협에 직면한 상황에서, 수십조 원의 혈세가 신기루와 같은 무기 사업에 사용되는 것이 과연 타당한가라는 근본적인 의문이 제기되지 않을 수 없는 것이다.

MD는 믿을 만한 방패인가

패트리엇은 1990~1991년 1차 걸프전과 2003년 미국의 이라크 침략 전쟁에서 성능이 입증된 것으로 알려져 있다. 이를 근거로 패트리엇이 북한의 스커드 미사일로부터 한국을 보호할 수 있는 믿을 만한 '방패'인 것처럼 인식되고 있다. 그러나 이는 진실과 너무나도 거리가 멀다. 결론부터 말하자면, 1차 걸프전 당시 PAC-2의 스커드 미사일 요격률은 제로에 가까웠고, 2003년 미영 연합군의 이라크 침공 당시에는 요격할 스커드가 없었다. 오히려 미국과 영국 전투기 한 대씩을 격추해 '아군 잡는 미사일'이라는 조롱에 시달려야 했다.

    1차 걸프전 당시 PAC-2가 대부분의 스커드를 요격한 것처럼 착각하게 만든 요인은 두 가지였다. 하나는 요격률이 55%에 달한다는 미국 국방부의 '허위 발표'였고, 다른 하나는 당시 요격 미사일로 사용된 PAC-2가 근접 폭발 방식을 채택하고 있어 '착시' 현상을 일으켰기 때문이다. PAC-2는 목표물에 접근하면 자동 폭발해 그 파편으로 목표물을 파괴하는 방식을 채택하고 있는데, 이것이 CNN 방송을 본 사람들에게 요격에 성공한 것처럼 보이게 만든 것이다. 그러나 대부분의 스커드는 폭발한 패트리엇 미사일의 섬광을 뚫고 지상으로 떨어졌다. 당시 미국 국방부의 발표에 대해 석연치 않은 문제점들이 제기되자 미국 의회는 조사위원회를 꾸렸고, 이 위원회는 실제 요격률이 10% 미만이라는 결론을 내렸다. 이에 대해 MIT 공대의 포스톨 교수는 자체적인 분석 결과 PAC-2는 단 한 발의 스커드도 요격하지 못했다고 결론지었다.

    패트리엇의 초라한 성적표는 2003년 3월 미영 연합군의 이라크 침공 때도 거듭 확인되었다. 스커드 미사일의 경우 이라크가 유엔 무기 사찰단의 감시하에 전량 폐기했기 때문에 2003년 침공 당시에는 요격할 스커드 미사일이 없었다. 미국 국방부는 PAC-2와 PAC-3로 구성된 패트리엇 부대가 이라크 미사일 9대를 요격시켰다고 발표했지만, 이는 스커드가 아니라 알-사무드와 아바빌-100 등 스커드보다 느리고 사거리가 짧아 요격하기 훨씬 쉬운 미사일로 밝혀졌다.

특히 패트리엇의 심각한 결함을 단적으로 보여 준 것은 2003년 3월 이라크 침공 때 미군과 영국군 전투기 한 대씩을 격추시켰고, 한 대는 격추 직전까지 갔다는 점이다. 이와 관련해 미국 육군 보고서조차도 "전장에 배치된 패트리엇 시스템은 표적 식별에 실패하기도 하고, 적이 미사일을 발사하지도 않았는데 미사일을 식별해 스크린에 보여 주기도 한다"며 치명적인 결함을 인정했다.

이뿐만이 아니다. 미영 연합군의 이라크 침공 5일 후인 3월 25일에는 미국의 F-16 전투기가 패트리엇 부대를 공격하는 사태까지 벌어졌다. 당시 이 조종사는 자신의 전투기가 적의 방공망 레이더에 포착되었다는 신호를 받고 자위 차원에서 미사일을 발사했는데, 나중에 알고 보니 미국의 패트리엇 부대였다는 것이다. 이처럼 패트리엇이 많은 문제점을 드러내자, 미국 미사일방어국[MDA] 소장은 2005년 4월 미국 의회 청문회에서 "나는 패트리엇 시스템 자체와 시스템 적용 둘 다 결함이 있다고 믿는다"고 고백하기도 했다. 또한 국방부 차관을 지낸 필립 코엘을 비롯한 미국의 전현직 국방 관계자들은 패트리엇 미사일이 있지도 않은 미사일을 겨냥하거나 아군 전투기를 조준하는 일이 다반사라고 지적했다.

최근 패트리엇의 시험 평가 결과 역시 요격률이 높다고 볼 수 없다. 미국의 방위정보센터[CDI]가 펜타곤의 PAC-2 시험 결과 평가 보고서를 분석한 것에 따르면, 2000년부터 2005년까지 시험에서 PAC-2의 항공기 요격률은 약 65%였고, 미사일 요격률은 약 33%로 나타났다. 또한 요격률을 높이기 위해 근접 폭발 방식이 아닌 '맞혀서 요격하기 hit-to-kill' 방식을 채택한 PAC-3는 모두 13차례의 탄도 미사일 요격 실험에서 6차례만 성공했다. 공 차는 방향을 알려 주고 페널티킥을 하는데도 방어율이 이 정도라면, 미사일이 언제 어느 방향으로 날아올지 알 수 없는 실전에서의 요격률은 훨씬 떨어질 수밖에 없다.

더구나 패트리엇의 주된 요격 대상으로 거론되어 온 스커드는 지상으로 떨어질 때 최고 속도가 초속 2km에 달하고, 회전하면서 상하좌우 변동 폭이 커 최종 단계에서 이를 요격하는 것이 매우 어렵다. 또한 패트리엇은 요격 범위가 2~4km 정도로 아주 좁다. 쉽게 말해 청와대를 방어하기 위해서는 청와대 경내나 인근에 패트리엇을 배치해야 한다. 따라서 패트리엇으로 서울을 포함한 수도권 전체를 방어한다는 것은 어불성설에 가깝다. 패트리엇 발사대 한 대에 장착되는 PAC-2는 4기, PAC-3는 16기인데, 수도권 전체를 방어하기 위해서는 수천 기의 미사일이 필요하기 때문이다. 이는 국가 예산 전부를 투입해도 모자란다. 또한 한반도는 걸프 지역보다 군사력 밀집도가 훨씬 높고 산악 지형이 많아 패트리엇의 오작동이나 오인 가능성이 높다는 점 역시 간과해서는 안 된다.

이지스함에 장착을 고려 중인 SM-3와 SM-6 역시 한반도 방어에 적합하지 않다. 수도권에 떨어지는 북한의 탄도 미사일을 요격하기 위해서는 이지스함을 동해나 서해에 배치해야 하는데, 이럴 경우 측면에서 요격을 해야 하므로 성공률은 더욱 떨어질 수밖에 없다. 미국 국방부가 1999년에 작성한 「동아시아 TMD 구축 계획서」에도 "한국의 경우 해상 미사일 요격 체제로는 해안 시설을 보호하는 데 기여할 수 있으나, 내륙의 시설이나 인구 밀집 지역을 방어하는 데에는 도달하지 못한다"고 나와 있다.

미국과 일본이 실전 배치한 SM-3는 적의 탄도 미사일이 대기권 안팎에 도달한 중간 단계에서 요격하는 미사일이다. 따라서 한국이 이를 도입하면 요격 대상이 되는 북한의 미사일이 한국을 공격하려는 것인지, 일본이나 미국을 공격하려는 것인지 식별이 불가능하다. 무엇보다도 한국이 SM-3를 도입하게 되면 MD 참여의 모호성이 완전히 사라져 북한은 물론이고 중국, 러시아의 강력한 반발을 불러일으키게 된다. 이에 따라 군에서도 SM-3는 선택하기 어렵다는 분위기이다.

이에 따라 대안으로 검토되고 있는 기종이 SM-6이다. 이 미사일은 기본적으로 항공기 및 크루즈 미사일 요격 능력을 향상시키기 위해 고안된 것이기 때문에 탄도 미사일 요격 능력이 갖추게 될 것인지는 극히 불확실하다. 사거리가 길고 자체적으로 유도 장치를 내장하고 있어 '초기 단계' 요격은 가능하겠지만, 수많은 기술적, 외교적, 군사적 문제를 안고 있다. 반면에 SM-6가 적의 탄도 미사일을 비행 중간 단계나 최종 단계에서 요격하는 것은 이 미사일이 MD의 핵심 원리인 '맞혀서 요격하기'를 채택하고 있지 않아 근본적인 한계를 지니고 있다.

MD와 한반도 전쟁 위기

북한이 수백 기의 탄도 미사일을 보유하고 있고, 핵실험까지 단행했으며, 핵문제의 평화적 해결 여부가 불확실하다는 점에서 '방어용' 무기인 MD를 하루빨리 구비해야 한다는 지적이 많다. 그러나 안보는 상대가 있는 게임이다. 한국이 아무리 MD가 미국과 무관한 '방어용'이라고 해도, 상대방이 그렇게 받아들이지 않을 수 있다. 굳이 설명하지 않더라도 한미 동맹의 군사력은 북한을 압도하고 있다. 그런데 한미 동맹이 북한의 핵심적인 억제력인 미사일을 무력화시키겠다고 '방패'까지 갖는다면, MD는 그 어떠한 공격용 무기보다도 북한에 위협적이 된다. 북한이 MD를 선제공격용이라고 보는 이유가 바로 여기에 있다.

MD의 위험성은 그 자체만 봐서는 잘 보이지 않는다. 군사 전략 전체의 관점에서 바라봐야 한다는 것이다. 1994년 전쟁 위기 당시 미국이 북폭을 검토하면서 가장 먼저 취한 조치 가운데 하나가 패트리엇 미사일을 한국에 배치한 것이었다. 1, 2차 걸프전 때에도 마찬가지였다. 북한이 이에 강력히 반발하면서 '서울 불바다' 발언이 나오고 핵 벼랑 끝 외교로 치달았던 배경이 되었다.

미국은 이미 용산 기지와 경기 북부에 주둔하고 있는 2사단을 평택권으로 후방 배치하기로 했다. 북한의 장거리포 사정거리 밖으로 물러나는 것이다. 또한 후방 배치 완료 이전에 전쟁이 발발하면 신속히 후방으로 이동하고, 인명 피해가 대거 발생하는 지상 작전은 한국군에 넘기기로 한 상황이다. 그리고 수원, 평택권, 군산 등에 있는 미군 기지에 PAC-3 배치를 완료했고, 유사시 이지스 탄도 미사일 방어 체제^{ABMD}도 배치해 주한 미군 보호에 나선다는 방침이다. 반면 공군력과 해군력, 정보력을 대폭 강화해 북한에 대한 정밀 타격 능력을 대폭 강화하고 있다. 미군 피해는 최소화하는 한편 북한에 대한 공격 능력을 강화하는 방향으로 주한 미군 전력이 바뀌고 있는 것이다.

이러한 상황을 종합해 볼 때, 북핵 문제의 '미해결'은 MD 구비를 가속화해야 할 근거가 아니라 오히려 더 신중해야 할 이유라고 할 수 있다. 얼핏 탄도 미사일을 다량 보유한 북한이 핵무기까지 갖게 되었으므로 MD의 필요성이 커졌다고 볼 수 있다. 그러나 북한의 핵개발은 군사적으로는 억제용이고, 외교적으로는 협상용의 성격이 강하다. 한반도에서 전쟁이 발발하지 않는 한, 북한이 탄도 미사일을 한국을 향해 발사할 가능성이 거의 없다는 것을 의미한다. 그런데 한국의 목표는 이러한 상황에 '대비'하는 것이 아니라 '예방'하는 데 있다. 대비에 무게 중심을 두면 MD의 필요성이 생긴다. 그러나 한반도에서 전면전이 발생하면 막대한 인적, 물적 피해는 결코 MD로 막을 수 없다. 이미 군사력이 '상호 확증 파괴' 수준에 도달한 한반도에서의 전쟁은 '정치의 연장'이 아니라 사실상 '민족 공동체의 공멸'을 의미하기 때문이다.

그런데 한미 동맹의 MD 구축 가속화는 이러한 상황을 예방하는 데 아무런 도움이 되지 않고 오히려 역효과만 가져오게 된다. MD 구축 가속화는 남북 관계의 후퇴와 군비 경쟁, 그리고 군사적 긴장을 고조시킬 것이기 때문이다. MD를 대북 적대 정책의 상징이자 선제공격의 수순으로 간주해 온 북한은 더욱더 핵과 미사일 개발에 매달리게 될 것이고, 이렇게 되면 한미 동맹은 MD를 포함한 군비 증강과 군사적 준비 태세의 강화로 맞서게 되는 '악순환'이 반복되기 때문이다.

일부에서는 레이건의 전략 방위 구상[SDI]이 소련과의 군비 경쟁을 야기해 소련의 몰락을 촉진한 것과 마찬가지로, MD를 통한 북한과의 군비 경쟁으로 북한이 붕괴되면 통일을 이룰 수 있다는 기대감을 나타내기도 한다. 그러나 태평양을 사이에 두고 있었던 미소 관계와 휴전선을 맞대고 있는 남북 관계는 근본적으로 다르다. 소련의 붕괴가 미국의 사활적인 이해를 침해하지 않지만, 북한의 붕괴는 남북한 전체에 감당하기 힘든 대혼란과 피해를 불러올 수밖에 없다. 여기에는 미국과 중국의 개입을 포함한 전면전의 가능성도 내포되어 있다.

MD와 강대국 정치의 희생양

중국과 러시아는 미국 주도의 MD 체제에 상당한 거부감을 갖고 있다. 두 나라는 외교적으로 MD 반대를 명확히 하면서도, MD를 무력화시킬 수 있는 무기 체계의 개발과 배치에 박차를 가하고 있다. 이는 한국이 MD에 참여할 경우, 중국과 러시아의 우호 협력 관계 구축은 물 건너가고, 동북아 군비 경쟁에 휘말려 안보에도 엄청난 문제가 발생할 수 있다는 것을 예고한다. 중국과 러시아의 '미래의 불확실한 위협'에 대비한다는 명분으로 MD에 참여하게 되면, 불확실한 위협을 확실한 위협으로 만드는 극히 어리석은 우를 범하게 된다는 뜻이다.

한국의 MD 참여는 한국이 미국의 세계 전략, 특히 동북아 전략에 더욱 깊숙이 편입된다는 것을 의미한다. 미국은 중국과 인접한 한국의 서남부에 군사력을 집중시키고 있다. 용산 기지와 2사단을 평택권으로 후방 재배치하는 한편, 오산 공군 기지와 군산 공군 기지에 공군력도 배가하고 있다. 그리고 수원, 오산 공군 기지, 군산에 PAC-3를 배치해 '서부 MD 벨트'를 구축하고 있다. 또한 THAAD, ABL 등 PAC-3보다 요격 범위가 넓은 MD 시스템도 개발이 완료되면 한국에 배치한다는 계획이다. 이와 같은 일련의 군사력 재배치는 한국 방어의 주도적인 역할은 한국군에 넘기고 주한 미군은 중국을 견제하는 데 주력하겠다는 속셈이다.

이러한 상황에서 한국이 MD에 참여해 한미 동맹, 혹은 한미일 삼각 협력 체제의 MD가 본격화될 경우, 중국은 물론이고 러시아도 강력히 대응하고 나설 가능성이 높다. 대응 양태는 외교적 비난, 중러 협력 및 북한과의 관계 강화를 통한 북-중-러 대응 동맹 체제 구축, 핵미사일 전력 증강, 합동 군사 훈련 실시 등 군사적 준비 태세 강화, 주한 미군 기지를 비롯한 한국의 MD 기지에 미사일 겨냥 등 다양하게 나타날 수 있다. 이러한 상황이 전개되면 한국은 안보적, 경제적 위기에 봉착하고, 한반도 평화 체제 구축과 통일 실현이 더욱 요원해짐으로써 막대한 유무형의 피해에 직면하게 된다. 특히 동북아 군비 경쟁뿐만 아니라 강대국 간의 무력 충돌에도 휘말릴 위험성이 커지게 됨으로써 한반도가 또다시 강대국 정치의 희생양이 될 수도 있다.

일부에서는 한국이 MD에 참여하더라도 중국과 러시아를 겨냥한 것이 아니기 때문에 이러한 우려는 기우에 불과하다고 반박한다. 그러나 한국이 중국과 러시아에 적대적인 의사가 없더라도, 동맹 관계에 있는 미국이 중국과 러시아와 적대 관계에 빠질 경우 한국도 그 파장에서 결코 자유로울 수 없다. 주한 미군의 전략적 유연성과 함께 한미 동맹 차원에서 MD 구축이 가속화되는 순간, 한국의 의지와 관계없이 동북아 강대국 정치에 휘말리게 된다는 것이다.

대안은 무엇인가

그렇다면 MD의 대안은 무엇일까? 우선 북한, 중국, 러시아가 수백 수천 기의 탄도 미사일을 갖고 있다고 해서 이것을 바로 '위협'이라고 간주할 필요는 없다. 한국이 미국을 위협으로 간주하지 않는 이유는 미국의 군사력이 약해서가 아니라 동맹 관계에 있기 때문이다. 한국이 북한, 중국, 러시아와 동맹을 맺는다는 것은 상상하기 어렵지만, 적어도 우호 협력 관계를 꾸준히 구축해 나가면 위협은 크게 줄어들게 된다. 따라서 MD의 일차적인 대안은 북한, 중국, 러시아와의 관계를 개선해 잠재적 위협을 제거해 나가는 데 있다.

MD에 대한 보다 적극적인 대안은 동북아 평화 체제 구축과 군축에 있다. 외부의 위협을 상정하고 이에 대한 공동의 군사적 대처를 골자로 하는 MD를 비롯한 군사 동맹은 나와 타자의 안보를 제로섬으로 바라본다는 점에서 일방적 성격이 강하고, 군사력을 통한 억제를 추구한다는 점에서 '힘의 논리'에 기반을 두고 있다. 이에 반해 다자간 평화 체제는 분쟁을 사전에 방지하기 위한 예방 외교, 기존의 갈등이 분쟁으로 확대되는 것을 막기 위한 위기 관리, 군사적 투명성을 제고하고 낮은 수준의 군사력 균형을 달성하기 위한 군비 통제 등 협력적 안보에 기초한다. 강대국에 둘러싸여 있는 데다가 분단 상태의 한반도에 가장 바람직한 동북아 질서가 아닐 수 없는 것이다. 이러한 안보 환경이 조성되면, 어떤 나라가 한국을 미사일로 공격한다는 것은 더욱 상상하기 어렵다. 당연히 막대한 비용과 안보 역효과를 내는 MD는 더욱 더 필요 없게 된다.

물론 이러한 대안들이 보장된 것이라고 단언할 수는 없다. 타자와의 관계 개선은 서로의 이해관계가 맞아떨어지고 신뢰가 구축될 때 비로소 가능해지는데, 이것이 항상 순탄하게 되는 것만은 아니다. 또한 '국제 사회에는 영원한 적도 영원한 우방도 없다'는 말이 있듯이, 좋은 관계가 나빠질 수도 있다. 동북아 평화 체제와 군축도 주변국의 호응이 없으면 불가능하다. 이에 따라 군사적 긴장 고조와 충돌 등 '미래의 불확실한 위협'에 대비해 MD를 비롯한 군사력 증강에 나서야 한다는 주장은 일견 설득력이 있어 보인다.

그런데 한국이 MD에 참여하면 한국이 원하지 않는 미래가 현실이 될 수 있다. 대북·대중·대러 관계 개선은 더욱 어려워지고 상호간의 불신을 자극해 '불확실한 위협'을 '확실한 위협'으로 만들게 된다. MD를 통한 만일의 사태에 대한 대비책과 대북·대중·대러 관계 개선은 근본적으로 양립할 수 없기 때문이다. 이렇게 되면 동북아 평화 체제와 군축은 더욱더 어려워진다. 결국 MD에 대한 선택은 '북한과 주변국이 미사일을 갖고 있으니 방패가 필요하다'는 일차원적 인식을 넘어설 때 합리적으로 내려질 수 있다. 수십조원 대의 엄청난 비용, MD가 갖고 있는 근본적인 성능상의 한계, 한반도의 전장 환경, 북한과 주변국 관계에 미치는 영향을 종합적으로 고려해서 판단해야 한다는 것이다.

결론

::2012년 체제를 향하여

> 이명박 정부가 6·15와 10·4선언의 이행 의지를 천명하는 것은 햇볕 정책으로 회귀하는 것이 아니라 발전적으로 극복한다는 의미를 담고 있다. 이명박이 6·15와 10·4를 디딤돌로 삼아 한반도 비핵화와 평화 체제를 구축해 '2012년 체제'의 주역이 된다면, 김대중을 능가하는 찬란한 업적을 세울 수 있다.

왜 2012년인가

2012년은 정치의 계절

　　한반도와 동북아에서 2012년은 아주 흥미로운 한 해가 될 것이다. 극심한 정치 혼란을 겪고 있는 일본을 제외한 6자 회담 참가국 모두 대형 이벤트가 예정되어 있기 때문이다. 2012년 하면, 한국의 정치인들에게는 총선[4월]과 대선[12월]이 먼저 떠오를 것이다. 그런데 선거는 한국에서만 예정되어 있는 것이 아니다. 2012년 11월에는 미국 대선이 실시되는데, 특별한 변수가 없는 한 오바마가 재선에 도전할 것이다. 러시아와 대만 역시 각각 대선과 총통 선거를 치른다. 러시아에서는 푸틴 총리가 2012년 이전에라도 대통령직에 복귀할 가능성도 예상되지만, 그렇지 않다면 2012년 재출마에 나설 가능성이 상당히 높다.● 대만에서는 양안 관계의 새로운 장을 연 국민당 마잉주 총통의 재집권 여부가 초미의 관심사이다.

한편 중국에서는 후진타오의 뒤를 이어 시진핑 현재 국가 부주석 체제의 등장이 예정되어 있다. 2012년은 북한에도 남다른 의미가 있다. 김일성 주석 탄생 100돌과 김정일 위원장이 70세가 되는 해인 데다가, 북한 스스로도 "2012년에 강성대국의 대문을 활짝 열어 놓겠다"고 공언하고 있다. 아울러 4월 17일자로 미국이 60년 넘게 행사해 온 전시 작전 통제권이 한국으로 넘어오게 된다. 또한 러시아의 아시아-태평양 진출의 관문이자 극동 개발 프로젝트의 중심지인 블라디보스토크에서는 APEC 정상 회담이 예정되어 있다. 러시아 정부는 극심한 경제난에도 불구하고 50억 달러를 투입해 대대적인 사회 인프라 구축 및 보수에 나서고 있다. 유라시아 동쪽에서는 미러 간의 '제2의 냉전'이 분수령을 맞게 된다. 미국이 체코 공화국 및 폴란드와 MD 협정을 맺어 MD 시스템을 배치하기로 한 해가 2012년이기 때문이다. 이러한 일정만 보더라도 2012년을 주목해야 할 이유는 분명해진다.

● 러시아 헌법은 대통령의 3선 '연임'을 제한하고 있지만, 일정 기간이 지난 후에는 재출마가 가능하다. 이와 관련해 푸틴은 2012년 재출마 여부를 묻는 질문에 "이론적으로는 가능하지만, 먼 훗날의 일로 아직 생각해 보지 않았다. 그러나 아직 시간이 많이 남아 있다"며 출마 가능성을 시사한 바 있다. 「연합뉴스」, 2007년 6월 10일.

그런데 2012년은 '점'이 아니라 '선'으로 존재한다. 2012년 이전의 사건과 선택이 2012년을 상당 부분 좌우하듯이 2012년에 대한 행위자의 계산 및 기대는 현재의 선택에 영향을 미친다. 가령 이명박 정부와 한나라당이 대북 강경책을 고집하고 있는 배경에는 보수파의 이탈을 막아 2012년 총선과 대선에서 승리를 거두겠다는 의도가 깔려 있다. 오바마의 정책 결정에서도 재선에 대한 득실 계산은 오늘날의 정책 결정에 핵심적인 요소가 될 것이다. 현재와 미래 사이의 대화이자 상호 연관성이다. 또한 2012년은 '단선'이 아니라 '복잡한 그물망'으로 존재한다. 2012년을 향한 행위자들의 선택과 이로 인한 질서의 형성은 행위자 사이의 복잡한 상호 작용은 물론이고 그때까지 벌어질 여러 사건도 반영하게 될 것이다. 가령 북한이 공언한 강성 대국의 실현 여부 및 성격은 북한의 선택 못지않게 한국과 미국을 비롯한 다른 나라의 정책에도 큰 영향을 미치게 된다. 또한 이스라엘이 단독이나 미국과 함께 이란을 공격하면, 거대한 그물망은 크게 출렁이면서 한반도의 불확실성도 고조시킬 것이다.

2012년 체제의 의미

긍정적 의미에서 2012년 체제는 범주와 목표에 따라 두 가지로 생각해 볼 수 있다. 먼저 좁은 의미의 2012년 체제는 1953년 이후 지속되어 온 정전 체제를 평화 체제로 대체하는 것이다. 그런데 평화 체제 구축은 북한의 핵 폐기와 동전의 양면 관계에 있다. 또한 북한의 핵 폐기는 북미 간의 관계 정상화를 '동시 행동 차원'에서 수반하게 된다. 이러한 맥락에서 볼 때, '협의의 2012년 체제'는 한반도 평화 체제, 북핵 문제 해결, 북미 관계 정상화를 구성 요소로 한다.

보다 넓은 의미의 2012년 체제도 생각해 볼 수 있다. 한반도 차원에서는 남북 관계가 연합제 수준으로 발전하고, 포스트 김정일 시대의 북한이 '선군 정치'에서 '선민 정치'로 전환하며, 한미 동맹의 군사적 성격과 종속성이 상당히 완화되는 상황이다. 또한 동북아 차원에서는 북일 관계가 정상화되고 동북아 평화 안보 체제의 기틀이 마련된다면 이를 '광의의 2012년 체제'라고 불러도 좋을 것이다. 물론 '광의의 2012년 체제'는 '협의의 2012년 체제'의 달성 여부에 달려 있다.

관건은 '한반도의 선택'에 있다. 2012년을 45년 체제[해방과 분단], 53년 체제[한반도 정전과 냉전의 고착화], 87년 체제[한국의 민주화], 97년 체제[IMF 위기와 최초의 민주적 정권 교체]에 이어 한반도 현대사에서 또 하나의 '체제'라고 부를 수 있는 전환기를 만들 수 있느냐는 것이다. 물론 '2012년 체제'는 희망적이고 미래 지향적인 내용을 담아야 한다. 만약 그때까지 좁은 의미의 2012년 체제를 달성하지 못하면, 한반도는 2012년을 찍고 정반대의 방향으로 갈 수도 있다. 2012년은 포스트 김정일 시대의 윤곽이 드러나게 될 텐데, 그때까지 핵문제를 풀지 못하면 포스트 김정일 시대에도 북한은 선군 정치를 통치 이념으로 삼으면서 핵무기를 핵심적인 수단으로 삼게 될 것이기 때문이다. 그렇게 되면 한반도는 핵의 시대에 접어들고, 군사적 긴장과 군비 경쟁은 더욱 격화될 것이다.

안타까운 것은 이명박 정부의 대외 정책이 2012년 체제를 능동적이고 자주적으로 만들 수 있는 기회를 유실시킬 위험성을 낳고 있다는 것이다. 이에 대해서는 4부에서 자세히 설명했다. 그러나 발상을 전환하면, 이명박 정부는 '2012년 체제'의 주역 가운데 한 사람이 될 수 있다. 20년을 끌어온 북핵 문제를 해결하고, 정전 체제가 환갑이 되기 전에 평화 협정을 체결하면, 이는 6·15와 10·4 선언을 훨씬 능가하는 업적이 될 수 있다. 또한 유라시아 대륙에 새로운 역사를 창조하는 주역이 될 수도 있다.

비근한 예로 2008년 9월 말 러시아를 방문한 이 대통령은 한반도 종단 철도와 시베리아 횡단 철도를 연결하고, 러시아 가스를 북한을 거쳐 남한까지 수송하는 프로젝트에 합의했다. 이러한 프로젝트가 성공한다면, 한국은 섬보다 못한 신세를 딛고 아시아-태평양과 유라시아 대륙을 연결하는 가교이자 동북아 평화 협력의 중심으로 거듭날 수 있다. 그러나 이러한 원대한 구상은 남북 관계가 정상화되지 않는 한 일장춘몽으로 끝날 수밖에 없다. 이명박 정부가 현미경을 잠시 내려놓고 망원경으로 2012년을 바라봐야 하는 까닭이다.

포스트 김정일 시대와 2012년 미국 대선

앞서 언급한 것처럼, 2012년은 오바마가 재선에 도전하는 해이자, 포스트 김정일 시대의 윤곽이 잡히는 때가 될 가능성이 높다. 이는 '협의의 2012년 체제'를 전망할 때 빼놓을 수 없는 요소이다. 한반도 비핵 평화 프로세스의 핵심 변수는 북미 관계의 상호 작용에 있다. "단호하고 직접적인 외교"를 천명한 오바마 행정부가 2012년 미국 대선 이전에 북핵 문제를 완전히 해결할 수 있다는 확신을 갖게 된다면 상응 조치 제공에도 대담해질 것이다. 20년간 끌어온 북핵 문제를 풀었다는 것 자체가 상당한 성과이자 재선에 호재가 될 수 있기 때문이다. '2012년 강성 대국론'을 주창하고 나선 북한의 김정일은 '선군 정치'를 물려줄 것인지, 아니면 '선민 정치'의 길을 열어 줄 것인지를 선택해야 한다. 그런데 이는 오바마 행정부의 대북 정책과 복잡한 상호 작용의 결과로 나타날 것이다. 2012년 체제의 핵심 변수로 2012년 미국 대선과 포스트 김정일 시대를 상정한 까닭이다.

먼저 미국 대통령의 재선과 대북 정책 사이의 관계를 살펴보자. 대체로 1기 행정부는 업적보다는 재선을, 재선을 의식할 필요가 없는 2기 행정부는 업적을 중시하는 경향이 있다. 경험적으로 볼 때에도 클린턴과 부시 모두 1기 때에 북한과의 정면 충돌도 불사한다는 태세를 보였고, 2기 때에는 관계 개선을 도모했었다. 클린턴 행정부 1기 초반인 1993~1994년에는 한국 전쟁 이후 최악의 전쟁 위기를 경험했다가, 지미 카터 전 대통령의 중재에 힘입어 제네바 합의가 탄생한 바 있다. 그러나 1기 클린턴 행정부는 공화당의 강력한 반대와 보수적 여론에 밀려 제네바 합의 이행에 매우 미온적이었다. 반면 2기 말기 때인 1999~2000년에는 적극적인 포용 정책을 바탕으로 북미 관계 정상화 일보 직전까지 간 바 있다. 부시 역시 비슷한 경로를 밟았다. 이러한 특성과 전례는 2012년 미국 대선이 오바마 행정부의 대북 정책 추진 시 중요한 고려 사항이 될 것임을 말해 준다.

2012년은 북한에도 매우 중요하다. 김일성 주석 탄생 100돌과 김정일 위원장이 70세가 되는 해인 데다가 최근 김정일의 건강 이상설까지 맞물려 있어 김정일 후계 체제의 윤곽이 나타날 가능성이 높은 때이기 때문이다. 북한 스스로도 "2012년에 강성 대국의 대문을 활짝 열어 놓겠다"고 공언하고 있다. 관건은 강성 대국의 내용이고, 이는 김정일의 유산과 직결되어 있다. 핵무기와 탄도 미사일로 상징되는 '선군 정치'를 물려줄 것인지, 아니면 핵무기는 포기하는 대신에 한반도 정전 체제 종식과 북미 관계 정상화에 힘입어 '선민 정치'의 시대를 열어 줄지 선택해야 한다.

이와 관련해 북한이 왜 '2012년'을 "강성 대국의 문을 활짝 열어 놓겠다"고 공언해 오고 있는지를 살펴볼 필요가 있다. 북한이 공개적으로 '2012년 강성 대국론'을 주창하고 나선 시점은 2007년 11월 30일~12월 1일까지 평양에서 열린 전국지식인대회에서였다. 이 행사에서 로동당 중앙위원회 최태복 비서는 "2012년은 김일성 동지의 탄생 100돌이 되는 뜻깊은 해"라며, '2012년 강성 대국론'을 주창하고 나섰다. 이후 북한 매체는 김일성 탄생 100주년이 되는 2012년의 의미를 계속 부각시켜 왔는데, 2009년 공동 사설에서도 "위대한 수령님의 탄생 100돌이 되는 2012년에 강성 대국의 대문"을 열어야 한다고 강조했다. 이는 '2012년 강성 대국론'의 토대가 김일성 탄생 100주년에 있다는 것을 보여 준다.

여기서 주목할 점은 북한의 핵무장이 김일성의 유훈과 배치된다는 것이다. 이에 따라 2012년 강성 대국론과 북한의 핵무장 사이의 관계를 주목할 필요가 있다. 북한은 2005년 2월 핵무기 보유 선언 이후 이를 '선군 정치'의 표상으로 삼아 왔는데, 2012년까지 김일성의 유훈인 '조선반도 비핵화'를 달성하지 못하면 선군 정치와 2012년 강성 대국론 사이에 어색한 만남이 불가피해진다. 이와 관련해 북한은 2009년 신년 사설에서 두 가지 의미심장한 입장을 밝혔다. 하나는 "일심단결은" "핵무기보다 더 위력하다"고 말한 것이고, 또 하나는 "조선반도의 비핵화 실현"을 "대외 정책의 정당성"이라며 "우리를 우호적으로 대하는 나라들과의 관계를 발전"시켜 나갈 것이라는 입장을 밝힌 것이다. 이는 북한이 핵 보유를 절대화하지 않고 협상 가능한 사안으로 간주하고 있다는 것을 암시한다. 그러나 인공위성 보유는 2012년 강성 대국론의 핵심으로 삼고 있다.

문제는 인공위성 기술이 탄도 미사일 개발로 전용될 수 있어, 국제 사회는 북한의 핵과 미사일을 '한 묶음'으로 보고 있다는 점에 있다. 이에 따라 북한의 인공위성 개발 문제에 대한 해법이 모색되지 않으면 핵문제 해결의 진전도 기대하기 힘들다. 이는 역으로 '대리 발사' 등 인공위성 문제에 대한 해법이 마련되면 핵 협상도 급물살을 탈 수 있다는 것을 의미한다.

그렇다면 차기 오바마의 재선 전략과 포스트 김정일 시대의 함수 관계는 북미 관계에 어떻게 작용할까? 결론부터 말하자면, 1기 오바마 행정부가 재선을 의식해 북한과의 협상에 미온적으로 나올 가능성은 거의 없다. 오바마는 미국 국내 정치적으로 북미 관계 정상화 문제에서 자율성이 높다. 우선 대선 유세 때 한 말이 있다. 오바마는 여러 차례에 걸쳐 "김정일과 만날 의사가 있다"고 말했고, 북한과의 관계 정상화와 관련해서도 "북한이 미국과 국제 사회의 요구를 충족시켜야 한다"고 조건을 달면서도 "고려할 수 있는 당근"이라는 입장이다. 이에 따라 오바마가 북핵 문제 해결에 발맞춰 관계 정상화를 추구하는 것은 자연스러운 일이 된다.

● Q&A: Obama on Foreign Policy, *Washington Post*, March 2, 2008.

또한 민주당과 공화당 지지자들의 성향도 다르다. 미국인의 북한에 대한 이미지가 매우 부정적인 것은 사실이지만, 민주당 지지자 및 무당파의 표심에 영향을 줄 정도는 아니라는 점에서 오바마는 북미 관계 정상화 추진 시 '집토끼'를 잃을 걱정을 거의 안 해도 된다. 특히 2012년 이내에 북핵 문제가 해결되고 북한이 핵확산금지조약[NPT]에 복귀한다면 재선에도 상당히 유리하게 작용할 공산이 크다.

물론 오바마에게 부담이 없는 것은 아니다. 대북 포용 정책에도 불구하고 북핵 문제 해결에 이렇다 할 진전이 없다면 재선을 앞둔 오바마에게는 상당한 부담이 될 수 있다. 이에 따라 오바마는 북한에 대한 단호함을 과시하기 위해 강경 정책으로 선회하게 될 것이다. 또한 북미 간의 핵 협상이 원활하게 진행되더라도 북한 인권 문제와 일본인 납치 문제가 복병이 될 공산이 크다. 북핵 문제가 해결되더라도 이 사안들에 대한 가시적인 진전이 없는 상태에서 관계 정상화를 추진할 경우 미국 의회와 여론, 그리고 일본으로부터의 역풍에 직면할 수 있기 때문이다. 특히 공화당을 비롯한 보수파들은 북한 인권 문제를 이유로 북미 관계 정상화에 제동을 걸려고 할 것이다. 그러나 오바마가 북한 인권 문제를 이유로 관계 정상화를 피하는 것이 아니라, 정상화 과정과 그 이후에 개선되어야 할 사안으로 접근한다면 북한이 성의를 보일 가능성은 있다.

관건은 김정일과 오바마가 초기에 서로에 대한 선의를 교환할 수 있느냐에 있다. 양측이 최고위급의 대화를 단절한 채, 최대 강령에 기초한 기선 잡기와 밀고 당기는 지루한 협상에 시간을 보내면, 북미 관계 역시 강경책과 온건책이 병행되는 '양면 전략'의 함정에 빠져들게 될 것이다. 반면 초기에 서로의 선의를 확인하게 되면, 4부에서 언급한 '디테일 속의 악마들'에도 불구하고 한반도 비핵 평화와 북미 관계 개선은 급물살을 탈 수 있다. 오바마 행정부가 한국과 일본의 반대에도 불구하고 최고위급 대북 특사 파견과 조속한 북미 정상 회담을 추진할 것인가에 관심이 집중되는 까닭이다.

오바마 행정부에 보내는
대북 정책 권고안

오바마의 대북 정책이 성공하기 어려운 이유

오바마 행정부와 직간접적으로 연결된 전문가들은 포괄적 접근 혹은 일괄 타결을 강조한다. 오바마 대선 캠프의 북핵 팀장을 맡았던 조엘 위트는 "오바마 행정부는 동맹국 및 중국·러시아와 긴밀한 협력을 통해 북한과의 관계 정상화를 추구함으로써 핵문제의 정치적인 뿌리를 캐내야 한다"며, '북핵 원인 제거론'을 주문한다. ● 민주당의 지북파(知北派) 인사인 빌 리처드슨의 외교 정책 참모인 남궁곤과 사회과학연구회 동북아협력안보소장인 리언 시걸의 정책 권고는 더욱 구체적이다. 이들은 북한의 핵 포기 공약의 진정성을 확인하고 미국이 지렛대를 확보하기 위해서는 통 큰 타결 bigger deal과 상호 조율된 행동 sequenced actions에 기초한 포괄적 접근이 필요하다고 강조한다. 즉, 미국은 정치적, 경제적, 전략적으로 북한과의 관계를 근본적으로 다시 짜고, 북한은 핵 포기를 비롯해 국제 규범에 걸맞은 행동을 취하는 것을 맞바꿔야 한다는 것이다.

그러면서 이들은 ▲북한의 영변 핵 시설 불능화 완료 및 대북 에너지 지원, ▲남북미중 4개국 평화 포럼 개시 및 북한의 비핵화가 완료될 때 평화

● 조엘 위트, 「북미관계 정상화로 북핵의 뿌리를 캐내겠다」, 『프레시안』, 2008년 11월 17일.

협정에 서명할 의사가 있다는 것을 공식화할 것, ▲비무장 지대에서 우발적 무력 충돌을 방지하기 위해 항공 개방 협정$^{\text{open-skies arrangement}}$을 비롯한 신뢰 구축 조치에 관한 일련의 평화 협정 협상, ▲북한이 영변 핵 시설을 폐기하고 플루토늄에 관한 검증을 이행하며, 우라늄 농축 및 핵확산 활동에 관한 검증 계획을 채택하고, 종교의 자유 및 국제적십자의 정치범 수용소 조사와 같은 인권 개선 조치를 취하는 데 유엔과의 협의에 참여할 때, 미국은 북한과의 완전한 외교 관계 수립을 추구, ▲북한의 폐연료봉 및 미사용 연료봉 처분에 대한 상응 조치로 북한과의 정상 회담 개최, ▲북한이 핵 프로그램을 폐기하고 핵물질과 핵무기를 인도하기 시작할 때, 미국은 국제 금융 기구를 통해 북한에 농업 및 인프라 지원과 북한의 재래식 발전소 건설 개시, ▲북한이 모든 핵물질과 핵무기를 폐기하는 즉시 미국은 핵 원자로를 대체할 수 있는 재래식 발전소 완공 및 북한과의 평화 협정 서명 등을 단계별 이행 조치로 권고했다.●●

●● K. A. Namkung and Leon V. Sigal, "Setting a New Course with North Korea," Nautilus Policy Forum Online, November 12, 2008.

　　오바마 행정부의 대북 정책 역시 이러한 포괄적 접근에 기초하고 있다. 힐러리 클린턴 국무 장관이 2009년 2월 아시아 순방에 나서면서 밝힌 대북 정책의 윤곽은 이를 잘 보여 준다. 그는 "북한이 진정으로 완전하고 검증 가능하게 핵무기 프로그램을 제거할 준비가 되어 있다면, 오바마 행정부는 양자 관계를 정상화하고, 정전 협정을 평화 협정으로 대체하며, 다른 나라들과 함께 북한 주민들의 에너지 수요와 경제적 필요를 충족시키기 위한 지원에 나설 것"이라고 밝혔다. 이는 오바마가 대선 공약으로 북한의 핵 포기 시 "외교적, 안보적, 경제적 인센티브를 제공하겠다"고 말한 것을 보다 구체화한 것이라고 할 수 있다.

이처럼 미국 내에서 거론되고 있는 포괄적 접근은 대북 에너지 지원과 경제 제재 해제와 같은 '경제적' 인센티브, 북한에 대한 무력 불사용 보장 및 평화 협정 체결과 같은 '안보적' 인센티브, 북미 정상 회담과 관계 정상화와 같은 '정치적' 인센티브를 북한 핵 폐기의 상응 조치로 제시하고 있다. 이러한 접근법이 부시 행정부의 대북 정책보다 우월한 것만은 틀림없다. 그러나 이러한 접근법은 결코 균형적이고 공정한 것이라고 보기 어렵다. 우선 핵 폐기의 상응 조치들이 북한에 더 큰 이익을 제공하는 것만은 틀림없지만, 이는 북한에만 주어지는 인센티브가 아니라는 점을 지적할 필요가 있다. 경제 제재 해제를 통해 북한의 풍부한 천연자원을 수입하는 것은 경제적으로 서로에게 도움이 되는 것이다. 평화 협정은 '상호' 불가침을 핵심 요소로 한다는 점에서 한미 양국의 안보 신장에도 크게 기여한다. 관계 정상화를 통해 미국이 적대국 하나를 줄이는 것도 미국의 국익에 기여하는 것이다.

더욱 중요한 문제는 오바마 행정부 안팎에서 거론되는 포괄적 접근에는 '군사적' 상응 조치가 누락되어 있다는 점이다. 북한이 핵무기와 핵물질을 폐기하는 것은 가장 핵심적인 군사적 억제력을 포기한다는 의미를 갖는다. 그러나 위에서 언급한 '안보적' 상응 조치는 정치적, 법적 공약에 한정되어 있고, 군사력과 군사적 준비 태세에 어떤 변화를 주겠다는 언급이 없다. 이에 따라 이러한 접근법이 성공할 가능성은 그리 높지 않다. 핵우산 철수와 같은 미국 핵 위협의 근본적인 해소와 한미 연합 전력의 감축 및 한미 합동 군사 훈련 중단과 같은 군축 조치가 포함되지 않았기 때문이다.

이와 관련해 2009년 1월 평양을 방문해 북핵 문제를 심도 깊게 논의한 셀리그 해리슨의 설명을 주목할 필요가 있다. 그는 6자 회담 북측 차석 대표인 리근에게 '대타협grand bargain' 의사를 물었다. "북한이 IAEA에 이미 추출

● Selig Harrison, "Living With A Nuclear North Korea," *The Washington Post*, February 17, 2009.

한 30.8kg의 플루토늄을 넘겨주는 대신, 북미 관계 정상화, 평화 협정 체결, 에너지 및 식량 지원, 대규모의 북한 경제 복구 프로그램을 상응 조치로 제공하는 것에 동의할 수 있느냐"는 것이다. 이에 대해 리근은 거부 의사를 분명히 밝히면서, "현존하는 핵무기를 포기할 것인가의 여부는 북미 관계에 달려 있다"고 말했다고 한다. ● 그런데 해리슨이 대타협으로 제안한 내용은 힐러리가 밝힌 것과 거의 같다. 북한이 해리슨의 권고를 일축한 것이 진심인지는 아직 확인할 수 없지만, 오바마 행정부의 대북 정책으로도 핵무기 폐기까지 이끌어 내는 것이 쉽지 않다는 것을 시사한다.

한반도 비핵 평화의 확산 효과를 주목하라

21세기의 세계는 '거대한 그물망'이라고 불러도 좋을 정도로 상호 연관성이 대단히 강하다. 오바마 행정부 역시 이러한 국제 질서의 특징을 잘 이해하고 있다. 상호 연관성은 부정적인 면도 있지만, 긍정적인 면도 있다. 그런데 미국은 지금까지 북핵 해결의 '긍정적' 확산 효과에 대해서는 둔감한 반면에, 북한 핵 보유 시의 '부정적' 확산 효과에 대해서만 주목하는 경향이 있었다. 북한 핵무기가 다른 국가나 테러 집단으로 확산할 가능성, 동북아에서의 핵 도미노 유발, 핵비확산 체제의 불안 가중, 한반도 유사시 핵전쟁의 위험성 등이 그것이다.

이러한 경향은 단순히 인식에만 머물지 않았다. 북한 핵 보유에 따른 불안감에 압도되면 대량살상무기 확산방지구상[PSI] 및 미사일 방어 체제[MD] 강화, 유엔 안보리를 통한 제재, 북한의 급변 사태 발생에 대한 군사적 대처와 같은 강압적 수단을 선호하게 만든다. 이러한 정책은 북한의 의구심과 불안감을 자극해 핵무기 보유 동기를 더욱 부추기는 역효과가 있다. 반면 북핵 해결 시의 '긍정적 확산 효과'에 주목하면 대화와 협상을 통한 문제 해결의 동기와 의지는 더욱 강해질 수 있다. 오바마 행정부는 바로 이 점을 주목해야 한다.

첫째, 북핵 문제의 조속한 해결은 미국의 '악몽'을 해소하는 데 크게 기여할 수 있다. 미국이 북한의 핵 보유를 가장 우려하는 이유는 북한의 핵물질이나 핵기술이 알카에다와 같은 테러 집단의 손에 넘어가 미국이나 동맹국이 공격을 당하는 '핵 테러 9·11'의 발생 가능성 때문이다. 이는 반대로 북핵 문제의 조속한 해결이 '핵 테러 9·11'의 가능성을 크게 낮춰, 미국의 최대 안보 위협을 해소하는 데 기여한다는 것을 의미한다.

둘째, 북핵 해결은 출범 40년 만에 최대 위기에 봉착한 핵확산금지조약[NPT]에 활력을 불어넣을 수 있다. NPT는 부시 행정부의 일방주의적 핵 정책, 북한과 이란의 핵개발 등으로 지난 8년간 크게 후퇴했다. 이를 우려한 오바마 행정부는 NPT 체제를 강화해 핵 감축을 추진하는 한편, 이 조약에서 탈퇴해 핵무기를 개발하는 국가에 자동적인 제재를 부과하는 방안을 강구하고 있다. 그러나 북한은 이미 이 조약에서 탈퇴한 국가이기 때문에 NPT 개정은 북한에 대한 제재 부과의 근거가 될 수 없다. 최선은 2010년 5월 NPT 검토회의 이전에 북핵 문제 해결의 진전을 이루는 것이다. 북한은 NPT 역사상 최초로 이 조약에서 탈퇴해 핵실험까지 단행한 국가이기 때문에 북한이 핵을 포기하고 NPT와 IAEA에 복귀하는 것 자체만으로도 NPT 체제는 크게 강화될 수 있다. 오바마 행정부가 '조속한' 해결에 관심을 가져야 하는 까닭이다.

셋째, 북핵 해결은 오바마 행정부가 최우선순위로 삼고 있는 이란 핵문제 해결에도 긍정적인 영향을 줄 수 있다. 6자 회담과 북미 직접 대화로 북핵 문제를 해결하면 이란 핵문제 해결에도 미국, 이란, 영국, 프랑스, 독일, 러시아가 참여하는 '이란판 6자 회담'과 같은 다자주의와 미국-이란 양자 대화를 병행하는 모델을 적용할 가능성이 높아진다. 또한 북한에 경수로를 제공하는 조건으로 핵연료를 외부에서 제공하고 폐연료봉은 다시 외부로 반출하는 것에 합의한다면, 이란의 우라늄 농축 프로그램 문제 해결에도 좋은 모델이 될 수 있다. 아울러 북핵 해결은 오바마 행정부가 이란 핵문제에 더욱 집중할 수 있는 환경을 조성할 것이고, 이란에는 타협의 필요성을 강하게 전달할 수 있다.

넷째, 북핵 해결은 6자 회담을 동북아의 평화 안보 체제로 발전시키는 데 반드시 필요한 '관문'이다. 냉전의 유산을 떨쳐 버리지 못하고 강대국들이 각축전을 벌여온 동북아에서 공동의 번영과 공고한 평화를 이루기 위해서는 다자주의를 확립하는 것이 매우 중요하다. 오바마 행정부가 "양자 간의 합의와 간헐적인 정상 회담, 6자 회담과 같은 임시적인 장치를 넘어 훨씬 효과적인 지역적 틀을 만들겠다"는 것을 아시아 정책의 목표로 제시한 것도 이러한 문제의식의 반영이라고 할 수 있다. 그러나 이러한 포괄적인 목표는 북핵 문제가 해결되지 않으면 달성할 수 없다.

다섯째, 북핵 해결은 미러 간의 '제2의 냉전'을 막는 데 기여한다. 미국의 동유럽 MD 배치 계획과 러시아의 강력한 반발이 맞물리면서 유럽에서는 제2의 냉전이 회자되고 있다. 만약 오바마 행정부가 이 문제를 슬기롭게 풀지 못하면 러시아와의 핵 감축 협상, 테러리즘과 질병·빈곤·기후 변화 등 초국적 위협에 대한 집중, 이란과 북한 핵문제 및 아프가니스탄 사태 해결 등 오바마 행정부가 정책적 우선순위로 내세우고 있는 목표들은 커다란 훼손을 입게 될 것이다. 반면 북핵이 해결되고 한반도에서 냉전이 해체된다면 미러 간의 '제2의 냉전'도 막을 수 있는 실마리가 생긴다. 부시 행정부는 클린턴 행정부가 거둔 대북 협상의 성과는 무시하고, '북한 위협론'을 근거로 MD 구축을 천명했다. 그리고 이란 핵문제가 불거지자 이를 근거로 동유럽에도 MD 배치를 강행하려고 하여 러시아와의 관계를 크게 악화시켰다. 북핵 해결과 한반도 냉전 해체가 '제2의 냉전'을 막을 수 있다는 주장의 근거는 여기에서 나온다. 앞서 언급한 것처럼 북핵 해결은 이란 핵문제 해결의 좋은 모델이 될 수 있다. 또한 북핵 해결과 한반도 평화 체제 구축은 미국의 MD를 추진해야 할 시급성을 줄여 준다. 이는 오바마 행정부가 MD 계획을 전면적으로 재검토하면서 악화된 러시아와의 관계 회복에 나설 수 있는 기회를 제공할 것이다.

여섯째, 한반도 문제 해결은 기후 변화 대처에도 긍정적으로 기여할 수 있다. 북핵 해결의 지연은 한반도 문제에 대한 미국과 중국 사이의 전략적 입장 차이를 심화시켜 기후 변화 대처를 비롯한 양자 관계를 훼손시킬 수 있다. 반면 조속한 문제 해결은 미중 양자 관계를 발전시켜 기후 변화 협력에도 좋은 영향을 줄 수 있다. 또한 한반도 비핵 평화는 남북한과 러시아 사이의 가스 파이프라인 연결을 촉진시켜 한국의 화석 연료에 대한 의존도를 줄일 수 있다. 무엇보다도 동북아 지역적 차원의 기후 변화 대처에 우호적인 환경을 조성할 수 있다. 한반도 비핵 평화는 동북아 평화 안보 체제를 비롯한 다양한 다자적 협력의 기반을 제공하게 될 것인데, 기후 변화 역시 중요한 의제가 될 수 있기 때문이다. 가령 6자 회담 참가국들이 군사비 동결이나 감축으로 절약한 재원을 기후 변화에 대한 지역적, 국제적 협력의 기금으로 사용하는 '동북아 녹색기금Northeast Asia Green Fund' 추진을 고려해 볼 수 있다.

끝으로 북핵 해결이 가져올 확산 효과는 미국의 막대한 군비 부담을 줄여 미국의 재정 정책에도 숨통을 터 줄 수 있다. 미국이 7천억 달러 안팎에 달하는 군사비를 줄이지 않으면, 재정 적자를 줄이고 사회 복지와 교육과 녹색 경제에 필요한 재원을 확보하기는 대단히 어려워진다. 미국의 막대한 군사비 지출은 중국, 러시아 등 다른 나라의 군비 증강을 야기해 군비 경쟁과 잠재적 갈등의 주요 원인이 되어 왔다. 그런데 북핵 해결과 한반도 평화 체제 구축은 MD를 비롯한 미국의 대형 무기 프로젝트의 속도와 규모를 조정하는 데 기여하고, 주한 미군의 감축을 통해 병력 운용의 유연성을 높여 줄 수 있다. 또한 위에서 언급한 확산 효과에 힘입어 군사비를 대폭 감축할 수 있는 국제적 안보 환경 조성에도 크게 기여할 수 있다.

오바마 행정부의 대북 정책 권고안

한반도 비핵 평화가 미국과 한반도는 물론이고 국제 사회 전체에 커다란 이익과 희망을 줄 수 있지만, 이 과제를 완수하는 것은 쉽지 않다. 이는 북한의 전략적 결단과 다른 6자 회담 참가국들의 협력 못지않게, 오바마 행정부가 대담한 대북 정책을 수립하는 것이 중요하다는 것을 의미한다. 오바마 행정부가 밝히고 있는 대북 정책은 '한반도 비핵화'라는 정책 목표를 분명히 하면서 경제적, 정치적, 안보적 인센티브를 동시 행동 차원에서 제공할 의지를 내포하고 있다는 점에서 전향적이다. 그러나 북한의 핵무기 포기에 상응하는 군사적 양보 조치에 대한 공약은 포함되어 있지 않다.

대담하고 성공 가능성이 높은 대북 접근을 하기 위해서는 과거 미국 행정부들의 대북 정책을 비판적으로 검토할 필요가 있다. 이전 행정부들은 북미 수교와 정전 협정의 평화 협정으로의 대체를 통해 한반도 평화 정착을 주도하기보다는 북한의 도발적인 행동을 억제하거나 반응하는 메커니즘에서 벗어나지 못했다. 즉, '예방 외교'를 통해 북한의 위협을 관리하고 해소하기보다는 대규모의 병력과 무기 배치, 강력한 한미 동맹과 미일 동맹을 통한 봉쇄containment와 억제deterrence를 선택했다. 이러한 정책은 절반의 성공과 절반의 실패를 동시에 초래했다. 2차 한국 전쟁을 막고 미국의 중요한 동맹국인 한국의 안보와 경제 성장에 기여한 것은 '절반의 성공'이었다. 그러나 강력한 억제 정책은 상대방에게도 억제의 필요성을 각인시키면서 북한의 핵무기 및 탄도 미사일 개발의 원인을 제공해 '절반의 실패'도 가져왔다.

미국이 북미 관계 정상화와 평화 협정 체결 등 한반도 평화 정착의 요건들에 관심을 갖는 방식에도 문제가 많았다. 자발적, 선제적으로 이러한 요건들의 중요성에 주목하지 못하고, 북한이 미사일을 쏘거나 핵실험을 하면서 미국에게 요구할 때 비로소 이를 협상 테이블에 올려놓는 소극적, 사후적 태도로 일관했다. 그러나 북미 관계 정상화와 평화 협정 체결은 북한을 포함한 한반도에 은혜를 베푸는 차원을 넘어선다. 적대국 하나를 줄이는 것은 미국의 국익에 크게 기여한다. 불안한 정전 체제를 평화 체제로 대체하는 것은 주한 미군을 포함한 미국의 소중한 생명과 재산을 보호하는 가장 확실한 방법이다.

오바마 행정부가 '절반의 실패'를 되풀이하지 않기 위해서는 세 가지 발상의 전환이 필요하다. 첫째는 양면 전략의 한계에서 벗어날 필요가 있다. 외교적인 해결을 추구하면서 과도한 군사적 억제를 동시에 추구하는 것은 북한에도 양면 전략으로 맞대응하게 만드는 핵심 요인이다. 이러한 양면 전략은 외교적 관계의 일시적 진전을 가져올 수 있지만, 군비 경쟁과 군사적 적대를 해소하는 데에는 근본적인 한계가 있다. 따라서 미국은 북한의 핵 포기 이전까지는 적절한 억제를 유지하되, 핵 포기 단계에 걸맞게 한미 동맹의 군사력과 군사적 준비 태세의 완화도 협상 테이블에 올려놓아야 한다.

둘째는 포용 정책의 재구성이다. 클린턴 행정부와 부시 행정부 말기의 포용 정책은 북한의 위협적인 행동에 반응하는 형태의 소극적, 사후적, 단계적인 틀에서 벗어나지 못했다. 새로운 포용 정책의 방향은 미국과 북한의 우려와 요구 사항을 '포괄하고', 때때로 북한에 인센티브를 '선제적으로' 제시할 수 있으며, 합의한 사항은 철저하게 이행하는 '협력적' 포용 정책이 되어야 한다. 오바마 행정부가 '포괄적이고 선제적이며 협력적인 포용 정책'을 구성할 수 있을 때, 6자 회담과 북미 직접 대화에서 전략적 리더십을 발휘할 수 있다.

셋째는 협상 상대인 북한과도 공유할 수 있는 '큰 목표'를 설정하는 것이다. 협상 상대와 이익과 목표를 공유하지 못하면 전략적 리더십을 발휘할 수 없고, 결국 미국의 목표도 달성할 수 없다. 반면 서로가 공유할 수 있는 큰 목표를 세우면, '뺄셈의 협상'은 '덧셈의 협상'으로 전환될 수 있다. 가령 북한의 미국 핵우산 철수 요구는 미국의 기존 핵전략과 동맹 정치를 고려할 때 수용할 수 없지만, 오바마의 '핵무기 없는 세계 만들기'에는 부합하는 측면이 있다. 전자에 집착하면 뺄셈의 협상이, 후자에 주목하면 덧셈의 협상이 될 수 있다는 것은 이러한 맥락에서 나오는 것이다.

이러한 세 가지 발상의 전환을 기초로 오바마 행정부는 다음과 같이 대북 정책을 재구성할 수 있을 것이다.

첫째, 평화 협정 체결과 북미 수교를 한반도 비핵화의 수단으로 간주하지 말고 '큰 목표'의 구성 요소로 설정해야 한다. 미국의 전임 정부들은 평화 협정 체결과 북미 수교를 한반도 비핵화라는 목표를 달성하는 수단으로 이해했다. 이러한 미국의 태도는 북한으로 하여금 평화 협정 체결과 북미 수교라는 목적을 달성하기 위한 카드로 핵무기와 탄도 미사일 개발에 나서게 하고, 비핵화 과정을 철저하게 미국의 상응 조치에 맞추는 협상 전술을 낳고 말았다. 또한 평화 협정과 북미 수교를 비롯한 북한의 핵심적인 목표와 한반도 비핵화라는 미국의 목표 사이의 선후 관계를 둘러싼 소모적이고 지루한 협상 형태에서 벗어날 수 없게 만들었다. 그러나 북미 수교와 평화 협정을 수단이 아니라 한반도 비핵화와 더불어 달성해야 할 미국의 목표로 설정하는 것은 북한의 핵 포기 의지를 시험할 수 있는 유력한 방법일 뿐만 아니라, 비핵화와 관계 정상화 사이의 선후 관계를 둘러싼 소모적인 논쟁을 줄이고 '동시에' 달성해야 할 공동의 목표라는 인식을 확립하는 데 크게 기여할 수 있다.

둘째, 한반도 비핵화를 단순히 북핵 문제의 해결이라는 좁은 틀에서 이해하지 말고, 오바마 행정부가 큰 목표로 설정하고 있는 핵비확산 체제의 강화와 "핵무기 없는 세계 만들기"라는 큰 관점에서 접근할 필요가 있다. 앞으로 북한과의 협상에서 가장 큰 난제 가운데 하나는 미국이 말하는 '한반도 비핵화'와 북한이 주장하는 '조선반도 비핵화' 사이의 개념과 목표의 차이를 해소하는 일이 될 것이다. 오바마 행정부가 이와 같은 비핵화의 개념과 목표를 둘러싼 이견을 해소하고 문제 해결의 접점을 찾기 위해서는 미국도 핵 정책을 변화시키면서 북한에 추가적으로 요구하는 방안을 강구해야 한다. 한반도 비핵화를 촉진하고 핵비확산 체제를 강화하는 차원에서 미국 핵 정책의 변화 방향은 세 가지가 요구된다.

첫째, NPT를 개정하거나 별도의 국제 조약을 통해 소극적 안전 보장을 국제법으로 만드는 것이다. 이는 북핵뿐만 아니라 이란 핵문제 해결에도 긍정적인 기여를 할 수 있다. 둘째, 미국 핵무기의 남한 내 재반입 및 일시 통과 문제와 관련해, 미국은 물론이고 중국과 러시아도 "한반도에 핵무기를 배치하거나 일시 통과를 하지 않겠다"고 함께 공약하는 내용을 추후 6자 회담 합의문에 포함시키도록 주도해야 한다. 이렇게 하면 미국은 일방적인 양보가 아닌 다자주의로 문제를 풀 수 있고, 한반도 비핵화를 넘어 동북아 비핵 지대 조성을 주도할 수 있게 된다. 셋째, 6자 회담 합의문이나 한반도 평화 협정에 "미국은 북한의 핵무기 폐기가 완료되는 것과 동시에 핵우산을 철수한다"는 조항을 포함시키는 방안도 고려해야 한다.

북한에 요구할 사항으로는 9·19 공동 성명에 명시된 "완전하고 검증 가능한 핵 프로그램의 폐기" 및 NPT와 IAEA 복귀와 함께, 추가적으로 포괄 핵실험금지조약^{CTBT} 서명 및 비준, 핵분열물질금지조약^{FMCT} 논의 참여 및 조약 발효 시 서명·비준을 고려할 수 있다. CTBT와 FMCT는 오바마 행정부가 핵비확산 체제를 강화하기 위한 핵심적인 목표라는 점에서 미국의 적대국이자 대표적인 확산 국가로 거론되어 온 북한이 이 조약에 가입하는 것은 큰 의미가 있다.

셋째, 이행은 단계적으로 하되, 합의는 일괄적으로 하는 전략이 필요하다. 특히 검증과 경수로 문제의 해법을 찾는 데 이러한 접근법이 유용하다. 부시 행정부는 '시료 채취'와 '미신고 시설에 대한 사찰' 등 이른바 '국제적 기준'의 검증을 북한에 요구했다. 그러나 북한은 미국의 요구가 NPT를 탈퇴해 핵실험을 한 북한의 '특수 지위'를 무시한 것일 뿐만 아니라, 기존 합의에도 없는 내용을 요구한 것이기 때문에 받아들일 수 없다고 맞섰다. 이러한 이유로 2008년 12월 6자 회담은 결렬되었고, 북한의 핵 시설 불능화와 5개국의 에너지·경제 보상을 골자로 한 2단계 합의 이행 완료에도 걸림돌로 작용하고 있다. 또한 북한은 미국의 적대시 정책 철회의 물리적 근거로 경수로 사업 재개를 강력히 요구하고 있다.

오바마 행정부는 이 문제를 해결하기 위해 일괄 타결에 기초한 '경수로와 검증의 교환' 전략을 강구할 필요가 있다. 구체적으로는 3단계 협상 의제에 경수로 '논의'를 포함시키고, 3단계 합의 시 공사를 재개하며, 북미 간에 원자력 협정을 체결하는 것과 북한의 IAEA 복귀를 '행동 대 행동'으로 이행하는 것이다. 이러한 접근법은 한반도 비핵화를 순탄하게 만들 수 있는 장점이 있다. 우선 경수로 제공 의사를 명확히 하는 것은 북한의 핵 포기에 대한 인센티브와 북한의 불응 시 제재를 동시에 수반하게 된다. 경수로 완공에는 5년 정도의 시간이 필요하기 때문에 북한이 약속을 이행하지 않으면 공사 중단과 같은 벌칙을 부과할 수 있기 때문이다. 또한 경수로 완공에 반드시 필요한 북미 원자력 협정을 북한의 IAEA 복귀와 연계시키면 북핵 검증에 '국제적 기준'을 적용할 수 있는 길이 열리게 된다.

넷째, 대북 특사 파견과 북한과의 정상 회담을 비롯한 최고위급 협상에 적극적인 태도를 보여야 한다. 2007년 이후 부시 행정부의 대북 정책에 여러 가지 긍정적인 변화가 있었음에도 부시 대통령은 국무 장관의 방북이나 김정일 위원장과의 정상 회담에 부정적인 태도를 보였다. 이는 북한의 의도를 파악하고, 북미 양측의 신뢰를 구축하며, 전략적 결단을 유도할 수 있는 기회를 놓치는 결과를 초래했다. 다행스럽게도 오바마 행정부는 정상 회담을 포함한 북한과의 고위급 회담에 긍정적인 태도를 보이고 있다. 문제는 실천이다. 오바마 행정부가 다른 사안들에 우선순위를 두고 외교적 정지 작업이 부족하다는 이유로 북한과의 고위급 회담에 소극적인 태도를 보이면 부시 행정부 때의 실패를 되풀이할 수 있다. 특히 향후 협상 의제는 검증, 경수로, 북한의 핵무기 및 핵물질 포기, 정전 협정의 평화 협정으로의 대체, 북미 관계 정상화, 미국의 핵 정책 변화와 같은 근본 문제들이 도사리고 있다. 이러한 의제들을 실무급 회담에서 풀기는 매우 어렵다. 북미 양측의 최고위급 차원의 결단이 요구되는 사안들이기 때문이다. 이러한 맥락에서 볼 때, 오바마 행정부는 취임 초기부터 대북 특사 파견을 추진할 필요가 있고, 아울러 북한과의 정상 회담도 문제가 거의 해결된 다음이 아닌, 전략적 결단이 필요한 시점에서 성사시키는 것이 바람직하다.

다섯째, 오바마 행정부는 한미일 대북 정책 공조에서 리더십을 발휘할 필요가 있다. 한국과 일본은 미국의 동맹국이자 6자 회담 참가국이라는 점에서 오바마 행정부가 두 나라의 입장과 요구를 무시하기는 어렵다. 반면 한국은 남북 관계가, 일본은 납치 문제가 걸려 있어 한국과 일본 정부가 이 사안을 이유로 오바마 행정부의 대북 정책을 견제하고 나설 가능성도 제기된다. 만약 오바마 행정부가 6자 회담 및 북미 직접 대화보다 한미일 삼각 공조에 무게 중심을 둔다면, 북한은 물론이고 중국, 러시아의 반발을 야기해 6자 회담의 틀 전체가 흔들릴 수 있다. 남북 관계와 북일 관계가 개선되지 않으면 오바마 행정부의 딜레마가 커질 수 있음을 예고해 주는 대목이다.

악화된 남북 관계와 북일 관계가 개선되기 위해서는 어느 한 나라가 아니라 3개국 모두의 태도가 변화해야 한다. 이는 오바마 행정부가 3개국 모두로부터 신뢰를 확보해 '공정한 중재자'가 되어야 가능해진다. 오바마 행정부는 한국과 일본에 미국의 대북 특사 파견을 비롯한 대북 정책이 한일 양국의 우려를 해소하고 6자 간의 공동 이익을 달성하는 데 유용하다는 점을 강조할 필요가 있다. 이러한 접근법은 한국과 일본에도 북한과의 관계 개선의 필요성을 인식시키는 계기가 될 수 있다. 또한 북한에는 남북 관계와 북일관계가 개선되지 않으면 에너지 및 경제 지원과 경수로 제공, 북미 관계 정상화 및 평화 협정 체결 등 북한의 핵심적인 요구 사항이 '구조적으로' 충족될 수 없다는 점을 인식시켜야 한다. 오바마 행정부가 이러한 역할을 수행하기 위해서는 한미일 정책 협의 못지않게 북한과의 고위급 대화가 반드시 필요하다. 오바마 행정부는 남북 관계와 북일 관계의 악화가 "단호하고 직접적인 외교"를 주저하게 만드는 요인이 아니라 오히려 가속화시켜야 할 사유로 이해하는 것이 중요하다.

여섯째, 2001년 부시 행정부의 출범과 함께 중단된 미사일 협상을 조속히 재개해야 한다. 2009년 3~4월 북한의 로켓 발사 논란이 보여 주듯, 이 사안에 대한 시급한 해법을 모색하지 않으면 6자 회담에도 상당한 부담으로 작용하게 된다. 협상의 요체는 클린턴 행정부 막바지 때 이미 나온 바 있다. 북한의 중장거리 탄도 미사일 개발 중단에 상응하는 조치로 북한의 인공위성을 대리로 발사해 주고, 북한의 미사일 수출 중단 대가로 현물로 보상하는 것이 그것이다. 미사일 협상에 진전을 이루면 6자 회담에도 긍정적인 영향을 미칠 수 있다는 점에서 핵과 미사일 협상의 병행은 불가피해졌을 뿐만 아니라 바람직한 접근법이라고 할 수 있다.

끝으로 북한과의 협상 목표에 부정적인 영향을 주는 군사 정책을 자제해야 한다. 북한의 입장에서 볼 때, 핵무기 폐기는 강력한 억제력을 포기한다는 의미를 담고 있다. 이는 앞으로 북한과의 협상에서 군사 문제가 중요해질 것임을 예고해 주는 동시에, 오바마 행정부가 '상호 위협 감소' 차원에서 군사 정책을 재조정해야 한다는 과제를 주고 있다. 미국은 외교적인 협상과 함께 한미 합동 군사 훈련, 아시아-태평양 지역에서의 전력 증강, MD 배치, 대량살상무기 확산방지구상[PSI], 북한 급변 사태 발생 시 한미 연합군 투입 계획 등을 강구해 왔다. 이는 '만일의 사태에 대비한다'는 취지에서 나온 것이지만, 북한에 군사적 위협감을 심어 주어 핵무기 및 탄도 미사일 개발을 자극해 왔다. 미국의 양면 전략에 북한도 양면 전략으로 응수해 온 것이다. 이러한 메커니즘을 극복하지 못하면 북핵 문제 해결은 요원해질 수밖에 없다. 오바마 행정부가 정치적, 경제적, 외교적 인센티브와 함께 군사 정책도 재조정해야 하는 까닭이다.

구체적으로는 PSI와 MD, 북한 급변 사태에 대한 군사적 대응 계획인 '작전 계획 5029' 등을 전면 재검토하고 한미 합동 군사 훈련의 횟수와 규모도 줄일 필요가 있다. 북한의 미사일 수출 및 개발 문제는 갈등 유발형인 PSI과 MD보다는 미사일 협상 재개로 풀어야 하고, 북한과 협상하는 동안 한미 합동 군사 훈련을 한시적으로 중단하는 조치를 취해야 한다. 아울러 북핵 문제 해결이 큰 진전이 있고 평화 협정 논의가 본격화되면, 미국과 남북한이 참여하는 '한반도 군축 회담'을 추진하는 방안도 고려할 법하다.

한국의 21세기 대북 정책의 방향

'햇볕 정책'과 '비핵·개방·3000'을 넘어서라

2012년 체제를 실현하기 위해서는 한국의 대북 정책이 매우 중요하다. 그러나 이명박 정부와 한나라당은 햇볕 정책을 "잃어버린 10년"으로 폄하하면서 '비핵·개방·3000'을 들고 나왔지만, 이는 남북 관계와 남남 갈등의 악화만 가져오고 있다. 반면 개혁 진보 세력은 MB 정부의 대북 정책 비판에 매몰된 나머지, 햇볕 정책의 진보적 개선에는 소홀한 모습을 보이고 있다. 그러나 오늘날의 시대는 햇볕 정책과 비핵·개방·3000을 넘어선 창조적이고 진취적인 대북 정책을 요구하고 있다. 새로운 대북 정책은 두 정책의 조합이 아니라 맹점을 극복하는 데에서 찾아야 한다.

햇볕 정책과 비핵·개방·3000은 대척점에 서 있는 것처럼 간주되어 왔다. 실제로 햇볕 정책은 '접촉을 통한 북한의 변화'를 추구한 반면에, 비핵·개방·3000은 '북한이 변해야 접촉한다'는 정반대의 논리를 바탕에 깔고 있다. 햇볕 정책이 비핵·개방·3000보다 우월한 까닭은 여기에 있다. 햇볕 정책은 민간 교류 협력, 남북 경협, 대북 인도적 지원 등 다양한 접촉 수단을 통해 북한의 변화를 도모해 왔고, 적지 않은 성과를 거두었다. 그러나 비핵·개방·3000은 북한의 변화를 전제 조건으로 깔고 있지만 북한의 변화를 이끌어 낼 만한 정책적 수단이 보이지 않는다. 4부에서 자세히 설명한 것처럼,

MB 정부의 대북 정책은 이 밖에도 여러 가지 근본적인 문제를 안고 있다.

　　이러한 근본적인 차이에도 불구하고 두 정책 사이에는 두 가지 핵심적인 공통점이 있다. 하나는 '경제와 평화의 교환 전략'이다. 비핵·개방·3000은 물론이고 햇볕 정책 역시 '경제적으로 어려운 북한을 도와 군사적인 위협을 줄이고 한반도의 평화를 정착시킨다'는 전략적 목표를 바탕에 깔고 있다. 다른 하나는 '양면 전략'이다. 비군사 분야에서는 대북 지원과 교류 협력을 추구하면서, 군사 분야에서는 강력한 국방력 건설과 한미 동맹을 통해 압도적인 군사적 우위를 달성하고 이를 바탕으로 북한의 위협을 억제·분쇄하겠다는 것이다. 일견 타당해 보이는 이러한 접근법은 이미 전략적인 결함을 안고 있었다.

　　경제와 평화의 교환 전략은 위협 인식의 '상호성'보다는 '일방성'에 기초한 접근법이다. 즉, 북한의 군사적 위협에는 주목하면서 북한이 한미 동맹에 느끼는 위협은 크게 고려하지 않는다는 것이다. 물론 햇볕 정책론자들은 흡수 통일 배제, 남북 관계의 개선, 북미 수교와 평화 협정 체결을 원칙과 목표로 삼고 있고, 이를 통해 북한의 안보 불안을 해소할 수 있다고 반박할 수 있다. 그러나 이러한 논리에 따르면, 북한으로서는 핵무기와 탄도 미사일, 백만에 달하는 병력과 엄청난 수의 무기를 포기하거나 줄여야 할 이유가 없게 된다. 북한도 물리적 군사력은 그대로 두거나 오히려 증강하면서 불가침 선언과 평화 협정 등 정치적, 법적 조치를 통해 남한의 안보 불안을 해소할 수 있다는 반박이 가능해지기 때문이다. 군사적으로 대결 상태에 있고 쌍방^{한미 동맹 대 북한}이 서로에게 위협을 느끼고 있는 상황에서, 비군사적 수단^{대북 지원, 교류 협력, 남북 경협 등}을 통해 군사적 목표^{북한의 위협 감소 및 평화 체제 구축}를 달성한다는 것이 논리적으로나 구조적으로 성립하기 어려운 이유이다.

양면 전략 역시 마찬가지 문제점을 안고 있다. 적대 혹은 불신 상태에 있는 쌍방의 어느 한쪽이 양면 전략을 채택하면서 관계 개선과 강력한 억제력 및 유사시 군사적 대비책을 강구하면, 다른 한쪽도 양면 전략을 채택하게 마련이다. 그런데 김대중 정부의 햇볕 정책은 한미 동맹을 바탕으로 하는 '튼튼한 안보'에서 나왔다. 노무현 정부의 평화 번영 정책 역시 대규모의 전력 증강과 한미 동맹 재편을 통한 '협력적 자주 국방'을 바탕에 깔았다. 이러한 강력한 억제 정책은 '절반의 성공'과 '절반의 실패'를 동시에 초래했다. 북한의 위협에 강력한 억제력을 발휘해 한반도에서의 전쟁을 막고 비군사 분야에서 교류 협력의 물꼬를 튼 것은 절반의 성공에 해당한다. 그러나 강력한 억제 전략은 북한에도 억제의 필요성을 각인시켜 '선군 정치'의 강화와 핵무기 및 탄도 미사일과 같은 비대칭 전력 확보의 원인을 제공한 것은 '절반의 실패'에 해당한다. 과도한 억제력의 추구가 한반도의 안보 딜레마를 심화시킨 것이다. 햇볕 정책의 결함이 이러할진대, '한미 간의 전략 동맹'과 북한의 급변 사태에 대비한 군사적 계획 수립에 치우친 MB의 대북 정책과 안보 정책의 문제점은 더 말할 필요도 없다.

새로운 대북 정책을 향하여

햇볕 정책을 살리는 길은 이를 '성역화'하는 것이 아니라 '명칭'*을 포함해 끊임없는

● 햇볕 정책은 북한으로 하여금 '흡수 통일 정책'으로 인식하게 만든 측면이 있고, 국내 보수 진영은 '퍼주기론'이라고 부를 정도로 논란의 소지가 많았다. 이에 따라 김대중 정부는 이를 '남북 화해 협력 정책'으로, 노무현 정부는 '평화 번영 정책'으로 공식화했다.

비판 정신으로 개선과 발전을 추구하는 데 있다. 햇볕 정책이 비핵·개방·3000보다 우위에 있다고 해서, 위에서 언급한 근본적인 결함까지 무마되는 것은 아니다. 또한 햇볕 정책이 반세기 동안 굳게 닫혀 있던 남북 관계의 문을 열어젖힌 역할을 했다면, 이제는 좀 더 포괄적이고 통합적인 접근이 요구된다. '경제와 평화의 교환 전략'을 넘어 한반도 경제 공동체와 평화 군축이 선순환할 수 있는 포괄적 접근이 요구된다. 양면 전략의 함정에서 빠져나오기 위해서는 대북 정책과 한미 동맹, 국방 정책 사이의 상호 모순성을 극복하고 상호 보완적인 형태로 통합적인 정책을 마련해야 한다.

　최근 한반도 안팎의 정치적, 구조적 변동은 이러한 방향으로 대북 정책이 전환될 것을 요구하고 있을 뿐만 아니라, 기회도 동시에 제공하고 있다. 9·19 공동 성명에서 남북한과 미국, 중국이 참여하는 '한반도 평화 포럼'을 열기로 한 것은 남북 평화 협정이냐 북미 평화 협정이냐는 오랜 논란에 종지부를 찍게 한다. 6자 회담에서 동북아 평화 안보 체제를 중장기적인 목표로 설정한 것은 동맹의 딜레마를 해소할 수 있는 중대한 기회를 제공한다. 2012년 4월까지 단계적으로 추진되고 있는 전시 작전 통제권 환수는 한국이 자율적이고 자주적으로 한반도 군사 문제를 풀 수 있는 계기가 될 수 있다. 그러나 평화 협정 체결을 북핵 해결 '이후'로 바라보거나, 동북아 평화 체제 구축이 동맹의 이완으로 이어질 것이라는 불안감에 압도되거나, 전시 작전 통제권 환수를 대규모의 전력 증강과 군사 훈련, 공세적인 작전 계획의 수립 등으로 채운다면 이러한 기회는 오히려 위기가 되고 말 것이다.

　한국에 찾아온 가장 큰 기회는 오바마의 등장이라고 할 수 있다. 부시의 8년 동안 경험했듯이, 한국이 아무리 좋은 정책을 세워도 한미 관계와 북미 관계가 뒷받침되지 않으면 정책적 목표를 달성하기는 어려워진다. 그러나

4부에서 자세히 살펴본 것처럼, 오바마의 접근은 다르다. 완벽하지는 않지만, 한국의 노력 여하에 따라 부족함을 채울 수 있다. 안타깝게도 이명박 정부의 정책은 '덧셈의 한미 공조'가 아니라 '뺄셈의 한미 공조'를 지향한다는 점에서 극히 우려스럽다. 그러나 이명박과 오바마가 함께 걸어갈 4년은 이제부터 시작이다. MB 정부가 비핵·개방·3000은 물론이고 햇볕 정책의 결함을 함께 극복하면서, 또한 위에서 언급한 기회들을 포착하면서 새로운 대외 정책을 구상하고 이행할 수 있는 시간적 기회는 있다는 것이다.

이명박 정부가 6·15와 10·4 선언을 "잃어버린 10년"의 유산으로 볼 것이 아니라, 21세기 한반도 및 동북아의 평화로 가는 디딤돌로 인식하면서 두 선언의 이행 의지를 천명하는 것은 새로운 대북 정책의 출발점이다. 이는 햇볕 정책으로의 회귀가 아니라 발전적 극복이라는 의미를 담고 있다. 발전적 극복을 위해서는 세 가지 정책 방향이 요구된다.

첫째, 거대한 그물망의 시대에 대한 돌파구로 한반도 문제를 바라보는 것이다. 유라시아 대륙 동쪽 끝에, 미국과 일본이 유라시아 대륙으로 진출하는 서쪽 관문에 있는 한반도는 적대적 분단으로 인해 한국을 섬보다도 못한 신세로 전락시켰다. 지난 세기까지 한국의 탈출구는 주로 태평양 세력과의 관계 형성을 통해 이루어졌다. 그러나 21세기 들어 이러한 발전 전략은 이미 한계에 봉착했다. 이명박 정부가 러시아와 철도 및 가스 파이프라인 건설 협약을 체결한 것도 이러한 문제의식의 반영이라고 할 수 있다. 그러나 남북 관계의 정상화 없이는 유라시아 대륙으로의 진출이 불가능하다. 반면 남북 관계의 정상화는 민족 문제 해결 차원을 넘어 거대한 그물망을 네트워크로 전환할 수 있는 초석이 된다. 한반도는 유라시아와 태평양을 잇는 가교로 거듭날 수 있고, 한국에도 엄청난 안보적, 경제적, 문화적 이익을 창출할 기회를 제공한다.

둘째, 위에서 언급한 '경제와 평화의 교환 전략'의 결함 및 '양면 전략'의 함정을 극복할 수 있는 포괄적이고 통합적인 대북 정책이 필요하다. 전환의 핵심은 남한의 군사력과 준비 태세는 그대로 두거나 오히려 강화하면서, 경제적으로 어려운 북한을 도와 군사적 위협을 해소하겠다는 '엇박자'를 없애는 데 있다. 이를 위해서는 일방적 군축 요구가 아니라 상호간의 위협 감소 및 군축이 필요하며, 통일부 주관의 대북 정책과 국방부가 담당하는 국방 정책 사이의 모순을 극복해야 한다. 미국처럼 국가안전보장회의의 기능과 위상을 강화해 각 부처 간의 정책을 국가 전략에 부합하도록 짜게 하고, 이를 조율·통합하는 방안을 강구할 필요가 있다.

셋째, 동맹과 평화 체제 사이의 모순 관계를 극복할 수 있는 지혜와 전략적 리더십이 요구된다. 이는 두 가지 차원이다. 하나는 한미 동맹과 한반도 비핵화 및 평화 체제 구축 사이의 관계이고, 다른 하나는 한미 동맹과 동북아 평화 안보 체제 사이의 관계이다. 문제의 핵심은 군사 중심의 경직된 한미 동맹을 고수하면, 한반도 비핵 평화 및 동북아 평화 안보 체제의 달성이 불가능하다는 점에 있다. 한국이 계속 미국의 핵우산 아래에 있고, 미국이 필요하면 핵무기를 한국에 재배치하거나 경유할 수 있다고 말하면서 북한에 핵무기를 포기하라고 요구하는 것은 공정하지도 현실적이지도 않다. 한미 동맹이 수시로 대규모의 군사 훈련과 공세적인 작전 계획을 수립하면서 북한에 군사적 양보를 요구하는 것도 일방적이다. 주한 미군의 전략적 유연성과 미사일 방어 체제를 추구하면서 동북아 평화 안보 체제를 건설하겠다는 것도 어불성설에 가깝다. 이러한 맥락에서 볼 때, 협력적 다자주의를 선호하는 오바마의 등장과 전시 작전 통제권의 점진적인 환수는 동맹과 평화 체제 사이의 딜레마를 풀 수 있는 절호의 기회이다.

2012년 6자 정상 회담

"김정일 위원장님, 추운 날씨에 이곳까지 오시느라 수고 많으셨습니다."
블라디미르 푸틴 러시아 대통령이 김정일에게 말했다. 푸틴은 2012년 11월 아시아태평양 경제협력회의APEC 정상 회남에 앞서 6자 정상 회담을 제안해 이를 성사시켰다. 북한을 제외한 5개국이 APEC 회원국이기 때문에 푸틴의 제안에 동의했고, 김정일 역시 러시아와 중국의 강력한 권고에 따라 블라디보스토크로 갔다.
"그러고 보니 제가 다자 수뇌 회담에 나온 것이 이번이 처음입니다. 저를 다자 무대에 데뷔시켜 주신 푸틴 대통령께 감사드려야겠군요. 하하하."
"김 위원장님, 중국도 1990년대 중반까지는 다자 외교에 별 신경을 안 썼습니다. 그런데 장쩌민 주석께서 '신사고'를 강조하면서 다자 외교에 적극 나설 것을 주문한 이후, 우리도 생각이 달라졌습니다. 성과도 큽니다. 북조선도 이번 기회에 다자 외교에 적극 나서는 것이 어떻습니까?"
시진핑 주석이 김정일에게 물었다.
"우리 북조선이 다자 외교에 본격적으로 나온 것이 10년 가까이 됩니다. 핵문제가 발생했을 때 우리는 조미 간의 문제라며 양자 대화를 요구했지만, 부시 정부가 6자 회담을 요구하지 않았습니까? 참 재밌습니다. 일방주의로 많은 비난을 받았던 부시 정부가 동북아에 다자주의의 기초를 닦았으니 말입니다. 그러고 보니 우리 모두 부시 대통령에게 감사해야 할 것 같습니다. 그분이 아니었다면 우리 6자가 함께 모일 수나 있었겠습니까?"
김정일의 말에 모두 파안대소했다.
"이번 정상 회담 직전에 한반도 종단 철도가 완성되어 정말 다행입니다. 제가 부산에서 일본 총리님과 함께 이곳까지 기차를 타고 왔는데, 정말 감회가 새롭더군요."

이명박 대통령이 한반도 종단 철도와 시베리아 횡단 철도가 연결된 지도를 가리키며 말했다. 2010년 6월 이명박과 김정일은 정상 회담을 갖고 6·15와 10·4 선언을 계승·발전시키는 데 합의하고, 그 일환으로 철도 연결과 복구를 조속히 완료하기로 했었다.

"일본에서는 한반도를 '일본을 향해 뻗친 대륙의 칼'로 보는 시각이 많았습니다. 그런데 이 대통령님과 함께 기차를 타고 오면서 한반도가 '일본의 유라시아 진출을 돕는 대륙의 손'이 될 수 있다는 것을 깨달았습니다. 벌써부터 우리 여행사들이 들썩이고 있습니다. 부산에 가면 런던까지 기차를 타고 갈 수 있다며, 관광 상품 홍보에 열을 올리고 있습니다."

"그나저나 오바마 대통령께서 재선에 성공한 것은 정말 반갑고도 축하할 일입니다. 이제 저와 함께 4년을 더 일할 수 있게 되었으니, 같이 힘을 모아 '핵무기 없는 세계'를 만들어 봅시다."

푸틴이 오바마에게 말했다.

"축하해 주셔서 감사합니다. 여러분들께서 적극적으로 협력해 준 게 큰 힘이 되었습니다. 돌이켜 보면 2년 전에 평양에 가길 정말 잘했다는 생각입니다. 국내에서도 반대가 있었고 동맹국들도 우려를 했습니다만, 김정일 위원장님과 직접 만난 것이 중요한 전환점이 되었습니다. 특히 그때 카드 섹션으로 핵실험을 하면서 '이것이 마지막'이라고 하신 말씀이 지금도 기억에 생생합니다."

"멀리서 반가운 손님이 오셨는데 그 정도는 해야지요. 저 역시 오바마 대통령께서 용단을 내려 주셔서 크게 감사하고 있습니다. 대통령님의 방문으로 조미 관계뿐만 아니라 북남 관계와 조일 관계도 좋아졌으니까요. 그러고 보니 우리의 만남은 두 번째로군요. 앞으로도 자주 만납시다."

"다음에는 워싱턴으로 한번 오시지요. 제 집무실 창밖 멀리로 북조선 국기가 보입니다.

위원장께서도 보시면 감회가 새로울 것입니다."

"아니, 이러다가 북조선과 미국이 동맹이 되는 것 아닙니까? 하하하."

시진핑의 발언에 모두 박장대소했다.

"어차피 우리가 다음 개최국도 정해야 하니, 2차 6자 정상 회담은 미국에서 여는 것이 어떻습니까? 그때 김 위원장님께서도 참석하시면 자연스럽지 않겠습니까? 저도 가면 좋겠습니다만, 그 몫은 제 후임자에게 돌아갈 것 같습니다. 저는 관광객으로 가겠습니다. 하하하."

이명박이 웃으며 제안했고, 5개국 정상 역시 웃으면서 이에 동의했다.

"이제 자리를 옮겨 6자 공동 성명을 최종 점검하고 발표하도록 합시다."

푸틴이 자리에서 일어서며 말했다. 그리고 세 시간 후 역사적인 공동 성명이 발표되었다.

동북아 평화를 위한 6자 정상 회담 성명

대한민국과 조선민주주의인민공화국, 미합중국과 러시아 연방, 중화인민공화국과 일본은 한반도의 평화 정착과 동북아의 협력이 아시아와 세계 평화의 안전에 이바지한다는 점에 전적으로 동의하면서 다음과 같이 선언한다.

1. 6자는 '핵무기 없는 세계'를 만드는 데 공동으로 노력하기로 하였다. 이를 위해 한반도 비핵화를 동북아 비핵 지대로 확대·발전시키고, 핵보유국은 핵무기 감축과 궁극적인 폐기를 위한 협상에 적극 나선다.

2. 6자는 6자 회담의 미래가 동북아 평화 안보 체제 구축에 있다는 점에 동의하면서, 이와 관련된 실무 회의를 장관급 회의로 격상시켜 실질적이고 지속 가능한 평화 안보 체제 구축에 적극 나서기로 하였다.

3. 6자는 한반도의 자주적이고 민주적이며 평화적인 통일이 아시아와 세계 평화에 기여한다는 점에 동의하면서, 이를 위한 남북한의 노력에 적극적인 지지와 협력을 약속하였다.

4. 6자는 기후 변화가 인류 생존에 중대한 위협이 된다는 점에 인식을 함께하고, 각국의 군사비를 동결·감축해 그 일부를 기후 변화 대처에 사용하기 위한 '동북아 녹색기금 Northeast Asia Green Fund' 창설에 합의하였다.

5. 6자는 2년마다 6자 정상 회담을 개최하기로 하고, 다음 회의는 미국에서 개최하기로 합의하였다.

2012년 11월 21일, 러시아 블라디보스토크

오바마의 미국과 한반도
그리고 2012년 체제

1판 1쇄 펴낸 날 2009년 4월 9일

지은이 정욱식
펴낸이 이광호
펴낸곳 레디앙미디어
책임편집 박미향
마케팅 이상덕
디자인 Annd

출판등록 2006년 11월 7일 제318-2006-00128호
주소 서울시 영등포구 여의도동 13-5 오성빌딩 1108호
전화 (02) 780-1521 팩스 (02) 780-1522
홈페이지 www.redian.org
전자우편 webmaster@redian.org

ⓒ 정욱식, 2009

ISBN 978-89-959952-3-5 03340

※ 책값은 뒤표지에 있습니다.
※ 잘못된 책은 구입하신 서점에서 바꾸어 드립니다.